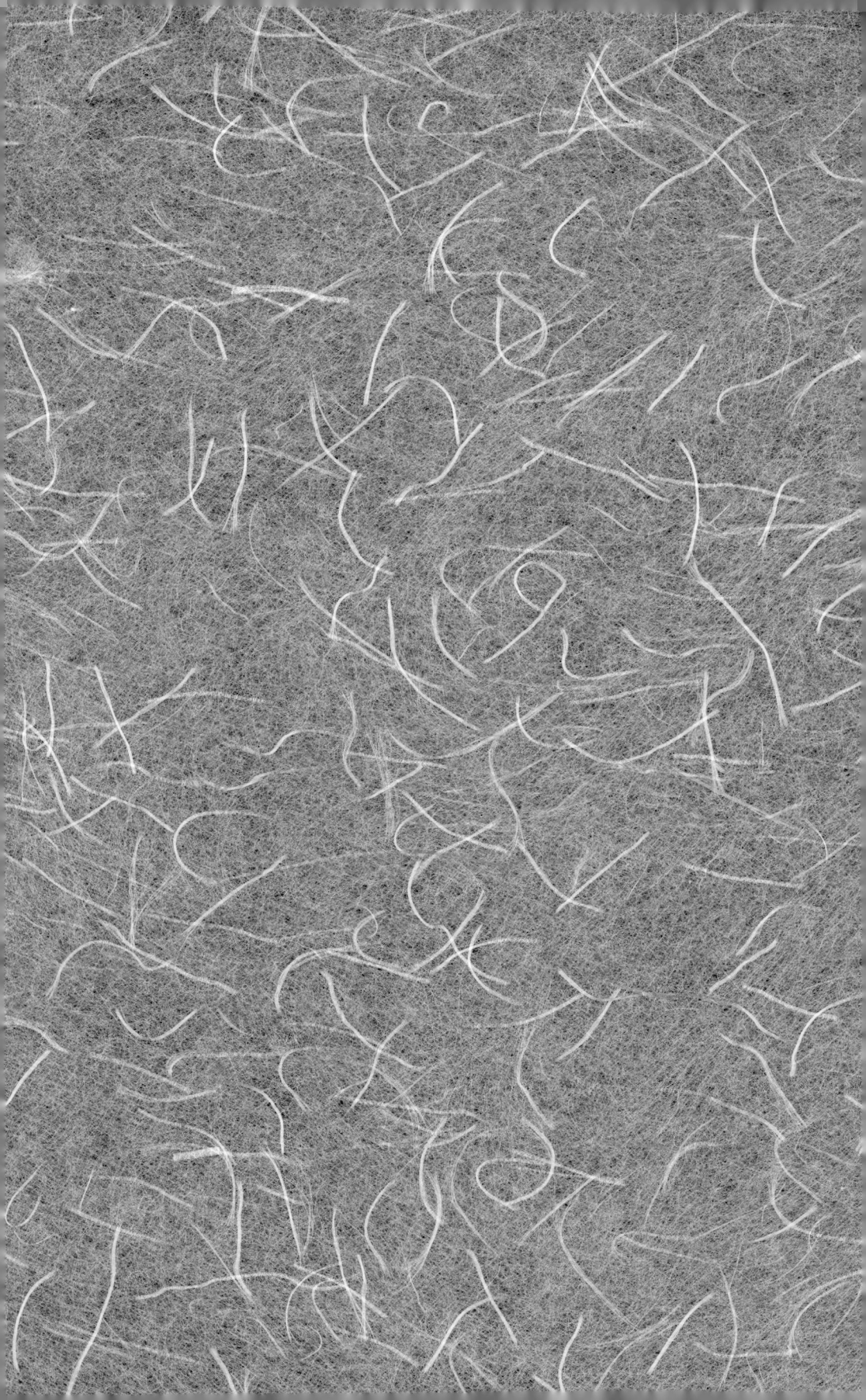

《中国阅读通史》编委会

主　编　　王余光
副主编　　徐　雁　刘洪权　熊　静

理论卷	王余光　汪　琴
先秦秦汉卷	先秦编／徐林祥　张立兵
	秦汉编／张　积
魏晋南北朝卷	何官峰
隋唐五代两宋卷	黄镇伟
辽西夏金元卷	王　龙
明代卷	王　龙
清代卷（上）	何官峰
清代卷（下）	王美英
民国卷	许　欢
图录卷	熊　静　黄镇伟　赵　晓　刘刈青

中国阅读通史

王余光 主编

清代卷（下）

王美英 著

时代出版传媒股份有限公司
安徽教育出版社

图书在版编目（CIP）数据

中国阅读通史.清代卷.下/王余光主编；王美英著.—
合肥：安徽教育出版社，2017.12
ISBN 978-7-5336-8639-0

Ⅰ.①中… Ⅱ.①王…②王… Ⅲ.①阅读－文化史－
中国－清代 Ⅳ.①G252－092

中国版本图书馆CIP数据核字（2017）第292462号

中国阅读通史·清代卷（下）

ZHONGGUO YUEDU TONGSHI·QINGDAI JUAN(XIA)

出 版 人：郑　可
质量总监：武常春
策划编辑：刘洪权
责任编辑：邹孔标　周大勤　吴晓东
装帧设计：袁　泉
技术编辑：陈善军

出版发行：时代出版传媒股份有限公司　安徽教育出版社
地　　址：合肥市经开区繁华大道西路398号　邮编：230601
网　　址：http://www.ahep.com.cn
营销电话：(0551)63683012,63683013
排　　版：安徽时代华印出版服务有限责任公司
印　　刷：安徽新华印刷股份有限公司

开　本：710×1010　1/16
印　张：22.5
字　数：335千字
版　次：2017年12月第1版　2017年12月第1次印刷
定　价：152.00元

（如发现印装质量问题，影响阅读，请与本社营销部联系调换）

目 录

导言 ·· 1

第一章　晚清阅读的社会背景 ····································· 10
- 第一节　社会变迁 ··· 11
- 第二节　文化政策 ··· 29
- 第三节　教育制度的变革 ·· 45

第二章　晚清的阅读群体 ·· 57
- 第一节　蒙童 ··· 58
- 第二节　学生 ··· 70
- 第三节　官员 ··· 91
- 第四节　士子 ··· 105
- 第五节　市民 ··· 127
- 第六节　女子 ··· 147

第三章　晚清的阅读场所 ·· 163
- 第一节　藏书楼 ·· 164
- 第二节　书院 ··· 191
- 第三节　图书馆 ·· 197
- 第四节　阅报处 ·· 208

第四章　晚清的阅读内容 ⋯⋯ 216
第一节　传统典籍 ⋯⋯ 217
第二节　西学书籍、东学书籍、外语书籍 ⋯⋯ 230
第三节　报刊 ⋯⋯ 246

第五章　晚清的阅读方法 ⋯⋯ 265
第一节　导读书目 ⋯⋯ 265
第二节　阅读方法 ⋯⋯ 276

第六章　晚清阅读的影响 ⋯⋯ 290

第七章　晚清阅读的特点 ⋯⋯ 309

主要参考书目 ⋯⋯ 328

索引 ⋯⋯ 337

导　言

　　晚清是中国历史上一个很特殊的历史时期,既是传统社会发展的末期,又是传统社会向近代社会转型的重要时期。西方列强的侵略阻断了中国社会自然发展的进程,使古老的中华民族面临着"数千年未有之大变局",整个社会发生了前所未有的大动荡。晚清的时代特点在文化领域表现在两方面:一方面,中国的传统文化仍然占据文化领域的重要地位;另一方面,西方的异质文化不断进入国门,渐渐渗透到政治、经济等领域,从而形成了传统文化与西方文化并存的局面。传统文化与西方文化两种不同文化的共存对于社会的阅读风尚必然会产生较大的影响,人们的阅读行为与阅读兴趣也必然与前朝各代有所不同。阅读生活是社会生活中的一个很重要的内容,晚清的阅读生活有其特点。因此,研究晚清的阅读生活有其学术意义。此外,晚清的阅读对于当时社会的几次大的变革有一定的推动作用,特别是阅读西书学习了西方文化知识之后,人们的思想认识发生了较大的变化,大家意识到只有进行改革才能推动社会的发展与进步,这对促进当今社会的发展有一定的借鉴意义。因此,研究晚清的阅读生活在学术意义之外还有其现实意义。

一、学术前史

　　回顾学术史,学术界对晚清阅读情况的研究非常薄弱,成果数量非常有限。笔者通过各种途径的检索,发现有几篇论文从不同的角度与不同的侧面论述了晚清阅读的一些情况,如:李治亭的《谈清朝官员的读书与著书》(《人民论坛》2006年第4期)介绍了清朝官员喜欢读书、著书的风气;张秀熟的《清末民间儿童读物》(《文史集萃》第一辑)介绍了清朝末年民间流行的儿童读物,如《地球韵言》等;谢俊美的《光绪皇帝的读书岁月》(《文史博览》2006年第5期)简要论述了光绪皇帝在毓庆宫的读书活动;范继忠的《早期〈申报〉与近代大众阅报风习浅说》(《新闻与传播研究》2004年第3期)论述了《申报》对中国近代大众阅报风习的深刻影响以及对中国近代大众阅读风尚的启蒙、培养与深化作用;张仲民的《从书籍史到阅读史——关于晚清书籍史/阅读史研究的若干思考》(《史林》2007年第5期)对晚清阅读史的研究情况进行了梳理,提出了关于开拓晚清阅读史研究的一些设想;张仲民的《清季启蒙人士改造民众阅读习惯的论述》(台湾《"中央研究院"近代史研究所集刊》第68期)论述了清末启蒙人士认识到小说、戏曲的巨大社会作用,将阅读和启蒙同民族、国家联系起来,决心努力创造出"淫辞小说"的替代品——新小说、新戏曲,改造民众的阅读,以开民智、打造新国民。除了文章以外,有几部著作论述了晚清名人学者的阅读生活,如:黄正雨的《康有为读书生涯》(长江文艺出版社1997年版)论述了康有为早年刻苦攻读而参加科举考试屡次不中,转而崇尚西学,阅读西书、开堂长兴里和讲学于桂林等丰富多彩又跌宕起伏的读书生涯;王心裁的《梁启超读书生涯》(长江文艺出版社1998年版)利用翔实的资料论述了梁启超一生勤奋苦读、博览群书的读书著述活动;罗益群的《曾国藩读书记》(长江文艺出版社2004年版,是《曾国藩读书生涯》的再版)以独特的视角、丰富的史料论述了曾国藩终生手不释卷、恒吟不废的读书活动。张仲民的《出版与文化政治：晚清的"卫生"书籍研究》(上海书店出版社2009年版)利用大量清末报纸杂志中的史料特别是广告资料,考察了清末出版的"卫生"书籍——主要是生理卫生书籍、生殖医学书籍,分析了文化市场上的"卫生"书籍在当时被阅读的情况及其造成的社会影响。此外,还有一些人物传记,如《曾国藩传》(朱东安著,四川人民出版社1985年版)、《张之洞传》(刘平著,兰州大学出版社2000年版)、《李鸿章传》(苑书义著,人民出版社1991年版)、《维新之梦——康有为传》(何一民著,四川人民出版社1995年版)等对传主的阅读生活进行了一些论述。

台湾学者潘光哲博士在研究晚清阅读史方面做出了较大的贡献,他的研究课题有"'知识仓库''思想资源'与'概念变迁'：晚清士人的阅读世界"。他发表了三篇论文：《追索晚清阅读史的一些想法："知识仓库""思想资源"与"概念变迁"》(《新史学》第16卷第3期)考察了晚清士人的读书世界,描述了他们的阅读活动与思维、观念形成之间的互动过程,并结合出版史的研究成果,提出了如何撰写19世纪中国士人阅读史的一些意见；《〈时务报〉和它的读者》(《历史研究》2005年第5期)利用翔实的资料论述了《时务报》在读书界引起的强烈反响以及其与读者之间的互动关系；《开创"世界知识"的公共空间：〈时务报〉译稿研究》(《史林》2006年第5期)以《时务报》刊载的译稿为对象,分析这些译稿提供的信息,并尝试述说在晚清中国开创关于"世界知识"的公共空间的过程中,传播媒介所能扮演的独特角色,并且论证这些译稿如何为当时的论者引为论说之资并被各类丛书纂辑成编,展现了《时务报》被广泛阅读的样态。此外,潘光哲博士还在2005年9月出版的《思与言》杂志里主编了一期"近代中国的阅读、出版与文化"专辑,收录了孙慧敏、李仁渊、周叙琪与余芳珍四人研究近代阅读史的文章：孙慧敏的《翰林从商：张元济的资源与实践》侧重于研究张元济的文化身份和他从事的出版活动；李仁渊的《新式出版业与知识分子：以包天笑的早期生涯为例》论述包天笑的早期阅读情况的同时，对晚清书籍或报刊的被阅读、被传播情况也进行了一些考察；周叙琪的《阅读与生活：恽代英的家庭生活与〈妇女杂志〉之关系》重点讨论了《妇女杂志》的读者与作者之间的互动关系；余芳珍的《阅书消永日：良友图书与近代中国的消闲阅读习惯》分析了《点石斋画报》等画报的特点及其对读者的影响，①阐述了上海地区的消闲阅读文化，进而论述了明代以来的消闲阅读风气，特别探讨了晚清李伯元《游戏报》所带动的消闲阅读习惯。李仁渊的论文《阅读史的课题与观点：实践、过程、效应》论及了晚清的阅读实践、读者群与读物。可以说台湾学者的研究初步展现了阅读史研究的魅力，为晚清阅读史研究开了个好头。

美国学者在相关的研究中论及了晚清的阅读问题，如季家珍(Joan Judge)关于晚清的教科书与国民读本的研究，②芮哲非(Christopher A. Reed)关于印刷史与出版史对中国学研究意义的讨论，③包筠雅(Cynthia Brokaw)对清代印刷业的扩散与出版发行网络的研究，④这些文章对晚清的阅读情况有所论述。余丽(Li Yu)的博士论文《晚期中华帝国的阅读史，1000—1800》(A History of Reading in Late Imperial China, 1000—1800)利用一些文字与图像数据列出了一些阅读的模式，还论及了"非汉人"在中国的阅读经验。就著作而言，周

---

① 认为画报内容以消闲为主，深富趣味，能引起读者的阅读兴趣。参见余芳珍：《阅书消永日：良友图书与近代中国的消闲阅读习惯》，载《思与言》，第43卷第3期。
② 该文通过对晚清初等小学修身教科书、国民必读与女子教科书的分析，探索教育、文化与政治改造之间的关系，并且检视这种新的文类如何看待和诠释晚清的政治现实，以及强国的迫切需要如何反过来影响这些教材的社会功能与政治意涵。参见季家珍：《改造国家——晚清的教科书与国民读本》，孙慧敏译，载《新史学》，第12卷第2期。
③ 芮哲非：《印刷与出版史能为中国学研究增添什么》，见王荣华《多元视野下的中国——首届世界中国学论坛》，上海：学林出版社，2006年，61—72页。
④ 包筠雅：《17到19世纪中国南部乡村的书籍市场及文本的流传》，见《史华慈与中国国际学术研讨会论文集》，上海：华东师范大学，2006年，199—221页。

绍明(Joseph P. Mc Dermott)的著作《中国书籍的社会史:晚期中华帝国的书籍与文学文化》(*A Social History of the Chinese Book:Books and Literati Culture in Late Imperial China*)主要论述了书籍在晚期中华帝国文化中的吸引力与权力以及书籍与社会、经济阶层之间的复杂关系,着重研究了11—19世纪中国书籍在技术、学术和社会关系方面的重要变化。包筠雅在《文化贸易:清末民初的四堡书业》(*Commerce in Culture:the Sibao Book Trade in Qing and Republican Periods*)一书中用书籍中版面构成、文字编排的一些特色来说明这些出版物所针对的读者群。芮哲非的《上海的古腾堡:中国印刷业的资本主义,1876—1937》(*Gutenberg in Shanghai:Chinese print capitalism,1876—1937*)主要论述印刷文化、印刷商业和印刷资本主义对中国近代民族资本主义的建构作用,该书内容涉及面很广,从印刷技术在近代中国的传播到上海石印技术的黄金时代(1876—1905),从上海的书店、文化街、印刷工人到商务印书馆、中华书局、世界书局,从教科书到图书市场,从印刷观念、印刷技术到印刷的组织模式,乃至印刷对文化、对教育、对政治的影响,都有很好的讨论,是美国学者关于中国近代出版史、印刷史研究的一本较优秀作品,只是作为一本印刷史专著,该书对阅读方面着墨不多。① 罗斯基(Evelyn S. Rawski)在著作《清代教育与大众识字能力》(*Education and popular literacy in Ch'ing China*)中论述了清代中国乡间的男女识字率与书写及阅读文化,他认为书写与阅读成为清代中国城镇人以及乡村人日常生活的一部分。韦德玛(Ellen Widmer)在著作《美女和书籍:19世纪中国的女性和小说》(*The Beauty and the Book:Women and Fiction in Nineteenth Century China*)中探讨了19世纪中国女性读者群体,论述了她们痴迷地阅读

---

① 张仲民:《从书籍史到阅读史——关于晚清书籍史/阅读史研究的若干思考》,载《史林》,2007年第5期。

戏曲、小说、弹词等读物的状况。

以上这些研究成果各有所见，为本书的研究提供了一些很好的思路与视角，只不过，从现有的成果来看，它们多是就某一个侧面问题展开研究，并没有对晚清的阅读进行总体的论述，缺乏系统性与整体性。关于晚清阅读还有很多问题值得研究，如哪些人在读？读些什么？在哪里读？为什么读？如何读？对于这些问题，本书进行了力所能及的探讨。

二、基本思路与篇章结构

本书的研究对象就是晚清的阅读，"晚清阅读"作为一个整体，与前此各朝相比，有其不同之处，有其独特的阅读风尚与阅读趋向。为了勾勒晚清阅读的总体概况与时代特征，本书采取专题论述的形式，将"晚清阅读"分为阅读的社会背景、阅读的群体、阅读的场所、阅读的内容、阅读的方法、阅读的影响、阅读的特点等七个方面进行专题论述，具体如下。

第一章论述晚清阅读的社会背景，从社会变迁、文化政策与教育制度的变革等方面进行论述。就社会变迁来说，西方列强的侵略阻断了中国社会自然发展的进程，使古老的中华民族面临着"数千年未有之大变局"，整个社会发生了前所未有的大动荡，这在政治思想、经济结构、科学技术、交通事业以及风俗文化等方面都有体现。就文化政策而言，鸦片战争以后，清政府一方面在欧风美雨的冲击之下提倡学习西方的先进文化，翻译与引进西方的新学书籍；另一方面，清政府继续奉行禁锢思想的文化专制政策：严格禁毁不利于专制统治的图书、报刊，钳制舆论。教育制度的变革是引导阅读趋向变化的关键因素，在科举制度盛行之时，士子们主要阅读传统典籍，在学堂未推广之前，私塾和书院里也仍然是阅读传统经典。随着光绪三十一年(1905)科举制度的废除与新式学堂的大规模兴办,阅读内容与阅读风尚发生了较大的变化,读书人从八股制艺中解脱出来,阅读西学书籍与新书报刊。

第二章论述晚清的阅读群体,从阅读目的、阅读兴趣与阅读内容等方面分析蒙童、学生、官员、士子、市民、女子等几个不同的阅读群体。蒙童是年龄最小的读者群体,正处于身心成长的最初阶段,他们读书不是出于个人兴趣,而是受长辈所迫,被动地在家塾、私塾里学习。学生则具有明确的阅读目的,即应试科举、金榜题名,他们也有其特定的阅读范围,主要是阅读应试书籍,课余也阅读一些课外读物,而且他们是专职读书人,读书时间十分充裕。官员处于社会的最高层,有优越的条件读书学习,而且他们读书具有很强的目的性,读书为政,经世致用,凡议论问题,制定政策,必引经据典,总结前人为政得失,用以指导实践活动。① 士子属于社会的精英阶层,列于"四民"之首,在传统社会中的地位非常高。士子以读书为本,以仕宦为目的,他们读书有其明显的特点,那就是其阅读兴趣十分浓厚,阅读目的非常明确。就所读书籍而言,他们一方面不忘旧学,阅读传统的经史典籍,另一方面又关注西方新学,阅读新学书籍,可谓旧书新书,兼而读之。市民则是非常普通的读者群体,他们因为生活在社会的底层,受经济条件的限制,所以只能在繁忙的劳作谋生之余,利用点滴时间阅读书刊。他们的阅读范围较窄,主要是阅读报纸、小说、善书以及通俗读物。就阅读目的而言,他们阅读既不是为了升官,也不是为了著述,而是为了休闲娱乐。女子是晚清的一个新的阅读群体,随着女子教育的出现和社会风气的开化,走出闺门、进入学校读书的女子日渐增多。女子的读书目的与男子有所不同,她们主要还是修身养性,为了当好贤妻良母。

第三章论述晚清的阅读场所。在哪里阅读,阅读环境如何,这些

---

① 李治亭:《谈清朝官员的读书与著书》,载《人民论坛》,2006年第4期。

问题对于读书人来说都是必须考虑而且较为重要的。晚清的阅读处所有藏书楼与书院,与以前不同的是,新增了图书馆和阅报处。藏书楼是非常静谧的读书场所,就藏书规模与阅览场地而言,它只适合家族中人利用。不过,随着时代的变迁,原来私家藏书"秘而不宣"的观念发生了变化,晚清藏书楼渐渐向外人开放,寒门冷籍、普通会员也可以进入藏书楼阅览书刊,而且大众均可利用的公共藏书楼出现了。书院藏书区别于官府藏书和私人藏书的最大特点就是它的公共性与开放性明显,其收藏的目的不在于为藏而藏,不在于独自鉴赏,而在于供人借阅、研习与诵读。因此,书院作为读书人的阅读去处,一直受到他们的青睐。图书馆最先由传教士创办,是国人了解、观察西方近代图书馆的窗口。随着时间的推移,图书馆渐渐被国人所接受,从而兴起了一场轰轰烈烈的建立公共图书馆运动。图书馆的出现增加了新的读书场所,提供了新的读书环境,受到了各界人士的欢迎。晚清,报纸的发行途径逐渐通畅,报纸渐渐受到大众的欢迎,一些地方建立了阅报会,阅报会的创办是公众喜欢阅报的反映。同时,为了推动报纸的阅读,各地还纷纷开办阅报处,将之作为专门的阅报场所。

　　第四章论述晚清的阅读内容。晚清,传统典籍的阅读一直居于主导地位,读书人的阅读重点与兴趣仍然还在传统典籍上面。传统的经史典籍一直是重要的阅读对象,读书人继承阅读传统,本着科举致仕的目的,醉心于传统典籍的阅读。另外,本着"师夷长技以制夷"的目的,人们开始阅读新学书籍,西学书籍、东学书籍与外语书籍渐渐进入人们的阅读视野,在人们的阅读内容中占有一席之地。普通报刊具有内容丰富、通俗易懂与发行周期短等特点,能使读者较快地获得最新新闻和信息,受到读者的欢迎,报刊成了人们的重要阅读对象。阅读报刊成为一种风气,上自官员,下至普通百姓,都纷纷阅览报刊,注意从中获取信息和知识。此外,小报的独特风格和消闲内容迎合了市民的口味,满足了市民消闲自娱的需要,小报也成为市民社会的普通读物。

　　第五章论述晚清的阅读方法。在阅读中,阅读方法颇为重要。了解应该阅读的图书,掌握阅读的方法与技巧对于普通读书人来说非常重要。晚清,龙启瑞、张之洞、梁启超等编撰了一些颇有价值的导读书目,这些导读书目并不只是简单的书单,在指导读书人阅读与学习方面起到了非常重要的作用。他们不仅给读书人推荐了应该阅读的图书,而且还提出了阅读意见,介绍了阅读方法,让读书人读书减少了盲目性。不仅如此,曾国藩、张之洞、康有为、梁启超等人还结合自己的阅读实践,总结自己的阅读经验,介绍了一些实用巧妙、行之有效的读书方法,使读书人受益匪浅。值得一提的是,他们对传统典籍与西学书籍的阅读方法进行了探讨,提出了很好的意见与建议。

第六章论述晚清阅读产生的影响。阅读的好处较多,影响较大,对个人来说,既能增长见闻、涵养心灵,又能开阔眼界、转变思想。翁同龢早年接受儒家教育,主要阅读传统典籍,思想较为保守,反对把正途子弟拖入洋务,但是在阅读西学书籍之后其思想发生了变化,开始支持和帮助洋务新政;吴汝纶阅读了西方医学书籍之后,排斥中医,崇尚西医。对于社会而言,阅读书籍对政治、文化、社会生活等各个层面都会产生一定的影响,既能促进嗜好读书、勤学苦读的阅读风尚的形成,又可以引发社会的变革,如洋务运动、戊戌变法等几次大变革都与人们阅读西方新学书籍进而崇尚西方政治经济制度有较大的关联。

第七章总结晚清阅读的特点。受社会大环境的影响和社会政治变革的冲击,晚清的阅读呈现出较为明显的阶段性;由于社会风气的差异和新学传播路径的不同,晚清的阅读在不同的地方表现出不同的特点,也就是说晚清的阅读还存在区域上的差异;由于地位的不同与经济条件的限制,不同的阅读群体具有不同的阅读兴趣与阅读内容,晚清的阅读呈现出明显的社会阶层性。

本书的主旨是想对晚清阅读做一个整体而又较为全面的探讨与把握,但是因为时间跨度较长、地域范围较广、阅读群体较多,所以写作的难度较大,加之笔者学识有限,对一些问题的分析还不够深入,文中有待进一步探讨、深化之处尚多,祈望得到方家、学者的批评指正。

第一章　晚清阅读的社会背景

任何一个时代都有其特定的阅读特色与阅读风尚，而阅读特色与阅读风尚的形成又受制于特殊的历史背景与时代特征。晚清不同于前此各朝，在西方列强的侵略之下，晚清社会发生了变迁。西方列强的侵略阻断了中国社会自然发展的进程，使古老的中华民族面临着"数千年未有之大变局"，整个社会发生了前所未有的大动荡，这在政治思想、经济结构、科学技术、交通事业以及风俗文化等方面都有所体现。就文化政策而言，鸦片战争以后，清政府一方面在欧风美雨的冲击之下提倡学习西方的先进文化，翻译与引进西方的新学书籍；另一方面，清政府继续奉行禁锢思想的文化专制政策：严格禁毁不利于专制统治的图书、报刊；制定报律，钳制舆论。教育制度的变革是引导阅读趋向变化的关键因素。在科举制度盛行之时，士子们主要阅读传统典籍，在学堂未推广之前，私塾和书院里也仍然是阅读传统典籍。随着光绪三十一年(1905)科举制度的废除与新学堂的大规模兴办，阅读内容与阅读风尚发生了较大的变化，读书人从八股制艺中解脱出来，阅读西学书籍与新书报刊。

第一节 社会变迁

西方列强的侵略阻断了中国社会自然发展的进程，使古老的中华民族面临着"数千年未有之大变局"。整个社会发生了前所未有的大动荡，这在政治思想、经济结构、科学技术等方面都有所体现。

一、政治思想的风云激荡

封闭的国门被西方列强的坚船利炮冲开，思想封闭状态被打破，先进的知识分子开始睁眼看世界，向西方学习的思想渐渐成为一种潮流。林则徐是睁眼看世界的第一人，从鸦片战争的失败中他认识到英国的坚船利炮超过中国，开始注意学习西方的长处，他派人刺探西方的各种情况，翻译西方的书籍，购买外国的报纸，绘制外国的地图，并且千方百计地引进西方的造船技术。魏源大力提倡向西方学习，一是了解西方各国的情况，二是学习西方先进的科学技术。冯桂芬、郑观应等资产阶级改良派人物也大声疾呼向西方学习，不仅主张学习西方先进的科学技术，而且积极宣传与介绍西方的政治制度，要求进行政治体制改革。最强烈、最系统地呼吁向西方学习的人是严复，他认为向西方学习是一股不可抗拒的历史潮流，要救亡图存，就必须学习西方，为了便于人们对西方文化知识的学习，他翻译介绍了西方的一些自然科学与哲学社会科学著作。

从地主阶级改革派喊出"师夷长技以制夷"的口号，到洋务派提出"中学为体，西学为用"的思路，从资产阶级维新派变法主张改制，到革命党人阐发民主共和思想,他们的共性都是主张向西方学习,尽管学习的内容、方法和目的有所不同,但是他们前后承继,体现了晚清时期向西方学习的进步社会思潮的演进轨迹。① 当然,在晚清,仍然有些守旧派闭目塞听、昧于时势、昏聩麻木、狂妄自大,夷夏之辨的顽梦一直缠绕着他们的头脑,他们拒绝接触洋务,甚至不愿和沾染洋务者交往。可以说,在晚清政治思想界,新旧思想的对垒交锋十分激烈而且持续不断。

政治思想的激荡影响了阅读生活,特别是向西方学习的思潮使人们主动地阅读西方的新学书籍。

二、传统经济结构的变动

鸦片战争后,社会经济的自然发展进程被外国资本主义的侵略打断,经济领域发生了很大的变化。很多外国商品不断输入中国,对小农业与家庭手工业相结合的自给自足的自然经济产生很大的冲击,特别是大批廉价的机制棉纺织品的输入,对小农家庭棉纺织手工业造成致命打击。19世纪60年代以后,随着进口棉纺织品数量的急剧增长,农村的手工棉纺织业开始明显解体,主要表现在:大批廉价洋纱洋布的进口,促使家庭手工棉纺织业生产解体,家庭手工棉纺织业的解体是封建自然经济分解的主要标志。自给自足的自然经济分解,大量农民和城市手工业者纷纷破产,形成了很大的商品市场和雇佣劳动力市场,同时由于外国资本在客观上的示范作用和导引作用,中国的资本主义近代工业产生了。而且,伴随着洋务派的军事和民用工业的异军突起,商办企业开始独树一帜。虽然在外国资本主义和清朝封建势力的双重压迫之下,民族资本存在着资力薄弱、技术低下、市场有限、缺乏政治保障等实际困难,但是它还是艰难地前进着。

---

① 胡绳武:《中华文明史·清代后期》,石家庄:河北教育出版社,1994年,5页。

传统经济结构发生了变化,社会经济部门出现了新的组合,新的生产关系和阶级力量已经出现,资本主义因素在社会上产生了很大的威力,社会生活也出现了连锁反应,从而给时人的阅读生活带来了很大的影响。

三、印刷技术的发展变化

印刷技术的发展特别是西方印刷技术的引进对书刊的印刷产生了很大的影响。西方印刷技术于19世纪初传入中国,凸版印刷术最早传入,平版印刷术次之,最迟者为凹版印刷术。[①]

凸版印刷术有多种,如铅印、纸型(又名纸版)等。自嘉庆十二年(1807)起,铅印技术就传入中国沿海地区,但是经营者仅限于传教士,只用于排印《圣经》及其他教会宣传品。19世纪60年代以后,铅印技术开始深入内陆,其应用越来越广,受到一些出版机构的青睐。墨海书馆是上海第一家有铅印设备的出版机构,除了大小英文铅字七号外,还刻有中文铅字两号(等于二号、四号大小)。王韬记载:"西人设有印书局数处,墨海其最著者。以铁制印书车床,长一丈数尺,广三尺许。旁置有齿重轮二。一旁以二人司理印事,用牛旋转,推送出入。悬大空轴二,以皮条为之经,用以递纸,每转一过,则两面皆印,甚简而速,一日可印四万余纸。字用活版,以铅浇制。墨用明胶、煤油合搅煎成。印床两头有墨槽,以铁轴转之,运墨于平版,旁则联以数墨轴,相间排列,又揩平版之墨,运于字版,自无浓淡之异。墨匀则字迹清楚,乃非麻沙之本。"[②]墨海书馆、美华书馆等出版机构运用了铅印技术,

---

[①] 贺圣鼐:《三十五年来中国之印刷术》,见张静庐《中国近代出版史料·初编》,北京:中华书局,1957年,257页。
[②] 王韬著,陈戍国点校:《瀛壖杂志》,长沙:岳麓书社,1988年,197页。

印刷了较多书籍。商务印书馆亦运用了铅印技术，出版了不少书刊。

平版印刷术分为石版印刷（石印）、胶版印刷（胶印）和珂罗版印刷三种类型。光绪二年（1876）上海徐家汇土山湾印书馆始有石印术，首办石印的是邱子昂，是时所印仅限于天主教的宣传品。石印书籍则以上海点石斋石印书局为最先。① 上海点石斋分局告白称："本分局专办一切石印经史子集以及中外舆图西文书籍……"②点石斋于光绪八年（1882）照相石印的《康熙字典》，初版、重版共印刷十万部，为当时销售数量最高的一部工具书。点石斋石印书局除了印刷书籍外，还有石印《点石斋画报》《飞影阁画报》和《书画谱报》等，点石斋用石印照相法印成的各种书画，"皆能与原本不爽锱铢"③。石印书籍速度快，质量高："千百万页之书，不难竟日而就。细若牛毛，明如犀角，剞劂氏二子，可不烦磨厉以须矣。"④因此，石印技术在出版机构得到广泛的应用，同文书局、拜石山房均采用了石印术。同文书局购置石印机12架，雇用职工500余名，规模居当时石印业之首。在光绪八年（1882）至光绪二十四年（1898）的十余年间，同文书局出版了不少书籍，如《康熙字典》《佩文斋画谱》《陆操新义》《国朝柔远记》《谈瀛录》《中西算学大成》等。从19世纪70年代到20世纪初，上海的平版出版商不仅在数量上超过了凸版印刷商，而且他们的影响力也很大，值得一提的是有许多平版出版公司从事医书和小说的再版发行。平版印刷率先在上海发展，在光绪二年（1876）到宣统三年（1911），上海的印刷商、出版

---

① 点石斋是光绪中叶上海规模最大的出版企业，设有印刷总厂和北厂，并且在各地区设有批销分店，至光绪十四年（1888），已有北京、杭州、湖南、广东、江西、贵州、广西、南京、湖北、河南、重庆、成都、山东、陕西、甘肃、苏州、汉口、福建、山西、云南等二十处批销分店。
② 张静庐：《中国近代出版史料·初编》，北京：中华书局，1957年，24页。
③ 《点石斋售印书籍碑帖字幅价目》，载《申报》，光绪九年（1883）十一月初五。
④ 黄协埙：《淞南梦影录》，见柳诒徵《中国文化史》，下册，北京：中国大百科全书出版社，1988年，799页。

商和印刷机器商实现了印刷商业向印刷资本主义的飞跃。到19世纪80年代初,像同文书局这样的中国出版商开始印刷对中国人而言的新式知识商品,即以工业化的方式出版书籍和杂志。①

申报馆使用的手摇平台印刷机②

凹版印刷术有雕刻凹版、照相凹版(影写版)等。首先学得雕刻铜版术的中国人是王肇鋐,他游学日本研习地舆之学。光绪十四年(1888),他将其所绘之地图付镌于日本某印刷局,"知日本有雕刻铜版之法,当即考求而精习之,尽得其法。翌年著《铜刻小记》,详说雕刻铜版之方法。"③光绪三十一年(1905),商务印书馆聘请日本雕刻铜版技师和田鏑太郎、三品福三郎、角田秋成三人传授雕刻铜版技术,雕刻铜版在中国得以发展。

总之,凸版印刷术、平版印刷术、凹版印刷术等新的印刷技术在出版业的运用对书刊的印刷产生了直接的影响,缩短了书刊的出版周期,使读者能够很快地获取信息。在甲午战争时期,各出版社或者铅印或者石印,出版采录当时报章新闻中关于中日战争的言论以及各相

---

① 芮哲非:《印刷与出版史能为中国学研究增添什么》,见王荣华《多元视野下的中国——首届世界中国学论坛》,上海:学林出版社,2006年,66页。
② 肖东发:《中国出版图史》,广州:南方日报出版社,2009年,196页。
③ 贺圣鼐:《三十五年来中国之印刷术》,见张静庐《中国近代出版史料·初编》,北京:中华书局,1957年,274页。

关奏议与规章,乃至《中东和议问答节略》和《与伊藤陆奥往来照会》等书中详细记载李鸿章的和谈经过,甚至还有马关五次会谈的对话内容。光绪二十三年(1897),图书集成书局出版的《中东战纪本末》大为畅销,为当时新学人士所重视,不仅李鸿章与孙家鼐对此书大为赞赏,而且在浙江地方官府中读过该书的官员都为之震动。这些报刊书籍详细收录战争经过、议论以及士人的回应,运用新兴的石印或铅印等技术,在第一时间印行出版,连外交谈判的对话、经过都可以让一般读者知悉,满足了读者对战事的好奇与关注心理。①

四、新兴交通、通信事业的发展

晚清以降,西力东渐,外洋风雨,如潮袭来:"西洋的新文明不断地输入。于是,外国轮船来了,外国的铁路火车也来了,跟着外国的邮政事业和电信事业也来了,而中国领空上飞机之试飞,也是由外人开其端。这些新交通工具以及新交通组织之初来,中国人的心情只是惊诧和厌恶。但经过了许多事实上的教训以后,知道了数千年相守的成法不足以应付激烈的世变,而新交通事业之延期兴办,也只有替外国人多造一些机会。于是,同治、光绪年间,铁路轮船和邮电都先后兴办……"②晚清交通、通信焕然一变,轮船、铁路、邮政、电信等新兴交通、通信事业进入中国,时人对其大为赞赏:"维新之治,大一统之端倪也。识微见远之君子,观于火器、轮舟、电报、铁路四事而知之矣。""轮舟铁道,俨缩地之神方,电报气球,即补天之秘术。"③轮船、铁路、邮政等新兴交通、通信事业的发展具有重要的作用与意义,对书刊的流通

---

① 李仁渊:《新式出版业与知识分子:以包天笑的早期生涯为例》,载《思与言》,第43卷第3期。
② 白寿彝:《中国交通史》,北京:团结出版社,2007年,203页。
③ 赵树贵、曾丽雅:《陈炽集》,北京:中华书局,1997年,303、75页。

产生了很大的影响,为读者的阅读提供了很大的便利。

(一)轮运的发展

鸦片战争以前,外国轮船就在中国领海活动。鸦片战争后,外国轮船逐渐取得在沿海航行的特权。第二次鸦片战争以后,随着不平等条约的签订,沿海增开通商口岸,长江开放通商口岸,外国轮船之航行范围愈益扩大,由沿海扩展到了长江口岸。外轮不仅可以航行于沿海,而且可以深入中国的诸多内河内港。随着外国在华轮运势力的急剧扩张,为船运服务的船舶修造业及新式轮运业,也出现于沿海口岸,并相继向内河渗透,排斥、取代了传统的帆船运输。19世纪60—70年代,中国沿海及长江通商口岸航线几乎全为外商轮运势力所垄断。

外轮大量入侵与旧式帆船的迅速淘汰,使发展民族轮船航运业被提上了日程。一些华商逐渐萌生了投资轮船运输业的愿望,但清政府禁止华商制造或购买轮船,不少华商遂将资本投向外国轮船企业,在此情况下,清政府的态度有所转变,鼓励华商置买轮船、自主开办航运企业。同治六年(1867),清政府颁布章程,允许华商购置轮船,但规定只准在通商口岸往来。同治十一年(1872),李鸿章在上海创办轮船招商局。同年,招商局轮船"福星"号往来上海、烟台、天津、牛庄,"永清"号往来上海、香港、汕头、广州,"利运"号往来上海、厦门、汕头及天津、烟台等处,是为国人自置轮船航行中国海上之始。次年,"洞庭"号、"永宁"号往来长江,驳运川、汉、津、粤各地货物,此为国人自置轮船航行中国内河之始。① 招商局在其发展初期,盈利众多,实力增长较快,但后期则发展缓慢。

随着工商业的发展及社会对轮运事业及其发展的广泛需求,光绪年间,一些华商冲破小轮行驶内河的禁令,在内河开办航运,内河小轮企业不断涌现。清政府对此加以种种限制,不准这些内河小轮载货或

---

① 白寿彝:《中国交通史》,北京:团结出版社,2007年,208页。

拖带货船，只许搭客和附拖官商座船，并限制其航线。因此，中日甲午战争以前，内河小轮交通运输事业发展缓慢。中日甲午战争后，中国的内河、内港依约陆续向外轮开放，民众实业救国的热情日益高涨，清政府被迫解除内河不准轮船行驶的禁令。光绪二十四年（1898），清政府颁布《内港行轮章程》，将小轮行驶范围由通商省份扩大到所有的内河内港。于是内河小轮企业迅速兴起，遍布浙江、福建、广东、广西、江苏、江西、安徽、湖北、湖南、山东、天津以及东北地区，并且出现了大达内河轮船公司、松黑两江邮船局、宁绍商轮公司、川江轮船公司等若干家大中型轮运企业。轮运事业的管理，起先由海关兼理，各地海关下设理船厅，专门管理水上交通事务。光绪三十二年（1906），清政府设立邮传部，内设航政司专管轮船事务。

总体来看，晚清轮运事业仍是外国轮运占据着绝对优势，外国轮运不仅垄断了中国与世界各国的远洋航行路线，而且拥有进出各通商口岸大型轮船中的大多数，其中，英、日、美的势力最大。国人自办轮船公司则在进出通商口岸的内河船只中占有多数，占据了内河航运的优势。

（二）铁路的兴建

伴随着欧风美雨，铁路在古老的华夏大地上出现。晚清铁路兴建大致分为两个阶段。

第一阶段：光绪二年至光绪二十年（1876—1894），艰难起步期。第二次鸦片战争后，英国不满足于只向中国输入鸦片和其他商品，还试图把铁路也引进中国。同治四年（1865）七月，英国商人杜兰德在北京宣武门外铺设了一条长约0.5千米的小铁道，试行小火车，群情骇怪，导致小铁道被步军统领饬令拆毁。同治十一年（1872），英商在天津租界建了一条铁路，于八月初七试车，载客运行。同年，李鸿章提出修铁路以巩固国防的建议："自开煤铁矿与火车路，则万国缩伏，三军必皆踊跃，否则日蹙之势也。"但当时风气未开，以致"闻此议者，鲜不咋舌"。① 同治十三年(1874),英商修筑了从吴淞口到上海的淞沪铁路,全长 14.5 千米。次年通车,每天往返六次,获利颇厚。这条铁路运行没多久,火车撞死了一名士兵,结果群情鼎沸,清政府下令停驶火车,并将铁路赎回。从光绪二年(1876)十月十六日至光绪三年(1877)七月十七日,该铁路运客 16 万多人次,平均每英里每周可赚 27 英镑。② 在丰厚利润的诱惑下,外国商人争相投资铁路。同时,国人也开始自建铁路,光绪六年(1880)五月初二唐胥铁路开始兴建,次年六月初五铺轨,九月十七日举行通车典礼,该铁路全长 11 千米。唐胥铁路开了国人自建铁路的先河,此后津沽铁路等开始兴建。可以说,这一阶段铁路的建设非常艰难,发展较为缓慢,在近二十年的时间里,建造的铁路总里程有 473.4 千米,包括津唐铁路(天津至古冶)、部分关东铁路(古冶至中后所)、部分台湾铁路(基隆至新竹)及大冶铁路,除了津唐铁路为官督商办,其余皆为官办。

第二阶段:光绪二十一年至宣统三年(1895—1911),逐渐发展期。中日甲午战争中国战败刺激了清政府,清政府将铁路作为图自强而弭隐患的一项实政,制定了官办铁路、借债筑路的政策。光绪二十九年(1903),清政府颁布了《铁路简明章程》,进一步制定了筹资政策,向民间开放铁路修筑权,因此促成了商办铁路的兴起。与此同时,帝国主义列强大肆抢夺铁路的建筑权益,展开了路权掠夺战,涉及线路较多。民族资产阶级向清政府提出自造支路的要求,开展了挽回路权的斗争。于是各省自办省内铁路。列强向清政府施加压力,清政府于宣统三年(1911)制定"干路国有"政策,引发了保路运动,加速了清政府的灭亡。这个阶段共建铁路 9100 多千米,平均每年兴建 544 千米,③完

---

① 李鸿章:《李文忠公全集》,卷十二《朋僚函稿·复丁雨生中丞》,光绪三十一年至三十四年(1905—1908)金陵刻本。
② 龚云:《铁路史话》,北京:社会科学文献出版社,2011 年,19 页。
③ 龚云:《铁路史话》,北京:社会科学文献出版社,2011 年,4 页。

成了几大铁路干线的建造。连接南北的京汉、津浦铁路,贯通关内外的京奉铁路及通往阳高的京绥铁路,都是在这个时期建成的,另外,几条重要支路也相继筑成,从而构成晚清铁路的基本框架。到宣统三年(1911),共计建成铁路9618.1千米,其中,借款筑路5192.78千米,占铁路总长度的54%,由西方国家直接经营的铁路3759.7千米,占39.1%,完全由国人出资建筑的铁路665.62千米,占6.9%。[1] 这说明,当时铁路建设依赖的基本是外资。因此可以说,外资对中国铁路初期建设在一定程度上起了积极作用。

铁路的兴建在中国交通史上具有划时代的意义,火车代替了驴马,铁轨代替了土路,蒸汽动力代替了人力、畜力,交通工具无论是速度还是质量都发生了质的飞跃。例如在京汉铁路建成前,从北京至汉口走驿道需要27天;铁路通车后,从北京至汉口乘火车只需两天半。津浦铁路建成前,从天津到浦口,无论是走驿道还是水运,都需25天左右时间;铁路开通后,只需两天多一点时间。铁路的开通,打破了内地的封闭状态,加强了沿海与内地、城市与乡村的联系,推动了邮政、商业等其他事业的相应发展,大大方便了信息的传递和书刊的运输、交易与传播。

(三)邮政的发展

鸦片战争前,官办驿站和民营信局为中国传统的两大通信组织,它们互不干涉、互为补充地为政府和民间服务。然而,到了清朝后期,传统邮驿的弊端日益暴露,驿律逐渐失效,徇私枉法的事情屡屡发生,有的督抚往往借查办地方公务之机扰累驿站,而州县地方官也是曲意逢迎。军报延迟上报、私拆公文的事情经常出现。民信局虽有数千家,但也是积弊丛生。在此背景之下,西方邮政传入中国,时称"客邮"。道光十四年(1834),英国商务监督律劳卑在广州其住所内开办

---

[1] 严中平等:《中国近代经济史统计资料选辑》,北京:科学出版社,1955年,190页。

了一个"英国邮局",这是最早出现的"客邮"。鸦片战争后,英国在通商口岸广设邮局。其他帝国主义国家借口"利益均沾,机会均等"的原则,纷纷效尤。法国于咸丰十一年(1861)、俄国于同治九年(1870)、美国于同治六年(1867)、日本于光绪二年(1876)、德国于光绪十二年(1886)先后设立了各自的"客邮"。第二次鸦片战争后,各国又以种种借口不断扩大"客邮"范围,不只在沿海、沿江城市任意设立邮局,甚至深入新疆、云南、黑龙江、西藏等边疆地区。"客邮"不受清政府的管辖,各自执行本国的邮政章程,使用本国的邮票;不仅邮寄本国侨民的邮件,而且收寄中国人的邮件,对中国邮政利益损害很大。① 此外,各国驻华领事馆、租界当局以及洋行、投机商也任意开设"书信馆""本地邮局"。虽然"客邮"的建立是帝国主义对中国邮政主权的一种侵犯,但是"客邮"是在中国出现最早的与传统驿站不同的新型通信方式,是近代国家邮政创办的推动力。②

在"客邮"的刺激下,清政府下决心开办邮政,并且把开办权交给了海关。同治四年(1865),总税务司署由上海迁至北京,海关文件连同各使馆文件交与总理衙门代寄。清政府感到负责邮件安全的责任重大,便有意将这项职责移交给总税务司署,由它负责邮件的封装分发。同治五年(1866),总税务司署,上海、镇江、天津及沿海各地海关成立了办理邮递事务的部门。同治六年(1867)二月,赫德发出了邮政通告,宣布了邮件封发时刻和邮资标准。这种海关兼办邮递的办法收到了一定的效果,清政府也较为赞许。光绪四年(1878),总理衙门决定在北京、天津、烟台、牛庄、上海五个地区仿照西方邮政方法,设立比较正规的邮务机构,由总税务司赫德管理。赫德因当时有事,就指派了海关职员德璀琳以天津为中心试办邮政。于是天津就成了当时邮

---

① 易伟新:《略论晚清邮政近代化》,载《株洲工学院学报》,2004年第1期。
② 崔红欣:《晚清中国邮政的近代化》,河北师范大学硕士论文,2007年。

政的总汇之区。① 从光绪四年(1878)二月二十九日起,天津、北京之间开办定期邮递业务,每天由骑马信差运送邮件。随后海关制订冬季邮政计划,规定天津、镇江间每隔一天发送邮件一次,北京、天津间每天一次,济南、烟台间和天津、牛庄间每星期各一次。② 同年,海关参照西方国家的邮政规章制定了邮务章程,③发行了中国第一批邮票,面值银5分、3分和1分,各10万枚。图案以蟠龙为主,衬以云彩水浪,颜色分别为黄色、朱红色和绿色,分发给各通商口岸的海关书信馆使用。光绪四年(1878)三月二十九日,天津海关书信馆发布邮递公告,宣布对公众开放邮寄,并于四月十七日开始施行。上海、烟台、牛庄等地相继实行,不过当时都"只限于外国人的邮件"。④ 光绪十六年(1890),总理衙门支持海关在通商口岸推广办理邮政。到光绪二十二年(1896)初,全国二十四处设有海关的地方基本上都开办了海关邮局。

经过一段时间的准备,大清国家邮政局于光绪二十二年二月初七(1896年3月20日)正式创办。赫德拟定了邮政章程,分"通商口岸互相往来寄递""通商口岸往来内地寄递""通商口岸往来外国寄递"和"邮政总章"四项四十四款内容。章程规定:各海关已设的寄信局改为邮政局,归税务司管理;总税务司署中的寄信局,改为邮政总局,管辖各口邮局;在联约处所(凡设有邮政局的地方)开设的民局需赴邮政局挂号、领取执据为凭,无须另纳规费。此外,邮政章程对邮局寄送信件、汇寄银钞、寄送包裹等邮政业务也做出了相应规定。光绪二十四年(1898)推广邮政,"凡铁路设站、电报设局之各处,均添设邮政官局"。⑤ 到了光绪三十年(1904),全国除甘肃没有设局外,已有总局、

---

① 易伟新:《略论晚清邮政近代化》,载《株洲工学院学报》,2004年第1期。
② 中国近代经济史资料丛刊编辑委员会:《中国海关与邮政》,北京:中华书局,1983年,14页。
③ 中国近代经济史资料丛刊编辑委员会:《中国海关与邮政》,北京:中华书局,1983年,10页。
④ 中国近代经济史资料丛刊编辑委员会:《中国海关与邮政》,北京:中华书局,1983年,18页。
⑤ 中国近代经济史资料丛刊编辑委员会:《中国海关与邮政》,北京:中华书局,1983年,92页。

分局、支局等千余处。以海关辖区为标准,将全国分为北京、牛庄、天津等 35 个邮界和太原等 5 个副邮界,不受省界限制。宣统二年(1910),以行政区域为标准,重新划定邮政区域。全国分为 50 区,即 14 个邮界,36 个副邮界。邮政局除开展传递信件、汇寄银钞业务外,还不断开展新的业务。光绪二十三年(1897)十二月初九,开办国内汇兑业务,光绪二十四年(1898)闰三月十一日,开办国内包裹业务。光绪三十一年(1905)十一月二十日,快递邮件业务在津沪间试办,到宣统元年(1909)主要邮局都开办了快递邮件业务。① 本市的快件当日递达,外地的快件也能很快送达,快件从上海到汉口只要四五天的时间。除国内业务外,邮政局从光绪二十六年(1900)起还分别与法、美、日等国签订了互寄邮件协议,从而拓展了国际业务。随着邮政局的不断扩展,清政府以运输工具的不同而开辟了多种邮路,如邮差邮路、船舶邮路、铁道邮路等,全国性邮政网络形成了。

新式邮政消除了驿站、民信局的缺点,既递公文又寄私函,速度快且安全,是一个较完整地引进了西方邮政先进方法、采用资本主义经营方式的新式通信机构,显示了中国邮政事业的进步。新式邮政的创办与发展,极大地促进了经济、文化和对外交流的发展,促进了商品的流通和市场的发展,无论是绸缎、皮货和珠宝等贵重物品,还是书籍、药材、衣服、食物等生活用品,都可以通过邮局传递,极大地方便了基层普通民众的日常联系和交流,"实因邮局办法较诸民船稳速、事简、费廉,商民深知邮局寄送各项包裹诚实可靠"②。就书刊营销与流通来说,新式邮政促进了各地书刊的交易和书刊市场的扩大,"有邮政局

---

① 邮电史编辑室:《中国近代邮电史》,北京:人民邮电出版社,1984 年,228—229 页。
② 仇润喜:《宣统元年邮政事务情形总论》,见《天津邮政史料》,第二辑(下),北京:北京航空航天大学出版社,1989 年,663 页。

则南北洋新译之书,可以捆载而至"①。不过,在书刊流通市场,不同的邮政系统起着不同的作用,如民信局就递送报纸。光绪十年(1884)和光绪十一年(1885),《申报》在苏州还没有设立代派处,苏州人看《申报》"乃是向信局里定的"。包天笑说:"我们看上海出版的《申报》,就是向这班信差手中定的。不独我们一家,在苏州无论何人,要看《申报》,就非向信局信差定阅不可。"②当时苏州订《申报》者将近百户,靠民间信局递送,"所有信件以及轻便的货物,在十余个钟头之间,苏沪两处,便可以送达"③。头天上午上海出版的《申报》,晚上信局就通过"脚划船"将其送到苏州,第二天下午三四点钟苏州人就可看到,颇为快捷。邮政系统之间还展开了竞争。光绪二十三年(1897),大清邮政接收上海工部局书信馆,之后不久,各地的商埠邮局相继歇业。在报刊运寄业务方面,大清国家邮政局与民信局进行了竞争。20世纪初,民办报刊有200余种,这些报刊原来都由民信局发行,大清国家邮政局同这些报刊门市部订立了优惠协议,在收寄、运输、投递等方面尽量提供便利。光绪二十九年(1903),大清国家邮政局与铁路当局拟定章程,要求铁路只允许邮政官局运送邮件,不准运送民信局邮件,这样就把报纸的运送业务从民信局手中抢了过来。④

(四)电信的开通

晚清电信有电报、电话及无线电等,其中,电报是主要的,规模大,影响也大,电话及无线电等规模小,影响也小。第二次鸦片战争后,英、俄、美等帝国主义列强为了加速传递中国的军政情报和市场信息,要求在中国陆上架设电线、开办电报,但是遭到清政府的拒绝。架设陆线的阴谋失败后,英、俄、美等帝国主义列强又谋求在沿海铺设海

---

① 中国近代经济史资料丛刊编辑委员会:《中国海关与邮政》,北京:中华书局,1983年,120页。
②③ 包天笑:《钏影楼回忆录》,香港:大华出版社,1971年,105—106页。
④ 修晓波:《邮政史话》,北京:社会科学文献出版社,2011年,25页。

线。同治九年(1870),英国公使威妥玛照会总理衙门,要求铺设广州至上海的沿海电报线路,总理衙门被迫同意。同治十年(1871),丹麦大北电报公司铺设了由香港到上海的水线,开始通报,还接通上海到长崎的水线。从此,大北公司的水线经日本与俄国相通,又经香港与欧美相通,沟通了中国、日本与西方的电报通信。光绪二十六年(1900),丹麦大北电报公司、英国大东电报公司又强行铺设沟通上海、烟台、大沽的水线,并在威海卫、旅顺、青岛等地为俄、英、德等国抢修水线,并将大沽水线接展陆线至北京。此后,美国、德国、法国、俄国、日本等国相继铺设水线。

国人自行架设的第一条电报线于光绪三年(1877)创建于台湾,长95千米。第二条电报线由李鸿章于光绪五年(1879)主持架成,自天津至大沽、北塘炮台,全长40千米,而且改用汉字传递电文。光绪六年(1880),李鸿章以电报通信快捷、有利于防务为由,奏请清廷推广电报获准,在天津设立电报总局,派盛宣怀为总办,负责建设津沪电报线路及向全国推广事宜。光绪七年(1881),津沪线建成,大大便利了南洋、北洋间的通信联络。第二年,清政府修建了广州至香港间的穗港线。光绪十年(1884)沪粤线建成,上海成为南北通报的中枢,电报总局遂由天津迁往上海。同年,津京电报线架设成功。光绪十年(1884),左宗棠将宁镇线向西伸展至汉口,全长约800千米,上海至汉口电报线路贯通。此后,电报得到迅速推广,至光绪二十年(1894),川汉、川滇、湘鄂、粤桂、赣粤、闽台、津奉、桂柳、津保、保陕、陕甘、甘新等线先后建成,全国性电报干线网初步形成。中日甲午战争后,沿边电报业发展较快,内地线路也陆续增置,形成涵盖沿海、沿江,遍及除西藏以外各省区的电报通信网络。[①] 电报局的营业状况良好,光绪八年(1882)是清政府开办电报的第一年,当年电报营业收入为银61000余

---

① 叶士东:《晚清交通立法研究》,中国政法大学博士学位论文,2005年。

两,五年后,收入上升为410000余两,到光绪二十一年(1895)高达1555000余两,①这足以表明电报对社会经济的发展起着促进作用。

晚清的电话,最早也是由外国人引进的。光绪七年(1881),电话被引入上海租界,由英国、瑞典等国商人经营。光绪二十三年(1897),德国在青岛设立邮电局,经营邮政、电报以及市内电话业务。此后,德国相继在汉口、烟台安装市内电话,由当地德国邮电局经营。电话传入后并没有得到迅速推广。光绪二十五年(1899),盛宣怀奏请清廷电话归电报总局兼办获准,招商试办德律风②。各地电话业务或官方承办,或招商承办,自光绪二十六年至光绪三十二年(1900—1906),广州、北京、天津、南京、苏州、汉口、上海、太原、沈阳等地先后开设了市内电话,大大方便了信息传递。不过,电话只在一些大中城市得到了初步发展,还处于起步阶段。

最早在中国使用无线电报的也是帝国主义列强。光绪三十年(1904)前后,法国就在秦皇岛高地设立了无线电柱。同年,俄国也在烟台领事馆开始筹建与旅顺联系的无线电台。光绪三十一年(1905),袁世凯于天津开办无线电训练班,同时委托洋商代购无线电报机,分装于行营及军舰上,开始采用无线电通信联络。无线电报民用通信始自广东,其后,江苏省开始安设无线电台。总的来说,无线电报并没有得到广泛、迅速的推广,只在某些地区孤立地、小规模地得到利用。③

(五)书刊营销环境和渠道的变化

晚清时期河道、海运、铁路交通便利,信局、邮局、商栈林立,为书商开展业务提供了客观条件。特别是铁路的兴建与邮政的开办为书商提供了便利,促进了书刊的流通与传播,铁路网络与邮政网络的形成与发展,对书刊的营销环境与渠道产生了很大的影响,各个书局和

---

① 严中平:《中国近代经济史(1840—1894)》,下册,北京:经济管理出版社,2007年,1121页。
② 英文telephone的音译。
③ 叶士东:《晚清交通立法研究》,中国政法大学博士学位论文,2005年。

报馆不但设立直接营销点与代派处,①而且还开展书刊函购业务。商务印书馆在上海设立了总发行所,在全国各地设立了20余家分馆与230余家书局、报馆、图书馆、商栈等外埠书籍代售处,遍及海内外90多个地区,构成了一个空前庞大的销售网络,任何一种书籍只要经由商务印书馆出版,就能流通全国,甚至可以远渡重洋,传播至日本、美国等地。② 也就是说,读者无论身在何方,都能便捷地买到商务印书馆出版的书籍。《新民丛报》光绪二十八年(1902)十月在海内外已有代派处75处,③到光绪二十九年(1903)初又增加到87处,除日本横滨外,还有东京、长崎,朝鲜仁川,上海、北京、天津、广州等44个地区。④《小说月报》早期的代派处有北京琉璃厂、杭州清和坊、开封西大街北、太原东羊市街、汉口黄陂街、天津金华桥、长沙黄道街、济南西门大街、广州双门底等20多处。⑤《小说时报》有上海望平街有正书局、北京厂西门有正书局等两个总发行所,还有28处分发行所:苏州都亭桥有正书局、南京寄望街有正书局、汉口黄陂街有正书局、天津旭街有正书局、镇江柴炭街有正书局、四川成都粹记书局、四川重庆粹记书局、河南开封茹古山房、河南彰德茹古山房、安庆新学书局、常州新群书局、苏州文怡福记、扬州世界交通社、平湖绮春阁、湖南长沙群益书局、山西太原文元书局、山西太谷口成堂记、山东济南维新书局、奉天省城文明书局、广东双门底蒙学书屋、广东双门底宝记书局、广东广

---

① 代派处也叫寄售处,是书局或杂志社在国内外选择一些固定的处所或个人,委托他们出售书刊的联络处。代派处大多由当地的书局、报馆、书坊、书画店等充当,其数量多少往往视书局或杂志社的实力、大小而定。
② 刘颖慧:《晚清小说广告研究》,华东师范大学博士学位论文,2011年。
③ 《〈新民丛报〉各代派处》,载《新民丛报》,1902年11月14日第20号广告,见蔡之国《晚清谴责小说传播研究》,扬州大学博士学位论文,2010年。
④ 《癸卯年本报各代派处》,载《新民丛报》,1903年1月13日第24号广告,见蔡之国《晚清谴责小说传播研究》,扬州大学博士学位论文,2010年。
⑤ 李九华:《晚清小说期刊营销手法述略》,载《宁夏大学学报》(人文社会科学版),2008年第1期。

智书局、南通州翰墨林、烟台诚文信记、营口承文信记、天津文美斋、汉口昌明公司、常熟孚记书局。① 书刊的销售点遍及全国各地乃至海外,形成了一个强大的销售网络,为读者购买书刊提供了很大的方便。

除了构建直接销售网络之外,各家书局和报馆还通过邮政系统开展书刊函购业务。网络广布、方便快捷的邮政系统,能够将图书、报刊等迅速送到全国各地,成为晚清书刊订购与传播的重要窗口。图书、报纸、杂志等的传送一般通过两种方式进行:对本地的订阅者采取送货上门的方式,对外地的订阅者则通过邮寄的方式。商务印书馆、改良小说社、文宜书局、英华书局、鸿文书局等书局,均宣布提供书刊函购服务。改良小说社对外宣称"外埠函购,原班回件"。上海古香阁书庄于光绪十九年正月初一(1893年2月17日)在发售《聊斋志异》《镜花缘》等小说的广告中特别承诺:"远处函购,即日奉复不误。"文宜书局光绪二十一年六月十二日(1895年8月2日)在《绘图刘大将军平楼真三集》的广告中也称"函购,原班回件,不误"。英华书局刊载广告时也称"此外各家登报之书,均有全备,外埠函购,当班回件"。《申报》自光绪二十五年六月十二日(1899年7月19日)刊载仓海山房《新印绘图各种小说并售英话各书》广告起,也开始出现了"函购,当班回件"的承诺。

为了规范管理书刊的函购,商务印书馆特意制定了《通信购书章程》:"一、采购图书者务将名目及书价、寄费径寄本馆,得信后立即照信配齐,原局寄奉,断不致误。二、图书概照定价核算,若为数较多,可酌量折扣,临时函商定夺。三、寄递款项,或由信局兑寄现银,或由邮局购买汇票,均随尊便。惟必须挂号或取收据,以免遗失。其兑费、汇费由购书人自理。四、欲托本馆选择图书者,可将种类、部数及用书者之程度详函见示,本馆当代为慎选,以副雅意。五、僻远之地,信局、邮局不

---

① 《〈小说时报〉第六号出版》,载《神州日报》,1910年9月14日广告,见刘颖慧《晚清小说广告研究》,华东师范大学博士学位论文,2011年。

能汇兑款项者,其书价及寄费可用邮票代之……六、书籍寄费,邮局、信局各自不同,本馆特定折中办法如下:(甲)寄费照书价加一成,如购书一元者,应加寄费一角;(乙)邮局寄费至少须五分;(丙)信局寄费至少须一角;(丁)此项寄费,如本馆用剩有余,是当照数寄还,以昭信实。七、欲得本馆书目者,请专函示知,当即寄奉。"①透过此章程可以知道当时函购的费用包括书价与寄费两部分,书价"概照定价核算,若为数较多,可酌量折扣";寄费则是"邮局、信局各自不同",邮局不低于五分,信局不低于一角,商务印书馆所定寄费的标准是书价的一成。书局或杂志社一般都会在公告或者广告中说明函购书刊的书费与邮费。如鸿文书局在《最近绘图女界现形记》广告中称"定价五元,外埠函购,邮费加二"。读者可以通过邮局将订阅款汇到书局或杂志社来购买书刊。倘若有的邮局不能提供汇款业务,则可以通过多用邮票的方式来代替书价和邮费,其办法如下:"(甲)邮票以一角、二角者为限,如有零数,可将一、二分者合足,三角以上者不收。(乙)邮票抵实洋以九折计算,如寄邮票一元,仅能购书九角。"②书局或编辑部往往根据邮局提供的回单,在收到款项的三日内,将书刊邮寄给订阅者。可以说,邮局与信局成为书刊发行与订购的媒介,极大地方便了书商和读者。

第二节 文 化 政 策

鸦片战争以后,清政府在文化方面奉行的是两种政策:一是提倡学习西方的先进文化,翻译与引进西方的新学书籍;二是奉行禁锢思

---

①② 《商务印书馆通信购书章程》,载《东方杂志》,1909年第6卷第4期。

想的文化专制政策,严格禁毁不利于专制统治的图书与报刊,钳制舆论。

一、提倡西学,翻译西书

鸦片战争的失败唤醒了先进的知识分子,他们意识到了闭关自守与夜郎自大的危害,开始睁眼看世界,倡导"师夷长技以制夷",踏上了向西方学习的艰难之路,而且他们认为"求西洋之法,以译书为第一义",开始翻译出版西文书籍,主动学习西方先进文化。道光年间,一些有识之士为了了解外国的情况,"欲通知四裔之事,始竞编译地志"①,相继编译了《海国图志》《瀛寰志略》《朔方备乘》等。咸丰年间,海宁李善兰客居上海,与英国人艾约瑟、伟烈亚力、韦廉臣等合作翻译了《重学》《几何原本》《代微积拾级》《谈天》等书,"于是译事复兴"②。

第二次鸦片战争中国失败,西方资本主义对中国的侵略更加猖狂,清朝统治力量更遭削弱。为了挽救封建统治,19世纪60年代,清朝政府中央以奕䜣为代表,地方以曾国藩、李鸿章、左宗棠为代表发动了一场以学习西方科学技术与坚船利炮为主要内容的洋务运动。要学习西方的科学技术与坚船利炮,就必须借助于西方的书籍,而原版西文书籍无法看懂,必须将其翻译成中文。因此,设馆译书就成了当务之急。一些知识分子也意识到翻译西书的重要性和迫切性,"将西国要书译出,不独自增识见,并可刊印播传,以便国人今知"③。他们极力建议清政府兴办译书机构翻译西方图书。同治元年(1862),总理衙门设立同文馆,并且设立了译书处,负责翻译出版西学书籍。冯桂芬倡议上海、广东仿

---

①② 柳诒徵:《中国文化史》,下册,北京:中国大百科全书出版社,1988年,793页。
③ 傅兰雅:《江南制造总局翻译西书事略》,见熊月之《西学东渐与晚清社会》,上海:上海人民出版社,1994年,495页。

照同文馆设立译书处:"愚以为莫如推广同文馆之法,令上海、广州仿照办理,各为一馆。"①江苏巡抚李鸿章听从了冯桂芬的建议,于同治元年(1862)在上海建立了广方言馆,"以译书为学者毕业之证"②。同治六年(1867),江南制造局设立了翻译馆,翻译格致、化学、制造等方面的西学书籍。第二年十月,上海广方言馆并入江南制造局,与翻译馆同处于制造局西北隅。翻译馆出版的西书,有不少被广方言馆选作教材。翻译是广方言馆学生的必修课,学生的译作如果质量较好,则由翻译馆正式出版。翻译馆译员由中外学者共同组成,外国学者负责口译,中国学者负责笔述,"口译之西士则有傅兰雅、林乐知、金楷理诸人,笔受者则为徐雪村、华若汀诸人。自象纬、舆图、格致、器艺、兵法、医术,罔不搜罗毕备,诚为集西学之大观"③。为了造就专门的翻译人才,马建忠倡议设立翻译书院,可惜的是他的建议未被采纳。几年后,北洋制造局、福州船政学堂等机构相继建立,再加上一些民间机构和教会机构,一个输入西学翻译西书的系统基本上形成了,于是西书的翻译活动渐渐开展。西书的翻译与出版可以分为三个阶段。

第一个阶段:两次鸦片战争时期(1840—1860)的西书翻译。

鸦片战争以后,先进的中国人开始踏上了向西方学习的艰难之路,林则徐和魏源提出"师夷长技以制夷",主张学习外国的长处,以对付外国的侵略,他们通过编译西方文献介绍"夷情"。林则徐召集通晓英文的译员,搜集并大量地翻译外国书报("凡以海洋事进者,无不纳之;所得夷书,就地翻译"),内容包括五个方面:(1)为了了解军事、政治、经济情报而翻译的《澳门新闻纸》以及编辑的《澳门月报》《东印度公司卡片》;(2)为了了解外国人对华评论而择译的《对华鸦片贸易罪

---

① 冯桂芬:《显志堂稿》,卷十《上海设立同文馆议》,光绪二年(1876)校邠庐刻本。
② 柳诒徵:《中国文化史》,下册,北京:中国大百科全书出版社,1988年,795页。
③ 王韬著,陈戌国点校:《瀛壖杂志》,长沙:岳麓书社,1988年,73页。

过论》《华夷事言》等;(3)为了了解世界各国的基本知识而翻译的《四洲志》,《四洲志》主要译自1836年伦敦出版的慕瑞著《世界地理大全》,叙述五大洲各国的历史、疆域、政治等概况;(4)为了展开外交斗争摘译滑达尔所著的《各国律例》;(5)为了改进军事技术而翻译的大炮瞄准法等武器制造方面的应用书籍。① 继林则徐之后,进一步介绍与研究西方书籍的中国人当推魏源。道光二十二年(1842),魏源接受林则徐的嘱托,根据《四洲志》译稿及《澳门月报》《华事夷言》和滑达尔的《各国律例》等中外文献资料,于十二月编成《海国图志》五十卷,其中地图23幅,洋炮图式8页。初版之后,魏源先后两次进行扩充与增补:道光二十七年(1847),该书增订为六十卷,与五十卷本相比,增加了海外各国情况的介绍,而且将西洋技艺的一卷扩充为八卷;咸丰二年(1852),《海国图志》六十卷增补为一百卷,其中地图75幅,西洋技艺图式57页,地球天文合论图式7幅。《海国图志》不仅采用了明末清初的大量西人著述,而且还广泛采用了外国人的新书,如美国人裨治文的《美理哥合省国志略》、葡萄牙人玛吉士的《地理备考》等,几乎收录了当时中国人所能了解到的一切海外知识。作为一部介绍世界各国的历史、地理、政治、经济、军事、文化、宗教等各方面情况的巨著,《海国图志》对中国人了解和学习西方起了很大的作用,其影响远播海外。②

鸦片战争时期,先进的知识分子主动了解、吸收西学,他们主动关心国际常识、世界史地知识,而且开始参加译书工作。在上海、广州,都有知识分子参与西书翻译,以李善兰、王韬、管嗣复、张福僖为代表,他们与传教士合作译书,开始了晚清历时几十年的西译中述的历

---

① 陈胜粦:《论林则徐的历史地位》,见《林则徐与鸦片战争论稿》,广州:中山大学出版社,1985年,22页。
② 程焕文:《晚清图书馆学术思想史》,北京:北京图书馆出版社,2004年,149页。

史。① 虽然是合作译书,但是他们有自己的主张,如管嗣复表示只译科学书,不译宗教书,显示了知识分子在介绍和接受西方文化时的独立性和选择性。②

第二个阶段:洋务运动时期(1860—1899)的西书翻译。

在洋务派的"中学为体,西学为用"的思想指导下,洋务运动时期翻译了大量与办洋务相关的应用科学及自然科学方面的书籍。据徐维则的《东西学书录》记载,共计出版各种西书555种:其中应用科学225种,含工艺、矿务、船政等,占总数的41%;自然科学162种,含算学、重学、电学、化学、光学、动植物学等,占总数的29%;哲学社会科学123种,内含哲学、历史、法学、文学、教育等,占总数的22%;其他45种,包括游记、杂著、议论等,占总数的8%。从英国传教士傅兰雅于光绪四年(1878)编写的《译书事略》来看,所译西书主要集中在兵法工艺、自然科学、应用技术等方面,其中算学测量24部,水陆兵法24部,工艺21部,天文行船12部,汽机10部,博物学10部,地理8部,化学6部,地学5部。究其原因,西方列强是凭借坚船利炮打开中国大门的,国人普遍认为西人强于物质文明,要抵御外侮就必须"师夷长技",而这个"技"即指兵法、工艺等实用知识和技术,因此,译书多集中于此。梁启超对此评论道:"中国官局旧译之书,兵学几居其半。中国素未与西人相接,其相接者,兵而已。于是震动于其屡败之烈,怵然以西人之兵法为可惧,谓彼之所以驾我者,兵也。吾但能师此长技,他不足敌也。故其所译,专以兵为主。"③

第三个阶段:戊戌维新至清末新政时期(1900—1911)西方社会科学文献的翻译。

---

① 西译中述是西书中译的基本模式,即由外国学者口译西书意思,由中国合作者润色加工,整理成文。
② 熊月之:《西学东渐与晚清社会》,上海:上海人民出版社,1994年,10页。
③ 梁启超:《饮冰室合集·文集之一·论译书》,北京:中华书局,1989年,68页。

光绪二十四年(1898)的戊戌政变和光绪二十六年(1900)的八国联军侵华之役,使清朝政府的威信扫地,知识分子失望到极点,民主革命风潮涌起。民约论、自由论、自治论、独立论的译作成为时髦之学。

这个阶段的西书翻译有以下三大特点。(1)译书数量很大。从光绪二十六年至宣统三年(1900—1911),各地通过日文、英文、法文共译各种西书至少有1599种,占晚清100年译书总数的69.8%。① 其中,光绪二十六年至光绪三十年(1900—1904),译书共计899种。(2)社会科学图书的翻译跃居主要地位。一方面,国人的认识发生了变化,究其原因,从中日甲午战争中国的战败中,国人终于意识到:"西人之所强者兵,而所以强者不在兵。"②用洋枪洋炮武装起来的清军,仍旧抵挡不住外敌的入侵,因此中国人对过去学习西方的偏颇进行检讨,从而发现:"夫政法者,立国之本也。日本变法,则先其本,中国变法,则务其末。是以事虽同而效乃大异也。故今日之计,莫急于改宪法,必尽取其国律、民律、商律、刑律等书而广译之。"③另一方面,百日维新的失败,维新派认为政治变革已不可能,就将主要精力转向思想启蒙,以至西方社会科学书籍大量输入。因此,此时西方的社会科学书籍的翻译渐渐占据主要地位。据顾燮光《译书经眼录》的统计,光绪二十八年至光绪三十年(1902—1904)翻译出版的新书共计533种;其中,文学、历史、哲学、经济、法学等社会科学书籍327种,占总数的61%;自然科学图书112种,占总数的21%;应用科学图书56种,占总数的11%。译书多少的顺序为社会科学—自然科学—应用科学,与前一阶段的译书情况正好相反。另外,就小类而言,史志类书籍最多,有125部,以下依次为法政70部,学校48部,地学46部,哲理

---

① 熊月之:《西学东渐与晚清社会》,上海:上海人民出版社,1994年,13页。
② 梁启超:《饮冰室合集·文集之一·论译书》,北京:中华书局,1989年,68页。
③ 梁启超:《饮冰室合集·文集之一·论译书》,北京:中华书局,1989年,69页。

34部,兵制32部,小说26部,议论23部,理化21部……居前几位的均为社科类书籍。历史类书籍主要是记叙各国资产阶级革命和述说弱小国家亡国之史实,如《美国独立战史》《法国革命战史》《法国第一次革命之风潮》《英国革命战史》《苏格兰独立记》《瑞士建国志》《日本维新慷慨史》《希腊独立史》《印度灭亡战史》《越南亡国史》《朝鲜政界活历史》等。译介这类书籍,目的是告诉国人:只有进行民族民主革命,国家才有希望,民族才有前途。法政类书籍当中,比较重要的有严复翻译的《天演论》(英国人赫胥黎著)、《法意》(法国人孟德斯鸠著)、《原富》(英国人亚当·斯密著)、《名学浅说》(穆勒著)、《群学肄言》(英国人斯宾塞著),杨廷栋翻译的卢梭《民约论》,马君武翻译的《达尔文天择篇》。其他译著尚有《政治思想之源》《20世纪之怪物帝国主义》《社会主义》《无政府主义》《共和政体论》等。这些著作中影响最大的是《天演论》和《民约论》,前者主要宣传了达尔文的进化论,提出了"物竞天择,适者生存"的观点,一些知识分子在著述中都表述了"适者生存"的思想。卢梭的《民约论》对晚清的思想界影响也很大,无论是改良派人士,还是革命派成员,都从卢梭著作中吸取了自由、平等、民主、共和、革命等思想观念。这些译著推动了资产阶级民主革命的发展。小说类书籍中有政治小说如以俄国虚无党人的活动为题材的《虚无党真相》《虚无党奇话》《虚无党女英雄》,言情小说如《巴黎茶花女遗事》,侦探小说如《福尔摩斯探案》,科学小说如《海底旅行》,等等。西方社会科学文献的翻译与传播,不仅有力地推动了资产阶级民主革命运动,而且改变了中国原有的知识结构,改变了中国社会的一些面貌。①

(3)日文书籍的翻译占了很大的比重。此前知识分子主要是翻译英文、法文、德文等西文书籍来介绍西学,光绪二十六年(1900)以后,翻译的重点则转向日文书籍。由于日文与中文有一些相通之处,翻译较

---

① 袁获涌:《清末西书译介一瞥》,载《文史杂志》,1999年第1期。

为容易,所以许多日文版的西学书籍被翻译成中文,日文译著数量激增,后来居上。据顾燮光的《译书经眼录》的统计,在光绪二十八年至光绪三十年(1902—1904)翻译的533种书籍中,日文原著有321种,占译书总数的60.2%,英文原著89种,占译书总数的16.7%,德文原著23种,占译书总数的4.3%,法文原著17种,占译书总数的3.2%。很显然,日文书籍的翻译居重要地位。在这些日文著作中,既有关于西方社会科学等方面的书籍,如《西洋史要》《欧洲历史揽要》等,又有关于日本历史、教育等方面的书籍,如《日本编年史》《日本维新三十年史》《日本学政纂要》等。

就西书的翻译而言,第一阶段以西人为主,少量中国知识分子参与其事;第二阶段,西译中述,教会主办的译书机构、官办的译书机构与民办的译书机构并存;第三阶段,中国的知识分子成为翻译书籍的主体。也就是说在西书的翻译过程中,中国的知识分子由被动逐渐变为主动,其地位逐渐由附属转为主导。

西文等外文图书的翻译,改变了传统的学术结构,冲击了以儒学为核心的传统文化,促进了中西文化的大融合,同时也丰富了读书人的阅读内容,扩大了读书人的阅读范围,开阔了他们的眼界,先进的知识分子纷纷浏览译著,从中获取知识和信息。顾燮光自称:"是时燮光醉心新学,日以读译书是务……迄光绪三十年止,又读译籍千余种。"①

二、禁毁书刊,钳制舆论

(一)禁毁淫词小说

清代后期的统治者秉承其先辈的传统,严格控制思想,对通俗小

---

① 顾燮光:《译书经眼录·自序》,见王韬、顾燮光等《近代译书目》,北京:北京图书馆出版社,2003年,401页。

说及戏曲的查禁抓得很紧,丝毫也不放松。嘉庆七年(1802)十月清政府下令禁毁小说:"乃乡曲小民,不但经史不能领悟,即子集亦束置不观,惟喜瞽词俗剧及一切鄙俚之词,更有编造新文,广为传播,大率不外乎草窃奸宄之事,而愚民之好勇斗狠者,溺于邪慝,转相慕效,纠伙结盟,肆行淫暴,概由看此等书词所致,世道人心,大有关系,不可不重申严禁。"①道光年间,御史俞焜上奏:"近来传奇、演义等书,踵事翻新,词多俚鄙。其始不过市井之徒乐于观览,甚至儿童妇女莫不饫闻而习见之,以荡佚为风流,以强梁为雄杰,以佻薄为能事,以秽亵为常谈。"②道光皇帝遂于道光十四年(1834)二月下令:"嗣后各直省督抚及府尹等,严饬地方官实力稽查,如有坊肆刊刻,及租赁各铺,一切淫书小说,务须搜取版书,尽行销毁。"③咸丰皇帝一登基就下令严禁《水浒传》:"……又有斋匪,名曰青教……又据片奏,该匪传教惑人,有《性命圭旨》及《水浒传》两书,湖南各处坊肆皆刊刻售卖,蛊惑愚民,莫此为甚。并着该督抚督饬地方官严行查禁,将书版尽行销毁。"④同治皇帝于同治七年(1868)下令严禁"邪说传奇",后于同治十年(1871)六月严禁"坊本小说",以致所有小说都成了禁书。光绪皇帝也严格禁止淫词小说,于光绪十一年(1885)、光绪十六年(1890)、光绪二十六年(1900)一再申明:对"造刻淫词小说"者的惩处绝不减轻。

在朝廷的禁令之下,地方官员对小说禁毁事宜也非常积极,如道光二十四年(1844)九月浙江学政发出禁令,限令该月初九至该月十三日,各地书铺应将所藏淫书版片和书本送专门机构,以备查验销毁。从公布的禁毁书目来看,有数量甚多的野史、小说,其中固然有称之为淫书的,如《昭阳趣史》《玉妃媚史》《呼春稗史》《风流艳史》等,但是也

---

① 王利器:《元明清三代禁毁小说戏曲史料》,增订本,上海:上海古籍出版社,1981年,56页。
②③ 《大清宣宗成皇帝实录》卷二四九,中华书局影印本,1986年。
④ 《大清文宗显皇帝实录》卷三十八,中华书局影印本,1987年。

有如《水浒传》《西厢记》《牡丹亭》等文学书籍。江苏巡抚丁日昌称："近来书贾射利，往往镂版流传，扬波煽焰，《水浒》《西厢》等书，几于家置一编，人怀一箧。"他于同治七年（1868）下令查禁淫词小说，并且特地申明："本部院将以办理此事之认真与否，辨守令之优绌焉。"他在江苏官书局内附设销毁淫词小说局，要其经办禁毁事宜。丁日昌开列了两批应禁书目，一共涉及268种图书，其中，既有与浙江禁毁书目类似之处，又增加了大量民间文学的唱本，即弹词唱本等。此外，丁日昌还禁止设立戏馆，希望世间人心得一转机。

小说的禁毁影响了小说的出版与流通，自然也影响了时人的阅读范围与内容，使人们少有机会阅览小说。

（二）查禁维新派的著作

戊戌政变发生之后，顽固派就严格查禁康有为、梁启超等维新派人士的著作。光绪二十四年（1898）八月光绪皇帝下令："已革工部主事康有为，学术乖谬，大悖圣教，其所著作，无非惑世诬民、离经叛道之言。着将该革员所有书籍版片，由地方官严查销毁，以息邪说而正人心。"①光绪二十六年（1900）正月，鉴于康有为、梁启超仍在沿海一带开设报馆，发卖报章，光绪皇帝又下令："并着各该督抚（按：南北洋闽浙广东督抚），逐处严查，如有购阅前项报章者，一体严拿惩办。此外，如尚有该逆等从前所著各逆书，并着严查销毁，以伸国法而靖人心。"②清朝政府不但查禁了康有为、梁启超的著作，而且查禁了与康有为、梁启超一起从事变法活动的其他维新人士的著作。更为极端的是，连购买与阅读康有为、梁启超所办报纸的人也要"严拿惩办"，可见清朝政府查禁维新派著作之严厉。直到宣统三年（1911），康有为、梁启超、谭嗣同等人的著作仍是禁书。

---

① 《大清德宗景皇帝实录》卷四二七，中华书局影印本，1987年。
② 《大清德宗景皇帝实录》卷四五八，中华书局影印本，1987年。

除了查禁康有为、梁启超等人的著作之外，清朝政府还查禁了与此有联系的书籍。光绪二十四年（1898）八月光绪皇帝下令："湖南省城新设南学会、保卫局等名目，迹近植党，应即一并裁撤；会中所有《学约》《界约》《札说》《答问》等书，一律销毁，以绝根株。着张之洞迅即遵照办理。"[1]光绪二十九年（1903）十月下令："以离经叛道，行检不修，革四川绥定府教授廖平职，交地方官严加管束，并销毁著刊各书。"[2]廖平并未亲自参加变法运动，地位也不高，只是个教谕，但是因为他早就主张今文经学，而且在光绪十六年（1890）与康有为会晤交谈，康有为受到他的启发之后就想到以公羊学作为改革的思想武器。因此，廖平之受处分和他的著作之被禁，显然是受到康有为的牵连。[3]

（三）以《苏报》案为中心的禁书事件

《苏报》于光绪二十二年（1896）五月十六日在上海公共租界创刊，由胡璋主办，并以其日籍妻子生驹悦名义在日本驻沪总领事馆注册，托名为日商报纸。《苏报》创办伊始，以邹弢任主笔，所载内容多为市井琐事。光绪二十四年（1898）冬天因"营业不利"，胡璋将《苏报》转手卖给了"思以清议救天下"的陈范，正是在陈范手里，《苏报》成为上海举足轻重的五大中文日报之一，宣传改良思想，倾向革新。光绪二十八年（1902）以后《苏报》是中国教育会和爱国学社的机关报，汪文溥、章士钊先后担任《苏报》的主笔，章太炎、蔡元培、吴稚晖等都为《苏报》撰过稿。《苏报》开辟《学界风潮》专栏及时报道各地学生的爱国运动，引起社会各界的关注。自光绪二十九年（1903）五月初六起，《苏报》开始实行"大改良"与"大改革"，《苏报》的"大改革"，特别是邹容的《革命军》和章太炎的《驳康有为论革命书》的介绍和刊发，是《苏报》案发生

---

[1] 《大清德宗景皇帝实录》卷四二八，中华书局影印本，1987年。
[2] 《大清德宗景皇帝实录》卷五二二，中华书局影印本，1987年。
[3] 陈正宏、谈蓓芳：《中国禁书简史》，上海：学林出版社，2004年，257页。

的直接原因。《革命军》开篇即言:"扫除数千年种种之专制政体,脱去数千年种种之奴隶性质。"①邹容以悲愤的心情,通俗的语言,抨击清政府的卖国罪行,认为只有革命,才能"去腐败而存良善""由野蛮而进文明""除奴隶而为主人",号召以革命推翻清政府。光绪二十九年(1903)五月十四日,《苏报》的《新书介绍》专栏刊登了《革命军》广告:"《革命军》凡七章……其宗旨专在驱除满族,光复中国。笔极犀利,文极沉痛,稍有种族思想者,读之当无不拔剑起舞,发冲眉竖。若能以此书普及四万万人之脑海,中国当兴也勃焉。是所望于读《革命军》者。"同一天,《苏报》还刊登了章士钊以"爱读《革命军》者"的笔名撰写的《读〈革命军〉》,该文以热情洋溢的语言对《革命军》大加赞赏,称之为"今日国民教育之第一教科书",扩大了《革命军》的影响。章太炎的《驳康有为论革命书》从清朝的封建统治和种族迫害说到革命的必要,对改良派的理论严加批驳。闰五月初五,《苏报》在《新书介绍》专栏介绍了《驳康有为论革命书》,而且在头版显著位置刊出了章太炎的《康有为与觉罗君之关系》(节选自《驳康有为论革命书》),章太炎以饱满的激情、极富感染力的文采赞美革命:"然则公理之未明,即以革命明之;旧俗之俱在,即以革命去之。革命非天雄大黄之猛剂,而实补泻兼备之良药矣。"②该文甚至斥责光绪皇帝为载湉小丑,"未辨菽麦"。③该文一出,举国哗然,上海市上,人人争购,专制者雷霆震怒,认为大逆不道。因此,就在同一天,上海租界工部局④在清政府的要求下发出了对章太炎、邹容、陈范等七人的拘票,于闰五月初六逮捕了章太炎

---

① 邹容:《革命军》,上海:上海民智书局,民国十七年(1928)。
② 汤志钧:《章太炎政论选集》,上册,北京:中华书局,1977年,204页。
③ 汤志钧:《章太炎政论选集》,上册,北京:中华书局,1977年,199页。
④ "工部局"的英文名称为 Municipal Council,原意为市议会,由租界内纳税人选举出的董事组织而成,董事相当于市议员。"Municipal Council"下分工程、警务、卫生、教育、监狱诸课,因为其特重工务,所以中文称之为工部局。

等,邹容于闰五月初七激于义愤,自动投案。除了陈范之外,名列拘票的其余五人全部被捕。闰五月十三日,清政府以"痛恨政府,心怀叵测,谋为不轨"的罪名查封《苏报》,将《革命军》《驳康有为论革命书》以及《訄书》列为禁书。章太炎、邹容在会审公廨上继续宣传革命,坚持斗争,蔑视帝国主义和清朝统治者的迫害。章太炎在狱中撰文答复《新闻报》记者,斥责清政府,申论代表四万万人民,"志在流血",并绝食七天以示抗议。清政府向工部局和各国领事多方活动,要求"引渡",企图将章太炎、邹容押解南京杀害,遭到社会舆论的广泛抨击。光绪三十年(1904)四月初七,章太炎、邹容分别被判处监禁三年和二年,罚做苦工,"期满驱逐出境,不准独留租界"。光绪三十一年(1905)二月二十九日,邹容受迫害瘐死狱中,次年五月初八章太炎出狱当天就登上了去日本的轮船,被孙中山派人接去日本。

《苏报》案是晚清中国最大的一次文字狱案。《苏报》案的发生非但没有达到清政府的禁书目的,反倒扩大了《革命军》的影响。《革命军》的销量扩大、读者猛增:《革命军》在上海租界接连印刷二十几版;距离上海较远的地方,因为不易得到《革命军》,每部书要价十两银子;来上海贩书的人把《革命军》夹杂在放满衣履、食物的箱笼之中以躲避清兵的盘查。[①]

(四)制定报律,钳制舆论

戊戌变法时期,康有为鉴于顽固派对维新派和新兴报业的敌视态度,试图为办报寻求法律上的保护,就于光绪二十四年(1898)六月二十二日向光绪皇帝上奏建议制定报律:"臣查西国律例中,皆有报律一门,可否由臣将其书译出,凡报单中所载,如何为合例,如何为不合例,

---

① 陈正宏、谈蓓芳:《中国禁书简史》,上海:学林出版社,2004年,269页。

酌采外国通行之法，参以中国情形，定为中国报律。"①这一建议得到光绪皇帝的恩准。然而未过多久，戊戌政变发生，慈禧太后下令裁撤官报，查封民报，报律一事亦胎死腹中。不仅如此，清政府对于报馆严加控制，查封报馆严拿主笔之上谕屡下，以致内地报馆寥若晨星，或闭歇，或迁入租界。各处学堂也下达禁令：各学堂学生不得私充报馆主笔或访事员；各学堂学生不准私自购阅稗官小说，谬报逆书。各省亦禁止阅览《新民丛报》《新小说》等报刊。

清政府宣布实行"新政"之后，民营报纸重新恢复了发展的势头，报纸上的言论也日渐活跃。清政府欲以求新证明其存在的合理性，就不得不承认民营报纸的合法性，但是对于民报的舆论冲击则忧心忡忡，对革命报纸更是又恨又怕。因此，清政府着手制定新闻出版方面的法律，对民报加以钳制。

最先出台的是《大清印刷物件专律》。该律由商部、巡警部和学部会同拟定，于光绪三十二年（1906）六月公布。其主要内容如下。一是实行注册登记制度，凡以印刷或者销售各种印刷物件为业之人，必须到所在地方巡警衙门注册登记；未经注册之印刷人，不论承印何种文书图画，均以犯法论处。二是毁谤条款。毁谤分为普通毁谤、讪谤、诬诈三种，其中关于讪谤的规定如下："讪谤者，是一种惑世诬民的表揭，令人阅之有怨恨，或侮慢，或加暴行于皇帝、皇族或政府，或煽动愚民违背典章国制，甚或以非法强词，又或使人人有自危自乱之心，甚或使人彼此相仇，不安生业。"②讪谤者将被判处五千元以下罚款，或者十年以下监禁。

《大清印刷物件专律》的适用对象虽然包括了报章杂志等，但是并

---

① 《督办官报事工部主事康有为片》，见国家档案局明清档案馆《戊戌变法档案史料》，北京：中华书局，1958年，453页。
② 《大清印刷物件专律》，见张静庐《中国近代出版史料·初编》，北京：中华书局，1957年，316页。

非专门的报律。为了加强对报界的控制，巡警部制定了《报章应守规则》，并于光绪三十二年(1906)八月颁布。该规则共九条：不得诋毁宫廷；不得妄议朝政；不得妨害治安；不得败坏风俗；凡关外交、内政之件，如经该管衙门传谕报馆秘密者，该报馆不得揭载；凡关涉词讼之案，于未定案之前，该报馆不得妄下断语，并不得有庇护犯人之语；不得摘发人之隐私，诽谤人之名誉；记载有错误失实，经本人或有关系人声请更正者，即须速为更正；除已开报馆之外，凡欲开设者，皆须来所呈报批准后，再行开设。① 这九条规则实际上是九条禁律，除了对报纸的刊载内容做了种种限制之外，还明确规定了开办报纸必须经过当局批准，这充分暴露了清朝政府钳制报界、禁锢舆论的企图。规则一公布，立即遭到了报界的指责和反对，上海《申报》以《论警部颁发应禁报律》为题，对禁载条文一一进行了批驳。为了应付报界的反对，清政府让民政部出面，重新修订《报章应守规则》，光绪三十三年(1907)八月《报馆暂行条规》颁布，尽管该条规对禁载事项做了一些修改，但是其钳制舆论的性质并没有改变，而且还进一步加强了官署对开办报纸的审批权，不仅规定"凡开设报馆者应该向该管巡警官署呈报，俟批准后方准发行"，而且要求以前开设之报馆均应一律补报。

光绪三十三年(1907)十二月，清政府制定的《大清报律》正式出台，该报律由商部拟定草案，巡警部酌为修改，又由民政部和法部会同具奏，交宪政编查馆审核议复，并且发给载沣、张之洞、袁世凯等六大臣详加修补，悉心改正。全律共计四十五条，主要涉及报纸登记、报纸审查、禁载事项等方面。《大清报律》的第一条就规定了报纸登记的办法："凡开设报馆发行报纸者，应开具左（下）列各款，于发行二十日以前，呈由该管地方官衙门申报本省督抚，咨民政部存案：一、名称；二、体例；三、发行人、编辑人及印刷人之姓名、履历及住址；四、发行所及

---

① 刘哲民：《近现代出版新闻法规汇编》，上海：学林出版社，1992年，30页。

印刷所之名称及地址。"①第七条则明确规定了报纸审查的时间:"每日发行之报纸,应于发行前一日晚十二点钟以前,其月报、旬报、星期报等类,均应于发行前一日午十二点钟以前,送由该管巡警官署或地方官署,随时查核,按律办理。"②关于禁载事项,《大清报律》的第十条、第十一条、第十二条、第十三条、第十四条等规定得十分详细,其中,第十四条规定:"左(下)列各款,报纸不得揭载:诋毁宫廷之语,淆乱政体之语,扰害公安之语,败坏风俗之语。"③由此可见,《大清报律》对报纸的登记与审查更加严格,而且扩大了禁止刊载的内容范围,进一步钳制了报纸,限制了舆论自由。它的颁布激起了报界强烈的愤慨与反对,难以得到有效实施,因此,民政部于宣统元年(1909)十一月奏请修正报律。宣统二年(1910)十二月二十九日,清政府颁布了修正后的报律,名为《钦定报律》。《钦定报律》却更加扩大了禁载范围,将其扩大到政务,给予官员随意禁止报纸登载政务消息的权力,把法网收得更紧,进一步钳制了舆论自由。因此,到了清朝末期,民营报刊的读者就有所减少。

清政府的文化专制政策影响了人们的阅读活动,如光绪二十九年(1903)夏天以后,北京出现新书滞销情况,"都门自六七月后时务新书之销路顿觉阻滞,较之去年退步殊多"。究其原因:"实由于逮捕新党禁售新报之故。而影响所及,士大夫以购阅新书为戒,遂可见风气之开难若登天,而阻塞之来易如反掌也。"④

---

① 《大清报律》,见张静庐《中国近代出版史料·初编》,北京:中华书局,1957年,320页。
② 《大清报律》,见张静庐《中国近代出版史料·初编》,北京:中华书局,1957年,320页。
③ 《大清报律》,见张静庐《中国近代出版史料·初编》,北京:中华书局,1957年,321页。
④ 《中外近事》,载《大公报》,1904年1月30日。

第三节　教育制度的变革

教育制度的变革是引导阅读趋向变化的关键因素。在科举制度盛行之时,士子们主要阅读传统典籍,在学堂未推广之前,私塾和书院里也仍然是阅读传统典籍。随着光绪三十一年(1905)科举制度的废除与新学堂的大规模兴办,阅读内容与阅读风尚发生了较大的变化,读书人从八股制艺中解脱出来,阅读西学书籍与新书报刊。

一、科举制度的废除引起阅读内容与阅读心态的变化

鸦片战争前夕,科举制度就已经暴露了弊端,龚自珍、包世臣等人主张改革科举考试,如龚自珍主张科举考试应该废除经义,效仿汉代的"讽书射策"之法,改试策论。包世臣主张在科举考试的内容上做些变动:"罢八股,以明经术、策时务二事应之。"[①]鸦片战争失败以后,清政府闭关自守的状态被打破,西方资本主义带来了坚船利炮,魏源提出改革科举取士旧制,主张学习"西洋专以造船、驾舶、造火器、奇器,取士抡官"的制度,改革武试专以"弓马技勇"的取人制度,提出在闽、粤两省"武试增水师一科,有能造西洋战舰、火轮舟,造飞炮、火箭、水雷奇器者,为科甲出身,能驾驶飓涛,能熟风云沙线,能枪炮有准的者,为行伍出身"[②]。魏源等人提出的以西学取才的设想动摇了科举制度的基础。太平天国规定科举考试不准从四书五经及子史文集中出题,

---

① 包世臣撰,李星点校:《包世臣全集》,合肥:黄山书社,1997年,136页。
② 魏源:《海国图志》,卷二《筹海篇三·议战》,光绪二年(1876)平庆泾固道署重刊本。

必须以其颁发的《旧遗诏圣书》《新遗诏圣书》《革命诏旨书》等官书为考试内容,而且废除了门第、出身等限制,应试者不论社会地位高低,出身贵贱,均可参加考试,首开女科,鼓励女子应考。可以说太平天国政权对科举制度的改革是晚清科举改革的首次实践,奏响了科举改革的序曲。早期维新派主张在科举考试中加入西学,如郑观应就主张在正科考试结束之后挂牌招考西学:"一试格致、化学、电学、重学、矿学新法,二试畅发天文精蕴、五洲地舆水陆形势,三试内外医科、配药及农家植物新法。"①同治九年(1870),沈葆桢、英桂联名上奏,称"水师之强弱,以炮船为宗,炮船之巧拙,以算学为本",奏请开设算学科。光绪元年(1875)二月,《礼部奏请考试算学折》建议:"特开算学一科,诱掖而奖进之,使家有其书,人自为学。"②光绪十年(1884)五月,潘衍桐在《奏请开艺学科折》中提出了改革科举考试的一些建议,如分途取进、分地录取、酌定试期、破格收取等。到了光绪十三年(1887),清政府迫于内外交困的形势,才接受御史陈琇莹的奏请,批准将算学列为科举考试的科目,但规定每二十名中录取一名,至多三名。光绪十四年(1888),戊子科分试报考算学者有三十二人,照章只录取举人一名,这是第一次实行西学与中学同考。甲午战争之后,在维新派康有为、梁启超等为救亡图强主张发展新学、改革科举的强烈呼吁之下,清政府于光绪二十四年(1898)采纳贵州学政严修开设经济专科的建议,开设经济专科,并且规定中举者称经济举人。同年五月初五,光绪帝毅然下诏:"于下科为始,乡会岁科各试,向用四书文字者,一律改试策论。"③废八股、改策论之举在当时社会上引起了强烈反响,海内有志

---

① 郑观应:《盛世危言·考试上》,见夏东元《郑观应集》,上册,上海:上海人民出版社,1982年,292页。
② 《礼部奏请考试算学折》,见舒新城《中国近代教育史资料》,上册,北京:人民教育出版社,1981年,27—28页。
③ 朱寿朋编,张静庐等校点:《光绪朝东华录》,四,北京:中华书局,1958年,4137页。

之士"读诏书皆酌酒相庆,以为去千年愚民之弊,为维新第一大事也"①。八股文的废除对士人的阅读生活产生了很大的影响:"天下移风,数千万之士人,皆不得不舍其兔园册子帖括讲章,而争讲万国之故及各种新学,争阅地图,争讲译出之书。"②不仅聪明英锐之士"不屑再腐心焦脑,以问津于此亡国之物",而且就连那些"于高头讲章,舌耕口糊数十年,号为时艺正宗者""亦谓诵之无味,不如多阅报之为愈矣"。③改试策论对应试者产生了直接的影响,如湖南举人皮锡瑞意识到改试策论后可能要考试新学,当即浏览梁启超的《西学书目表》,购买了数册新书和报刊,并且认真阅读。

科举制度的存废对于晚清读书人意义重大,光绪二十四年(1898)之后,清廷关于科举制的每一次变革在士子中间都引起了很大的震动和响应,特别是引起了士子所读的图书及阅读心态的变化。如维新变法期间,士子"闻有科举变法之说",于是购阅《时务报》的人开始增多:"盖自科场变后,来购者纷纷"④。对于其他新译的西书,士子也"争睹为快"⑤。其中十分之七八的士子购阅《时务报》是希望"假此揣摩为场屋裹挟之册",一旦发现"今科秋试策题,犹然故辙,所谓十之七八者,意兴盖已索然"⑥。在光绪二十八年(1902),有人认为科举改革不彻底,就公开呼吁"论请停科举之善"⑦。光绪二十七年(1901),清政府第二次明令重申废除八股、改试策论,规定一切考试,凡四书五经均不准用八股文程序,策论均应切实敷陈,不得像从前那样空衍剽窃。⑧

---

① ② 梁启超:《饮冰室合集·饮冰室专集之一》,北京:中华书局,1989年,26页。
③ 欧榘甲:《论政变为中国不亡之关系》,见新民社辑《清议报全编》,卷三,台北:台湾文海出版社,1986年,63页。
④ 上海图书馆:《汪康年师友书札·程桂馨函》,上海:上海古籍出版社,1989年,3479页。
⑤ 上海图书馆:《汪康年师友书札·孙甲铭函》,上海:上海古籍出版社,1989年,3580页。
⑥ 上海图书馆:《汪康年师友书札·孙诒让函》,上海:上海古籍出版社,1989年,1472页。
⑦ 《论请停科举之善》,载《申报》,1902年9月2日。
⑧ 朱寿朋编,张静庐等校点:《光绪朝东华录》,四,北京:中华书局,1958年,4687页。

而且,科举考试在朝野的关注下不断变化,增加了一些与西学相关的科目和内容,而科举考试的每一项改变都引起了士风的震荡。同年,刘大鹏在日记中写道:"国家取士以通洋务、西学者为超特之科,而孔孟之学不闻郑重焉。凡有通洋务、晓西学之人,即破格擢用,天下之士莫不舍孔孟而向洋学,士风日下,伊于胡底耶?"①到了光绪二十九年(1903),这种变化更加明显:"自国家变法以来,校士皆以策论考试,所最重者外洋之法,凡能外洋各国语言文字者,即命为学堂教习,束脩极厚,故当时人士俱舍孔孟之学而学西人之学,以求速效。间有讲求孔孟之道,谨守弗失不肯效俗趋时者,竟呼之为'顽固党',非但屏逐之,而且禁锢之。"②光绪三十一年(1905)八月初四清政府正式下诏,宣布废除科举:"自丙午科为始,所有乡、会试一律停止,各省岁科考试,亦即停止。"③

科举制度的废除给读书人带来了巨大而深刻的影响,"读书人大都满心欢喜"④。首先,科举制度的废除扩大了受教育的对象,也就是说它使读书人的分布范围进一步扩大。在科举制度之下,只有部分男子才有权利接受教育,随着科举的废除,新学堂的大规模兴办,特别是女子教育的出现,把占人口半数的妇女纳入受教育的范畴,增加了入学就读人员。课堂教学中逐步采用白话文取代文言文,促进了教育从高深的书斋走向广阔的下层社会,使基层百姓也有了入学读书的机会。

其次,科举制度的废除改变了读书人的学习方法。科举制度下的教学方法是让学生读书、背书与理书。齐白石回忆小时候求学经历时说:"那时,读书是拿着书本,拼命地死读,读熟了要背书,背的时候,要

---

① 刘大鹏遗著,乔志强标注:《退想斋日记》,太原:山西人民出版社,1990年,102页。
② 刘大鹏遗著,乔志强标注:《退想斋日记》,太原:山西人民出版社,1990年,126页。
③ 朱寿朋编,张静庐等校点:《光绪朝东华录》,五,北京:中华书局,1958年,5392页。
④ 《干事长向东亚同文会1905年12月23日会员大会的报告》,见任达《新政革命与日本:中国·1898—1912》,南京:江苏人民出版社,1998年,161页。

顺流而出,嘴里不许打咕嘟。"①在新的教育体制下,读书人再也不必埋头于"四书""五经",再也不必钻研八股时文,再也不必死记硬背。读书人的价值取向也发生了变化。科举废除之后,"重经义、斥技艺"的传统价值取向被打破,读书人纷纷从"读书做官"的思想中解放出来,开始走向广阔的社会,从事农工商等各种职业。宣统二年(1910)前,江苏省旧式士人从事实业者占总数的30.4%,新学堂毕业生与归国留学生从事实业者更是占总数的37%。②

再次,科举制度的废除改变了读书人的学习内容,且使他们的读书倾向发生了很大变化。科举考试以儒家经典为内容,规范着士人的读书框架,使其陶醉在制艺诗赋之中不能自拔,从而对近代文化知识表现出冷漠与敌视的态度。在士人的眼中,孔孟之书,尧舜之道,"明体达用,规模宏远""天文算学只为末议,即不讲习,于国家大计亦无所损"。因而一旦士人稍涉西学,即被目为异端,斥其行为大逆不道。譬如清末上海龙门书局"开院二十年,而院生稍曾阅局(按:指江南制造局)译西籍者不过数人,此数人以稍阅西籍,被学术不正之名于同院",而一般士大夫皆"耻阅之"。③ 科举制度废除以后,读书倾向发生了很大的变化,读书人从八股制艺中解脱出来,学习西方的科学知识,获取新的知识与信息。如钱基博光绪二十九年(1903)十七岁时还是"专习'四书''五经'"④,到了光绪三十一年(1905)清政府宣布停止科举考试时,他年方十九岁,"始修习算学",而且一心向往学习西学,"在自习完上海江南制造局所译《笔算数学》《代数备旨》等课本后,又涉猎几

---

① 陆鸿基:《中国近世的教育发展史》,香港:华风书局,1983年,82页。
② 王树槐:《中国现代化的区域研究——江苏省(1860—1916)》,台湾"中央研究院"近代史研究所,1984年,534—535页。
③ 胡珠生:《宋恕集》,上册,北京:中华书局,1993年,324页。
④ 傅宏星:《钱基博年谱》,武汉:华中师范大学出版社,2007年,16页。

何、三角及微积分领域"。①

最后,科举制度的废除促使读书人重新考虑生计与出路。科举废除对士子最为直接的影响,莫过于生计与出路的重新考虑和选择。在废科举、兴学堂的背景下,不少学童离开私塾进入学堂,从而切断了部分以授馆为业者的生计来源。刘大鹏的日记中常常可以看到一些在乡村开设蒙馆、以舌耕为业的老师宿儒的处境:"读书之士俱弃孔孟之学而从事洋夷之学,凡讲说孔孟者莫不群焉咻之,目为顽固,指为腐败,并訾以不达时务,为当时弃才。"②科举停废,令这些"弃才""惶惶然不知措手足"③,只能坐困家中,"仰屋而叹无米为炊"。科举停废造成的社会风气变化,使得士人面临脱胎换骨的考验。胡思敬曾以翰林回乡为例,说明科举停废前后社会对科举功名的态度全然不同,反差之大,令其万分感慨。④ 光绪三十一年(1905)科举制废除后,正在湖北小县城里参加科考的朱峙三认为他马上得以解脱,并评论道:"今日科举已成为历史上陈迹矣,许多醉心科举之人,有痛哭者矣。"⑤急需养家糊口的朱峙三选择了一年期的速成师范就读,毕业后即在家乡小学任教。不久,他认识到"非求高深学问,以后难于立足新时代矣"⑥,又考入省城的两湖师范学堂继续求学。刘大鹏在听到科举废除的确信后,既担忧自己的前程,又担心谋生的饭碗将失去,还为其他与他有同样窘境的士子担忧。在九月二十五日的日记里,刘大鹏写道:"昨日在县,同人皆言科考一废,吾辈生路已绝,欲图他业以谋生,则又无业

---

① 傅宏星:《钱基博年谱》,武汉:华中师范大学出版社,2007年,17页。
② 刘大鹏遗著,乔志强标注:《退想斋日记》,太原:山西人民出版社,1990年,168页。
③ 刘大鹏遗著,乔志强标注:《退想斋日记》,太原:山西人民出版社,1990年,151页。
④ 胡思敬:《国闻备乘·科目盛衰》,见荣孟源、章伯锋《近代稗海》,第1辑,成都:四川人民出版社,1985年,252页。
⑤ 胡香生辑录,严昌洪编:《朱峙三日记(1893—1919)》,武汉:华中师范大学出版社,2011年,169页。
⑥ 胡香生辑录,严昌洪编:《朱峙三日记(1893—1919)》,武汉:华中师范大学出版社,2011年,180页。

可托,将如之何?"①寥寥数语表现了刘大鹏的焦躁心态,而且他还对国家的文化前途忧心忡忡:"科考一停,士皆殴入学堂从事西学,而词章之学无人讲求,再十年后恐无操笔为文之人矣,安望文风之蒸蒸日上哉!天意茫茫,令人难测。"②浙江名士陈介石在科举废除后亦有如刘大鹏一样的感受:"学校兴办不善,科举岂可骤废。科举废,天下更少读书人矣!今之学校,非强有力者、广通声气善钻营者,往往不能入。此种学校何益天下?使并科举废之,而天下寒贱之士觖望,将皆废书不观矣。"③

二、书院课程的改革改变了读书人的阅读内容

清代书院遍及全国各地,但是大多数书院都在政府的控制之下,经费官拨,院长官派,书院已失去了昔日讲学论道的功能,特别是自乾隆九年(1744)礼部规定嗣后书院课试以八股为主,"或论,或策,或表,或判,酌量兼试"。此后,书院更是落入科举考试的黑洞之中,所传习者皆为八股范本,所注重者则为小楷诗帖,成为科举考试的预备场所。到了清末,随着科举制度的日趋没落,书院的弊端亦日益显露:"查近日书院之弊,或空谈讲学,或溺志词章,既皆无裨实用,其下者专摹帖括,注意膏奖,志趣卑陋,安望有所成就?"④书院大多有名无实,因此,时人强烈要求改革书院制度。光绪二十二年(1896)六月,胡聘之等上奏建议改革书院章程:"宜将原设之额,大加裁汰,每月诗文等课,酌量并减,然后综核经费,更定章程,延硕学通儒,为之教授,研究经义,以穷其理,博综史事,以观其变。由是参考时务,兼习算学,凡天文、地

---

① ② 刘大鹏遗著,乔志强标注:《退想斋日记》,太原:山西人民出版社,1990 年,147 页。
③ 孙宝瑄:《忘山庐日记》,上海:上海古籍出版社,1983 年,700—701 页。
④ 胡聘之等:《请变通书院章程折》,见舒新城《中国近代教育史资料》,上册,北京:人民教育出版社,1981 年,70 页。

舆、农务、兵事,与夫一切有用之学,统归格致之中,分门探讨,务臻其奥。"①也就是说,书院除了教学生研究传统的经史之学外,还要分门探讨格致诸学。没过多久,翰林院侍讲秦绶章提出了一个兼采中西学术的新书院课程方案:"宋湖瑗教授湖州,以经义、治事分为两斋,法最称善。宜仿其意分类为六:曰经学,经说、讲义、训诂附焉;曰史学,时务附焉;曰掌故之学,洋务、条约、税则附焉;曰舆地之学,测量、图绘附焉;曰算学,格致、制造附焉;曰译学,各国语言文字附焉……制艺试帖未能尽革,每处留一书院课之已足。"②这就是说书院课程应该包括经学、史学、掌故之学、舆地之学、算学、译学六大门类。秦氏提出的这个方案很快就由礼部议复之后颁行各省实行。

书院课程改革之后,增加了西学、新学的比重,削减了旧学的分量。此外,教学宗旨、教学方法、教学组织以及考试形式等方面也发生了重大的变化,教育宗旨不是鼓励读书人应举入仕,而是"广育人才,以备任使";教学内容也脱离了经史辞章,偏重于科学知识。这一切都对读书求学者产生了广泛而深远的影响,使他们不再埋头于八股范本与小楷诗帖,而可以接受西方的教育模式与教育方法,学习西学新知,形成新的知识结构。

三、开办新学堂,设置新课程,使读书人能够阅读西学新书

自同治元年(1862)京师同文馆成立伊始,至光绪二十二年(1896),洋务派开办的各种学堂总数在 25 所以上,如上海广方言馆

---

① 胡聘之等:《请变通书院章程折》,见舒新城《中国近代教育史资料》,上册,北京:人民教育出版社,1981 年,70 页。
② 《礼部议复秦学士整顿各省书院预储人才折》,载《时务报》第 22 册,1897 年 4 月 2 日,见左玉河《从四部之学到七科之学——学术分科与近代中国知识系统之创建》,上海:上海书店出版社,2004 年,182—183 页。

(1863)、广州同文馆(1864)、上海江南制造局附设的机械学堂(1865)、福建船政学堂(1866)、天津水师学堂(1881)、广东水陆师学堂(1887)、湖北自强学堂(1893)、江南水师学堂(1890)等。这些学堂名为培养翻译人才、技术人才以及军事人才,实际上只是培养了一批粗懂西学的洋奴、买办和翻译,它们是半殖民地半封建性质的教育机构。就同文馆而言,其开设的课程除包含英文、法文、俄文、日文等外国语言文字外,还包含汉文、史地、代数、几何、三角、微分、积分、天文、舆图、算学、化学、格致、测量、万国公法、金石、富国策等科目,皆为分年分科选习课程,外国文则为共同必修课程。同文馆所用教材来自三个方面:一是原版外文教科书;二是中文已有或已译为中文的书,如《九章算法》《几何原本》;三是教习自编教材,如司默灵编的《法国话料》《法国话规》,丁韪良撰的《格物入门》等。同文馆中设有书阁,收藏各种中西文书籍3700多册,其中,外文书籍1900册,内容涉及诸多方面,如法国巴黎的一所大学赠送的图书188册,包括化学、医学、格物、算学、地理、农业、兵法、字典、诗史等。① 这些书除作为课本分往各馆以外,其余听任学生自由借阅。

自光绪二十一年至光绪二十七年(1895—1901),著名的学堂有天津中西学堂、上海南洋公学、湖南时务学堂及京师大学堂。天津中西学堂于光绪二十一年(1895)创办,实为中国实施新式普通教育之始,学堂分为头等学堂和二等学堂两种。头等学堂为专门学堂,四年毕业,课程分普通、专门两种。普通课程除汉文外,第一年讲授几何学、三角勾股学、格物学、笔绘图、各国史鉴、作英文论、翻译英文;第二年讲授驾驶并量地法、重学、微分学、格物学、化学、笔绘图并机器绘图、作英文论、英文翻译;第三年讲授天文工程初学、化学、花草学、笔绘图

---

① 《照录管理同文馆事务总教习丁韪良申呈》,见中国史学会《洋务运动》,二,上海:上海人民出版社,1961年,58—59页。

并机器绘图、作英文论、英文翻译;第四年讲授金石学、地学、考究禽兽学、万国公法、理财富国学、作英文论、翻译英文。专门课程分为五门,即工程学、电学、矿务学、机器学、律例学。① 学生修毕第一年课程后,或欲将四年所定功课全行学习,或欲专习一门,均由总教习察看学生资质后酌定。如学专门者,则二、三、四年之原定课程应酌量更变。二等学堂即外国所称小学堂,招收十三岁至十五岁之学童,定为四年毕业,以汉文、英文为主要功课。汉文讲读"四书"、经史之学、圣谕广训,并课以策论,英文讲授英文初学浅言、英字拼法、朗诵书课、英文文法、翻译英文,此外,讲授数学、各国史鉴、地舆学、格物学、平面量地法等。② 京师大学堂于光绪二十四年(1898)由军机大臣、总理衙门奏请设立。其教育原则为"中学为体,西学为用,中西并用,观其会通"。普通学科为经学、理学、掌故学、诸子学、初级之算学、格致学与地理学、文学、体操,专门学科为各国语言文字、算学、格致学、政治学、地理学、农学、矿学、工程学、商学、兵学、医学。

  从这些新学堂的课程设置来看,西方近代的西学课程较多,所占比重较大,便于学生接触大量的西学书籍,从中获取新的科学知识。

  此外,清政府于光绪二十八年(1902)颁布《钦定学堂章程》,于光绪二十九年(1903)颁布《奏定学堂章程》,对学制、课程等进行了明确的规定。《奏定学堂章程》颁布两年以后,学部成立,在推进教育改革方面更为努力,关于课程方面的改进甚多。第一,规定了女子教育课程。女子小学堂分初等、高等两种,初等小学课程共分五门主科,如修身、国文、算术、女红、体操,以及音乐、图画两门随意科。高等小学课程共有九门,除了前面所列修身等五门主科之外,还有中国历史、中国地理、格致、图画四门主科,另有一门随意科——音乐。女子师范课程

---

① 舒新城:《中国近代教育史资料》,上册,北京:人民教育出版社,1981年,138—139页。
② 舒新城:《中国近代教育史资料》,上册,北京:人民教育出版社,1981年,141页。

共计十三科：修身、教育、国文、历史、地理、算术、格致、图画、家事、裁缝、手艺、音乐、体操。第二，改进了小学课程及年限。宣统元年（1909），学部对小学章程进行了修改，将初等小学分为三类：一为照旧五年毕业之完全科，二为四年毕业之简易科，三为三年毕业之简易科。课程亦有修改：完全科加音乐一门，而将历史、地理、格致并入文学读本内教授，读经一科，时间、教材均减少，而且规定前两年不读经。简易科课程以修身、读经、国文、算术为必修科，仍以国文课所占时间最多，体操在城市为必修科，在乡村为随意科，图画、手工仍旧为随意科。宣统二年（1910），学部对小学章程进行了第二次修改，将三类初等小学并为一类，一律定为四年毕业，同时取消了简易科名目。课程以修身、读经、国文、算术、体操为必修科，以手工、图画、乐歌为随意科，读经时间比以前更少，前两年完全不读经。高等小学课程亦酌加修改，主要者为减少读经一科之资料与时间。第三，改进了中学教育与师范教育。中学章程在宣统年间亦有修改，最重要者为文、实分科。课程仍照原章十二门分门教授，分为主课与通习二类：文科以读经、国文、外国语、历史、地理五科为主课，以修身、算学、博物、理化、法制、理财、图画、体操为通习；实科以外国语、算学、物理、化学、博物为主课，以修身、读经、国文、历史、地理、法制、理财、图画、手工、体操为通习。主课各门授课时间较多，通习各门授课时间较少。宣统三年（1911）又改订文、实两科课程，减少读经时间，增加外国语学习时间，每周授课时间仍为三十六小时。师范教育亦有变动，初级师范除了原有一年毕业之简易科外，又添设了临时小学教员养成所及单级教员养成所。可以说光绪末年宣统初年学部对奏定章程的修改，在某些方面改变了传统的教学内容，如减少了读经的资料和时间，同时增加了一些新的科目，对阅读内容与阅读范围的变化起到了较大的推动作用，代表了一种进步的趋势。

总之，晚清的社会变迁给社会生活带来了很大的影响，使其发生了多个层面多种形式的变化，阅读生活作为社会生活的一个方面，在社会变迁的冲击之下也发生了变化。晚清的文化政策对阅读生活产生了更为直接的影响：西方新学书籍的翻译出版丰富了读者的阅读内容，扩大了读者的阅读范围，开阔了读者的阅读眼界，使读者了解了西方的政治、经济与文化。淫词小说的禁毁、维新著作的查封以及报律的制定都限制了读者的阅读范围，约束了读者的阅读行为，而教育制度的变革对读书活动产生了根本性的影响，引导了读者阅读内容与阅读趋向的变化。

第二章 晚清的阅读群体

由于社会地位的不同与经济条件的限制,不同的阅读群体具有不同的阅读兴趣与阅读内容,晚清阅读呈现出明显的社会阶层性。官员处于社会的最高层,有优越的条件读书学习,而且他们读书具有很强的目的性:读书为政,经世致用。士子属于社会的精英阶层,列于"四民"之首,在传统社会中的地位非常高。士子以读书为本,以仕宦为目的,他们读书有其明显的特点,那就是其阅读兴趣十分浓厚,阅读内容十分宽泛。就所读书籍而言,他们一方面不忘旧学,阅读传统的经史典籍,另一方面又关注西方新学,阅读新学书籍,可谓旧书新书,兼而读之。市民生活在社会的底层,社会地位很低,是非常普通的读者群体,而且由于经济条件的限制,他们只能在繁忙的劳作谋生之余利用点滴时间阅读书刊。他们的阅读范围较窄,主要是阅读报纸、小说、善书以及通俗读物。女子是晚清出现的一个新的阅读群体,随着女子教育的出现和社会风气的开化,走出闺门、进入学校读书的女子日渐增多。女子的读书目的与男子有所不同,她们主要还是修身养性,为了当好贤妻良母。蒙童和学生没有步入社会,没有社会地位可言,但是他们人数较多,是很重要的读者群体,他们之间也有差别:蒙童读书是受长辈所迫,被动地在家塾或私塾里学习;学生读书则具有明确的目的,他们为了应试科举、金榜题名,主要阅读应试书籍。本章从阅读目的、阅读兴趣与阅读内容等方面分析蒙童、学生、官员、士子、市民与女子等几个不同的阅读群体。

第一节 蒙 童

蒙童是年龄最小的读者群体,正处于身心成长的最初阶段,他们尚未走入社会,没有社会地位可言,他们读书不是出于个人兴趣,而是受长辈所迫,被动地在家塾或私塾里学习。

一、私塾的发展

私塾是传统教育的重要组织形式,是私学的一种,既有塾师自设的学馆,又有富裕的官宦人家设立的家塾,还有以祠堂、庙宇的地租收入或私人捐款举办的义塾。家长抱着不同的目的选择不同的私塾送子弟入学:官宦富裕之家希望子弟通过学习应试入仕;中等人家希望子弟取得功名,从此进入社会上层;贫穷人家希望子弟掌握基本的文化知识,能写文书契约,会记账算数。① 无论何种小地方,只要有几个孩子,有几户能供给一个先生生活费的人家,"便得共同醵金,集成一个学塾,延请一位先生来教读"。② 乡村百姓很少读书识字,但是对于子弟的读书问题非常重视,他们情愿把胼手胝足得来的血汗钱供给孩子去私塾读书。他们重视孩子读书的原因很复杂:"有的希望子弟能

---

① 黄政:《福建私塾述略》,载《教育评论》,1994年第5期。
② 舒新城:《我和教育》,上海:中华书局,1941年,10页。

读几本《百家姓》《包举杂字》之类,便遇有账目可以看看写写;有的希望子弟能读几本《千家诗》《幼学琼林》《酬世锦囊》之类,便成人之后可作乡绅;有的希望子弟能读毕'四书''五经',开笔做文章,可以应试得一青衿而跻入士林。"①

私塾的低级阶段又称"蒙学",这些教学机构普遍采用《孝经》《三字经》《百家姓》《千字文》《千家诗》《声律启蒙》《增广贤文》《幼学琼林》《居家必备》等作为课本。私塾的高级阶段为经馆,课本以"四书""五经"为主,辅以各地塾师自编的教材。私塾的每日功课包括读书、背书、写字、作文四个方面,在"读书"课程中,塾师重视朗读指导。古书没有断句,塾师指导蒙童的首要任务是教其"逐字逐句点读分明";其次是教蒙童正确朗读,一要读得字字响亮,毋高毋低,毋疾毋慢,二要读得准确,逐字逐句,要有着落。

到了晚清,私塾教育在培养目标、教学内容、教学方法等方面形成了自己的特点,出现了一些指导或总结私塾教学的论著,如龙启瑞的《家塾课程》、王筠的《教童子法》、唐彪的《父师善诱法》等。龙启瑞说家塾课程主要以看读写作为提纲,读熟书(如经类及《文选》《古文辞类纂》)以"沃其义理之根",看生书(如史类)以"扩其通变之趣",写字以"观其用心之静躁",作文以"验其养气之浅深"。② 王筠在《教童子法》中提出塾师要根据蒙童的特点进行教学:"蒙养之时,识字为先,不必遽读书;先取象形指事之纯体教之。识日月字,即以天上日月告之,识上下字,即以在上在下之物告之,乃为切实……能识二千字乃可读书,读亦必讲。然所识之二千字,前已能解,则此时合为一句讲之;若尚未解,或并未曾讲,只可逐字讲之……才高者,全经及《国语》《国策》

---

① 舒新城:《我和教育》,上海:中华书局,1941年,10页。
② 龙启瑞:《家塾课程》,见舒新城《中国近代教育史资料》,上册,北京:人民教育出版社,1981年,85页。

《文选》尽读之,即才钝亦'五经'《周礼》《左传》全读之,《仪礼》《公》《谷》摘抄读之。"①

私塾教育得到了较大发展,遍及城乡社会,深入社会最底层。即使在街巷里弄、穷乡僻壤,私塾也有不少。光绪二十八年(1902),河北省部分州县的私塾数量如下:景州有私塾420处,抚宁县227处,赵州200处,永平府197处,阜平县75处,望都县71处。②清末湖北省部分地区的私塾教育情况如下:蕲水县有私塾300所,塾童6000多人;黄安县私塾700所,塾师712人,塾童10500人;江陵县有私塾1700多所,巴东县有私塾41所,鹤峰县有私塾28所。③

当然,私塾教育也不可避免地暴露出一些弊端。有一首《嘲私塾诗》写道:"一阵乌鸦噪晚风,诸生齐放好喉咙。赵钱孙李周吴郑,天地玄黄宇宙洪。三字经完翻鉴略,千家诗毕念神童。其中有个聪明者,一日三行读大中。"④鉴于传统的私塾教育不能适应社会形势的变化,民间开始了自发的私塾改良活动:光绪二十八年(1902)浙江石门的学界自发组织教育集议处,研究讨论私塾改良事宜;⑤光绪二十九年(1903)孙诒让与萧侃一起创办女学蒙塾,开设国文、历史、地理等新课程;光绪三十年(1904)七月江苏学务处委员沈戟仪在川沙龚镇成立私塾改良会,提倡私塾改良;光绪三十一年(1905)浙江瑞安县成立私塾改良会,孙诒让亲自拟定"改良私塾简易办法"八条,在瑞安城乡私塾试行。光绪三十二年(1906),清政府规定府、州、县成立劝学所,作为新的教育管理机构,于是私塾改良就由官方主持。同年六月,上海颁

---

① 王筠:《教童子法》,见舒新城《中国近代教育史资料》,上册,北京:人民教育出版社,1981年,92—93页。
② 河北省地方志编纂委员会:《河北省志》,第76卷《教育志》,北京:中华书局,1995年,36页。
③ 湖北省地方志编纂委员会:《湖北省志·教育》,武汉:湖北人民出版社,1993年,4页。
④ 徐珂:《清稗类钞·讥讽类》,上海:商务印书馆,民国六年(1917),98页。
⑤ 桐乡县教育局:《桐乡教育志》,见张彬、秦玉清《近代浙江的私塾改良》,载《浙江大学学报》(人文社会科学版),2001年第3期。

布了《私塾改良总会章程》,在课程方面既规定了修身(兼讲经)、国文(包括地理、历史、理科、习字)、算术、体操等必修科,又规定了图画(毛笔画)、乐歌等随意科。① 光绪三十四年(1908)江苏丹徒县设立私塾改良会,进行私塾改良。从各地情况来看,改良后的私塾取得了一些成绩:"现在之私塾非昔日可比,间有一二善趋时尚者,其所授学科除经书外,亦添入数学、图画等科,颇合乎以经书为体、以科学为用之谬说。"②在各地私塾改良实践的基础上,宣统二年(1910),清政府正式颁布了《改良私塾章程》,在教学内容等方面规定了具体的改良办法:"初等改良第一级:一、课程至少须授修身、国文、读经讲经、算术四科;二、课本须遵用部定之本;三、各书均须讲解,不得专主背诵;四、学生以各科课本教授完竣为毕业,凡毕业年期及分配授课时刻,均应预行规定;五、朴刑不得滥用……高等改良第一级:一、课程至少须授修身、国文、读经讲经、算术、历史、地理六科;二、课本须遵用部定之本;三、讲解均须详明;四、学生以各科课本教授完竣为毕业,凡毕业年期及分配授课时刻,均应预行规定,其国文、算术二科授课时刻,得酌量增加。"③尽管多种原因导致清政府的法令在民间并没有得到彻底的贯彻,私塾改良的实效依然有限,但是私塾改良作为传统教育领域的一件大事,有其三点重要意义。(1)缩短了私塾教育与新式小学教育之间的差距,部分私塾经过改良,开始采用新式学堂的教学内容和教学方法,与新式学堂的差距渐渐缩小。郭沫若回忆说:"庚子过后,家塾里的教育方法也渐渐起了革命,接着便读过《东莱博议》《史鉴节要》《地球韵言》和上海当时编印的一些新式教科书。先生又得到一部教

---

① 《私塾改良总会章程》,见舒新城《中国近代教育史资料》,上册,北京:人民教育出版社,1981年,107页。
② 《论我国学校不发达之原因》,载《申报》,1909年5月24日。
③ 《改良私塾章程·改良办法》,见舒新城《中国近代教育史资料》,上册,北京:人民教育出版社,1981年,110页。

会学堂用的《算数备旨》,根据着这书来教我们的算术。"①(2)改良后的私塾教育被纳入劝学所的管辖范畴,走上了规范化发展的道路。(3)私塾课程中增加了前所未有的新内容,在教学方法上打破了单调的背书、习字模式,增加了讲解的时间与内容,有利于激发学童的学习兴趣。

虽然私塾教育有其不足之处,但是新式学堂兴起之后,私塾并没有退出历史舞台,相反仍然具有很强的生命力,究其原因,主要有如下四点。(1)地方经济发展滞后,兴办学堂面临经费与师资的两难困境:"民瘠则经费难筹,地僻则师资缺乏。"②新式学堂的数量有限,还不能满足学龄儿童入学的需要,私塾还有存在的必要,还有广阔的市场。(2)民众的观念还很传统,对于新式学堂不太认同。有的地方学堂设立之后,并无学生前来报名,办学人员前往敦劝,"应者十之一,拒者十之九也"③。相反,私塾则为基层百姓所认同,他们愿意将子女送入私塾学习。(3)私塾的收费较为低廉,能满足城乡贫寒之家儿童的入学需求。每名学生入初等小学堂须缴纳的学费至少是五角,多则一元或二元,而入私塾则每个季度只需缴纳数角,学费低廉使私塾比学堂在生源竞争方面占有更多优势。(4)私塾的旧学教育质量较高,受到世家大族、书香门第的垂青,他们将子弟送入私塾,使其打下扎实的传统文化根底。因此,新式学堂还要与私塾共存,构成清末民初初等教育领域的二元格局。④ 四川安县:"清末民初,各类私塾遍及城乡,每村

---

① 郭沫若著作编辑出版委员会:《郭沫若全集》,文学编第12卷,北京:人民文学出版社,1992年,7页。
② 《学部奏遵拟简易识字学塾章程折》,见舒新城《中国近代教育史资料》,北京:人民教育出版社,1981年,442页。
③ 问天:《述内地办学情形》,载《教育杂志》,1909年第7期。
④ 贾国静:《私塾与学堂:清末民初教育的二元结构》,载《四川师范大学学报》(社会科学版),2002年第1期。

少则 1 所,多则 3 所,每所学生少则 5 人,多则 50 余人。"①

二、童蒙读物的出版

由于蒙童学习的需要,童蒙读物有较大的市场,一些出版机构将童蒙读物的出版(表 2-1)作为其经营的业务之一。

表 2-1 童蒙读物的出版情况

书 名	著 者	出 版 者
《三字经训诂》	宋王应麟著,清王相训诂	南京李光明庄②
《三字经注图》	宋王应麟著,清尚兆鱼注	南京李光明庄
《三字经注解备要》	宋王应麟著,清贺兴思注	南京李光明庄
《重订三字经》	章炳麟著	成都茹古书局
《百家姓考略》	宋初人著,清王相笺注	南京李光明庄
《释音百家姓(绘图)》		上海进步书局
《千字文注释》	梁周兴嗣著,清汪啸伊等释	南京李光明庄
《千字文释义》	梁周兴嗣著,清汪啸伊等释	成都薛崇礼堂
《增注千字文(绘图)》	梁周兴嗣著	上海进步书局
《三字孝经》	清兰湖渔夫著	南京宝文书局
《弟子规(绘图)》		上海昌文书局

---

① 《安县志》,593 页,见贾国静《私塾与学堂:清末民初教育的二元结构》,载《四川师范大学学报》(社会科学版),2002 年第 1 期。
② 李光明,字椿峰,号晓星樵人。他将其书室命名为何陋居,设肆于金陵聚宝门三山街大功坊郭家巷内电线局西首秦状元巷中,并设分肆于状元巷口状元阁。所刻各书,前面多印有推广文字的告白启事。版心下刻李光明庄四字,有的还在副叶附刻目录。李光明庄刊行的蒙学书籍销得最多。大凡受过私塾教育的,很多都读过李光明庄刻的书,在那个时代,东南各省几无不知李氏者,而且其所印书的销路,北方直到关外,南方到沿海各省,几乎遍及全国各地。

(续表)

书　名	著　者	出　版　者
《教儿经(绘图)》		上海天宝书局
《小儿语(附读)》	明吕得胜著	南京李光明庄
《蒙养便读》		湖南省民教馆
《小学韵语》	清罗泽南著	浙江书局
《小学集注(附忠经孝经)》	宋朱熹著,清陈选集注	上海鸿宝斋
《小学集注》	宋朱熹著,清陈选集注	上海鸿宝斋
《增广古今贤文》		上海昌文书局
《幼童读本合璧》		上海文华书局
《女儿经》(又名《女儿三字经》)		不详
《女儿经》		凤鸣山房
《五言千家诗》	清申屠怀辑解	南京李光明庄
《五言千家诗》	清王相选注	南京李光明庄
《七言千家诗(附二十四孝图说)》		南京李光明庄
《小学千家诗》	清浙两心斋氏辑	南京李光明庄
《国朝千家诗(附图)》		南京李光明庄
《四体千家诗》		南京李光明庄
《唐诗启蒙》	清吴淦辑	康胜斋版
《童歌养正》	清归继光辑,涂宗瀛增订	武昌书局
《小学弦歌》	清李元度辑	不详
《神童诗(绘图)》		上海天宝书局
《神童诗》		南京李光明庄
《续神童诗》		南京李光明庄
《蒙求集法》	后晋李翰著,宋徐子光补注	上海商务印书馆

(续表)

书　名	著　者	出版者
《史鉴节要便读》	清鲍东里辑	南京李光明庄
《鉴略四字书(附提纲)》	清王仕云辑	南京李光明庄
《舆地三字经》		南京李光明庄
《天文地理歌略》	清叶澜等著	南京李光明庄
《地球韵言》	清张士瀛著	南京李光明庄
《龙文鞭影》	明萧良有等著	芸香阁
《龙文鞭影》	明萧良有等著,清李恩绶校补	南京李光明庄
《幼学故事琼林》	清程允升等著	南京李光明庄
《幼学句解》	清程允升等著	南京李光明庄
《幼学须知句解》	清程允升等著	上海蒋春记
《新增幼学故事琼林(绘图)》	清程允升等著	上海章福记
《新体幼学句解》		上海文明书局
《增订广日记故事详注》	清王相注	南京李光明庄
《前后孝行录》		南京柳书课堂
《女二十四孝图说》	清寄云山人著	南京李光明庄
《群珠杂字》	明陈继儒著	南京李光明庄
《益幼杂字(附图)》		南京李光明庄
《幼学杂字》(又名《对相杂字》)		南京李光明庄
《共和幼学杂字(绘图)》		上海天宝书局
《澄衷蒙学堂字课图说》	刘树屏著	上海澄衷学堂
《通考杂字》	清徐三省著	南京李光明庄

从表2-1不难看出,民间的童蒙读物种类较多,按照学习目的,分为两种:一种是启蒙的,例如《三字经》《百家姓》《千字文》《神童诗》《千家诗》《日记故事》《幼学》等;另一种是预备应付科举考试的,例如"四书""五经"和《史鉴》《古文辞》之类。按照内容,可以分为六类:一是宣扬封建道德伦理思想,阐述三纲五常、孝悌忠信,其被统治阶级视为"六经之羽翼",如《三字幼仪》《女儿经》《小学韵语》等;二是以宣传封建道德为纲,又侧重传授一般的封建文化知识,如《三字经》;三是村塾杂字书(识字书),如《百家姓》《七言杂字》《千字文》;四是历史类,如《四言鉴》《五言鉴》《七言鉴》;五是文艺类,如《龙文鞭影》《千家诗》《声律启蒙》;六是人情世故类,如《增广古今贤文》。

值得一提的是在晚清的儿童读物中有一本《新三字经》,其开篇内容如下:"今天下,五大洲。东与西,两半球。亚西亚,欧罗巴,澳大利,阿非加。美利亚,分南北,贯地心,对中国。"紧接着就由中国的古代说到近代,特别是宣扬了曾国藩等人:"曾文正,左文襄,沈文肃,郭侍郎。继起者,曾劼刚,薛叔芸,俱早亡。"从内容看,该书显然是洋务派为了宣传自己功绩的应时之作。而且,到了清末,含有新学内容的书籍也成为童蒙读物,如《算术备旨》《地球韵言》等。

三、蒙童的阅读生活

私塾作为私学,所传授的内容大多是基本的文化知识,如历史知识、生活常识、做人准则等,因此,很多名人雅士都是在私塾里开始他们的读书生活的。曾国藩六岁的时候,祖父就为他设立了一所家塾,聘请一位姓陈的先生教他识字读书,陈先生教他阅读《千字文》《三字经》《百家姓》《增广贤文》《神童诗》之类幼学书籍,他几乎都能诵记不忘,默写无误,甚得家人与先生喜欢。自父亲曾麟书在家办了私塾"锡麒斋"之后,曾国藩便转从父亲读书学习,阅读《周礼》《仪礼》《史记》与《文选》等。曾国藩八岁起跟随父亲阅读《孝经》《大学》《中庸》《论语》与《孟子》,不到两年时间,他就把这五本书读完了。严复七岁时就到族叔严厚甫的私塾里学习。厚甫公教法刻板,十分机械,要求严复等学生反复阅读,背诵《大学》《中庸》。严复学得索然无味,尽管跟着厚甫公读了两年私塾,但是进步很小。冯玉祥于光绪十七年(1891)秋天进入私塾:"父亲带我去拜见塾师,开始了我一生的最初的读书生活。"[1]他所读的第一本书就是《百家姓》。郭沫若于光绪二十三年(1897)进入家塾发蒙,读的是《三字经》:"我们家塾的规矩,白日是读经,晚来是读诗,读诗不消说就是为的是作诗的准备了。我们读的是《唐诗三百首》和《千家诗》,这些虽然是一样的不能全懂,但比较起什么《易经》《书经》《周礼》《仪礼》,等等,那要算有天渊的悬隔了。"[2]张秀熟生于光绪二十一年(1895),父亲是一个增生,因为家中贫寒,二十岁即在家里设立私塾,教授蒙童。张秀熟自三岁开始认识方块字到十三岁进入高等小学堂之前,一直在私塾中读书学习。当时,私塾中最小的是六七岁刚发蒙的儿童,最大的是十八九岁已能作诗作文、准备进县立书院参加县考的童生,"不管低年级或高年级,不论读书的目的、要求何在,唯一正宗的必读书只是'四书''五经'"。[3] 舒新城于光绪二十四年(1898)正月进入私塾,当时他的实足年龄只有四岁零八个月。私塾唯一的功课是读书,读书的唯一要义是背诵,不讲解,更不缀句。[4] 舒新城的记忆力很好,在入私塾的八九个月中读完了《论语》第

---

[1] 冯玉祥:《我的读书生活》,上海:作家书屋,1947,11页。
[2] 郭沫若:《我的幼年》,上海:光华书局,1929年,58页。
[3] 张秀熟:《清末民间儿童读物》,见《文史集萃》,第一辑,北京:文史资料出版社,1983年,188页。
[4] 舒新城:《我和教育》,上海:中华书局,1941年,19页。

一本,而且还能背诵。舒新城在刘家私塾读了两年,就读完了"四书"。后进入胡氏家馆,一面读《诗经》,一面讲"四书",读了两年,后到龙王江与回龙阁的舒家私塾就读两年,后又到水东张氏学塾就读两年,听张浣泉先生讲完了"四书"与《了凡纲鉴》。

在传统的教育模式之中,在以科举应试为目的的教育思想支配之下,儿童们自咿呀学语之时起就阅读"四书""五经"等童蒙读物。尽管"四书""五经"在儿童的启蒙教育中发挥了一定的作用,让他们接触了传统的典籍与文化,但是由于其义理过深,不适合儿童的心理与生活,而且文字特别晦涩难懂,不适合儿童阅读与理解,除了死记硬背之外,并不明白个中道理,有的人往往读了一辈子读到老死,也读不出什么来。① 除了读"四书""五经"以外,为了认识更多的生字,掌握一般的历史知识、文艺知识,儿童们还要阅读《三字幼仪》《女儿经》《小学韵语》《三字经》《七言杂字》《千字文》《百家姓》《七言鉴》《龙文鞭影》等。相对而言,《三字幼仪》等读物文字俚俗,内容浅显,适合儿童阅读,易于儿童背诵。

值得注意的是,科举制度的废除对儿童的阅读生活产生了一定的影响。首先是儿童读物的出版出现了变化,向儿童灌输西方文化、传授科学知识的读物如《地球韵言》和《天文地舆歌括》等出版,对儿童的阅读产生了直接的影响。《地球韵言》是四川荣县举人黄芝在日本留学回国后所著,戊戌政变后出版,全书以五言体为主,介绍了五大洲、世界各国京城、中国十八行省以及京师、通商口岸的情况,便于儿童了解中国地理与世界地理知识。《地球韵言》的"美洲歌"包含了美国的政治民主等内容:"全洲尽民主,惟美(按:美国)制度贤。伯里玺天德,

---

① 吴研因:《清末以来我国小学教科书概况》,见张静庐《中国出版史料·补编》,北京:中华书局,1957年,149页。

一任只四年。上下两议院,政治无能专。农利甲天下,纺织畜牧遍。铁路迈大步,廿四万里穿。名矿旧金山,华工争西迁。昔年释黑奴,战争苦频仍。"①《天文地舆歌括》出版于戊戌政变之后,该书用四言体对天文、地理、声、光、电、化学等做了科学的解释,是一本向儿童传授科学知识的好读物。新的儿童读物的出版对儿童的阅读产生了直接的影响。郭沫若在庚子之变以后除了阅读圣经贤传以外,开始阅读《地球韵言》与《史鉴节要》,"这两部在当时是绝好的启蒙书籍,是用四言的韵语写成,对于我们当时的儿童真是无上的天启。"②张秀熟小时候除了阅读"四书""五经"之外,还阅读了《三字经》《七言鉴》《小学韵语》《龙文鞭影》《廿一史弹词》《地球韵言》《幼学歌》《天文地舆歌括》,其中,《天文地舆歌括》最受他的欢迎,给他留下了深刻的印象:"我读这本书,增加了许多新知识,眼界也开阔了,脑子也活泼了。"③

其次是私塾的教学方法与教学内容发生了变化。废除科举直接影响了家塾的教育方法。郭沫若写道:"从前是死读古书的,现在不能不注意些世界的大势了。从前是除圣贤书外无学问的,现在是不能不注重些科学的智识了。不消说我们是从试帖诗的刑具解放了下来。"④科举制度的废除也影响了私塾的教学内容,新的教科书成为私塾里的正式课本,数学课本中增设了开方等新内容。郭沫若回忆:"……还有各种上海蒙学教科书如格致、地理、地质、东西洋史、修身、国文,等等,差不多现在中学堂所有的科目都有。我们家塾里便用这些来做课本。有一部《笔算数学》,是什么教会学堂出版的东西,我们

---

① 张秀熟:《清末民间儿童读物》,见《文史集萃》,第一辑,北京:文史资料出版社,1983年,193—194页。
② 郭沫若:《我的幼年》,上海:光华书局,1929年,62—63页。
③ 张秀熟:《清末民间儿童读物》,见《文史集萃》,第一辑,北京:文史资料出版社,1983年,197页。
④ 郭沫若:《我的幼年》,上海:光华书局,1929年,61—62页。

沈先生(按:沈焕章,郭家的专馆先生)他自己自修了一遍便拿来教我们,我们从加减乘除一直也就学到开方了。"①

最后是新学书刊不断进入家塾,蒙童的课外阅读书籍更加丰富。郭沫若说:"新学的书籍就由大哥采集,就给②洪水一样,由成都流到我们家塾里来。什么《启蒙画报》《经国美谈》《新小说》《浙江潮》等书报差不多是源源不绝地寄来,这是我们课外的书籍。这些书籍里面,《启蒙画报》一种对于我尤有莫大的影响。"③不仅如此,新的地图也在私塾里使用,如郭沫若的家塾里就挂起了四大幅合成的一面《东亚舆地全图》:"红黄青绿的各种彩色真使我们的观感焕然一新,我们到这时候才真正的把蒙发了的一样。"④如此发自肺腑的话语表明郭沫若深切地认识到了科举制的废除对他的阅读生活产生的深刻影响。

第二节　学　生

学生是一个特定的阅读群体,他们具有明确的阅读目的:应试科举、金榜题名。他们也有其特定的阅读范围,主要是阅读应试书籍,课余也阅读一些课外读物,而且他们是专职读书人,读书时间十分充裕。学生们奉家长之命为博取功名而攻读"四书""五经",时常感到非常苦恼与厌倦,但他们在课余为了取乐而自由阅读,则真正体会到读书的乐趣。

---

① 郭沫若:《我的幼年》,上海:光华书局,1929年,66—67页。
② 原文如此,疑作"跟"。
③ 郭沫若:《我的幼年》,上海:光华书局,1929年,63页。
④ 郭沫若:《我的幼年》,上海:光华书局,1929年,第67页。

一、书院的学生

书院诸生以研习经史书籍为主。同治初年(1862),正谊书院建立,"仿浙粤诂经学海法,专课经解古学,得安定经义治事遗意"。① 接着,上海的龙门书院,求志书院、江阴的南菁书院等"皆以博习经史词章为主,与专试时文之书院固不同,亦与讲求理学之书院异趣焉"。② 无论是南菁书院,还是龙门书院,它们的课程安排都以研习经史为主,强调经学优先的原则,如南菁书院就规定治学应以《周易》《尚书》《诗》《论语》《孟子》《尔雅》《孝经》和"三礼""春秋三传"为主。③ 龙门书院的课程:"大要以晨起、午前治四子、各经及性理,午后读诸史纲鉴及各家书,或旁通时务,有余力或作文辞,或习书法。"④因此,书院学生必须阅读与研习经史典籍,有的书院学生还要撰写读书日记。黄彭年⑤主讲保定莲池书院的时候就命令诸生"分占经史,日书所得,月终汇呈主讲评次奖赏"⑥。他主讲正谊书院时深知寒士得书之难,于光绪十三年(1887)安排人在正谊书院的西面可园旧址建造学古堂,建立藏书楼,藏书六万余卷,招收那些有志读书却又无书可读的学生入正谊书院学习,"资以膏火,肄业其中"⑦。黄彭年让那些学生每日到学古堂看书,撰写读书笔记:"每日所读之书,有所得、有所疑,皆记之,以俟论定。"⑧而且他聘请耆儒为学长,评阅诸生的读书日记,学长到了月终

---

①⑥ 吴履刚:《学古堂日记·跋》,见雷浚选,吴履刚编:《学古堂日记》,光绪十六年(1890)钱塘诸可宝署刻本。
② 柳诒徵:《中国文化史》,下册,北京:中国大百科全书出版社,1988年,737页。
③ 杨齐福:《科举制度与近代文化》,北京:人民出版社,2003年,203页。
④ 《龙门书院课程》,见《上海通志馆期刊》第1卷第2期,台北:台湾文海出版社,1977年,505页。
⑤ 黄彭年(1823—1891),字子寿,贵州贵筑(今贵阳)人,道光二十七年(1847)进士,于光绪四年至光绪八年(1878—1882)担任莲池书院院长,官至湖北布政使。
⑦⑧ 雷浚:《学古堂日记·序》,见雷浚选,吴履刚编:《学古堂日记》,光绪十六年(1890)钱塘诸可宝署刻本。

就检查、批阅诸生的读书笔记:"评是非、定甲乙,善者奖之,不善者纠正之,有跅驰不受约束者则屏之。"①因此,在严格的管理与激励机制之下,正谊书院的诸生写了一些很好的读书日记,如海宁州增生许克勤的《读〈周易〉日记》、吴县生员凤恭宝的《读〈毛诗〉日记》、吴县廪贡生王仁俊的《读〈尔雅〉日记》、吴县生员徐鸿钧的《读〈汉书〉日记》、吴县生员徐德森的《读〈通鉴〉日记》等。舒新城于光绪三十三年(1907)正月进入郴梁书院:"当时的郴梁书院也是所谓新派,文章不作八股而作经义策论。诗不作应制体而作古风及普通律诗。在书院中除了课诗文与讲述经史而外,其余的工作,山长很少有干涉,听凭个人自由努力,而讲学的时候,大概要先讲一段进德修业的经训。"②

此外,书院诸生还须阅读西学书籍。书院除了收藏传统的经、史、子、集四类书以外,还收藏反映洋务、时务的西学书籍。上海龙门书院同治年间只收藏了166种传统典籍,到了光绪年间,新收藏了110种西学书籍。上海格致书院在其创办伊始就计划收藏西学文献:"院中陈列旧译泰西格致诸书、各种史志、上海制造局新译诸书、各处旧有及续印新报、西国文字各种格致机器新旧之书、格致机器新报、机器新式图册,以及天球、地球、各种机器小样、天文仪器、化学各器、格致入门各器、五金矿石各样。又备中国经史子集,以期考古证今,开心益智,广见博闻。"③至光绪三十三年(1907),格致书院收藏的西学书籍有415种,约占其藏书总数的34.2%。书院收藏的西学书籍为诸生的阅读与学习提供了方便,书院诸生足不出户就可以阅读西书、掌握新知。

---

① 雷浚:《学古堂日记·序》,见雷浚选,吴履刚编:《学古堂日记》,光绪十六年(1890)钱塘诸可宝署刻本。
② 舒新城:《我和教育》,上海:中华书局,1941年,45页。
③ 《拟举办格致书院上李伯相禀稿》,载《申报》,1874年11月11日。

二、学堂的学生

(一)学生概况

晚清学堂的数量逐步增加,学生规模亦逐步扩大。自同治元年(1862)京师同文馆成立至光绪二十年(1894)中日甲午战争爆发,国人开设的学堂不过 25 所,其中语言学堂 5 所,军事学堂 9 所,普通学堂 5 所,工艺等学堂 6 所,学生约 2000 人。① 由于维新变法的推动,光绪二十一年至光绪二十五年(1895—1899),共兴办学堂 150 多所,其中光绪二十一年(1895)3 所,光绪二十二年(1896)14 所,光绪二十三年(1897)17 所,光绪二十四年(1898)五月以前 14 所,戊戌变法期间达 106 所。义和团运动的失败,进一步惊醒了国人,各阶层人士怀着不同的目的与动机在兴学问题上达成了共识,学堂的发展较快,特别是光绪三十一年(1905)科举制度正式废除以后,新式学堂一枝独秀,发展迅速。另外,新学堂不收任何费用而受到基层民众的青睐:"好在那时的学堂,一切费用都不要,只要带着换洗的衣服和被褥,就可以有书读——学用品也是学校发给的——在经济上不增加家庭的负担。"② 因此,入学就读的人渐渐增多。晚清各种学堂学生总数为光绪二十八年(1902)6912 人,光绪二十九年(1903)31428 人,光绪三十年(1904)99475 人,光绪三十一年(1905)258876 人,光绪三十三年(1907)918586 人,宣统元年(1909)1532746 人。到了民国元年(1912),学生总数达到 2776373 人。③

---

① 桑兵:《晚清学堂学生与社会变迁》,上海:学林出版社,1995 年,38 页。
② 舒新城:《我和教育》,上海:中华书局,1941 年,50 页。
③ 吴研因、翁之达:《三十五年来中国之小学教育》,见庄俞、贺圣鼐《最近三十五年之中国教育》,卷上,上海:商务印书馆,1931 年,26—28 页。

哑巴读书①

(二)学习内容

1.学习西学与外文

中日甲午战争之前,学堂办学旨在培养翻译人才、技术人才和军事人才,因此学生的学习内容以外文、自然科学、军事知识为主。就福建船政学堂而言,前堂学习法文与造船术,后堂学习英文与驾驶术,开设的课程除了造船及驾驶应该学习的科目以外,还有《圣谕广训》《孝经》等。经过学习,学堂的学生略具中学根基,掌握了外文,能够直接阅读西方的报刊书籍,且对西学也有一定程度的了解。从同文馆、广方言馆及湖北自强学堂的试题来看,学生不仅具有一定的自然科学知识,而且掌握了公法、世界地理等方面的知识。他们的西学知识超过了前辈和同时代士人。当然,对于学生的学习效果,时人也有微词,

---

① 《时事报馆戊申全年画报》,见陈平原《图像晚清:〈点石斋画报〉之外》,北京:东方出版社,2014年,226页。

郑观应说:"至如广方言馆、同文馆,虽罗致英才,聘师教习,要亦不过只学言语文字,若夫天文、舆地、算学、化学,只不过粗习皮毛而已。他如水师、武备学堂,仅设于通商口岸,为数无多,且皆未能悉照西法认真学习,不如科甲之重……世家子弟皆不屑就……况督理非人,教习充数,专精研习,曾无一生。"①

2. 阅读教科书

中日甲午战争以后,学堂的学生以阅读教科书为主。晚清教科书的出版始于教会学堂。光绪二年(1876)五月,传教士在上海举行第一次全国大会时,主持教育的传教士狄考文认为西学各科教材中没有适用的书籍,建议成立学堂教科书委员会,该建议得到了与会者的赞同,于是大会决定组织学堂教科书委员会②,推举狄考文、韦廉臣、林乐知、丁韪良、傅兰雅、黎力基等为委员负责编写、组稿和出版事宜。学堂教科书委员会成立伊始,决定编写初级与高级两套教材,初级教材由傅兰雅负责,高级教材由林乐知负责。委员会还议定了教会学校教科书的编辑方针:"(1)最好是编,不是译,文字用最浅显的文理,结合中国的风俗习惯,使中国人易于接受;(2)不仅被学生用作课本,而且教员也可用来进行教学;(3)不仅供教会学校使用,也要着眼于让教外学生使用;最重要的是,不但课本要非常科学,而且要利用每一个机会引导读者注意上帝、罪恶、拯救的伟大事实。"③学堂教科书委员会自成立时起至光绪十六年(1890),出版了59种共30000册教科书和图表,涉及科学、算学、欧美历史、地理、宗教、伦理等学科。

光绪十六年(1890)五月,基督教传教士在上海召开第二次全国大

---

① 郑观应:《盛世危言·西学》,见夏东元《郑观应集》,上册,上海:上海人民出版社,1982年,280页。
② 学堂教科书委员会的英文名称为 School and Textbook Series Committee。
③ 《教科书委员会的报告》,见顾长声《传教士与近代中国》,上海:上海人民出版社,2004年,224页。

会，与会者鉴于学堂教科书委员会已不能适应教会教育的需要，决定成立中华教育会，接收了学堂教科书委员会的全部财产和业务。中华教育会下设行政事务委员会、出版委员会、课程委员会、考试委员会、教育改革委员会等分支机构，其任务不仅包括继续负责编辑出版学校教科书，还包括进行教育调查，举办各种讲习会、交流会、演讲会。中华教育会成立不久，即致力于教科书的编辑出版工作，从光绪十六年至光绪十九年（1890—1893），出版了动力学、水力学、光学、热学等方面的教科书共计12种。光绪二十年至光绪二十二年（1894—1896），共出版各类教科书18种。① 与此同时，还重印了一批原学堂教科书委员会编译的教科书。光绪二十五年（1899）以后，中华教育会的编辑出版活动日渐衰退，出版的教科书也越来越少，自光绪二十五年（1899）至光绪三十一年（1905）中华教育会仅出版3种教科书。宣统元年（1909），在中华教育会第六届年会上，出版委员会宣告解散。至此，中华教育会不再具有出版职责，完全成为宗教性教育组织。除了学堂教科书委员会和中华教育会之外，还有一些传教士创办的综合性出版机构编辑出版教科书：广学会出版了18种教科书；墨海书馆出版了一些传教士编译出版的教科书，如伟烈亚力的《数学启蒙》、合信的《博物新编》等；美华书馆出版了传教士编译的自然科学教科书，如《形学备旨》《代数备旨》《代形合参》《八线备旨》等，后来也出版了社会科学方面的教科书，如《万国通鉴》和《理财学》等。

  传教士编译出版教科书的活动有其局限性，主观上是为了宣传宗教教育，强调把宗教精神和教义贯穿在整个编写过程中，而且也出版了一些宗教教材："教科书委员会出版的相当大一部分根本不是什么

---

① 黄新宪：《近代来华传教士编译出版教科书活动史略》，载《江西教育科研》，1995年第3期。

学校教科书,而只不过是宗教传单。"①尽管如此,传教士编译出版的教科书在客观上起到一些积极的作用:冲击了传统的教材体系,传播了近代科学知识,也为大量出现的新式学堂提供了各类教材,许多青年学子正是从这些教科书中增进了对西学的了解,开阔了知识的视野,而且传教士编译出版的相当一部分教科书内容简洁,线索明晰,有一定的逻辑联系,所介绍的知识内容由浅入深,层层推进,还辅以插图和各种练习题,使用的术语较为一致,既利于教师的教学,也利于学生的学习。

  在教会学堂编辑出版教科书的影响之下,晚清的出版界认识到童蒙读物的不完善,开始编辑出版教科书。无论是政府机关,还是学术团体、报社书局以及个人,都注重科学文献的编辑出版。同文馆、上海排印局、江南制造局翻译馆、湖南新书局、时务报社、上海译书局、湘学报社、天津机器局、天津学堂、农学报社、求是报社、汇文书院、博济医局、山东文会馆、福瀛书局、译书公会、尚贤堂、利济报馆、算学报馆等出版的新学书籍,书名载于《东西学书录》的,遂有千余种之多。光绪三十一年(1905)废除科举建立新式学堂以后,正式教科书相继出现,有学堂自编应用的,有私人编辑的,有书局发行的,还有将日本教科书直译而成的。自学部公布审查制度之后,其除审查各书外,还承担部编教科书的工作。在商务印书馆成立以前,文明书局出版的教科书最多,广益书局次之。光绪二十九年(1903)以后各学堂使用的教科书,大多出自商务印书馆。② 商务印书馆创办于光绪二十三年(1897)二月,成立后不久,就开始编辑出版教科书,出版了杜亚泉主编的蒙学课本《文学初阶》,全套6册。光绪二十八年(1902),商务印书馆聘请

---

① 《基督教在华传教士大会记录,1890年》,见顾长声《传教士与近代中国》,上海:上海人民出版社,2004年,224页。
② 《教科书之发刊概况》,见张静庐《中国近代出版史料·初编》,北京:中华书局,1957年,220页。

高凤谦为编辑所长,由蒋维乔计划,请日本人长尾、小谷、加藤三人协助,刘崇杰任翻译,高凤谦、张元济、蒋维乔、庄俞任编辑,以日本明治三十七年(1904)、三十八年(1905)的教科书为蓝本,历经半年,编成《最新初小国文教科书》一册,该书出版后大为畅销,遂继续编成十册。同年七月,又依照学部新颁章程所定学制,将"最新教科书"陆续分编为初等小学及高等小学两套。"最新教科书"的出版是国人自编教科书进入一个新阶段的标志。蒋维乔回忆说:"教科书之形式、内容,渐臻完备者,当推商务印书馆之'最新教科书'。此非作者身与其役,竟敢以此自夸,乃有客观之事实可以证明:一是此书既出,其他书局之儿童读本,即渐渐不复流行。二是在白话教科书未提倡之前,凡各书局所编之教科书及学部国定之教科书,大率皆模仿此书之体裁。故在彼一时期,能完成教科书之使命者,舍'最新'之外,固罔有能当之无愧者也。"① 陆费伯鸿也谈道:"癸卯(1903)商务印书馆延聘海盐张元济、长乐高凤谦编辑'最新教科书',日人长尾、加藤等以其经验助之,教科书之形式方备。"② 据估计,"最新教科书"在光绪二十八年(1902)到宣统二年(1910),一共卖出了三十万套,③ 而蒋维乔则宣称这套书在十年间卖出了一百万套。除了"最新教科书"之外,商务印书馆在光绪二十八年(1902)出版的教科书还有最新初小教科书 6 种,如杜亚泉编的《格致》、张元济编的《修身》等;最新高小教科书 9 种,如姚祖晋编的《地理》、张景良编的《算术》等;最新之中学教科书 11 种,如黄英编的《动物学》、杜亚泉编的《矿物学》等。此后,商务印书馆还陆续出版了

---

① 蒋维乔:《编辑小学教科书之回忆》,见张静庐《中国出版史料·补编》,北京:中华书局,1957 年,139—140 页。
② 陆费伯鸿:《论中国教科书史》,见张静庐《中国近代出版史料·初编》,北京:中华书局,1957 年,212—213 页。
③ 季家珍:《改造国家——晚清的教科书与国民读本》,孙慧敏译,载《新史学》第 12 卷第 2 期。

各类教科书 69 种,①由于数量较多,所以此处不再赘述。

总的来看,国人编辑出版的教科书种类(表 2-2)增多,形式、体例趋于完善,无论是数量,还是质量和销量,都大大超过了传教士出版的教科书。

表 2-2　教科书的出版情况②

名　　称	出版总量(种)	出版的教科书(种)	教科书所占的比例(%)
商务印书馆	482	265	55.0
科学图书社	550	378	68.7
广智书局	192	50	26.0
时中书局	565	126	22.3
纬文阁等 57 家书局	2491	259	10.4

从表 2-2 来看,20 世纪初期,商务印书馆等出版机构以出版与经营教科书为主要业务。在教科书之中,语言工具书又占有较大的比例,这与当时学习外语的风气颇有关联。

教科书有其鲜明的特点,适合学生阅读与学习。(1)在编辑原则上,晚清教科书以学生为本,注重学生的学习特点与理解能力。这一特点在民营出版机构编辑出版的教科书上表现得最为明显。如商务印书馆在编辑"最新教科书"时,张元济、蒋维乔等人召开"圆桌会议",强调教材内容必须符合儿童心理,与儿童智力发展水平一致,也就是说编辑教材要以学生为本,方便学生学习。鉴于初学儿童的识字能力有限,他们学习时只能由浅入深、循序渐进,因此,编撰者提出了不少为后来教科书编撰者一直遵循的原则。在形式方面,编撰者提出了在教科书中限定笔画、限定生字字数与反复出现生字等编辑原则:"第一册教科书中,采用之字,限定笔画……第一册采用之字,笔画宜少,且

---

① 韩文宁:《清末民初教科书出版述论》,载《江苏图书馆学报》,2000 年第 2 期。
② 周振鹤:《晚清营业书目》,上海:上海书店出版社,2005 年,220—386 页、555—644 页。

规定五课以前,限定六画,十课以前,限定九画,以后渐加至十五画为止。""选定教科书采用之字,限于通常日用者,不取生僻字……第一册每课之生字,五课以前,每课不得过十字……第一册共计六十课,前课之生字,必于以后各课程中,再见两次以上,俾使复习。"①为了适应儿童的学习特点,便于儿童形象记忆,"最新教科书"的编撰者在选材方面规定:"则选用事项涉于多方面,不偏于一隅。杂采各种材料,以有兴味之文字记述之……以各种材料彼此交互错综,无形中前后联络,以便儿童记忆。各课皆附精美之图画,图画布置须生动而不呆板,处处与文字融合。"②在这样的编辑原则之下,"最新教科书"的主要功能是识字,一至五课为单个汉字,笔画少,又是儿童日常生活中时常接触到的事物,如第四课课文为"上下左右大小多少"八个字。从第六课起,两字相连成词,如第十课课文为"父子母女兄弟朋友山下地上城市村舍"。笔画由简入繁,内容由浅入深,贴近生活,增强儿童的学习兴趣。商务印书馆编辑"最新教科书"时提出的这些原则充分体现了他们注重儿童的心理特征与学习特点,迎合儿童的学习需要,因此,"最新教科书"编辑出版后受到学生的欢迎,而且十分畅销。(2)在编辑体例上,晚清教科书既沿袭了传统教材的痕迹,又借鉴了国外教科书的编辑体例。新式教科书脱胎于一些编译的西书,受西方教科书的影响很大,如光绪二十七年(1901)南洋公学出版的《蒙学课本》仿照了英、美读本体例。在新学制颁布之前,国人自编的很多教科书是以传统教材来阐述西学的,如《西学三字经》《植物学歌诀》《外史蒙求》《舆地韵言》等。新学制颁布以后,商务印书馆最先按新学制来编辑新式教科书,"最新教科书"由于有日本人小谷、长尾等参与编撰工作,因此采用

---

① 蒋维乔:《编辑小学教科书之回忆》,见张静庐《中国出版史料·补编》,北京:中华书局,1957年,141页。
② 蒋维乔:《编辑小学教科书之回忆》,见张静庐《中国出版史料·补编》,北京:中华书局,1957年,142页。

了日本教科书的编辑体例。晚清教科书受日本教科书的影响较大,光绪三十一年(1905),日本人哈拉达说:"近数年来由东文译成华文之教科书,从蒙学课本至格致、历史、理学等书为止,皆在上海日人所设之书店出售。目录甚繁……不可殚述。"①(3)在流通方面,晚清教科书得到了清政府的政策支持,而且流通渠道多样。官方制定了优惠的教科书定价政策来促进教科书的流通。光绪三十二年(1906),《学部第一次审定教科书凡例》第十三条规定:"审定之图书,凡已有定价者,由各发行所自行酌减,报部查核;不准格外增加,致碍教育普及。"第十八条规定:"本部审定各书,以书精价廉者为合格……以教育贵乎普及,若书价过昂,必至阻教育之进步也。嗣后凡关于教科用书之编辑者、发行者,须识本部审定宗旨之所在。"②在清政府定价政策的支持下,教科书的流通较为广泛。晚清教科书的流通渠道多样,有赠阅、直销、寄销(代售)、邮寄等渠道,而且出版机构的发行策略也很灵活。赠阅方式在教科书出版的初期运用较多,如基督教学堂教科书委员会编辑出版的图书除了供给教会学校使用以外,还赠送给其他学堂使用;广学会成立初期也曾到科举考试场所分发赠送书籍。民营出版机构则向学生直销教科书,如商务印书馆至光绪三十三年(1907)已设有12个外埠分馆,负责销售商务版图书。邮寄则是当时发行教科书的一种主要方式,特别是在对偏远地区的教科书发行方面:"僻远之地,如欲得样本者,一例照送。"③商务印书馆在《申报》上申明:"各处小学堂欲得样书者,请即函示,当即寄奉,函中务详载堂名、住址、校长姓字并加盖本堂图章,每书一册,附寄邮票五分。所赠之书以单内之第一

---

① 哈拉达:《论日本在华之教育势力》,见舒新城《中国近代教育史资料》,下册,北京:人民教育出版社,1961年,1077页。
② 刘哲民:《近现代出版新闻法规汇编》,上海:学林出版社,1992年,18页。
③ 《商务印书馆新编小学用书·敬赠学堂样本》,载《申报》,1909年1月25日。

册为限,单外之书及第二册以下概不赠送。"①旁列新编小学用书16种,如《简明历史教科书》《简明地理教科书》《作文》等。为了促进教科书的流通与销售,一些出版机构在报纸上刊登广告宣传自己出版的图书。集成图书公司于光绪三十三年(1907)成立后即编辑出版教科书,而且在《申报》上连续刊登广告,仅光绪三十三年(1907)六月一个月就在《申报》上刊登了 26 天的教科书广告,在"各种教科新书"中列有《国史第一读本》《中等国文读本》《普通地理读本》《最近代数学》等。② 商务印书馆在《申报》上刊登的教科书广告也很多,如宣统元年(1909)正月十一日,《申报》第二张第八版刊登了商务印书馆最新出版的高等小学农业教科书的广告,同年正月十三日,《申报》第二张第六版刊登了商务印书馆出版的中学堂用教科书广告,分为修身、国文(附文典)、历史、地理、算学、代数、几何、物理、动物、英文、日文等 21 类,如《东西洋伦理学史》《中国历史教科书》《中学动物学教科书》《中学植物学教科书》等。③ 这些广告除罗列书目外,还注明书价、适用程度、用法、教学材料等,有的还有内容简介,如关于《修身教科书》的广告:"教科书四册,共八角,详解四册,共七角。本书采辑我国圣贤立身制行之事足为模范者,以引起学生私淑观念。"④由于广告的宣传效应,教科书的销售较为顺畅。

总之,随着科举制的废除、新式学校的建立,新式教科书在学校的使用变得颇为广泛,对学校教学的作用很大。教科书质量的好坏直接关系学校的教学效果,有了好的教科书,教员的教学效果就会大大增强,学生的学习成绩也会进一步提高。就商务印书馆而言,它以普及

---

① 《商务印书馆新编小学用书·敬赠学堂样本》,载《申报》,1909 年 1 月 25 日。
② 《华商集成图书公司新编小学堂用书广告》,载《申报》,1909 年 1 月 28 日。
③ 《商务印书馆出版中学堂用教科书》,载《申报》,1909 年 2 月 3 日。
④ 载《申报》,1909 年 2 月 1 日。

教育、推广新式教育为己任,出版的教科书曾影响了一代国人。① 商务版教科书顺应历史潮流,符合当时需要,质量高,门类全,广为流行,为大多数学校所采用,很多人儿时从商务版教科书和参考书中得到了启蒙知识,其中一部分人成为我国文化学术界的著名学者。尤其值得一提的是,商务印书馆还首创出版了教科书的教授法和参考书,为培养近代中国的教师队伍和提高教学质量做出了积极贡献。在"最新教科书"出版时,张元济等人考虑到新学制草创、教科书初定和教师不熟悉教材教学法,就编辑出版了教授法,随同教科书一并寄给教师。教授法按照三段式教学程序,加入练习、问答、联句、造句等内容,用来指导教师讲授教材和辅导学生做作业。教授法对教师熟悉教材和组织教学活动很有帮助,既培养了教师的教学水平,又提升了教学质量与教学效果。继教授法之后,商务印书馆又编辑出版了一些教学参考书,也随同教科书寄给老师。参考书是教授法的姊妹篇,有助于教师熟悉教材和扩大知识面,提高教师的水平与素质。

3.课外阅读新书

新学堂的学生除了上课之外,课余时间较多,有的就利用这个时间广泛涉猎各种新书。舒新城于光绪三十四年(1908)进入溆浦县立高等小学,求学三年,其间在学校的阅报室中阅读了很多新书刊:"阅报室中有《时报》《新民丛报》《国粹学报》《安徽俗话报》及《猛回头》《黄帝魂》《中国魂》《皇朝经世文编》《西学丛书》《皇朝畜艾文编》《时务统考》,等等。我因从张浣泉先生养成一种作札记的习惯,对于涉猎各书均录其精要而附以意见,对于《黄帝魂》《猛回头》尤为醉心而嗜读;当时如章太炎致康有为《论革命》诸书及《猛回头》之重要词句都能背诵。"②

---

① 史春风:《商务印书馆近代教科书出版探略——从国文(语)和历史教科书谈起》,载《北京师范大学学报》(社会科学版),2003 年第 6 期。
② 舒新城:《我和教育》,上海:中华书局,1941 年,59 页。

三、教会学校的学生

(一)学校及学生情况

第一阶段(1840—1860)。传教士主要在广州、福州、厦门、宁波、上海等五个通商口岸和香港开办一些附设在教堂里的教会学校,其规模很小,多为小学,目的是"为传播福音开辟门路",不仅免收学费,而且就连膳宿生活费和路费等也全部由学校供给。招生对象都是穷苦教徒子弟或无家可归的乞丐,当然,传教士在内地也招收了一些教徒子弟入学。据估计,这个阶段的教会学校共约50所,学生约有1000人。①较为有名的学校有英华书院、徐汇公学等。英华书院于嘉庆二十三年(1818)由马礼逊创办于马六甲,教授中国人英语。道光二十三年(1843)英华书院由马六甲迁到香港,道光二十七年(1847),英华书院又由香港迁到上海,易名为英华书馆,招收教徒子弟入馆学习英语和西学。徐汇公学于道光三十年(1850)由天主教耶稣会创办于上海,后来改称为圣依纳爵公学。

第二阶段(1860—1875)。由于不平等条约允许传教士进入内地活动,教会学校随之迅速增加,总数增加到800所,学生约20000人,其中基督教传教士开办的约有350所,学生约6000人,其余均为天主教传教士开设。② 这个阶段的教会学校仍以小学为主,不过也开办了一些中学,约占总数的百分之七,女子学校也有所增加。比较著名的学校有同治三年(1864)美国传教士狄考文在山东登州开办的蒙养学堂,同治四年(1865)美国传教士在北京开设的崇实馆,同治九年(1870)在苏州开设的存养书院,同治十三年(1874)由麦华陀、傅兰雅和徐寿在上海创建的格致书院等。蒙养学堂本是教会小学,同治十二

---

① 顾长声:《传教士与近代中国》,上海:上海人民出版社,2004年,212页。
② 顾长声:《传教士与近代中国》,上海:上海人民出版社,2004年,213页。

年(1873)起设置中学课程,光绪二年(1876)正式改名为文会馆,直到光绪三十年(1904)迁到山东潍县改名为广文学堂。登州文会馆的办学目的同其他教会学校一样,"固无日不以宣道为目的",它的宗旨是道德其一,学识其二。其学制分为备斋(小学程度)三年,正斋(中学程度)六年,一共九年。学校使用的教材,除了上海基督教出版机构发行的一些教科书外,狄考文自己也编写翻译了一些教材,如《要理问答》《心算初学》《笔算数学》《形学备旨》《振兴实学记》等;他还编了一些讲义,如《理化实验》《电学》《测绘》《微积分题》等,供学生使用。就入学的学生来看,从同治三年至同治十一年(1864—1872),蒙养学堂共招生85名。同治十三年(1874)入学人数为22人,光绪二年(1876)则增为34人,光绪六年(1880)入学人数达到45人。①

第三阶段(1875—1899)。由于外国侵略者在华开办的企事业日益增多,且外国控制的海关、邮局等急需人才,同时洋务派所办企业也需要大批人才,所以教会学校急剧发展,总数进一步增加,增加为2000所左右,学生超过40000名。② 中学约占百分之十。此时开始出现大学,实际上都是在中学基础上添加的大学班级,大学生总数不到200名。天主教仍以小学教育为主,设有少数中学;基督教中学有明显的增加,大学也逐渐形成,其中较著名的有光绪五年(1879)由培雅学堂和度恩学堂合并的上海约翰书院,后来成为上海圣约翰大学;光绪七年(1881)林乐知在上海开办的中西书院,后来成为设在苏州的东吴大学;光绪十三年(1887)哈巴安德在广州开设的格致书院,后来成为岭南大学。这个阶段教会学校的一个重要特点是招生对象的改变,特别是在沿海通商口岸,多数教会学校不再免费招收穷苦孩子入学,而是想方设法吸收新兴的买办资产阶级子弟或其他富家子弟入学,而

---

① 王忠欣:《基督教与中国近现代教育》,武汉:湖北教育出版社,2000年,29页。
② 顾长声:《传教士与近代中国》,上海:上海人民出版社,2004年,213页。

且收取较高的学费。

从这三个阶段教会学校的发展来看,美国开办的教会学校最多,其次是英国,法国主要在天主教堂内附设小学。

(二)阅读内容

教会学校学生的阅读内容主要包括以下四个方面。

一是阅读《教义问答》或《圣经》。传教士开设教会学校的目的就是传教和扩大教会势力,培植一批中国籍的教徒。因此,教会学校的主课是宗教课,天主教办的教会学校要学生读《教义问答》(或《教会问答》),内容是讲述天主教的主要教义和教规,基督教办的教会学校里学生要读《圣经》,主要选读其中有关的创世纪、赎罪论和耶稣平等教义。宗教课不及格就不能升级。此外,他们还相应地要求学生参加弥撒、做礼拜以及参加其他各种宗教集会。经过一段时间的训练和考核,学生接受洗礼并入教。传教士通过宗教课和宗教活动,严格约束学生的思想和行为,若有越轨活动,轻则处以体罚,停止领圣体或不给饭吃,重则开除教籍、开除学籍和追回学杂费。最早提出学生入学必须订立契约的是文惠廉,他主张为了保证学生中途不退学、不逃跑,要家长与学校方面订立契约,为期十年。学生如果有越轨行为,就要被追回历年的学杂费。并且,契约规定传教士认为孺子不可教时,有权勒令其退学并追回费用,在校期间,一切均由传教士做主,等等。这种契约类似卖身契,一旦签订,则家长无权过问结果。① 天主教小学主要属于教理性质学校,学校教员和管理者让学生背诵教理和教规。学生除礼拜天参加教堂弥撒外,早晚都要做功课,不是做学校的作业,而是参与宗教仪式,忏悔和祈祷,整天沉浸于宗教气氛之中。基督教办的学校在形式上要比天主教开明一些,但对宗教课和参与宗教活动同样严格要求,教民对于牧师的说教绝对不能提出异议。

---

① 顾长声:《传教士与近代中国》,上海:上海人民出版社,2004年,215页。

二是阅读中国传统的童蒙读物和儒家经书,读物一般包括《三字经》《千字文》《百家姓》"四书""五经"等。学生阅读经书既是为了适应科举考试的需要,也是为了毕业后能够与士大夫和地方官绅接触,适应中国的社会文化环境。自19世纪70年代起,基督教倾向于把基督教教义与儒家思想中有利于教会发展的内容相结合。

三是阅读西方科学知识书籍。19世纪,英、美的学校中开设了一些科学课程,传教士们在中国开办学校时,自然也以英、美的学校为模式,开设诸如数、理、化和工业方面的新式科学课程。教会学校在传播西方科学知识方面起到了很大的作用。在一般人根本不知地球自转公转、分解化合为何事,不明培根、牛顿为何人的时代,这么多的教会学校散布在沿海、沿江和内地,日复一日、年复一年地讲授许许多多、新颖奇妙的科学知识,对西方科学技术的传播起到了潜移默化的作用。尽管在教会学校开设的格致之学的课程里,传教士们塞进了许多带有唯心主义和宗教神秘主义特色且反科学的东西,但是在当时清政府极少重视西方科学的情况下,教会学校在客观上引进西方的科学知识,这对于当时的中国学生来说,具有一定的科学启蒙作用。

四是阅读英文书籍。从19世纪60年代起,一些教会学校还开设了英语课,让学生们学习英语。最早开设英语课的教会学校大都位于通商口岸。同治四年(1865),上海英华学堂率先开设了英语课。到19世纪90年代,大多数教会学校都设立了英语课,有的学校还用英语上课。英语课的设立使学生阅读了很多英文书籍,也为中西文化的沟通和交流开辟了一条渠道,有助于中国的近代化。①

今人从当时学生的学习课程与阅读内容可以推知,教会学校的开办在近代教育改革方面起到了一定的作用。教会学校教育以西方近代资产阶级的教育思想为指导,是西方近代教育模式在中国的翻版和

---

① 王忠欣:《基督教与中国近现代教育》,武汉:湖北教育出版社,2000年,22页。

尝试,对以参加科举考试为目的的传统教育提出了严峻的挑战,改变了人们的传统教育观念,加速了近代教育改革的步伐。在19世纪前半期,教会学校还游离在中国的传统教育之外,影响甚微。19世纪后半期,教会学校在变法维新的呼声中引起越来越多中国人的注意,它的西式管理方法、西学课程和西方化的校风都引起了时人的关注,得到了时人的认同。教会学校冲击了中国传统的教育体系,加快了传统教育的解体,为传统教育向近代教育的转变提供了示范与启迪,为新教育的诞生提供了参照物。① 毋庸讳言,教会学校培养了一些崇洋媚外、为殖民主义效劳的洋奴,但是,教会学校也培养了近代中国第一代懂得西方科学技术、知名或不知名的科学家、译员、教师和工程技术人员。教会学校的学生毕业后就职于社会各个行业,有的在海关和电信等机构工作,有的在政府部门任职,有的在新学堂任教师,其中光是上海中西书院的毕业生在海关、电报局、招商局、铁路等部门工作的就有200余人,而且他们的待遇都较为优厚。

四、留学生

派遣留学生是中外文化交流的一个重要途径。晚清留学生的最初派遣在鸦片战争之后。道光二十七年(1847)一月,香港马礼逊学校教师勃郎先生因病回美国,"极愿携三五旧徒同赴新大陆,俾受完全之教育",容闳、黄胜、黄宽等三人随其老师勃郎先生乘坐"亨特利思"号帆船赴美国留学。容闳于道光三十年(1850)考入耶鲁大学,咸丰四年(1854)毕业,成为毕业于美国第一等大学的第一名中国人,②这次留

---

① 杨齐福:《科举制度与近代文化》,北京:人民出版社,2003年,116页。
② 钟叔河:《容闳与西学东渐》,见钟叔河《走向世界丛书·西学东渐记》,长沙:岳麓书社,1985年,15页。

学活动揭开了近代留学教育的序幕。此后,随着国门的进一步开放、西学的广泛传播以及洋务运动的兴起,为了学习西方的先进科学技术,巩固清朝的封建统治,清政府接受曾国藩、李鸿章等人"选派幼童赴美肄业"的建议,于同治十一年(1872)七月派遣第一批30名官费留学生赴美国留学。由于顽固派的阻挠与破坏,光绪七年(1881)八月留美学生被全数撤回。幼童留美之举冲破了封建传统教育的守旧局面,开启了留学风气的先河。福建船政学堂、北洋水师学堂等纷纷派遣学生赴欧洲留学。最开始,留学生学习的主要专业偏重语言文字和造船、驾驶、陆军等实用科目。

中日甲午战争之后,留学教育有了进一步发展,留学的方向也从西洋转向日本,清政府开始向日本派遣留学生。光绪二十二年(1896),清政府向日本派遣了唐绍仪等13名官费留学生。义和团运动以后,清政府通令各省选派留学生,并且规定分别按成绩赏赐留学毕业生以进士、举人等不同等级的出身。这样,赴日留学被推向高潮,日本人青柳笃恒描述:"学子互相约集,一声'向右转',齐步辞别国内学堂,买舟东去,不远千里,北自天津,南自上海,如潮涌来。每遇赴日便船,必制先机抢搭,船船满座。"[1]留日学生的数量也逐年递增,光绪二十四年(1898)为77人,光绪二十五年(1899)为143人,光绪二十六年(1900)为159人,光绪二十七年(1901)为266人,光绪二十八年(1902)为727人,光绪三十二年(1906)有8000余人,晚清学生留学日本达到高潮。[2] 留日学生所学专业非常广泛,有政法、外语、师范、文史、理工、农医、军事、商业,也有音乐、美术、体育。多数学生就读于中等专业学校,进入专门学校及大学者极少。据《学部奏咨辑要》记载:"习速成者居百分之六十,习

---

[1] 实藤惠秀:《中国人留学日本史》,谭汝谦、林启珍译,北京:生活·读书·新知三联书店,1983年,37页。
[2] 杨齐福:《科举制度与近代文化》,北京:人民出版社,2003年,250页。

普通者居百分之三十,中途退学辗转无成者居百分之五六,入高等及高等专门者百分之三四,入大学者仅百分之一而已。"

光绪三十一年(1905),学部成立之后,为了加强对留学生的管理,厘定了各项留学章程,形成一种留学制度,对留学资格、留学国别和定额、留学科目范围和年限、管理和奖励等都做了具体的规定。光绪三十二年(1906),学部还拟定了留学生考验奖励章程,规定:凡东亚各国正式高等以上学堂毕业,回国后受政府考试,考试最优等的赐予进士荣衔,列入优等及中等的赐予举人荣衔,考试每年举行一次。此外,部分章程还规定了各省实行出国留学生选拔考试的制度。

留学教育的兴起对晚清社会产生了重大的影响,特别是给留学生本人带来了深远的影响。留学生接触到西方思想文化,呼吸到自由民主的空气,逐渐突破了儒学的樊笼。据第二批留美幼童中的温秉忠回忆,这些幼童抵达美国后对新生活适应很快,迅速接受了美国的观念和理想,"很快就摆脱了儒家思想对幼小心灵的束缚而完全美化了"①。留日学生更是大规模地引进并传播西方社会政治学说,起到了思想解放的作用。有人曾这样描述留日学生的作用:"当吾华似醒未醒、初醒之际,新欤旧欤?彷徨莫定之时,有日本留学生之书报、有日本留学生之詈骂、有日本留学生之通电,以致通国之人为之大醒。"②留学生的言行举止也发生了变化,他们谈吐优雅,待人接物颇有风度,李圭说留美幼童应答"皆简捷有理""吐属有外洋风派"③,展示了留学生崭新的精神风貌。留学生"好为种种健身之运动,跳踯驰骋,不复安行矩步",而且受到西方风俗文化的熏陶,他们还穿起西装,剪掉辫子,有的甚至还到教堂做礼拜。

---

① 温秉忠:《一个留美幼童的回忆》,见陈学恂《中国近代教育史教学参考资料》,上册,北京:人民教育出版社,1986年,147页。
② 留学生丛书编委会:《中国留学史萃》,北京:中国友谊出版公司,1992年,135页。
③ 李圭:《环游地球新录》,长沙:湖南人民出版社,1980年,105—106页。

留学教育为晚清教育改革树立了样板,促进了晚清新教育的发展与完善。留学教育如同一面镜子,一方面照射出科举教育的腐朽落后,另一方面又折射出西式教育的先进与活力,指明了教育改革的方向。① 留学生长年在国外受教育,耳濡目染,对资本主义教育有着较为完整的认识,他们创办报刊,翻译西方教育著作,把西方近代先进的教育理论导入中国。这些先进的理论既为国人批判旧教育提供了强有力的思想武器,又为新学堂的创建提供了思想上、理论上的指导,因此,留学生成为近代西方教育思想理论的传播者。此外,留学生由于受到西方教育的熏陶,熟悉近代教育原理、教学方法,所以归国后被各地指名延请,成为各级新教育机构的主力军。从沿海到内地,从京畿到边陲,各级教育机构都有留学生活跃的身影。为了适应新学堂发展的需要,留学生还编译了大量有关近代自然科学知识与社会科学知识的教科书,其中既有大学教材,如《国家学原理》《国家法》《文明之概论》等,也有中小学教科书,如《中学物理教科书》《中学化学教科书》《高等小学国史教科书》等。光绪三十二年(1906),学部公布的一批经过审定的中小学教科书中有很大一部分是留日学生翻译的。由此可见,留学生在新教育的发展过程中起了较大的作用,有人说:"无留学生,中国的新教育与新文化决不至有今日。"②

第三节　官　员

晚清,由于捐纳和保举的泛滥,试用、候补、候选官员的数量十分

---

① 杨齐福:《科举制度与近代文化》,北京:人民出版社,2003年,256页。
② 舒新城:《近代中国留学史》,上海:上海文化出版社,1989年,1页。

庞大,官员的实际数量是额定官缺的几倍、十几倍,甚至几十倍。作为统治者,官员的社会地位最高,因此,他们有优越的条件读书学习。出于资政致用的目的,晚清官员较为注重读书学习,皇帝带头读书,诸臣百官于政事之余勤于读书。他们读书之多,读书之广,令人惊叹。

一、在仕学馆、法政学堂等处学习

为了提高官员的素质、满足社会和宪政改革的需要,晚清政府重视官员的教育培训,建立了专门的官员教育培训机构对官员进行"补课",①参加培训的不仅有试用、候补和候选官员,还有现任官员。如清政府在京师大学堂内增设了仕学馆,招收的就是已仕的官员、候补和候选官员。吏部于光绪三十一年(1905)十月奏设学治馆,专为月选、分发考试不及格者而设。学生学习时间为六个月,学完后再接受考试,合格者给予修业文凭,不合格者仍令学习一年,目的是使这些官员在赴任之前掌握一些基本知识,如国文、法律、舆地、算学等。光绪三十二年(1906),京师法律学堂成立,属法部管辖。其宗旨是"造就已仕人员,研精中外法律,各具政治智识,足资应用"。京师法律学堂设正科和速成科,重点是将已仕人员培养成专门的司法人才。光绪三十三年(1907)十二月,吏部又奏请在学治馆内添设法政新班,学生学习以六个月为一个学期,学完三个学期可毕业。同年,进士馆改名京师法政学堂,直属学部,《京师法政学堂章程》规定:法政学堂别科开设人伦道德、皇朝典故、大清律例、政治学、法学通论、理财原论、宪法、行政法、民法、刑法、商法、裁判所构成法、国际公法、国际私法、财政学、伦理学、历史、地理、算术、格致、体操、日本文,共 22 科,每周授课 36 学时;讲习科开设人伦道德、中国文学、法学通论、宪法、行政法、民法、刑

---

① 肖宗志:《晚清新政时期官员的教育培训及其作用》,载《史学集刊》,2007 年第 2 期。

法、裁判所构成法、国际公法、财政学、理财学、世界近世史和地理略说,共13科,每周授课36学时。

除了京师以外,地方省份也建立了专门学堂,招收大量的官员和绅士入学。最早设立的法政学堂位于直隶。光绪三十年(1904),清政府在直隶试办法律学堂,但法律学堂不久即改为幕僚学堂。光绪三十一年(1905)十月,清政府在直隶裁并课吏馆,于保定创办正式的法政学堂,官绅一律入学。次年七月法政学堂出台了《直隶法政学堂章程》,招收对象最初只是本省年龄在四十五岁以下、文理明通、无不良嗜好的候补人员,后来又招收山东等五省的举人与贡士。修业期限为预科半年,正科一年半,计两年毕业。预科课程有伦理学、世界历史、政治地理、算学、教育学、法学通论、经济原论、东文东语和体操。正科课程有大清律例、大清会典、交涉约章、政治学、宪法、行政法、刑法、民法、商法、国际公法、国际私法、刑事诉讼法、民事诉讼法、裁判所构成法、应用经济、财政学、警察学、监狱学、统计学、中外通商史、东文东语、演习裁判。毕业学生被分为三等接受奖励:一等奖尽先署理本班繁缺;二等奖尽先署理本班简缺;三等奖分别差委。① 直隶法政学堂的办学模式成为其他各省法政学堂的范本,其组织管理、教学内容、考试和奖励方式等方面在全国具有示范作用。②

无论是京师的仕学馆、学治馆、法律学堂,还是地方的课吏馆、法政学堂,都把新旧知识结合起来对官员进行教育培训。官员们通过集中培训学习,获得了新的知识,优化了知识结构。此外,还有少数高层官员出国游学,直接接受欧风美雨的熏陶,开阔了视野,获得了新知。

---

① 甘厚慈:《北洋公牍类纂》卷三,光绪三十三年(1907),238—242页。转引自肖宗志《晚清新政时期官员的教育培训及其作用》,载《史学集刊》,2007年第2期。
② 肖宗志:《晚清新政时期官员的教育培训及其作用》,载《史学集刊》,2007年第2期。

二、阅览书籍以资政

官员读书具有很强的目的性,读书为政,经世致用,身体力行,凡议论问题,制定政策,必引经据典,总结前人为政得失,用以指导实践活动。① 左宗棠说:"至吾读儒书,天地民物,莫非己任。宇宙古今事理,均须融澈于心,然后施为有本。"②他把读经求知的范围拓展到社会的不同领域,最终目的是"致用"。

官员们除了阅读家藏书籍之外,步入官场以后还阅览与利用官府藏书。清代,官府藏书分为宫廷藏书如北方四阁(文渊阁、文溯阁、文源阁、文津阁)藏书、官方公开藏书如南方三阁(扬州的文汇阁、镇江的文宗阁与杭州的文澜阁)藏书、中央机构藏书如翰林院藏书和官学藏书四大部分。北方四阁等宫廷藏书仅供皇帝及其家族使用,中央机构的藏书则供官吏使用。在官府藏书之中,官学藏书对外开放,可供地方官等人利用。

地方官学藏书源于朝廷颁赐、官府购买和官吏捐赠等多种途径,其中,朝廷颁赐图书占有很大的比例。地方官学是封建王朝实行思想教化、培养统治阶级后备人员的基地,因此,地方官学藏书是服务于科举制度的重要保障,备受地方官吏和士绅的重视和保护,成为藏书体系中普及性最强的藏书类型。③ 地方官学一般建有藏书楼或辟有藏书处用以庋藏书籍,称为藏经阁,亦有将书藏于学宫的其他建筑之中,如文昌阁设藏书橱,藏《易》《书》《诗》《春秋》《礼记》各一部。益阳"存学署"的书有《朱子全书》《钦定学政全书》等。④ 武陵的官学书籍如《十三经注疏》

---

① 李治亭:《谈清朝官员的读书与著书》,载《人民论坛》,2006年第4期。
② 左宗棠:《左宗棠全集·诗文·家书·与孝威孝宽》,长沙:岳麓书社,1986年,9页。
③ 傅璇琮、谢灼华:《中国藏书通史》,宁波:宁波出版社,2001年,815页。
④ 嘉庆《益阳县志》,卷十《学校·藏书》。

《日讲四书解义》《钦定学政全书》等,"旧藏教授署中,咸丰四年悉毁于寇"①。有的地方专门建立藏书楼,称之为尊经阁,"学之有尊经阁,以贮经籍也"②。靖州的尊经阁在学正署的二堂楼上,"中设龙柜,钦颁书籍存焉"③。泸溪县的尊经阁在明伦堂的后面,万历十一年(1583)由知县吴一本鼎建,"以藏经籍焉"④。地方官学藏书的类别多种多样,除了"御制""钦定"书籍,如《御纂孝经近思录》《御纂朱子全书》《钦定礼部则例》,还包括大量的律例、政书与类书,如《大清律例》《八旗则例》《圣谕广训》《钦定学政全书》《赋役全书》等,也有一些实用性图书,如《荒政辑要》《救荒补遗》《医学备要》等。所有这些图书是地方官员为官治政必不可少的参考书,地方官在施政过程中,要经常利用这些图书,除了地方官学以外,其他地方很难见到这样的图书。因此,地方官学藏书对于地方官员不可缺少,为他们提供了施政的参考依据。⑤

晚清官员分为顽固派与洋务派两类,他们的思想观念、治政手段大不相同,因而他们的阅读趋向也明显不同。一般而言,顽固派注重阅读中国传统的典籍,对西方的新学书籍较少问津。徐桐(1819—1900),字荫轩,道光三十年(1850)进士,崇尚宋儒学说,阅读经史典籍,思想守旧,"恶西学如仇"⑥,其门人弟子中有人主张新政,他都不让进门谒见,更甭说阅读西学书籍了。洋务派官员则较为开明,除了从中国传统典籍中获取知识与经验外,还注重阅读西学书籍,从中吸取知识与信息。左宗棠、李鸿章、张之洞等洋务派官员既尊崇中国的传统文化,阅读传统典籍,也阅读西书,吸纳西学。左宗棠推崇经世致

---

① 同治《武陵县志》,卷二十一《学校志第一·学宫》。
② 道光《宝庆府志》,卷九十一《礼书五》。
③ 光绪《靖州直隶州志》,卷五《学校·规制》。
④ 乾隆《泸溪县志》,卷十一《学校》。
⑤ 王秀山:《清代湖南地方官学藏书考》,载《湘潭师范学院学报》(社会科学版),2003年第2期。
⑥ 赵尔巽:《清史稿》,卷四六五《列传二百五十二·徐桐》,北京:中华书局,1998年,3267页。

用思想,阅读经世致用之书,认真阅读了顾炎武的《天下郡国利病书》、顾祖禹的《读史方舆纪要》,齐召南的《水道提纲》,贺长龄的《皇朝经世文编》、《畿辅通志》《西域图志》以及各直省通志。特别值得一提的是,左宗棠对荒政、盐政、漕运、河工等社会的"大政"问题颇为关注,道光年间在陶澍家教书的七年里,他饱读了陶家收藏的为数甚丰的有关治理荒政、盐政、漕运、河务等方面的典籍。胡林翼称赞说:"左孝廉品高学博,性至廉洁……在文毅第中读本朝宪章最多,其识议亦绝异。其体察人情,通晓治略,当为近日楚材第一。"①另外,作为洋务派官员,左宗棠继承林则徐、魏源等人向西方学习的思想,提出"中不如西,学西可也"②的观点,阅读有关西方及西学书籍。他阅读了魏源的《海国图志》,赞叹不已:"默深《海国图志》于岛族大概情形言之了了,物形无

左宗棠像③

---

① 胡林翼:《胡文忠公遗集》,卷五十四《启程晴峰制军》,同治三年(1864)武昌崇文书局刻本。
② 左宗棠:《左文襄公全集》,卷十七《书牍·答陈俊臣》,长沙:岳麓书社,1986年,33页。
③ 蒋廷黻:《中国近代史》,北京:团结出版社,2006年,82页。

遁,非山经海志徒恢奇可比。"①不仅如此,他还学以致用,创办洋务工业,践行了魏源在《海国图志》中提出的"师夷长技以制夷"的思想。

三、阅览报纸获取信息

清政府主办的官报成为各级官员的重要阅读内容。在清末最后的十年间,清政府主办的官报总共有一百多种。官报的读者群主要是各级官员,"……西人之官报乃与民阅,而我国乃与官阅也"。②《四川学报》规定:"各属办学官绅,凡有应尽义务者,皆应各购一分,以资考究。"③由于官报功能单一、内容陈腐,所以普通民众不愿意看官报,自愿购买者很少,如《山东官报》出版后,"除官派外,无一购阅者"④。有人在四川游遍二十多个州县,"每遇旅舍主人,问取官报,多不知为何物。热闹场合无知如此,其他可知"⑤。就连办理官报的人也承认,"那些喜欢看新报的人,不免嫌我们这官报陈腐"⑥,不愿看。所以,尽管官报的印数很大,但是其社会影响并不大,绝少渗透到基层民众之中。

官员是《申报》的重要读者群。《申报》初创之时,由于业务不熟而误导了舆论或是触犯了官僚的利益,所以没有得到官员的认同。最先重视《申报》的是洋务派官员。如郭嵩焘出使英国前即喜欢阅读《申报》,出使英国期间他让上海文报局定期将每期的《申报》转寄英国,每期必阅,以便了解国内新闻。在他出使英法两国的日记中,频频出现了关于《申报》"寄到"和"阅读"的内容,并且还有针对《申报》信息所发

---

① 左宗棠:《左文襄公全集》,卷二十《书牍·答顺天府府臣王孝凤》,长沙:岳麓书社,1986年,26页。
② 戈公振:《中国报学史》,上海:上海古籍出版社,2003年,71页。
③ 《学务处通饬各属按期申解学报价银札》,载《四川学报》,1905年第13期。
④ 《山东·官报停办之原因》,载《大公报》(天津版),1908年9月25日。
⑤ 载《南洋官报》,1904年10月5日。
⑥ 载《四川官报》,1905年第32册。

的议论。除了通过总理衙门和李鸿章等人寄来的公私信函了解国内消息外,《申报》是郭嵩焘了解国内消息的重要来源。曾纪泽、刘坤一、李鸿章等洋务派高层官员也经常阅读《申报》,从中获取信息。随着风气渐开,越来越多的官员开始关注与阅读《申报》,将其作为了解时局和舆论的重要参考,特别是《申报》上刊登的《京报》摘录、宫门抄、辕门抄、谕旨选录和各地官场动态等吸引着官员。光绪二十年(1894)黄式权担任《申报》主笔后,《申报》刻意迎合官场,行文谨慎,讲究文字,极合守旧派占多数的晚清官场口味。老报人胡道静曾谈到19世纪末《新闻报》成为《申报》的对手,两者在读者类型上各有偏重:"普遍的状况:看《申报》的多为官绅,《新闻报》则为商界。"①尽管官员的人数较少,但是他们对提高《申报》声誉的作用举足轻重。②

四、光绪皇帝的读书生活

载湉,姓爱新觉罗,生于同治十年(1871)六月二十八日,父亲是醇亲王奕譞,母亲是叶赫那拉氏。载湉四岁的时候在清宫太和殿登基做皇帝,年号光绪,庙号为清德宗景皇帝。光绪二年二月廿一日(1876年3月16日)光绪帝在养心殿东暖阁发蒙读书。除了翁同龢、夏同善以外,在场的还有恭亲王奕䜣、彦诺谟祜、额驸景寿。光绪帝坐北朝南,面前放着一张矮小的书桌,上面摊着纸砚笔墨。君臣行礼过后,翁同龢以笔蘸墨写了"天下太平""光明正大"八个端正的大字,接着握着光绪帝的小手在朱书仿格纸上将八个字重写一遍。初次写字,光绪帝运腕稍涩。写字过后,便是认字。翁同龢拿出事先准备好的"帝""德"两个方块字放在光绪帝的面前,随声念了两遍,光绪帝亦应声口诵,读了四遍。

---

① 胡道静:《申报六十六年史》,见《报坛逸话》,上海:世界书局,1940年,74页。
② 范继忠:《早期〈申报〉与近代大众阅报风习浅说》,载《新闻与传播研究》,2004年第3期。

紧接着,翁同龢讲解《帝鉴图》,边指画,边讲解,讲得浅显易懂,光绪帝似有所悟,颇为开心:"上甚会意,引手指帝尧、大舜,若甚喜者。"① 翁同龢随即写了"帝德"二字,恭亲王书写"如天"二字,光绪帝将之玩视良久,方才退去。光绪二年(1876)四月二十一日宫内举行入学读书仪式,光绪帝正式进入毓庆宫读书,给他讲授儒家经典、历代帝王治术、列朝实录、圣训等书的师傅是翁同龢和夏同善,此外,还有分别讲授满文、蒙文的师傅。从此时至光绪十四年(1888),光绪帝因为年幼,还没有亲理政事,所以几乎天天来到上书房,在翁同龢等师傅们的教导下读书学习。光绪十五年(1889),光绪帝亲政以后,更加主动地阅读书籍。

(一)读书态度

光绪帝少年时期的学习态度并不端正,读书不大认真。在书房的头两年,光绪帝的功课主要是认字、听讲书、读生书、背熟书。② 一开始,翁同龢等规定光绪帝每日生书读二十遍、熟书读五十遍,但是光绪帝由于身体不好,气力不足,畏难怕读,往往读到一半就不愿再读了。师傅们催促,他则不开口。于是翁同龢等又规定生书读二十遍、熟书读三十遍,采用"记书签"的办法,至光绪帝读完为止。光绪帝开始还欣然接受,但是时间一长,仍复旧态,不肯多读,他认为读书不在遍数多少,只要读熟就行。翁同龢等就依着他不计遍数,以读熟为准。但是对于"熟"的标准,光绪帝与翁同龢等师傅的意见不一致,光绪帝认为读"熟"了,师傅们认为还不熟,彼此龃龉不已。光绪四年(1878)书房改为全功课,整天读书,光绪帝的畏难情绪更为严重,读书态度时好时坏,颇不稳定。对此,翁同龢在自己的日记中进行了详细记载,以光绪四年(1878)六月为例,所载部分内容见表2-3。

---

① 陈义杰整理:《翁同龢日记》,北京:中华书局,1993年,1191页。
② 谢俊美:《光绪皇帝的读书岁月》,载《文史博览》,2006年第5期。

表 2-3　光绪皇帝光绪四年六月的读书情况①

日　期	读书情况	日　期	读书情况
初一	读尚好	十六日	读甚佳
初三	读尚好	十七日	读甚好
初四	读懒散,微抵牾	十八日	读好
初六	读不顺,节节磨浅,如上水船	十九日	读好
初八	读好	二十一日	读甚好
初九	读尚好	二十二日	读好极
初十	读甚熨帖	二十三日	读甚佳
十一日	读先难,以理绳之,顿归旧辙,迅利无匹	二十四日	读仍佳
十二日	熟书读半倍半……读甚佳	二十五日	读不甚佳
十三日	读极佳	二十九日	读极佳
十四日	读极顺	三十日	读不如昨,亦尚顺适
十五日	读一来不顺,余上始顺,一切如昨		

　　光绪帝幼稚不明事理,不认真读书,翁同龢等师傅既不能打,又不能骂,非常苦恼,就在日记中记述以示宣泄。光绪五年(1879)十二月初二:"生书极不佳,缘表已碎,即欲迁怒于臣也。膳后,《诗经》一字不念,相持八刻,费尽口舌仍不念,不得已以表付随侍,并请下坐一次,然后勉强开口,此衅一开,后不可问矣。真恼人哉。"②光绪五年(1879)十二月初四:"生书良久不开口,既而转顺,午初退,膳后又五刻不开口,以柔气应之,未见其效也,勉强毕,余却佳,固知辅导之无术矣。"③身为师傅,翁同龢明白自己教育小皇帝的重任。因此,出于对皇帝的关心与爱护,出于对皇帝的负责,为了让皇帝读好书,日后更好地治理

---

① 陈义杰整理:《翁同龢日记》,北京:中华书局,1993年,1364—1369页。
②③　陈义杰整理:《翁同龢日记》,北京:中华书局,1993年,1461页。

天下,翁同龢对光绪帝严格要求,当他偷懒不认真读书时就采取了罚读的办法,规定:生书不熟,罚读二十遍;熟书不读,罚读三十遍。光绪六年正月初六(1880年2月15日),翁同龢对光绪帝采取了罚读措施:"是日读书,一来即不启齿,殆《诗经》又不能出声,细审殆成结习,午正始毕,虽未发声,微色,不免罚读廿遍。"①对于罚读,光绪帝开始惧怕而后忽视,罚到后来,公然抵触,干脆不开口不读书,有时还大声哭叫,甚至还罢课。对此,翁同龢和其他师傅又改用表扬为主、正面鼓励的教育方法。一次,光绪帝根据《帝鉴图》中的图画,画了一幅《天人交战图》,画中人团头虎脑、横眉竖眼,翁同龢等当面夸奖光绪帝颖悟异常、画得很好。光绪帝得到表扬,心情舒畅,读书特别卖力,不仅照数读完生书,而且还主动多读了七遍熟书。经过翁同龢的苦心努力,光绪皇帝在书房的读书生活终于走上了正轨。

光绪帝读书像②

当然,随着年龄的增长和知识的积累,光绪帝十五岁以后已经具有一定的自学和判断是非的能力,求知欲望大大增强,读书态度也发

---

① 陈义杰整理:《翁同龢日记》,北京:中华书局,1993年,1469页。
② 蒋廷黻:《中国近代史》,北京:团结出版社,2006年,114页。

生了很大的变化,由被动转为主动。除了阅读师傅翁同龢指定的书籍之外,他还遍觅宫中藏书阅读,譬如他将道光帝御书房"养正书屋"中收藏的《道德经》《道德经集解》等40多本书找来阅读,还将乾清宫昭仁殿"天禄琳琅"所庋藏的内府善本拣出浏览。结婚以后,光绪帝仍然坚持到书房读书学习。光绪十五年(1889),他亲政以后,读书已成为生活中的重要组成部分,也是为了亲政的需要。

(二)阅读的书籍

作为皇帝,光绪帝注重传统文化,读书以阅读传统典籍为主,自光绪二年(1876)至光绪八年(1882),他阅读的书籍见表2-4。

表2-4　光绪皇帝光绪二年至光绪八年的读书情况①

时　　间	读书情况
光绪二年(1876)六月十三日	读《大学》毕,明日接读《中庸》
光绪二年(1876)九月二十七日	《中庸》毕,是日上《论语》
光绪二年(1876)十二月初四	是日初进《穆宗实录》
光绪三年(1877)三月十九日	初读《孝经》,每日数句
光绪三年(1877)七月初十	读《论语》毕
光绪三年(1877)七月十四日	始读《孟子》
光绪四年(1878)三月十八日	读《告子》起
光绪四年(1878)四月初六	《穆宗实录》三百七十二卷,是日进毕
光绪四年(1878)五月初二	读《尽心》起
光绪四年(1878)六月初八	读《书经》起
光绪四年(1878)十一月二十二	读《书经》毕
光绪四年(1878)十一月二十三	初上《易经》
光绪四年(1878)十一月二十四	读《周易》起

---

① 陈义杰整理:《翁同龢日记》,北京:中华书局,1993年,1222—1711页。

(续表)

时　　间	读书情况
光绪五年(1879)正月初七	读《易经·谦卦》起,读《诗经·齐风》起
光绪五年(1879)四月十五日	读《易经》毕,接读《礼记》
光绪五年(1879)六月二十二日	初读《王制》
光绪六年(1880)五月初八	读《礼记》毕,接读《左传》
光绪七年(1881)十月十一日	读《史记》《汉书》
光绪七年(1881)十一月二十八日	看满文《道德经》
光绪八年(1882)正月初九	读《左传》第一本二十四遍
光绪八年(1882)正月二十三日	敬读《圣祖仁皇帝圣训》
光绪八年(1882)十二月三十日	读《左传》至第十五本止
光绪九年(1883)二月十九日	《左传》读毕
光绪十一年(1885)三月二十九日	看《瀛寰志略》《大学衍义》
光绪十四年(1888)三月二十七日	看《鉴语经世编》
光绪十四年(1888)四月十七日	读《温国文正司马公文集》
光绪十四年(1888)十月二十二日	看《国语》毕
光绪十四年(1888)十一月十七日	看《长江万里图》
光绪十五年(1889)正月二十一日	看《柏枧山房诗文集》
光绪十五年(1889)正月二十八日	看《南史》
光绪十五年(1889)三月初九	看《五代史》
光绪十五年(1889)十二月初四	看《校邠庐抗议》
光绪十五年(1889)十二月二十	看"会典"一本
光绪二十三年(1897)四月初六	看《诗经》
光绪二十三年(1897)五月二十三日	看《东游纪程》

(续表)

时　　　间	读书情况
光绪二十三年(1897)五月二十八日	看《日本史》
光绪二十五年(1899)三月十六日	读《庄子》二篇
光绪二十七年(1901)十一月十四日	读《潜虚先生文集》
光绪二十八年(1902)三月十二日	阅《汉书》一卷
光绪二十九年(1903)三月十五日	读《山左诗钞》
光绪二十九年(1903)七月初八	看《初学集》毕
光绪二十九年(1903)十月三十日	看《沈石田集》
光绪二十九年(1903)十二月十一日、十二日	看《鲒埼亭集》
光绪三十年(1904)五月初五	看《吴越春秋》
光绪三十年(1904)五月初七	看《吴越春秋》及《越绝书》

从表2-4可以看出,光绪帝主要阅读传统典籍。值得注意的是,光绪帝不仅阅读汉文书籍,而且阅读满文书籍,光绪七年(1881)十月二十五日:"巳初一到书房,满书读至巳正二,遂未能上生书,余功却好,盖意在磨去此生书也。"①光绪七年(1881)十一月二十八日:"看《道德经》满书稍迟,读汉书极快。"②除了阅读传统典籍以外,光绪帝还广泛阅读"时务"之书以及有关西方的新学书籍,如《海国图志》《校邠庐抗议》《日本变政考》《俄彼得变政记》《泰西新史揽要》《列国变通兴盛记》等。从光绪皇帝阅读的书籍来看,古今中外皆有,这既是光绪帝读书广泛的表现,又是清朝历代皇帝读书过程中所没有的现象。

---

① 陈义杰整理:《翁同龢日记》,北京:中华书局,1993年,1628页。
② 陈义杰整理:《翁同龢日记》,北京:中华书局,1993年,1633页。

第四节 士 子

士农工商,士子列于"四民"之首,可见士子在传统社会中的地位非常高。晚清的士子人数较多,有人估计:"夫以中国民众数万万,其为士者十数万。"① 作为群体来说,士子以读书为本,以仕宦为目的,他们读书有其明显的特点,那就是阅读兴趣十分浓厚,阅读目的非常明确。就所读书籍而言,他们一方面不忘旧学,阅读传统的经史典籍,另一方面又关注西方新学,阅读新学书籍,可谓旧书新书兼而读之。②

一、日治帖括,应试科举

从道光二十年(1840)到光绪三十一年(1905),科举考试一直是晚清政府选拔官吏的主要途径,士子们以科举为首业,把登第入仕作为神圣无比的目标,将参加科举视作入仕的正途,状元及第是士子们奋斗的最高荣誉。科举制度与千家万户的利益紧密相连,读书应考被人们视作社会生活的必要组成,并且成为人们日常生活的一部分。③ 科

---

① 李端棻:《请推广学校折》,见李希泌、张椒华《中国古代藏书与近代图书馆史料(春秋至五四前后)》,北京:中华书局,1982年,95页。
② 潘光哲认为人们可以将晚清士人的"阅读对象"视为一座包罗万象而时时刻刻都处于建设过程的好似永无完工之日的"知识仓库"。读书人可以随其关切所至而自由进出这座"知识仓库",并从它提供的思想资源开展自身的独特知识/思想旅程,阅读思想之所得,或著书立说,或纂辑益世,或为利之所趋。一部又一部的书籍,在当时的"文化市场"上流通广传,从而为整体思想界的"概念变迁"提供各式各样可能的动力来源。参见潘光哲:《追索晚清阅读史的一些想法:"知识仓库""思想资源"与"概念变迁"》,载《新史学》第16卷第3期。
③ 杨齐福:《科举制度与近代文化》,北京:人民出版社,2003年,75页。

举及第、光宗耀祖等积淀成为社会风尚:"得之者则亲族皆欢,失之者则仆婢亦叹,人我一心,宛然为士人之第二生命。"①长辈教育晚辈仍要将科举及第视作获取功名、步入仕途的唯一途径。家有薄资者,总希望家中子弟有功名在身,如果子弟有些资质,则其家人更是倾力培养。为了让子弟早日中举,很多长辈还亲自课读其子弟,将他们自身的应考经验直接传授给后代。晚辈从长辈那里不断受到重视科举考试的思想熏陶,深知读书应考不只是一己之事,而且与其家族的兴旺发达有着密切的关系,因此就将金榜题名作为学习的终极目标。科举考试以"四书""五经"等儒家经典为内容,以八股时文为形式,规范着士人的读书框架,使其陶醉在制义诗赋之中而不能自拔。科举考试犹如一张紧密的罗网,笼罩着整日俯仰子曰诗云的莘莘学子,因此,很多人自咿呀学语之时,就开始阅读《三字经》《百家姓》《千字文》等童蒙读物,稍稍懂事,或在家人的辅导之下,或在私塾老师的授业之下,阅读"四书""五经",稍稍长大,就开始写作八股时文。到了一切准备就绪,自认为能够应付科举考试的时候,就奔走于科场,参加乡试、会试与殿试。包天笑②自五岁开始上学读书,后来虽然家境每况愈下,屡屡搬迁居所、频繁更换塾师,但他的读书学习却从没有间断。十四岁那年首次赴试,包天笑便通过县试、府试,可惜的是在院试中落第,离进学仅差一步。十九岁那年,他便一举中第进学,取得秀才资格。由于科举考试的激烈竞争,科场少年得意的只是少数,幸运者科场顺利,轻易过关,轻取功名,但是更多的人则是久经考场,屡考屡败,与功名无缘。在科举制度之下,很多士子花了很多时间准备应试,但是未必都能获取功名、步入仕途,梁启超即是代表。

---

① 顾颉刚:《中国考试制度史·序》,见邓嗣禹《中国考试制度史》,《民国丛书》第五编 25,上海:上海书店,1996 年,序 2 页。
② 包天笑生于光绪二年(1876)。

梁启超(1873—1929),广东新会人,字卓如,号任公,别号沧江,又号饮冰室主人。梁启超于同治十二年(1873)正月二十六日出生在广东省新会县熊子岛茶坑村。他天资聪颖,机敏过人,很早就表现出不同寻常的才华,四五岁即开始跟随祖父读书:"四五岁就王父(按:祖父)及母膝下授《四子书》《诗经》,夜则就睡王父榻,日与言古豪杰哲人嘉言懿行,而尤喜举亡宋亡明国难之事,津津道之。"①在祖父及父母的指导下,梁启超六岁就已读完"四书"和《诗经》,"八岁学为文,九岁能缀千言"②。可是,正如许多同龄儿童一样,梁启超尚未充分感受到童年生活的欢乐,就肩负了祖辈及父辈的重托,别无选择地走上了科举道路。为了应付科举考试,梁启超十岁起就学于邑城周惺吾先生,此后在周先生的门下学习了三年。光绪八年(1882),梁启超十岁,在父亲的陪同下,赴广州参加童子试,当时内河未通轮船,考生们结伴买一木船,由新会溯江而上。一天,大伙儿舟中共餐,有人指盘中咸鱼为题,命座中年龄最小的梁启超吟诗,梁启超脱口而出:"太公垂钓后,胶鬲举盐初。"满座皆惊奇,誉之为"神童"。此次考试,梁启超未能考中,考试的落第并未影响他对功名的追求,他更加努力钻研八股时文,日治帖括,死记硬背经书文句,以应付科举考试。此外,他还埋头阅读了《史记》《纲鉴易知录》《汉书》《古文辞类纂》等书,尤其喜欢《史记》,将其背得滚瓜烂熟。光绪十年(1884),梁启超十二岁,再次赴广州,应试学院,考中秀才,补博士弟子员。此时游历坊间,他购买了张之洞的《輶轩语》和《书目答问》,"归而读之,始知天地间有所谓学问者"③。

梁启超考中秀才后,塾师周惺吾先生鉴于其出众的才华和旺盛的求知欲,明确表示说:"吾不能教之矣。"因此,自光绪十一年(1885)十

---

①② 梁启超:《饮冰室合集·饮冰室文集之十一·三十自述》,北京:中华书局,1989年,15—16页。
③ 梁启超:《饮冰室合集·饮冰室文集之十一·变法通议·论幼学》,北京:中华书局,1989年,55页。

三岁起,梁启超即拜别周惺吾先生而前往广州学海堂求学。学海堂由两广总督阮元倡办于道光四年(1824),其教学方法与当时盛行的帖括之学有很大的不同,学海堂的教师反对支离破碎的理学,引导学生研习经史,从事训诂考据之切实学问的研究。因此,梁启超求学广州的时候,所求得的正是考据之学。梁启超作为肄业生,进入学海堂学习,先后聆听吕拔湖、陈梅坪与石星巢三位先生的授课。吕拔湖、陈梅坪与石星巢三人都精于汉学,因此,梁启超自十三岁起始知有段、王训诂之学,"大好之,渐有弃帖括之志"①。学海堂学风严谨,有严格的考试——月考,出经解诗文题,限日交卷,并且对考得好的学生予以"膏火"奖赏。梁启超由于学习用功、才华出众,"季课大考,四季皆第一"②,所以经常获得"膏火"奖金,除了用来维持日常生活之外,还可以用来买一些书籍。他购买了正续《皇清经解》《四库提要》《二十二子》《百子全书》《粤雅堂丛书》《知不足斋丛书》等。读了自己购买的这些书籍之后,梁启超的眼界大为开阔,思想也发生了很大变化。以前日治帖括之学,所读之书主要是"四书""五经",作文亦是遵循八股程序,梁启超受到了很大的束缚。自从进入学海堂之后,梁启超跟随老师们学习读书、考订、作文,对考据之学产生了浓厚的兴趣。到光绪十三年(1887)十五岁肄业于学海堂之时,梁启超就决定舍弃帖括之学,而沉浸于训诂之学,"不知天地间于训诂词章之外,更有所谓学也"③。光绪十四年(1888)梁启超再入学海堂成为正班生,同时又成为菊坡精舍、粤秀书院、粤华书院的院外生。在学海堂,梁启超沉溺于汉学之中,并且在阅读方东树的《汉学商兑》时,写了长达万余言的跋文,同学诸生,为之叹服。光绪十五年(1889),梁启超十七岁,参加广东乡试,

---

①③ 梁启超:《饮冰室合集·饮冰室文集之十一·三十自述》,北京:中华书局,1989年,16页。
② 林慧儒、陈侣笙:《任公大事记》,见丁文江、赵丰田《梁启超年谱长编》,上海:上海人民出版社,1983年,22页。

以第八名中举。少年中举,显示了梁启超的才华。次年,石星巢先生在给汪康年的一封信里写道:"兄去年馆中获售者九人……九人之中以梁(启超)、谭(镳)、梁(志文)、赖(际熙)四子为卓荦之士,经学词章各有所长。"可见,梁启超在其业师的心目中是一个学识超群的学子。光绪十六年(1890)春天,梁启超在父亲的陪同下进京参加会试,却没有考中。同年秋天,梁启超结识了陈千秋。在陈千秋的引见下,梁启超拜见了康有为,被康有为的思想所折服,决然舍去旧学,退出学海堂,而拜康有为为师,自光绪十六年(1890)开始在康有为的万木草堂学习。他在万木草堂每天必上的功课就是阅读《宋元学案》《明儒学案》及《文献通考》等,"草堂常课,除《公羊传》外,则点读《资治通鉴》《宋元学案》《朱子语类》等"①。光绪十八年(1892),梁启超再次入京参加会试,又名落孙山。落第南归后,他把主要精力用在读书上面,所读之书主要是在上海购买的国学书籍与西学译著。梁启超由于勤奋刻苦地学习,加上行之有效的学习方法,所以几年时间,他在学业上大有长进,在传统的学术文化方面打下了更为坚实的基础,并且学到了一些他以前不曾学到的外国历史文化及自然科学知识。尽管知识大增,但是梁启超在科考的路上还是不顺利,光绪二十一年(1895)二月他第三次进京参加会试,仍然不第而归。连续三次参加会试,都名落孙山,梁启超心灰意冷,于是不再在科举考试上花费精力与时间,不再为仕宦奋斗与忙碌,开始忙于维新变法,忙于著书立说。

二、阅读西书,获取新知

士子们对于西学新知较为敏感,喜欢阅读西学书籍。吴汝纶作为桐城耆儒,虽然工于古文,但是思想较为开放,注意阅读西书西报。自

---

① 梁启超:《清代学术概论》,上海:商务印书馆,民国十年(1921),138页。

光绪十五年(1889)至光绪二十六年(1900),他阅读的西书有《美国农学新法》《农学十法》,阅读的西方报刊有《英京报》《纽约格致报》《法国报》《美国学问报》《法文格致报》《法国博学报》等,而且他还写了一些读书笔记。①

章太炎对西学书籍颇感兴趣,早在诂经精舍的时候,他就注意阅读江南制造局、同文馆和广学会译述的一些西学书籍。他于光绪十七年至光绪十九年(1891—1893)撰写《膏兰室札记》时,便利用了不少从这些西学书籍中得来的新知识。比如,在疏证《庄子·天下》《淮南子》中的《俶真训》《天文训》《地形训》《览冥训》及《管子》中的《侈靡》《白心》等篇时,他便引述了李善兰等翻译的《几何原本》、伟烈亚力等翻译的《谈天》、华蘅芳等翻译的《地学浅说》、韦廉臣编的《格致探原》等。从章太炎考订疏证的各个条目可以看出,他关注的有天体演化学说、生物进化学说、细胞学说等近代自然科学的一系列最新成就。这些新知识比如宇宙活动、物质结构、生物进化过程等许多方面使得章太炎打开了眼界,世界观也发生转变。② 对中日甲午战争中国失败,章太炎十分悲怆与愤激,他怀着炽热的爱国热忱写下一篇《独居记》,后更名为《明独》。与此同时,他加紧阅读各种西学书籍,力图对世界有更多的了解。此时,国内译成中文的西学书籍已有四百多种,国人撰述的介绍各国状况的书籍也有一百多种。章太炎阅读这些书籍,对西方自然科学和社会政治学说有了较为系统的了解,他在回顾自己的思想发展过程时说过:"自从甲午以后,略看东西各国的书籍,才有学理收拾进来。"③通过阅读西书,章太炎获得了他所追踪的"学理"。

为了让更多的人能够阅读西书,章太炎于光绪二十三年(1897)与

---

① 吴汝纶:《桐城吴先生日记》,卷八《西学上》,保定:莲池书社,民国十七年(1928)。
② 姜义华:《章太炎思想研究》,上海:上海人民出版社,1985年,34页。
③ 章太炎:《演说录》,载《民报》第六号。

常州人恽积勋、恽毓麟、董康和无锡人杨模等一同组织了译书公会，并于同年十一月创办了《译书公会报》，从而把学习西方提到了更高的地位，对如何了解西方、学习西方提出了更为严格的要求。章太炎在《译书公会叙》中指出维新志士迫在眉睫的任务就是"绅五洲书藏之秘，以佐政法，以开民智"①。从《译书公会章程》可以得知，这是一个以采译欧美日本"切用书籍"为主要任务的团体，"凡有关政治，学校，律例，天文，舆地，光、化、电、汽诸学，矿务，商务，农学，军制者"，只要属于"近时切要之书"，就都在公会购求与翻译计划之内。《译书公会报》是周刊，设有文编和日本、英国、法国、德国等报纸选择诸专栏，主要任务就是译介国外有关著述。章太炎作为译书公会的成员和《译书公会报》的专任主笔，在确定宗旨、选题、撰文鼓吹和润色译文方面都起了积极的作用。与同时代的其他维新志士相比，在对待西学方面，他要求学习得更系统、更全面、更透彻，而反对华而不实与零碎、片面地了解西学。光绪二十五年（1899），章太炎发表《儒术真论》《视天论》与《菌说》，表述了宇宙论、进化论与无神论观点，他不仅吸收西学最新科学知识，还提出独立见解，认为自然界高等动物的进化不止到人类，对生命起源于蛋白质的否定论提出异议，反对达尔文的"人种一元论"，赞同多祖论观点。这些情形表明他对于西学并非生搬硬套，而是独立思考、科学对待。光绪二十九年（1903）以后，章太炎对西方图书的阅读和研究逐步从自然科学书籍转到人文社会科学书籍，尤其是他在光绪三十二年（1906）东渡日本以后，对西方近代的哲学、社会学和政治学书籍产生浓厚的兴趣，潜心阅读康德、费希特、叔本华、斯宾诺莎、哈特曼、谢林、黑格尔、蒲鲁东等人的著作，了解与吸收西方近代的哲学思想、人文社会科学思想，从而构建自己的哲学体系，提出自己的政治见解。

---

① 章太炎：《译书公会叙》，载《译书公会报》第一册。

三、勤学苦读,晨夕无间

士子们读书认真,态度端正,勤学苦修,乐在其中。为了读书,他们往往夜以继日、废寝忘食。这样的例子不胜枚举,兹以王闿运、章太炎等人为例加以说明。

王闿运,字壬秋,咸丰三年(1853)举人。他勤学苦读,寒暑无间,"昕所习者,不成诵不食;夕所诵者,不得解不寝"①,经史百家,靡不诵习。笺注抄校,日有定课,一有心得,便随笔记述阐明奥义,提出了很多前人所未发的独到见解,譬如指出了阅读"五经"的方法:"于《易》,必先知'易'字有数义,不当虚衍卦名;于《书》,必先断句读;于《诗》,必先知男女赠答之辞不足以颁学官、传后世;一洗三陋,乃可言《礼》;《礼》明,然后治《春秋》。"②终其一生,读书不辍,曾自叹并非文人,而是学人。其著述甚丰,以经学书籍为多:《周易说》十一卷,《尚书义》三十卷,《尚书大传》七卷,《诗经补笺》二十卷,《礼记笺》四十六卷,《春秋公羊传笺》十一卷,《谷梁传笺》十卷,《周官笺》六卷,《论语注》二卷,《尔雅集解》十六卷,又《墨子》《庄子》《鹖冠子义解》十一卷,《湘军志》十六卷,《湘绮楼诗文集》及《湘绮楼日记》等。

章太炎于光绪九年(1883)因故未能参加县试,之后不再在八股制艺上耗费精力,而是专心致志于学业。在兄长章炳森的指导之下,章太炎认真阅读汉学书籍,首先刻苦攻读了许慎的《说文解字》、段玉裁的《说文解字注》、顾炎武的《音学五书》、郝懿行的《尔雅义疏》等文字音韵学方面的一批权威性著作。至此,章太炎对古文字和古音韵有了较为系统的了解。紧接着他又仔细研读了王引之的《经义述闻》。在《经义述闻》中,王引之充分利用古文字学方面的新成就,广泛援引各种古代文献,对儒家经典中许多经文作出了超越前人的较为准确的解

---

①② 赵尔巽:《清史稿》,卷四八二《王闿运》,北京:中华书局,1998年,3405页。

释。章太炎从这部著作中窥见了步入汉学堂的阶梯。为了全面了解清代汉学的成就,章太炎从光绪十二年(1886)开始用了整整两年的时间通读了道光年间刊刻的《学海堂经解》,这部书汇编了从清初到嘉庆年间的治经著作188种1408卷。此后,章太炎又通读了光绪年间刊刻的《南菁书院经解》,该书是《学海堂经解》的续编,收录经书209种1430卷。这段时间,章太炎认真阅读汉学书籍,带病坚持学习:"眩厥未愈,而读书精勤,晨夕无间。"①最后他打下了扎实的汉学功底。除了阅读汉学书籍之外,章太炎还阅读了其他一些史学书籍。还在章太炎十一二岁的时候,有一次外祖父在教书之余,谈起清初"文字狱"的故事,讲到著名的"曾静案",幼小的章太炎便从中了解了清朝政府迫害文人的残酷。因此,跟随父亲读书时,章太炎就阅读了蒋良骐所著的记有曾静等案件的《东华录》,以及载有《扬州十日记》《嘉定屠城纪略》的《明季稗史汇编》等历史书籍:"自十六七岁时读蒋氏《东华录》《明季稗史》,见夫扬州、嘉定、戴名世、曾静之事。"②

章太炎自光绪十六年(1890)至光绪二十三年(1897)在诂经精舍学习,其间他师事俞樾,在"言稽古之学"方面受到了俞樾很深的影响。俞樾的学术成就很多,尤以研治群经与诸子最为突出,章太炎主要在这两个方面继承了他的学业。章太炎在诂经精舍中正规的课程,就是学习如何准确地训释诸经疑难字句名物,进而阐明经文本义。光绪二十一年(1895)刊刻的《诂经精舍课艺文七集》共选65人207篇诗文,其中,章太炎的文章17篇;光绪二十三年(1897)刊刻的《诂经精舍课艺文八集》共选56人159篇诗文,章太炎的文章21篇。就入选的数量而言,章太炎的文章在全体入选者中位居第一。章太炎的38篇课艺文中,考证《周礼》《仪礼》《礼记》的有18篇,考证《春秋左氏传》《春

---

① 章太炎:《太炎先生自定年谱》,见汤志钧《章太炎年谱长编》,北京:中华书局,1979年,9页。
② 章太炎:《狱中读新闻报》,见汤志钧《章太炎年谱长编》,北京:中华书局,1979年,6页。

秋公羊传》《春秋谷梁传》的有 10 篇，考证《诗经》的有 3 篇，考证《尚书》《尔雅》的各 2 篇，考证《易经》《论语》《孟子》的各 1 篇。这些课艺文表明章太炎按照俞樾的要求在治经方面已成为诂经精舍首屈一指的高才生，在研治"三礼""三传"方面，他用力尤勤，成绩也最好。除了研治群经外，章太炎在诂经精舍中还研究诸子学，他自选的评校与著述课程，主要是周、秦、两汉诸子著作。现存章太炎的第一部学术专著《膏兰室札记》就集中了他这一时期在这方面的研究成果。《膏兰室札记》既是一部考释驳论的著作，又是一部很好的读书札记。这些札记，有的是对《列子》《管子》《晏子春秋》《商君书》《吕氏春秋》《韩非子》《墨子》《庄子》等先秦诸子文字音训的研究，有的是对《尚书》《诗经》《后汉书》《国语》等经史典籍的解释。《膏兰室札记》取材之广，考证之精，充分显示了章太炎对周、秦、两汉典籍是多么娴熟，治学又是多么严谨而又勇于探究。章太炎对儒者所不屑道的《管子》《墨子》《淮南子》《吕氏春秋》等用力尤勤，这更显示了他学术思想发展的一个重要动向，即通过对诸子学的研究，突破儒家传统说教的桎梏。

在诂经精舍期间，章太炎受俞樾的影响最大。与此同时，他还诚恳地向其他几位著名学者如谭献、黄以周、高学治等问学，分别接受了他们的思想。除了接受良师的教导之外，章太炎还与同窗益友互相切磋。在这样良好的学习环境之中，章太炎在学业上进步很快，他认真研究《左传》，用五六年时间写成《春秋左传读》，该书五十多万字，大致包括以下三个方面的内容：诠释《左传》中各种难解的或疏解起来极为歧异的古言古字、典章名物；疏证《左传》体例、叙事和立论所蕴含的本义；辨《左传》并非刘歆伪造，《左传》传授系统亦非向壁虚构。综观《春秋左传读》，章太炎依据乾嘉考据方法，对古文献进行广泛的比较研究，充分发挥了他在文字音韵学方面的长处，解难释疑，取得了富有学术价值的成果。

章太炎于光绪二十六年(1900)一月编定《訄书》，书首有识语，云：

"幼慕独行,壮丁患难。吾行却曲,废不中权。述鞠迫言,庶自完于?""述鞠迫言"这四个字给《訄书》这一书名做了诠释,述的意思是求索,鞠的意思是穷究,迫的意思是急迫、迫不及待。该书反映了他是如何艰难地在探索着、穷究着,而收入该书的各篇论文又是他最急于表达的一些观点。《訄书》是一部论学论政的综合著作,全书正文 50 篇。从其篇目可以看出,《訄书》并非一批论文的简单汇编,因为那 50 篇文章从历史到现实,从一般原理到具体主张,组成了一个结构相当严密的理论体系,而且这一理论体系具有丰富的社会内容、强烈的现实性以及鲜明的资产阶级民主主义色彩。《訄书》最初由祝秉纲转请毛上珍于光绪二十六年(1900)刊印出版,封面由梁启超题签。初刻本含文章 50 篇,不久即再次印刷,增补附录 2 篇,一为《学隐》,评论魏渊学说,二为《辨氏》,论述我国古代氏族的由来及其演变的历程,后来改名《序种姓》下篇。《訄书》初刻本问世不久,章太炎就已经感到这部著作的一些观点已经不符合当时中国社会政治的现实,落后于他自己思想的进展。当他剪辫明志之时,他便毫不痛惜地写下了含"以自劾录"四字的眉批以及《客帝匡谬》《分镇匡谬》。光绪二十八年(1902)他从日本归来后,耗费半年多的时间对《訄书》进行了大幅度的修改。修订后的《訄书》包括前录 2 篇,正文 63 篇,与初刻本相较,删去 14 篇,新增 27 篇,其他各篇都做了大小不等的修改。在修订《訄书》的时候,章太炎引述了西方的一些论著而直接用作自己立论的依据,修订后的《訄书》于光绪三十年(1904)四月由日本东京翔鸾社出版,《警钟日报》称此书"印本一出,风行一时",其声价"轰震海内"。《訄书》修订本凝练精审,条理缜密,文辞渊古,篇幅虽不算很大,但容量却异乎寻常地大,是一部系统地阐明章太炎的宇宙观、社会观、历史观以及他的政治、经济、文化、学术观点的理论著作,也是一部集中反映章太炎思想新飞跃的专著,而且该书对旧思想、旧文化、旧制度进行了严肃而认真的批判,充满了战斗的力量,是近代中国在深入批判旧思想、旧制度基础上系统阐明民族民主革命理论的第一部综合性著作。该书在知识界产生了较大的影响,《民报》第七期曾载文称:"作《訄书》之章氏者,即余杭太炎先生也。先生为国学界之泰斗,凡能读先生书者,无不知之。"①

四、康有为的阅读生活

康有为(1858—1927),又名祖诒,字广厦,号长素,戊戌政变后改号更生,晚年自号天游化人、游存叟、游存父等,学界尊称其为南海先生,或称康南海,是中国近代史上杰出的思想家与改革家。

(一)出身于书香门第

康有为在咸丰八年(1858)生于广东南海县西樵山北的苏村。康氏家族是一个世家大族,在南海县颇有名气。康氏原籍广东南雄州珠玑里,南宋末年,始祖康建元迁至苏村,700余年来康氏家族世居苏村,繁衍生息,至康有为时已历21代。其前八世皆以农耕为业,从九世祖康惟卿、康惟相起家族人员开始进入士人行列,此后历代皆为读书人,世以理学传家,遂成为书香门第。高祖康辉字文耀,号炳堂,嘉庆年间中举人仕,诰封荣禄大夫,官至广西布政使。曾祖康建昌,又名式鹏,号云衢,笃守吕坤的《呻吟语》、刘宗周的《人谱》以及陈宏谋的《五种遗规》等训蒙著作,讲学于乡,有"醇儒"之美称。后亦官至福建按察使,诰封资政大夫。祖父康赞修,又名以乾,号述之,道光二十六年(1846)举人,历任合浦县教谕、钦州学正、连州训导等地方官员,并以讲授程朱理学、提携后进而名扬广东知识界。父亲康达初,字植谋,号少农,是广东著名学者朱次琦的门徒,聪敏好学,苦读经书,学识渊

---

① 国学讲习会发起人:《国学讲习会序》,见张枬、王忍之《辛亥革命前十年间时论选集》,第二卷,北京:生活·读书·新知三联书店,1963年,501页。

博,但是在科场上并不得意,没有踏上宦途。康有为对父亲极为崇敬,称他博古通今,"考天下古今治乱义理之学""多深思新意之论"。母亲劳连枝出身于一个"七世素封,家法谨于礼"的官宦之家,其父劳以迪曾任候选知府,并在家乡创办了登瀛书院,教授生徒。劳氏在家庭的影响和熏陶之下成为封建时代标准的贤妻良母。劳氏对康有为和康广仁虽然极为慈爱,但是对他们的教育却极为严厉,"坐行起卧必诲戒,喋喋述先德道舅姑言忠孝慈惠信睦报应等事"。劳氏的言行举止对康有为性格的养成起了潜移默化的作用,中青年时代的康有为性格坚毅、严肃,"皆自母来"。

(二)幼年的勤学苦读

康有为出身于以诗书礼仪传家的书香门第,整个家族中的成年男子都受过良好的封建正统教育,其亲朋好友也多是官绅或读书人。康氏家族拥有丰富的藏书,其藏书从"四书""五经"到诸子百家,一应俱全,而且家族中有着浓厚的学习氛围,勤学苦读成为风气。生活在这样的环境之中,康有为从小就耳濡目染了封建文化的启蒙教育。当他还在咿呀学语时,家人即教他看图识字,特别是伯祖父康学修喜欢抱他出去观看"洋人镜画",因此不到四岁的康有为就与众不同,能够认识不少字。五岁左右,长辈们即教他阅读唐诗,他由于聪明敏捷,记忆力超群,所以没过多久就能背诵数百首唐诗,这令父亲及其他长辈十分高兴与喜悦。康有为小时候还经常随父母去外祖父家里玩耍,外祖父和外祖母对他这个小外孙极为宠爱,还常常教他认字读书,让他背一背唐诗。当他以稚嫩的声音背诵唐诗时,两位老人十分高兴。

六岁的时候,康有为开始了正规的学习生涯。祖父和父亲为了给他请一个好老师而煞费苦心,最后终于请来简侣琴做他的家庭教师。简侣琴,字凤仪,广东番禺人,是当时有名的塾师。在他的指导之下,康有为系统地阅读了《大学》《中庸》《论语》以及朱注《孝经》等古典著作。与别的蒙学儿童读书死记硬背不同的是,康有为悟性极高,读书时既能熟记所读内容,又能融会贯通地去理解与思考。因此,简侣琴先生对康有为十分满意,经常夸奖他,师徒相处融洽,关系很好。

康有为聪明而又勤奋,在简侣琴先生的教诲与指导之下,学业进步很快,除了读一些儒家经典之外,也尝试作文属对。一天,康有为的几位叔伯父特意来到书房检查他的学业,考以作对。当时正值柳絮飞舞的时节,伯父为了考考康有为的才思,即景出了一句上联:"柳成絮。"康有为略加思索,即应声回答:"鱼化龙。"话音刚落,满座皆惊,简先生情不自禁地击掌称妙,叔伯父们也感到十分惊讶。因为一般的成年书生都很难在如此短的时间里想出准确的对联,更何况此对不仅对仗工整,内容贴切,而且"鱼化龙"三字具有相当深刻的喻义。它突破了传统的用鲤鱼跳龙门来比喻读书人通过科举考试获得显赫功名的意向,鱼变化为龙,隐含着康有为的少年壮志,大有巨龙腾飞的气概。六岁孩童竟有如此鸿鹄之志,实为罕见,叔伯父们由此敏锐地感觉到康氏家族将产生一个十分了不起的人物。伯父彝仲公康达棻掩饰不住内心的喜悦,连声称赞"此子非池中物",并拿出好纸好笔奖励给康有为。此后,康有为聪明而有灵气、好学又有大志的名声在乡里传播,并且开始有"神童"之称。

同治三年(1864),康有为已满七岁,继续在简侣琴先生的指导之下学习儒家经典。同年,祖父康赞修以钦州学正俸满,升任知县但是未就职,改任教授(一种管理教育的学官)却因无实职候补,只好暂归家乡。康赞修在居家的这段日子里,每日督促康有为的学习,检查他的功课,并且进行教导。同治四年(1865),康赞修受聘于广州府学宫孝弟祠任教授,在他门下学习的诸生近百人。因为学习条件较好,所以康赞修辞退了简侣琴先生,将康有为带在身边,让他与其他学生一道学习。同治四年(1865)底,伯父康达棻迁居孝弟祠后,教康有为学习写文章。在长辈们的精心教导之下,康有为不仅熟读"四书""五经"等古典文献,而且还能初步撰写以经义为题的像样的论文,为日后的著书立说打下了坚实的基础,从此,封建文化和伦理道德在他幼小的心灵中深深地扎下了根。

在康有为九岁的时候,祖父康赞修调任编修《南海县志》,遂辞去广州府学宫教授,改居南海学宫修志局中,康有为亦随同前往。康赞修的事务较多,无暇辅导康有为的学习,为了不耽误康有为的学业,康赞修让康有为到学宫中的崔清献祠跟随陈鹤侨先生学经,到举人梁舜处听课。康有为学习十分勤奋,终日手不释卷,而且性格较为孤僻,很少与其他孩童一起玩耍,乡里人把他看成一个书呆子,还给他取了一个绰号"憨为"。

同治七年(1868)正月二十日,康有为的父亲康达初因病去世,临终前谆谆教导康有为要"立志勉学,教以孝亲,友爱姊弟"①。丧父之痛使康有为一下子成熟了许多,刚刚十一岁的他像成年人一样执孝,并且办完了父亲的丧事。康有为守孝期满后,祖父康赞修将其接到身边亲自抚养教育:"日夜摩导以儒先高义、文学条理。"②在祖父的精心指导之下,康有为开始有计划地阅读《纲鉴》《大清会典》《东华录》《明史》《三国志》等历史著作,从而熟悉历史掌故及历史事件,而且还频繁阅览《邸报》,以便了解历代及当代朝中政事,尤其对曾国藩、骆秉章、左宗棠、李鸿章等新兴的汉族军事官僚集团的崛起十分仰慕。虽然年龄尚幼,但是他已经朦胧地意识到了这是一个多事之秋的大变动时代,"慷慨有远志"③的他产生了强烈的历史使命感。

父亲的临终遗训和祖父的精心教导,使康有为更加努力学习,勤学苦读。每当晨曦初露,康有为就已经坐在书房里开始阅读文史典籍;每当夕阳西下、天色渐渐暗淡之时,他就挟书到室外倚靠檐柱,伴着落日的余晖阅读;晚饭之后,他又手不释卷,挑灯夜读,力求将手中的书卷读完。祖父见他读书如此勤奋,心中自然高兴,但是又担心他

---

① ② ③ 康有为著,楼宇烈整理:《康南海自编年谱(外二种)》,北京:中华书局,1992年,4页。

的身体吃不消,于是严格规定每天熄灯就寝的时间以保护他的身体。经过如此的勤学苦读,康有为在学业上进步很快,神锋开豁,出口成章,下笔成篇,"能指挥人事,与州中诸生接,论文谈事,礼容犹然"①。同治八年(1869),康有为十二岁,连州端午节举行龙舟竞渡,祖父带他前往观看。当时锣鼓喧天,人山人海,康有为被龙舟竞赛的壮观场面所感染,当即挥毫赋诗二十韵,一时满座皆惊,州人瞩目。州吏目金公大加赞赏,连称康有为为神童,并且赠送他漆砚盘、笔盒等文房宝物。康有为遂成为连州一个小小的知名人物。

(三)七桧园中涉猎群书

同治九年(1870),康赞修奉命调往广州,康有为随同祖父前往。康赞修看到孙子快到了参加童子试的年龄,却仍然不好好学习八股时文,心中十分着急,于是命令康有为到广州城西门外的第三甫桃源陈篆生先生处学习写作八股文。尽管祖父之命在身,陈先生要求甚严,但是康有为对学习八股文还是十分反感,愈发唾弃,仍旧博览自己喜欢的各种书籍,并且与新结识的一些学友一道寻师访友,四处遨游,饱览了广州的繁华景象,无暇学习八股时文。康有为不重视八股举业的行为招来长辈亲人的极为不满。为了加强对康有为的监督,祖父康赞修于同治十年(1871)将康有为送回苏村老家,由从叔康达节亲自执教。康有为虽然勉强跟随康达节学习八股试帖,但是毫不用心,只是应付了事,因而经常受到康达节的苛责。

当时,叔祖中丞公康国器在辞官归乡前,为了显示康氏家族的文经武略,在康氏老屋旁大兴土木,修筑了一座规模宏大的园林,并在园中建了两栋藏书楼,即澹如楼和二万卷楼。园内有七株数百岁的古桧(俗称水松),故称七松轩,导以飞桥为虹福台,建筑别致,环境幽雅。藏书楼中有藏书数万册,经、史、子、集等书应有尽有,其中还有不少当

---

① 康有为著,楼宇烈整理:《康南海自编年谱(外二种)》,北京:中华书局,1992年,4页。

时新刊的书籍,这给康有为和其他康氏子弟博览群书提供了极好的条件。兄弟们每日在七松轩中纵览说部、集部群书,不时有诗酒之欢,大家谈笑风生,十分快乐。康有为写过一首诗来描写他与康门其他子弟在七松轩中一道读书的情景。诗云:"七桧荒僵几百年,倚台临水饱风烟。读书桧下收残叶,煮茗谈诗月上天。"一幅群童嬉戏、用功无忧的读书图跃然纸上。

同治十年(1871),康有为十四岁,奉祖父之命第一次参加了童子试。他虽然学识不凡,超出同龄人许多,而且为人绝顶聪明,喜好钻研,但由于厌恶各种课程限制,喜欢自由挥洒性情,尤其对八股文十分厌恶,而且不善于写作这种形式的试帖,所以名落孙山,无功而返。祖父康赞修及康有为的其他家人十分失望,于是把他送到本乡杨仁山先生处专门学习八股试帖。杨仁山是银塘乡有名的秀才,尤其是八股试帖写得十分出色。虽有名师指点,但无奈康有为对八股文实在是不感兴趣,因而进步不大。第二年再次参加童子试,康有为依然未中。

康有为两次参加童子试均未中榜,家人虽然感到十分遗憾,但是认为他年龄尚小,还可造就,于是祖父又请杨仁山先生辅导康有为学习八股时文。康有为对此十分厌恶,但是迫于压力,只得硬着头皮学下去,表面上敷衍了事,暗中纵观说部、集部、杂史等书,尤其是对清代著名文学家袁枚十分仰慕。康有为沉溺在涉笔成趣的性灵文字之中,忘记了祖父的督促和老师的苛责,有时甚至在老师所出的八股文试题中也缀玉编珠,信手拈来些个性灵篇,令老师在无奈之中也不禁流露出由衷的赞赏。康有为由于性之所偏,"两年费日力于试事及八股,进学最寡矣"①。

康有为在十六岁的时候,转到灵洲山的象台乡学习,仍然跟随杨仁山先生学习写作八股时文。由于康有为对八股文用心不专,进步不

---

① 康有为著,楼宇烈整理:《康南海自编年谱(外二种)》,北京:中华书局,1992年,5页。

大，所以杨先生自感在康赞修面前不好交代，不到半年，就辞去教职。于是，康有为又回到银塘乡，跟随张赘臣继续学习八股文。几经辗转，到头来还是学习八股文，康有为对此十分恼火："时文体尚路德派，最恶厌之，乃尽舍去"①，"于时益吐弃八股，名为学文，绝不一作"②。他集中精力阅览群经、史学、考据等著作，并且十分喜欢阅读清初学者毛奇龄的《毛西河集》。康有为的这种态度惹恼了对他寄予厚望的诸位叔伯，叔伯们在祖先的神位前严厉地责备他不思进取、不务正业。祖父康赞修为此专程从广州赶回银塘乡，除了严厉地教训康有为一顿外，还当众出题《君子有九思，至忿思难》，让康有为写成八股文，以检查他两年来学习八股文的情况。康有为执笔即写，不一会儿就写成十六讲，每讲各有警语，文辞精辟，用典贴切。祖父见他下笔成章，文采飞扬，内心感到非常高兴，对康有为虽然不深究，但是告诫康有为写好八股文是进入仕途取得功名的敲门砖，命令康有为努力研习八股文。受到祖父的鼓励和教育，康有为开始稍微认真地学习写作八股时文。

同治十二年（1873）年底，银塘乡社学举办文学考试，报名参加考试的学子们十分踊跃，康有为也报名参加了考试。在作文考试时，康有为一口气连写了六篇文章。乡里名达经过认真评选，评选出十五篇优秀文章，康有为的六篇文章均被选中，而且一至三名文章都是康有为所作。在作诗考试中，康有为的诗作也获得了第一名。于是，康有为的名声在乡中大振。第二年，新正开课，康有为又以压倒性优势荣获第一名。于是康有为终于下定决心步入科举考试的路途。虽然离金榜题名还很遥远，但是长辈们十分高兴，殷切地期望他能够百尺竿头，更进一步，取得功名，光耀门庭。

由于康有为的学习进步较快，所以此后一段时间，叔伯们放松了

---

① 康有为著，楼宇烈整理：《康南海自编年谱（外二种）》，北京：中华书局，1992年，5页。
② 康有为著，楼宇烈整理：《康南海自编年谱（外二种）》，北京：中华书局，1992年，6页。

对他的监督。康有为的学习就稍微自由，每天的大部分时间他都在藏书楼或七桧园中阅读，涉猎群书。一次，他在叔祖康国器的二万卷楼中发现了魏源的《海国图志》、徐继畬的《瀛寰志略》《地球志略》以及利玛窦、艾儒略、徐光启等人所译的西书。十七岁的康有为从这些为数不多的史地著作中开始对世界有了初步的了解。康有为由于先前主要阅读中国传统的典籍，所以此时就像发现新大陆似的，对这些介绍西方历史、文化的书籍感到新鲜而又好奇。他如饥似渴地阅读，每日手不释卷，给自己订有阅读计划，而且读书方法与众不同，十分特别。清晨，他拿来几本书放在书桌上，然后拿一把铁锥用力一扎，扎穿多少页，当天就要读完多少页，每日读书以寸计。在这段时间里，除了读书之外，康有为也时时写诗，与康氏兄弟和乡里先辈们互相唱和应答，同时也模仿古人写一些文章。有一天，康有为在二万卷楼中发现了一本《红楼梦》残本，随手翻了几页后，竟然着了迷，书中的人物与故事紧紧地攫住了少年康有为的心，他通宵达旦，一口气就将该《红楼梦》残本读完了。

不久，祖父康赞修得知康有为仍然对学习八股文不甚努力，就将他召到广州，请来吕拔湖先生指导他学习八股文。祖父对他管理甚严，只准他学习八股时文，不允许他涉猎其他书籍，康有为只有在回乡的时候才有机会看一看其他书籍。光绪二年（1876），康有为十九岁，在广州参加乡试，由于不善于写作八股文，所以他又一次落榜。这次落榜对他刺激较大，他恼恨自己学业无成，决定寻访名师，从头开始。

（四）就读于九江门下

在祖父的帮助下，康有为进入了祖父的好友、当时广州的著名大儒朱次琦创办的私人学校学习。朱次琦（1807—1882），字九江，号浩虔，广东南海九江镇人，道光年间进士，是清代的理学大师，深受世人尊重，人称"九江先生"。朱次琦的学问根柢在宋明理学，但是他又不限于研究空疏的性理，颇为注重经世致用，尤其对研究中国历代的政治沿革得失最有心得,著述甚多。他的教学宗旨是"四行五学",所谓四行,即敦行孝悌、崇尚名节、变化气质、检摄威仪;所谓五学,则是经学、文学、掌故之学、性理之学、辞章之学。四行五学几乎包括了封建教育的主要内容,范围广泛,不仅涉及德育、智育,而且还有美育的内容,这是当时以八股制帖为主要教学内容的一般官办书院不可同日而语的。朱次琦先生是一位言行一致的严谨学者,教育学生时十分注重言传身教,身体力行。康有为写道:"先生动止有法,进退有度,强记博闻,每议一事,论一学,贯串今古,能举其词,发先圣大道之本,举修己爱人之义,扫去汉宋之门户,而归宗于孔子。"① 朱次琦先生的教学方法、治学态度、学术思想对康有为产生了很大的影响。在礼山草堂学习期间,康有为以惊人的毅力刻苦读书学习,每天天未亮就起床,深夜才睡觉,博览了宋代儒学之书以及经说、小学、史学、掌故、辞章等。他阅读了《钱辛楣全集》《廿二史札记》《日知录》《困学纪闻》等著作之后,遂觉浩然通辟、议论宏起。学习之余,康有为时常与同学简竹居、胡少恺等人讨论学术,感到焕然贯通,而过去涉猎群书所得博杂之学,皆成为有用之学。② 光绪三年(1877)五月,祖父康赞修不幸在连州水灾中丧命,康有为回家守孝达数月。他再次返回礼山草堂时,以更大的热情投入到学习之中,攻读《周礼》《仪礼》《尔雅》《说文解字》《水经注》等书,全面研究先秦时代的政治、历史、文学、哲学、风俗、礼仪等,同时博览历代的诗歌、散文,对《楚辞》《汉书》《文选》《杜诗》以及徐陵父子、庾信父子的绮丽诗文等都能背诵。康有为不是一个读死书、死读书的人,他善于独立思考,决不盲从,哪怕是对老师的学说也是如此。朱次琦先生精于古文,其理学以宋代程朱理学为主而间采陆王要义,康有为却喜欢陆王的学说,认为其直捷明诚,活泼有用。朱次琦先生推崇

---

① 康有为著,楼宇烈整理:《康南海自编年谱(外二种)》,北京:中华书局,1992年,7页。
② 黄正雨:《康有为读书生涯》,武汉:长江文艺出版社,1997年,21页。

韩愈,但康有为在读了韩愈的文章之后,感到韩愈学术浅薄、空疏无物,他尖锐地批评韩愈写文章不过是工于抑扬演灏,略有技巧而已,即使其名篇《原道》也极为肤浅,浪得大名。康有为对韩愈的批评在朱次琦先生看来不只是一个学术问题,而且也是对自己的挑战,故笑着斥责康有为过于狂妄,要他戒骄戒躁。同学们也认为康有为大胆狂妄,目无尊长,视他为"狂生"。康有为由于得不到大家的理解,所以决意辞别老师和同学,于光绪四年(1878)结束了在朱次琦门下的学习生活,回到家中深思反省。

(五)白云洞中读佛道

光绪五年(1879),康有为独自一人来到西樵山中,住进白云洞的三湖书院。西樵山在广东南海县西南,有七十二峰三十六洞之胜,幽谷深洞,古木参天,风景秀丽。在西樵山广朗坪西麓有一个石洞,相传明代何白云先生在此结庐读书,故名"白云洞"。康有为来到白云洞以后,专读儒家之外的哲学著作和宗教著作,试图在佛学和道学中寻找答案。他昼夜攻读佛道之书,长斋静坐,孤灯独明,潜心佛学,深有所悟:"始则诸魔杂沓,继则诸梦皆息,神明超胜,欣然自得。习五胜道,见身外有我,又令我入身中,视身如骸,视人如豕。"①康有为简直到了走火入魔的境界,像狂禅,又似老道,特别是大乘佛教给他留下了深刻的印象,大乘佛教的菩萨作为受苦受难的救世主形象与儒家的圣哲典型是一致的,因此,康有为学习佛教的结果不是使他摆脱红尘,而是使他的道德使命感更为强烈,对社会、对民众的疾苦更加关心。康有为从佛学中悟到天下众生同源一体,皆平等无有区别,遂以普度众生为己任,他感到自己有如释迦牟尼——如来佛起于菩提树下、森然有天下地上唯我独尊之慨。但是,康有为并不主张看破红尘,远离人世,他认为应该以智为体,以悲为用,不染一切,也不舍弃一切,他不赞成佛

---

① 康有为著,楼宇烈整理:《康南海自编年谱(外二种)》,北京:中华书局,1992年,9页。

教将希望寄托于来世,而主张布施于现在。由于众生平等,所以与其恻隐于他界,不如恻隐于最近。康有为虽然喜欢读佛经,但是对佛学探究越深,越感到脱离红尘、出家为僧并不合乎佛学所提倡的普度众生的道理,遂有浩然入世、纵横四顾、澄清天下之志。于是,他告别西樵山的隐居生活,告别白云洞,回到苏村的家中。在离开白云洞时,康有为曾作诗一首《读书西樵山白云洞》:"瀑流千尺射龘摐,岩壑幽深隐绿茸。日踏披云台上路,满山开遍杜鹃红。"①

(六)被动应试

走出白云洞以后,康有为回到家中,闭门修炼,潜心读书,每日躲进二万卷楼或澹如楼,认真阅读《周礼》《王制》《太平经国书》《文献通考》《经世文编》《天下郡国利病书》《读史方舆纪要》等古典名著,他将这些书中有关治理国家的名言皆摘录下来,并加以思考,试图从中找到救世济民的良方。康有为终日在家读书无所作为,康氏家人十分不安,因为他们将家族发达和振兴的希望全部寄托在他的身上,于是家人苦口婆心地劝他去参加乡试,他虽然不乐意,但是也只得屈从。光绪八年(1882),康有为赴京参加顺天府乡试,由于舍弃帖括之学已数年,所以未能中举。康有为虽有些遗憾,但并没有消沉。康有为还借机考察京津形势,结交京华名流。归途经过上海,他看到那里的繁盛,更加钦佩西人的制度和治术,从此广阅西书、大讲西学。肩负家人厚望的康有为还得参加科举考试,光绪十四年(1888)五月,他再次赴京参加顺天府乡试,尽管乡试成绩很好,但是他的敢于直言和革新精神引起保守官僚的不满,主考官将他的名字从榜上剔除,他又名落孙山。科场上的不公正使他亲身感受到了清朝政治的黑暗和官吏的腐败,因而愈加激愤。他利用这次机会广泛联络京官,为自己的变法主张作宣传。同年十二月他第一次向光绪皇帝上书,请求变法。上书失败后,康有为非常苦闷,

---

① 康有为:《万木草堂诗集》,上海:上海人民出版社,1996年,11页。

转而研究经学和金石之学。光绪十九年(1893),康有为参加广州乡试,以第八名中举。光绪二十一年(1895)二月十二日,康有为偕梁启超入京参加会试,数日后发榜,他中第五名贡士,保和殿殿试二甲第四十六名,赐进士出身,旋授工部主事,康有为无意为官,并未就职赴任。作为士子,康有为在家人的逼迫与劝诫之下了无兴趣地学习八股文,一次又一次地参加科举考试,特别是自十九岁至三十六岁,先后四次参加乡试,三次落第,一次中举,尝尽了科举考试的艰辛。

第五节 市 民

市民是非常普通的阅读群体,因为生活在社会的底层,受经济条件的限制,所以只能在繁忙的劳作谋生之余,利用点滴时间阅读书刊。他们的阅读范围较为有限,主要是阅读报纸、画报、小说、善书以及通俗读物。就阅读目的而言,他们阅读既不是为了升官,也不是为了著述,而主要是为了获取信息与休闲娱乐。

一、阅览报纸获取信息

普通市民将阅览报纸作为获取信息、休闲娱乐的一种生活方式。据记载,《申报》最大的读者群是上海的普通市民,"然阅者则草茅之士、闾阎之人居多"①。为了迎合市民读者,《申报》既刊经国大事,也登闾巷琐闻;既登生意行情,又载吃喝玩乐:"凡国家之政治,风俗之变

---

① 《论本报销数》,载《申报》,1877年2月10日。

迁,中外交涉之要务,商贾贸易之利弊,与夫一切可惊可喜之事,足以新人听闻者,靡不毕载。"①《申报》被众多的上海市民广为传阅,有人写了一首诗《申报馆》:"巷论街谈费讨寻,一时声价重鸡林。蜃楼结撰虽无碍,清议原存愤世心。"《申报》给寻常市井生活带来了新鲜而有活力的内容,并且价格低廉,取阅方便,受到市民阶层的欢迎:"余尝闻之售报人言,皆谓阅之报人,市肆最多。"②特别是一些店铺每天花费十余文钱购买一份《申报》让全店员工传阅,多则数十人,少则十几人,能识字者即能阅报,结果是一举两得:"既可多知事务,又可学演文墨。"③市民阶层的生活经验和文化程度决定了他们的阅读重点是社会新闻和广告中的商情、生活、戏目等。因此,对普通市民而言,《申报》具有用来阅览以消闲娱乐和作为生活指南的双重功能。《申报》不只在上海受到欢迎,在外地也受到读者的厚爱。包天笑八九岁的时候(1884—1885),家住苏州,家里订了《申报》。当时苏州订《申报》者不及百户,靠民间信局递送,靠着"脚划船",头天上午上海出的报纸,第二天下午三四点钟苏州就可看到。到十四五岁的时候(1890—1891),包天笑愈加喜欢看报了,而且苏州看报的人也渐渐多起来,《申报》和《新闻报》都在苏州设立代理处,不必由信局送了。包天笑跟着祖母住到桃坞吴家时,因为吴家长年订购了上海的报纸,看报就成了包天笑的日常功课:"始而看《申报》,继而看《新闻报》。"④

二、阅览画报观趣解颐

画报也是市民感兴趣的读物。上海申报馆于光绪十年(1884)创

---

① 《本馆告白》,载《申报》,1872年4月30日。
②③ 《论本报销数》,载《申报》,1877年2月10日。
④ 包天笑:《钏影楼回忆录》,香港:大华出版社,1971年,107页。

刊的《点石斋画报》是中国的第一份画报,①其编辑策略为"选择新闻中可喜可惊之事,绘制成图,并附事略",奇事或神怪的意涵不时穿插于时事绘图中。《点石斋画报》内容庞杂,包括新闻、百美图、百卉图、百兽图、名人书画、海上时装等类别,其形式则为上文下图,以图配文,以图像为主,文字只占图像的三分之一或四分之一。《点石斋画报》在各省设立了分销处,其销售量在一万至二万份之间,其读者以居住于省会的市民为主,尤以居住于上海租界的市民为多。②继《点石斋画报》之后,上海画报日趋繁多,如光绪十六年(1890)之《飞影阁画报》,宣统元年(1909)之《图画日报》等。《启蒙画报》由彭翼仲于光绪二十八年(1902)五月十八日创办于北京,其宗旨是传播知识、开启民智,设有《伦理》《舆地》《掌故》《算术》《格致》等栏目,其图文并茂的形式非常适合普通民众的阅读。此外还有随新闻纸附赠之单张画报,如光绪十九年(1893)之《新闻报》开启了日报赠送画报之风潮。③

　　画报内容以消闲为主,其读者群主要是市民及有闲时闲情的中上阶层之人。画报以新奇趣怪作为描画原则,图画本身深富趣味,能够激发读者的阅读兴趣,无论老少都喜欢阅览画报。据包天笑回忆:"我在十二三岁的时候,上海出有一种石印的《点石斋画报》,我最喜欢看了。本来儿童最喜欢看画,而这个画报,即是成人也喜欢看的。每逢出版,寄到苏州来时,我宁可省下了点心钱,必须去购买一册,这是每

---

① 萨空了对《点石斋画报》为中国的第一份画报的说法提出疑问,认为在《点石斋画报》之前,已有《成童画报》《小孩月报》《图画新报》等。阿英认为《小孩月报》《图画新报》为教会出版,而且《小孩月报》以文字为主,附加插图,不能将之视为画报。参见余芳珍:《阅书消永日:良友图书与近代中国的消闲阅读习惯》,载《思与言》,第43卷第3期。
② 康有为指出,在火车与汽船尚未加入现代邮政传递系统的清末,报刊的流传很难从全国各省会广布至市曹之间。参见康有为:《"画中有话":〈点石斋画报〉与大众文化形成之前的历史》,转引自余芳珍《阅书消永日:良友图书与近代中国的消闲阅读习惯》,载《思与言》,第43卷第3期。
③ 余芳珍:《阅书消永日:良友图书与近代中国的消闲阅读习惯》,载《思与言》,第43卷第3期。

十天出一册，积十册便可以线装成一本，我当时就有装订成好几本，虽然那些画师也没有什么博识，可是在画上也可以得着一点常识。因为上海那个地方是开风气之先的，外国的什么新发明、新事物，都是先传到上海。譬如像轮船、火车，内地人当时都没有见过的，有它一编在手，可以领略了。风土、习俗，各处有什么不同的，也有了一个印象。其时，外国已经有了气球了，画报上也画了出来。"①

启蒙画报②

当然，较之于字报，画报浅显易懂，看画报与看字报也有难易之不同，如清末北京的石印小画报《菊斋画报》所说："画报如同看戏，字报比作听书，看画报的，不认字可以□画儿，看字报若是不认字，即只好数个儿罢。画报一看便知，不论妇孺易于知晓，比如画有个梳拉翅头的，除却画狞楼之外，看画儿的，决不能说是个男人，这就是画报易晓的浅理。虽只说看画报容易通晓，也在乎画的好坏，画猫若像个驴样儿，大概也不太受□。画法出名不出名，就在笔路精与不精了。果然

---

① 包天笑：《钏影楼回忆录》，香港：大华出版社，1971 年，112—113 页。
② 《启蒙画报》，见陈平原《图像晚清：〈点石斋画报〉之外》，北京：东方出版社，2014 年，25 页。

画法精工，不用说看报，就是看画儿也可以解颐。"①

看画报益处较多，正如杨曼青所说："据鄙人拙见，看报有益以白话报为第一，画报在次。诸公请想，我们中国这块土上，认识字人们，以四万万而论，无非在一万万数之半，这还是往多数说。诸君不信此言，就以一条胡同内的住户作个比例，您就以小比大，大概核计出认识字多寡的人数来了。再说一条胡同内准有多少家开通的，果然家家开通，地方自治也早就办成喽。诸位请想，这不是个极明白的理吗？打算家家都能开通就仗着报纸的好处了。比如一家之内，有不识字的人，莫非还请个讲报的教习吗？不用不用，这就用着画报的辅助，家有妇孺，给他画报一看，只要肯在画篇上上眼，就容易引其入胜。竟看看画篇不明白，自然就问，这画的是怎么一档子事情，再有人能够讲说出来，慢慢的就能上了报瘾，您说这理有没有啊！所以说画报能够开通妇孺知识，又不在白话报之下了。看画报还有极大的一件好处，家有小学生小姑娘们，看完了画报，又可用他当个画稿铺上纸描画。"②由于画报受到各个阶层的欢迎，所以画报编辑常把编辑画报看成救亡图存的大业。龙门经天氏写道："夫画报之创始也，迄今将三十年矣。谓彼大旨，仅循乎消遣闲情之需，自外，且不及道，更无他也。若然，则图有功于社会，不已轻乎！虽然，维时也，未尝不风行一时，为士夫赏，但不过数年耳。近二十年，流风且杳灭，而嗣响乏人矣。环球社主人跃然兴起曰：当今之时局，匪夙昔者，苟欲图存以自捍，保菁磷而自强，无已，起唯一自完善者，图画尚矣。盖对于社会之般般个个，靡不有心领神会，触类旁通，启聋发聪，唯兹利器。于是，征艺士，揖文豪，探大陆

---

① 《〈菊斋画报〉发刊词》，见余芳珍《阅书消永日：良友图书与近代中国的消闲阅读习惯》，载《思与言》，第 43 卷第 3 期。
② 杨曼青：《看画报之异》，载《醒世画报》，宣统元年（1909）十一月初一，见刘永文《晚清报刊小说研究》，上海：上海师范大学博士学位论文，2004 年。

之景物,搜社会之现形,海外英豪陈迹,都归文字。"①编者不满足于画报的消遣闲情,还希望"保菁磷而自强"。徐念慈认为图画可以增加读者的阅读兴趣:"以花卉人物,饰其书面,是因小说者,本重于美的一面,用精细之图画,鲜明之刷色,增加读书者之兴趣,是为东西各国所公认,无待赘论。"②

三、阅读民间日用类书

民间日用类书在明代万历年间出现以后,书名并不固定,变化甚多,如《万书萃宝》《万书渊海》《万宝全书》《便览全书》等。至清代,民间日用类书统以《万宝全书》③名之。《万宝全书》作为国民大众必备的日常生活百科全书,可以为国民的实际生活提供帮助。各个出版机构为了满足民众的需求,争相出版《万宝全书》,如北京锦文堂的光绪二十七年(1901)刊本、扬州爱日堂的同治十三年(1874)刊本、常熟扫叶山房的光绪十二年(1886)刊本、上海书局的光绪二十年(1894)刊本、上海六先书局的光绪二十四年(1898)刊本、上海龙文书局的光绪三十二年(1906)刊本。④《万宝全书》的内容十分丰富,涵盖民间生活的四大领域,即生活环境、社会生活、精神生活及物质生活,分为天文、地理、人口、外夷、时令、画谱、四谱、笑话等类目。《万宝全书》内容包罗万象,符合大众居家必用原则,颇受民众的欢迎。

---

① 转引自刘永文:《晚清报刊小说研究》,上海:上海师范大学博士学位论文,2004年。
② 徐念慈:《余之小说观》,载《小说林》,1908年第10期。
③ 晚清,《万宝全书》的版本较多,如道光二十一年(1841)刊本、道光三十年(1850)刊本、咸丰元年(1851)刊本、同治十年(1871)刊本、同治十三年(1874)刊本、光绪十二年(1886)刊本、光绪二十年(1894)刊本、光绪二十一年(1895)刊本、光绪二十四年(1898)刊本、光绪二十七年(1901)刊本、光绪三十二年(1906)刊本。
④ 吴蕙芳:《万宝全书:明清时期的民间生活实录》,台北:台湾花木兰文化出版社,2005年,52—53页。

通俗读物浅显易懂，很适合普通市民阅读，普通市民也愿意浏览通俗读物，以获取知识，愉悦身心，而且，晚清通俗读物的出版为市民的阅读提供了条件。在纬文阁等57家书局的"书底挂号"中，通俗读物较多，如《笑得好》《遇仙奇缘》《摇钱树》《三才子》《三国演义》等适合市民需要的书籍较为走俏，几乎每家书局都刊行此类书籍，刊行《三国演义》的就有广百宋斋、兴记鸿文书局、文瑞楼、萃文斋、同文晋记书局、文宝琳记、美华宾记7家书局。有的书局以出版通俗读物为主，文宜书局出版的186种书籍中，通俗读物有123种，占了66.1%，源记书庄出版了72种书籍，通俗读物有66种，占了91.7%。通俗读物的流行，最直接地反映了市民大众的阅读趋向。

四、阅读小说

小说亦是普通市民感兴趣的读物，因为小说用通俗的语言、曲折的故事情节反映了社会的政治、经济、文化等情况，刻画了社会的各个方面，贴合一般民众的生活及期望。小说的一个特点是浅而易解，一般人都能看得懂，另一个特点是乐而多趣，具有引人入胜的故事情节，对读者具有很大的吸引力。有些小说提倡维新爱国，宣传新思想与新观念，反映新学，对读者能够起到科学启蒙的作用。到了清末，清政府日趋没落，一些谴责小说如《二十年目睹之怪现状》充分揭示了社会的丑恶现象，易于读者认识社会的状况。对于小说的作用与影响，时人均有清楚的认识，如光绪二十三年（1897）严复与夏穗卿在天津《国闻报》上发表了《本馆附印小说缘起》，这是阐明小说价值的第一篇文章。其后又有梁启超的《译印政治小说序》和《论小说与群治之关系》。《论小说与群治之关系》发表在《新小说》的创刊号上，影响最大，此文从社会意义方面说明了小说的重要性，也说明了小说对读者的深刻影响。

梁启超认为小说"有不可思议之力",足以支配人的心理,"大圣鸿哲数万言谆诲之而不足者",一两部好的小说,对社会人心的影响,远胜于千百部"大圣鸿哲"的书,他亦认为"小说为文学之最上乘""故今日欲改良群治,必自小说界革命始,欲新民必自新小说始"。① 由此可见梁启超充分认识到了小说对人心及社会的深刻影响。天僇生指出中国小说写作的动机不外乎三种:愤政治之压制不得不作,痛社会之混浊不得不作,哀婚姻之不自由不得不作。这些小说,"皆贤人君子,穷而在下,有所不能言,不敢言,而又不忍言者,则姑婉笃诡谲以言之"。

小说类别较多。光绪三十一年(1905),小说林社发表的《谨告小说林社最近之趣意》将小说分为十二类:历史小说、地理小说、科学小说、军事小说、侦探小说、言情小说、国民小说、家庭小说、社会小说、冒险小说、神怪小说、滑稽小说。②《神州日报》将刊载的小说标上的标签有短篇小说、教育小说、理想小说、写实小说、哀情小说、短篇社会小说、奇情小说、侦探小说、滑稽小说、短篇虚无党小说、短篇侦探小说、最新探险小说、纪念小说、家政小说、名人游记、短篇勇武小说、立志小说、政治小说、滑稽短篇小说、社会小说、短篇讽刺小说、侠情小说、时事短篇、寓言小说、短篇时事、警世小说、家庭小说、新译小说、苦情小说。晚清报刊对小说的分类十分复杂,而且标准不一,初步统计下来,分类标签竟有四十余种:立志小说、种族小说、广告小说、军事小说、军情小说、研究兵器小说、农学小说、寓言小说、滑稽小说、游戏小说、侠情小说、奇侠小说、奇情小说、痴情小说、艳情小说、侦探言情小说、现事小说、虚无党小说、立宪小说、哲理小说、写情小说、航海小说、渔业小说、短篇银行小说、短篇矿工小说、最新实业小说、教育小说、德育小

---

① 梁启超:《饮冰室合集·饮冰室文集之十·论小说与群治之关系》,北京:中华书局,1989年,9—10页。
② 陈平原、夏晓虹:《二十世纪中国小说理论资料》,第一卷,北京:北京大学出版社,1997年,173页。

说、家庭小说、冒险小说、新年小说、札记小说、物语小说、辟疫小说、探奇小说、离奇小说、戒烟小说、裁判小说、侠男小说、人道小说、卫生小说、理想科学寓言讽刺诙谐小说。

晚清出版机构注重小说的出版,如广智书局出版了侦探小说、言情小说、冒险小说、理想小说、社会小说、历史小说、写情小说、科学小说等,共计 23 部,其中有名的有《二十年目睹之怪现状》《十五小豪杰》等。时中书局出版了《七侠五义》《镜花缘》等 48 部小说;商务印书馆出版的小说则更多,袖珍小说、新译小说、侦探小说、历史小说、滑稽小说等共计 193 部。出版小说最多的 12 家书局出版小说的情况:商务印书馆 257 种,小说林社 173 种,改良小说社 116 种,上海书局 61 种,广智书局 60 种,群学社 44 种,新世界小说社 30 种,文明书局 27 种,小说进步社 26 种,申报馆 24 种,集成图书公司 22 种,有正书局 22 种。[1]

正是由于众多出版机构的重视,中国小说在晚清进入繁荣时期。小说众多,具体数量由于统计的途径不一,存在较大的差别。据阿英《晚清戏曲小说目》的统计,光绪二十四年至宣统三年(1898—1911)出版的小说有 1145 种。而据陈大康的统计,在道光二十年至宣统三年(1840—1911)的 72 年里,共出版通俗小说 1653 种、文言小说 99 种、翻译小说 1003 种,共计 2755 种,其中光绪二十九年至宣统三年(1903—1911)就出版了 2377 种。[2] 据日本学者樽本照雄的统计,晚清的小说有 2632 种,其中创作 1531 种、翻译 1101 种。[3] 陈大康和樽本照雄所收小说不仅限于单行本,还包括报纸、杂志中所载的小说。他们的统计数字大体相同,较为切合实际。综合他们两人的统计结果,晚清的小说有

---

[1] 陈大康:《中国近代小说编年·前言》,上海:华东师范大学出版社,2002 年,7 页。
[2] 陈大康:《中国近代小说编年·前言》,上海:华东师范大学出版社,2002 年,1 页。
[3] 樽本照雄:《新编增补清末民初小说目录》,贺伟译,济南:齐鲁社,2002 年,2 页。

2700 种左右。小说数量众多,能够满足读者的阅读需求。苏州人将小说称作"闲书",小说只供有闲阶层消遣而已。对于青年子弟,严肃的家长是不允许他们看小说的。①包天笑八九岁的时候就喜欢看小说,由于得不到家长的许可,所以他就躲在外祖父家的书房里偷偷地看。他看过的小说有《封神榜》《东周列国志》《说唐》《隋唐》《三国演义》《聊斋志异》,等等,像《三国演义》《水浒传》与《东周列国志》之类,翻来覆去地看过几遍。②李廷翰(1886—1934)九岁开始看小说,到十一岁已经看了《水浒传》等一百多本小说,他说看了小说之后受益良多:"后来作史论诗,所发议论,觉得有益于小说者不少,而社会之情状亦多于小说中得之。"③舒新城于光绪三十四年(1908)进入溆浦县立高等小学求学,在那里他遇到了一些富有藏书的朋友,可以向他们借书看,还可以到书店去买书看,他的课外活动之一就是阅读小说:"……于是发现小说的一种宝藏,在那里三年,除去前一两个月外,无日不看小说。"④学生在校内不许看小说,舒新城就利用下午下课后到晚饭前的时间以及休假日走到校外去看小说。他阅读了《三国演义》《东周列国志》《红楼梦》《水浒传》《西游记》《聊斋志异》《西厢记》《七侠五义》《儒林外史》以及林纾翻译的新小说等很多小说,自谓看了这些小说之后进步很大:"对于社会各方面的知识却增长不少,文章也无形中进步了许多。而扶弱不依强、傲上不傲下的习惯,也大半由这些小说所养成。"⑤

当然,就读者群体而言,士大夫和一定数量的青少年学子是小说的最主要读者群,其中普通市民相对较少,尤其是光绪二十六年(1900)梁启超发动"小说界革命"以后,大量士大夫加入了小说读者的队伍。光绪三十四年(1908),徐念慈曾对小说读者的数量做了估计,他说:"余约

---

① ② 包天笑:《钏影楼回忆录》,香港:大华出版社,1971年,103—104页。
③ 李廷翰:《教育丛稿》第5种,上海:中华书局,1921年,23页。
④ 舒新城:《我和教育》,上海:中华书局,1941年,59页。
⑤ 舒新城:《我和教育》,上海:中华书局,1941年,60页。

计今之购小说者,其百分之九十,出于旧学界而输入新学说者,其百分之九,出于普通之人物。"①老棣曾经在《文风之变迁与小说将来之位置》中指出小说读者集中于士大夫阶层:"自文明东渡,而吾国人亦知小说之重要,不可以等闲观也。乃易其浸淫'四书''五经'者,变而为购阅新小说。"②夏曾佑在《小说原理》中对小说读者也进行了分析,认为小说读者分为两类:一类是学士大夫,一类是妇女与粗人:"故中国之小说,亦分二派:一以应学士大夫之用,一以应妇女与粗人之用……今值学界展宽,士大夫正日不暇给之时,不必再以小说耗其目力。惟妇女与粗人,无书可读,欲求输入文化,除小说更无他途。"③小说在民间颇受欢迎,有人总结道:"下流社会中,虽不能读经史等书,未有不能读小说者;即有不读小说,未有不知小说中著名之故事者;一言以蔽之曰:易于动人而已。"④有些人因为不识字不能阅读小说,就听人讲解,乡间的塾师就充当了小说的传播者与宣讲者的角色。舒新城回忆光绪三十年(1904)在回龙阁读私塾的时候,当地乡民晚饭后就到私塾先生家里听他讲小说:"他们对于先生尤其重视……平常到了吃过夜饭的时候,先生的房间或者佛堂的天井中,总是坐着许多本乡的老人和少年,围着先生听他讲《说唐》、讲《水浒》、讲《三国演义》、讲包公案、讲《荡寇志》以及其他的种种故事。"⑤

中下层民众由于经济收入的限制,难以购买新小说。吴趼人刚到上海做小职员时,一个月的收入只有 8 元,黄警顽在商务印书馆做学

---

① 徐念慈:《丁未年小说界发行书目调查表》,载《小说林》,第 9 期,见李楠《晚清、民国时期上海小报研究——一种综合的文化、文学考察》,北京:人民文学出版社,2005 年,29 页。
② 老棣:《文风之变迁与小说将来之位置》,载《中外小说林》,1907 年第 6 期,见陈平原、夏晓虹《二十世纪中国小说理论资料》,第一卷,北京:北京大学出版社,1989 年,206 页。
③ 别士:《小说原理》,载《绣像小说》,1903 年第 3 期,见陈平原、夏晓虹《二十世纪中国小说理论资料》,第一卷,北京:北京大学出版社,1989 年,61 页。
④ 《论小说之教育》,载《新世纪小说社报》,1906 年第 4 期,见陈平原、夏晓虹《二十世纪中国小说理论资料》,第一卷,北京:北京大学出版社,1989 年,186—187 页。
⑤ 舒新城:《我和教育》,上海:中华书局,1941 年,27 页。

徒时,"馆方除供应食宿外,每月发给零用钱2元"。就宣统元年(1909)下层店员的收支情况而言:月薪15元,支出房费4元,巡捕捐0.48元,米钱3元,小菜费2.7元,调料费1元,柴炭费0.5元,煤油费0.3元,零食费0.3元,茶水费0.4元,烟草费0.25元,剃浴费0.2元,添补衣服费2元,鞋袜费0.6元,杂费0.6元,总计相差1.33元,①很明显的入不敷出。晚清时期小说的价格颇为昂贵,表2-5所载是陈大康统计的晚清499种小说的价格情况。

表2-5 晚清499种小说的价格②

价格	数量(种)	百分比(%)
不足1角	4	0.8
1角至1角8分	55	11.0
2角至2角5分	98	19.6
3角至3角6分	101	20.2
4角至4角5分	74	14.8
5角至5角5分	46	9.2
6角至6角6分	28	5.6
7角至7角5分	17	3.4
8角	22	4.4
9角至9角5分	5	1.0
1元至1元9角	34	6.8
2元至2元4角	9	1.8
3元至7元5角	5	1.0
28元	1	0.2

从表2-5来看,3角至3角6分的小说最多,占了总数的

---

① 《上海之里面(上海春秋)》,见马鸿谟《民呼、民吁、民立报选辑》,一,郑州:河南人民出版社,1982年,288—289页。
② 陈大康:《论晚清小说的书价》,载《华东师范大学学报》(哲学社会科学版),2005年第4期。

20.2%,其次是2角至2角5分的,占了总数的19.6%,再次是4角至4角5分的,占了总数的14.8%,2角至4角5分的小说共计273种,占了总数的54.6%。价格最高的是商务印书馆光绪、宣统年间出版的《说部丛书》,28元一套。将小说的价格与中下层百姓的收入两相比较,小说的价格较高,百姓的收入太低,有的一部小说相当于学徒工半个月甚至一个月的工资。普通市民维持日常生活都难以为继,更别谈购买小说了。

普通市民买不起小说,就租小说阅读。尽管很多小说的价格在两角、三角左右,但是对于收入不高的普通民众来讲这也是个不小的数字,他们买不起小说,而工作之余又很喜欢看小说,因此就花钱租小说来看。聪明的经营者就干起了出租小说这个行当,小说赁阅社在《时报》上刊登了"小说出租"的广告:"选备各种小说贱价出租,取租费仅十成之一,从此诸君出一书之资,即能获十书之益,天下便利孰逾于此。谨告。英界中泥城桥沿浜珊家圈咸德里三衖内,文远里孙字一百四十五号门牌。小说赁阅社启。"[①]租一部小说的价钱只是买书的十分之一,这对收入微薄的市民来讲是可以承受的。陆士谔于宣统元年(1909)写成的《新上海》第九回中记录了小说赁阅社的小说租阅情况。魏赞营道:"现在的新小说定价很贵,兄弟前天在商务印书馆买上一部《红礁画桨录》,薄薄的,只有两本,倒要大洋八角呢,瞧不上一天就完了。兄弟现在光景比不得从前,那有这许多钱来买书瞧。"雨香道:"新小说有租阅的地方。租价是很便宜,只取得十成之一。听说是一个某志士创办的,这某志士开办这个赁阅社,专为输灌新知、节省浮费起见……这招牌儿叫着'小说赁阅社',就开在英界白克路祥康里七百九十八号。他的章程很是便利,你要瞧什么书,只要从邮政局里寄一封

[①] 载《时报》,1907年3月7日,见陈大康《论晚清小说的书价》,载《华东师范大学学报》(哲学社会科学版),2005年第4期。

信去,把地址开写明白,他就会照你所开的地方,立刻派社员递送过来听你拣选,以一礼拜为期。到了一礼拜,他自有人前来收的。你只要花一成的赏费,瞧一块钱的书只要花掉一角钱就够了,又不要你奔波跋涉,你想便利不便利?我们号里已赏阅了四五年了,好在这小说赏阅社里各种小说都全。今日新出版的,不到明日他已有了。"①陆士谔认为他的这部小说《新上海》调查详细,博访再三,下笔时千斟万酌,"自己信得过,没一字虚设,没一句虚言……盖欲把此书写成一部信史。"②应该说他书中关于租阅小说的记述是可信的。

另外,为了吸引读者,出版商就在价格上做文章。在小说价格昂贵的情况下,减价销售成为商家取悦读者的一个重要方式,各式各样的减价广告几乎是晚清时期小说广告的主题。图书集成局于光绪十九年(1893)出版《花月痕》时售价七角,次年正月十三日(1894年2月18日)在《申报》上刊载《〈花月痕〉减价出售》广告:"本局所印《花月痕》一书,字迹清疏,纸色洁白,早已风行海内,不胫而走,较外间翻印本字小而漫漶者,真有上下床之别。现以工本业已收回,是以减价出售,以公同好。每部码洋四角,赐顾者请至三马路申昌书画室,各埠申昌及售《申报》人购取为盼。此布。图书集成局启。"③有的出版商就实行打折销售,如改良小说社于宣统二年(1910)正月初四刊登新年赠彩广告:"本社自开办以来出版各种新小说,仰蒙各界欢迎,销流日广,隆情雅谊愧无以报。兹特定于正月初一日起,凡购本社出版新小说满现洋一元以上者,奉送本社小说码洋二角,多则照数递加。"④出版商送读者码洋两角,实际上就是打八三折销售。商家减价销售,让利读者,既是争取更多读者的方式,也是晚清出版市场竞争的结果。一次

---

①② 陆士谔:《新上海》,见陈大康《论晚清小说的书价》,载《华东师范大学学报》(哲学社会科学版),2005年第4期。
③ 《〈花月痕〉减价出售》,载《申报》,1894年2月18日。
④ 《改良小说社新年赠彩(一月为限)》,载《申报》,1910年2月13日。

一次地减价让利,是市场竞争的结果,也在客观上让小说的价格越来越趋于合理。

除了减价销售,书商还采取了按月缴银、预约定购与奉送赠品等办法来吸引读者。按月缴银即是分期付款,主要适用于小说丛书的销售。由于小说丛书包含的种数较多,整套数十本的售价很高,所以一般读者难以承受。按月缴银就可以大大缓解读者的经济压力。如商务印书馆于光绪三十四年(1908)在《东方杂志》上刊登了《〈说部丛书〉按月缴银办法》:"十集,计一百种……共订一百三十册,定价四十元零二角五分,又加木箱一只,值洋一元。如有以现银购买者,减价二十八元,并附赠袖珍小说全部,计二十八种,原定价二元九角。惟小说本为怡情悦性之用,全书太多,势难一时阅遍,而须先付一次二十八元之款,或者以为不便。兹特定按月缴银办法,俾阅者即日可得全书,置之案头,任意把玩,而每月省节数元,又不觉其费,或亦爱读小说者所乐与也。(甲)二十九元,先交定洋五元,以后按月交四元,至六个月为止。(乙)三十一元,先交定洋五元,以后按月交二元,至十三个月为止。如蒙将定洋五元并保单填好交到,即当将小说一百五十册送上。"①从其内容来看,商务印书馆首先对购买者实行减价销售,原价四十元零二角五分的书减价至二十八元,折扣达68%。其次商务印书馆采取按月缴银方式——将付款分成六个月与十三个月两种方式。从打折程度看,一次付清是68%,六个月付清是70%,而十三个月付清则是75%。分期付款能较长期地吸引一批稳定的读者,也算是一种行之有效的方式。

预约定购是先让读者预交一部分费用,是针对那些非常喜爱小说、迫不及待要在第一时间看到新小说而且可以享受优惠的读者而采取的一个办法。光绪三十三年(1907),陈蝶仙的著名小说《泪珠缘》全

---

① 载《东方杂志》,1908年第5卷第10期。

集出版时采用了预约定购的办法,在《月月小说》上刊载了《写情小说〈泪珠缘〉初、二、三、四全集出版》的广告,称"凡在八月底未出版以前预资订购者,减收半价,给发预约券,届期报告,凭券取书"。商家对预约者声称"减收半价"①,是为了进一步促使读者提前预购,广告末尾还特别声称"出版后,概照定价发售,并无折扣"。一般来说,商家只对已经明确列入计划且即将出版的小说发行预约券。商务印书馆制定了《预定小说章程》,并将其刊登在《东方杂志》的广告栏里进行宣传:"一、有预定小说者可先交洋银五元或十元于本馆总发行所或各分馆,收到后给发收据一纸。嗣后有小说出版,每一种寄奉一部,以存款付尽书价之期为止。二、预定小说一律照定价七折计算,惟邮局、信局寄费概以实计……七、预定之款不能向本馆索还或嘱购他物……九、本馆寄奉小说以收到预定价款后新出版之书为限,其出版在前者概不补寄……"②章程中声称只要读者交纳定金,凡有小说出版,就立刻"寄奉一部",并且使读者享受七折优惠。从读者的角度看,预约定购不仅可以及时购得书局出版的每一种小说,还可以在售价上享受折扣优惠;从书局的角度看,开展预定业务可以抓住一批稳定的读者。这真是互利互惠的事情。

有的书商还别出心裁地推出一些买赠活动。面对激烈的竞争以及盗版书籍的冲击,各家书局纷纷变换营销模式,向购买小说的顾客赠送小说、书籍、现银以及各种赠品、赠券,以求吸引各方读者。商务印书馆借改元为由,推出相关赠品,为小说促销推波助澜。宣统元年正月十九日(1909 年 2 月 9 日)商务印书馆在《申报》上刊载《宣统纪元,纪念赠品,上海商务印书馆敬赠》的广告:"今岁新年恭逢圣上即位改元,薄海臣民同深欢忭,本馆特加赠品以为纪念:凡本年正月内向上

---

① 《写情小说〈泪珠缘〉初二、三、四全集出版》,载《月月小说》,1907 年第 9 号广告。
② 载《东方杂志》,1908 年第 5 卷第 7 期。

海发行所购书至实价六角以上均有赠品,所赠之物如各种地图、各种日记、各种薄册,皆人人所必需之件,新编之儿童教育画、童话、少年丛书为童子新年消闲之用,又有关于宪法、咨议局等书,为国民必读,计三十余种,各种自二万份至千份不等。共价二万余元。"①对于如此大规模的买赠活动,读者想要忽视都不可能。光绪三十三年(1907)二月十一日,上海广智书局曾用醒目的大字在《时报》上刊登《奉送小说》的广告:"凡购本局出版书籍一元者奉送小说一册,购两元者送两册,购十元者送十册。"②买赠之法旨在鼓励读者多买小说,在限定时间内所购越多,获赠价值就越高。

各家书商推陈出新,采用多种多样的办法来进行小说的促销,这在一定程度上促进了小说的消费与阅读。今人从当时小说的销售数量可以看出时人喜欢阅读小说。晚清的小说销售范围很广、销量很大,曾朴的《孽海花》于光绪三十一年(1905)由小说林社出版后在当时影响极大:"不到一二年,竟再版至十五次,销行至五万部之多。"③小仲马的《巴黎茶花女遗事》一书经林纾翻译之后就有素隐书局、昌言报馆、文明书局、广智书局、商务印书馆等多个版本。《巴黎茶花女遗事》颇受读者的喜爱,严复作诗说:"可怜一卷《茶花女》,断尽'支那'荡子肠。"④可见这部翻译小说流传之广。

19世纪末20世纪初,整个社会浑然变成一小说世界,"各报社之小说,日新月盛,彼阅报者,无论其为文人学士,官绅商贾,固乐阅小说如标本;降而劳动小贩者流,亦爱闻小说,借资话柄。"⑤据统计,19世纪90年

---

① 《宣统纪元,纪念赠品,上海商务印书馆敬赠》,载《申报》,1909年2月9日。
② 《奉送小说》,载《时报》,1903年3月8日,见蔡之国《晚清谴责小说传播研究》,扬州:扬州大学博士学位论文,2010年。
③ 阿英:《晚清小说史》,北京:作家出版社,1955年,22页。
④ 王栻:《严复集》,第二册,北京:中华书局,1986年,365页。
⑤ 耀公:《小说与风俗之关系》,载《中外小说林》,1908年第5期,见陈平原、夏晓虹《二十世纪中国小说理论资料》,第一卷,北京:北京大学出版社,1989年,303页。

代末的上海市民中,60%的男性粗识文字,而其中5%—10%是学者文人,另有10%—30%的女性有阅读能力。① 也就是说能够读懂小说的人较多,小说的传播范围渐渐扩大。义和团运动发生后,有人反思义和团事件发生的文化肇因时认为其与通俗小说的传播与影响分不开:"庚子之拳匪,即《封神演义》一书之结胎也,可见稗官野史实与政俗上有直接之关系。"②"北人思想,多源于戏剧,北剧最重神权,每日必演一神剧,《封神榜》《西游记》,其最有力者也。故拳匪神坛,所奉梨山圣母、孙悟空等,皆剧中常见者。愚民迷信神权,演此劫运,盖酝酿百年以来矣。"③义和团的组织形式、聚集方式多是从他们耳熟能详的通俗小说中而得,团众习得这些文化,并将其运用于自己所从事的活动中。"大约此辈人胸中只有《封神演义》《西游记》《水浒传》数部书耳。其余无非戏文搬演之经验。"④他们相信并模仿《封神传》《西游记》之类小说中的描述,认为自己法力无边、刀枪不入,敢于起来与洋人为难。⑤ 将义和团运动爆发的文化根源归结于通俗小说传播的观点不一定完全正确,但是这也说明了一个事实:《封神演义》等通俗小说在基层社会民众中广为流传。

总体而言,晚清小说确实十分繁荣,但是它们在百姓文化生活中的地位还是有限的,文化的消费者主要是有钱、有闲阶层。在动荡的晚清时代,百姓们为生存而奔波,不可能有较多的钱去买小说阅读,也就是说晚清小说的消费群体较为有限。

---

① 袁进:《近代文学的突围》,上海:上海人民出版社,2001年,44页。
② 津门清醒居士:《开民智法》,载《大公报》(天津),1902年7月21日。
③ 罗惇曧:《庚子国变记》,上海:上海书店,1982年,14页。
④ 中国社会科学院近代史研究所:《义和团史料》,上册,中国社会科学出版社,1982年,255页。
⑤ 张仲民:《清季启蒙人士改造民众阅读习惯的论述》,载台湾"中央研究院"近代史研究所集刊》第68期。

五、阅读善书

善书是劝善书的略称,是规劝人们"诸恶莫作,众善奉行"的通俗读物。善书的作者是乡绅和士人阶层,他们多半是与民众接近并对民众有所了解的下层士人,为教化民众而编撰善书。阅读善书的对象虽然以民众为主,但不以民众为限,官绅吏役也是劝解对象。从善书的内容来看,其所列善行和恶行,既包括官吏应遵守的戒规,又包括农工商应遵循的规范。善书成为晚清庶民教化的素材,与宝卷、官箴、家训、蒙学及女教读物一起扮演着教化的角色。

晚清善书的编撰、出版有其特点,一是出现了辑录善举章程与募赈的新型善书。除了兵灾以外,晚清内忧外患沓至、水旱灾害频仍,为了劝办善举,辑录善举章程与募赈救灾的善书开始出现,如余治编撰的《得一录》、仲瑞五堂主人编撰的《几希录》、沈小园编撰的《廉让居偶录》等。二是乩坛扶鸾著造善书蔚然成风。晚清各地普建乩坛,以关帝、文帝、吕祖为名降笔著造善书风行一时,并且由民间宗教社扶鸾出版,如咸丰五年(1855)诸圣仙佛降鸾于云南公善堂的《返性图》、咸丰六年(1856)文帝降笔于湖南醴陵诚尽林的《玉定金科》、咸丰十年(1860)关帝等仙佛降于四川群英坛的《救生船》等。三是以"救劫"为主题的善书盛行。晚清灾害频仍,善书多以"救劫"为主题,既迎合民众趋利避害的心理,也是清朝危机深重的表现。较具代表性的善书如咸丰四年(1854)常存敬畏斋主人的《好生救劫篇》、咸丰五年(1855)刊的《潘公免灾救难宝卷》、光绪二十年(1894)刊的《救劫金箴》、清末荆州府关帝降坛写成的《关圣帝君救劫篇》等善书。[①] 他们编刊善书的目的是提高民众的道德水平与维持地方社会秩序,因此,善书在中下层社会发挥了善化与教化的作用。善书对民众的道德规范、善恶报应观

---

① 游子安:《劝化金箴——清代善书研究》,天津:天津人民出版社,1999年,32页。

念及生活习惯的养成，都起了潜移默化的作用，譬如善书提倡的善行如矜孤恤寡、敬惜字纸、戒吃牛犬、斗称公平等都成为民众的道德价值和生活规范。

普通民众喜欢阅读善书，从善书的流通状况可以推知善书的阅读情况。晚清善书在流通方面具有印量大和地域广的特点。据估计，在20世纪早期，《感应篇》的流通总量超出了《圣经》。《感应篇》与《阴骘文》等善书常用单张或合订小册形式发行，其印刷总量成千上万。关帝善书，自通都大邑至穷乡僻壤皆有流传，以道光年间湖南永定胡万安注释的《明圣经》为例，此注本在坊间流行甚广。关帝善书的流通也反映了水旱疫疠叠乘的问题，如光绪二十年(1894)广东、香港疫症流行，广州因瘟疫而死亡的达一万人，随即刊印关帝经以防疫病："广东疫症盛行，合省士民焚香供诵真经驱邪逐疫。"①"兹甲午岁(按：光绪二十年)，省港疫作，诸法莫可祛除，惟虔奉圣训者类皆得获安痊。"②此外，自咸丰年间开始，上海、广州等地先后创设了专门印刷善书的书坊，如上海翼化堂善书局与广州文在兹善书坊，对善书的刊刻与流通起了很大的推动作用。上海翼化堂善书局创立于咸丰七年(1857)，该书局虽不免营业性，但是善书主要是作为施本印送，取价也相对便宜，若"遇有来购大批善书施送者，概不取值，仅略取工料费而已"③。翼化堂善书局不仅承印善书，还搜罗、征求和流通善书，对善书宝卷的流通起了显著的作用。

善书受到民众的欢迎，民众喜欢阅读。广东新安巴色会信徒江觉真于光绪元年(1875)在本族就读，"始则披阅《报应录》《阴骘文》《感应篇》，玩索之下，遂有触目惊心之状。后又获《玉历钞传》一套阅之，言

---

① 《关帝明圣经全集》，香港：抱道堂重印，1990年，207—208页。
② 萧应祺：《关帝明圣真经·序》，见《关帝明圣真经》，广东照琴书屋藏版。
③ 吴亚魁：《话说翼化堂善书局》，载《上海道教》，1995年第1期。

天堂者荣华无比,言地狱者灾苦难言。至是为诸书所激,陡觉毛骨悚然。"①他因而痛自反省,又惧怕死后受地狱审判之刑,于是将劝善诸书熟玩,"或以'诸恶莫作、众善奉行'八字为口中吟咏"②。上海美南浸信会黄品三自述:"少时喜读《感应》《阴骘》等书,弱冠后究心佛老,凡《金刚》《道德》诸经,诵必致熟。"③人们除了在自己家里阅读善书以外,还可以在善书会等善书收藏机构里阅读善书。光绪十八年(1892)武训在临清设立善书会,任人阅览其中的善书。光绪二十四年(1898)经元善在余姚、上虞设立了劝善看报会,劝善看报会提倡看善书及看日报,捐款派寄《太上宝筏》等善书及《万国公报》等,任人阅览,既为正人心以扩充善念,又培养了人们的阅报习惯以增广见闻。天津劝善茶社内陈列了各种善书和白话新报,供人随意取阅。

第六节 女 子

随着女子教育的出现,占人口半数的妇女被纳入受教育的范畴,增加了入学就读人员。而且随着社会风气的开化,走出闺门、进入学校读书的女子日渐增多,女子成了晚清的一个新的阅读群体。

一、走出家门,入学读书

我国自上古至晚清新教育盛兴之期,只有少数贵族女子有机会延师受教,而修养专重闺范,学科专重文学。中人之家的女子于十二岁

---

①② 江觉真:《江觉真自述》,载《万国公报》:480,第 8 册,413—414 页。
③ 黄品三:《信主起因记》,载《万国公报》:453,第 8 册,32—33 页。

以下尚可于私塾中接受识字教育,至十二岁以上即禁锢于家庭,既不知人生之意义与价值,又不明社会国家为何物。至于贫寒妇女,生活困窘,更无受教育可言。到了晚清时期,女子教育问题引起了世人的广泛关注,宋恕、康有为、梁启超、经元善、康同薇等维新派人士曾为之奔走呐喊,开始用西方"天赋人权"的理论作为武器,提出男女平等、新式女子教育须兴办的主张,从而引发了中国女子教育的革命。

(一)在教会女子学校学习

道光二十四年(1844),英国"东方妇女教育促进会"会员爱尔德赛女士在宁波自费设立女塾,免费招收女学生数十人,供给伙食。这是教会在中国大陆创办的最早的女子学校,也是中国本土第一所女子学校。课程内容有《圣经》、国文、算术、缝纫、刺绣等。随后,美国长老会、美国浸礼会、美国圣公会等陆续在通商口岸建立了一批女子学校。据统计,从道光二十四年到咸丰十年(1844—1860),外国人兴办的女子教会学校约有16所。[1] 19世纪60年代以后,教会女校也逐步由沿海向内陆扩展,学校的数量不断增加,规模不断扩大,而且中学开始设立。另外,洋务运动的开展使中国兴起了一股"西艺热",教会女校迅速发展。

19世纪70年代以后,教会女子学校发展迅速,出现了"教会所至,女塾接轨"的局面。光绪二年(1876)基督教会所办的350所学校中,女日校82所,学生1307人;女寄宿学校39所,学生794人。[2] 其中,裨治文女校、文纪女校、贝满女校等都是美国传教士开办的著名女子学校。天主教会于光绪四年(1878)和光绪五年(1879)在江南一带兴办女校213所,学生2791人。[3] 光绪三年(1877)以后,教会女子学

---

[1] 熊月之:《西学东渐与晚清社会》,上海:上海人民出版社,1994年,288—289页。
[2] 陈景磐:《中国近代教育史》,北京:人民教育出版社,2004年,58页。
[3] 陈景磐:《中国近代教育史》,北京:人民教育出版社,2004年,60页。

校开始进入正规化和世俗化的新阶段,截至光绪二十八年(1902),教会女子学校的学生有 4373 人。这一时期的教会女子教育渐渐发展,从最初的简陋、分散的小规模发展到具有较完善的教育体系,从幼儿园到大学,包括职业教育、特殊教育和具体的纯神学教育等。女子中学和女子医学教育开始出现:光绪二十五年(1899),美国长老会富马利医师创办了广东女医学堂;光绪二十七年(1901),美国夏葛医学院建立。同时,传教士也资助一些女子出国留学,但在光绪二十一年(1895)以前出国留学的女子实在屈指可数,知名者有金雅妹①、柯金英②、康爱德和石美玉③四位,均为传教士所资助。

教会女子学校在课程设置方面,既有西方近代科学的课程,如植物学、动物学、算术(笔算、心算)、代数、几何、英文、地理学、动物浅说、生理卫生、人体解剖知识、万国通鉴知识、天方略解知识、科学基础知识(格物入门)等,又有反映中国传统文化的课程,如《三字经》《百家姓》《千字文》《诗经》《左传》等,④但是宗教课程依旧是教会女学课程

---

① 金雅妹(1864—1934),我国女子留学生第一人。金雅妹生于浙江宁波的一位牧师家庭,两岁时父母相继去世,她被宁波基督教长老会的美国医师麦嘉缔收为义女,取名为金雅妹。光绪七年(1881),金雅妹被义父送往美国攻读医学,四年后她在纽约医院所设立的女子医科大学以名列榜首的成绩毕业,成为"中国第一个女子获得大学毕业"的学生。光绪十四年(1888),她毅然回国,在福建厦门、四川成都等地行医。光绪三十三年(1907),她在天津设立医科学校,亲自任教,培养新式医学人才。
② 柯金英于光绪十年(1884)在福州教会医院的资助下赴美留学,首入俄亥俄州的一所大学修习4年,其后进入费城女子医科大学学医。光绪二十三年(1897)柯金英毕业,实习一年后回国,主持由教会创办的福州医院。光绪二十四年(1898),李鸿章推荐她出席伦敦世界妇女协会,她就此成为中国出席国际协会的第一个女性代表。光绪二十五年(1899),她接办福州马可爱医院。她因为医术高明、管理有方而受到社会各界的拥戴。
③ 康爱德和石美玉,她们一同在美国传教士侯格创办的学塾中学习达十年之久。光绪十八年(1892),任教于塾中的女传教士侯威回美国,携她俩和两名男孩赴美肄业。她们二人一同进入美国密西根大学学医,于光绪二十二年(1896)以优异的成绩毕业。康爱德医术精湛,在南昌修建了一所医院,一边治病,一边培养医务人员。光绪三十四年(1908)她再次赴美国、英国留学,攻读文学、医学。光绪二十六年(1900)石美玉在美国朋友的帮助下在九江开办了仁德医院,她一面医治病人,一面培训医生和护理人员。
④ 熊月之:《西学东渐与晚清社会》,上海:上海人民出版社,1994年,293页。

的核心。宗教科目不仅繁多,而且课外还有各种名目的教会活动,学校每天有两种祈祷,一种为初、高中各年级祈祷,另一种为小学各年级祈祷,都在教职员的带领下开展,星期日的礼拜仍然分年级进行,以加强宗教知识的灌输。

尽管教会女子学校的意图不是教育人才以促进教育进步,而是以学校为依托来宣传福音,但是它们突破了中国几千年来的文化禁锢,冲击了中国社会"女子无才便是德"的传统观念,挑战了中国传统社会重男轻女的封建体制,结束了几千年来将女子拒绝于学校之外的局面,开创了中国女子学校教育的先河,对国人创办女子学校起到了重要的启蒙作用。

(二)在国人自办的女子学堂里读书

随着中国半殖民地半封建化的加深,中西文化的碰撞也越演越烈,早期维新派在比较中西社会的差异后,大胆地承认西方的进步和文明,提出国家的富强与女子教育的关系。王韬游历英、法后写道:"女子与男子同,幼而习诵,凡书画、历算、象纬、舆图、山经、海志,靡不切究穷研,得其精理。中土须眉,有愧此裙钗者多矣。"①郑观应认为:"泰西女学与男丁并重,人生八岁,无分男女,皆须入塾,训以读书、识字、算数等事,塾规与男塾略同。有学实学者,有学师道者,有学仕学者。"②中日甲午战争后,面对民族危机的加深,以康梁为首的维新派和维新女性大力宣传妇女教育思想,把女子教育作为社会改良的重要组成部分,提出了"女子教育为强国保种之本"的女子教育观,以西方男女平等理论为前提,以学习西方女子教育为手段,进而达到自己兴办女子学校、救亡图存的目的。如梁启超运用亚当·斯密的生利分利

---

① 王韬:《漫游随录·风俗类志》,见钟叔河《走向世界丛书》,长沙:岳麓书社,1985年,107页。
② 郑观应:《盛世危言》,第三卷《女教》,见陈学恂《中国近代教育文选》,北京:人民教育出版社,1983年,58页。

观点论述女子教育对富国的重要性,他说:"……女子二万万全属分利,而无一生利者,惟其不能自养,而待养于他人也。故男子以犬马奴隶畜之,于是妇人极苦。惟妇人待养而男子不能不养之也,故终岁勤动之所入,不足以赡其妻孥,于是男子亦极苦。"①他认为女子中一大半是分利之人,在经济上处于弱势的女子,若能够从分利之人变为生利之人,使人人得以自养,就会使国家富强。女子如果无学,则不能自养,即"天下积弱之本,则妇人不学始"。在维新派的呼吁之下,在风气开通的都市,国人自办的女子学堂迅速兴起,士绅阶层渐渐将子女送进新式学堂去读书。

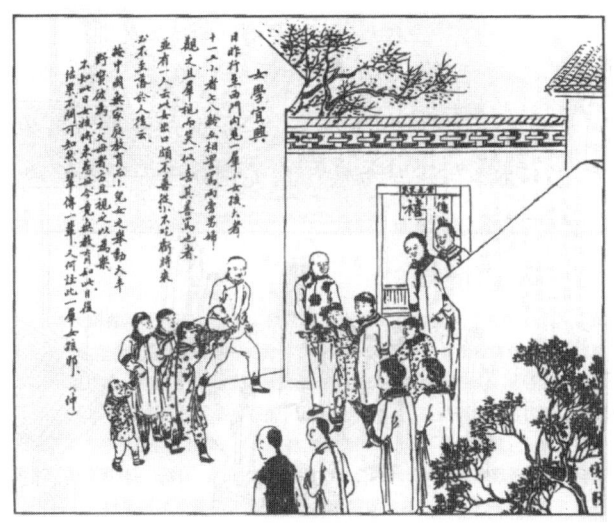

女学宜兴②

吴怀疚于光绪二十四年(1898)创设务本女子学校,此系中国人捐资兴建的女子学校。光绪二十四年(1898)五月,经元善与康广仁、梁启超等在上海集资创办经正女塾(又名中国女学会书塾、中国女学

---

① 梁启超:《饮冰室合集·文集·论女学》,北京:中华书局,1989年,38页。
② 《醒俗画报》,见陈平原《图像晚清:〈点石斋画报〉之外》,北京:东方出版社,2014年,166页。

堂),这是近代中国的第一所女学堂。《时务报》《国闻报》《申报》《万国公报》《字林西报》等在国内外有影响的报纸都争先报道了经正女塾开学的消息。经正女塾招收八岁至十五岁女学生20余人,课程设置体现了中西并重的特点,中文课程有《女孝经》《女四书》①《幼学须知句解》《内则衍义》及"十三经"、女红、绘事、医学等,西文课程有英文、算术、地理、体操、针补、琴学等。学堂还为女学生们开设了三门专业学科:算学、医学、法学。每位学生可自学一门,完成一门学业后,学堂发给文凭,作为日后从事职业的依据。学堂还设有师范科,专讲求教育童蒙之法,凡学成毕业的学生,均授予正式文凭。这充分体现出该教学模式与传统"女教"截然不同的教学特点,即"讲求有用之学,大去邪僻之习"②。同年十月,经正女塾又设分校1处。至光绪二十五年(1899)初,两处学生已有70余人。③ 经正女塾注重对科学知识的讲解,侧重实用技能的传授,为学生以后能独立进入社会创造了条件。

女子学堂逐渐发展,自光绪二十七年(1901)至光绪三十年(1904),每年都有新增设的女子学校,光绪三十一年(1905)增设四校,光绪三十二年(1906)增设三校。到光绪三十三年(1907),除甘肃、新疆、吉林三省没有女学堂外,其他各省均有女学堂。按照光绪三十年(1904)的女学生人数从多到少排序,依次为江苏、直隶、四川、云南、浙江、奉天、京师、广西、湖北、湖南、广东、贵州、福建、江西、陕西、山西、黑龙江、安徽、河南、山东。就自办女学堂而言,江苏是创办女学堂的发源地,光绪三十一年(1905)以前,江苏女学堂数居全国第一,占全国的三分之一。光绪三十二年(1906),直隶官办女学堂的数量跃居全国首位,占总数的四分之一。光绪三十三年(1907),直隶、四川、江苏三

---

① 是《女诫》《内训》《女论语》《女范捷录》的总称,在明朝晚期被学者王相汇编合刊。
② 康同薇:《女学利弊说》,见中国史学会《戊戌变法》,三,上海:上海人民出版社,1953年,177页。
③ 宋荐戈:《中华近世通鉴·教育专卷》,北京:中国广播电视出版社,2000年,107页。

省妇女学堂数占全国女学堂总数的比例位居全国前三名。其中,直隶25.6%,四川16.4%,江苏15.6%,三省女学堂数合计占全国女学堂总数的57.6%。女子学校分布不均的原因就在于经济发展的不均衡,民众的生活水平不一致。

女学展览①

光绪二十七年(1901)清政府发布上谕,实行"新政",其中的教育改革有四项:废除科举制度、建立新学制、厘定教育宗旨、改革教育行政机构。光绪三十一年(1905),科举制度正式被废除,传统旧学作为封建正统教育从根本上退出了历史舞台,新式学堂以创办实业、参与政治为出发点,强调"学以致用",办学的重点在于灌输西方文明。光绪三十三年正月二十四日(1907年3月8日),清政府颁布了《女子师范学堂章程》39条和《女子小学堂章程》26条,对女子师范学堂及女子小学堂的办学宗旨、入学年龄、课程设置、修业年限、培养目标等方面做了详细的规定。《女子小学堂章程》规定,女子小学堂以养成女子之

---

① 《星期画报》,见陈平原《图像晚清:〈点石斋画报〉之外》,北京:东方出版社,2014年,117页。

德操与必须之知识技能,并留意使身体发育为宗旨,分初等和高等两级。入学年龄为初等小学堂七岁至十岁,高等小学堂为十一岁至十四岁。初等小学堂设有修身、国文、算术、女红、体操五个科目,音乐、图画二科为随意科。高等小学堂设有修身、国文、算术、中国历史、地理、格致、图画、女红、体操等科目,音乐为随意科。初小和高小修业年限均为四年。女学堂的设立必须与男学堂分开。《女子师范学堂章程》规定,在府、州、县设立初级女子师范学堂,为小学堂培养教习,招收女子高等小学堂毕业生,年龄在十五岁以上,学生修业年限为四年。课程有修身、教育、国文、历史、地理、算学、格致、图画、家事、裁缝、手艺、音乐、体操等十三科。女子师范学堂附设女子小学堂及蒙养院各一所,以便学生实习。①

《女子师范学堂章程》和《女子小学堂章程》的出台,表明清政府承认女子教育的合法地位,第一次把女子教育纳入整个学制系统中。相对几千年的封建制度而言,这无疑是一种创举,在女子教育史上功不可没。不过,这两个章程对女子教育权利的确认是有限的。首先,女子得到的最高教育程度是初级师范教育,而不涉及中学教育、高等学堂教育和大学教育。其次,女子学堂与男子学堂虽然同时开办,但女子小学堂和女子师范学堂修业的年限,较之男子各少一年。再次,晚清教育严格实行男女分校和男女两性双轨制教学,男子可以按初等教育、中等教育、高等教育的顺序依次升学,能接受实业教育以及师范教育,而女子只能就读小学,毕业后如果继续求学,则只有一个选择——进入女子师范学堂。最后,在教学内容上,女子教育也带有浓厚的封建色彩,女子师范学堂在学校管理上比男子师范学堂要严格得多。《女子师范学堂章程》规定:男女小学严格分开,女子学堂教习、学监必

---

① 陈元晖:《中国近代教育史资料汇编·学制演变》,上海:上海教育出版社,2006年,584—601页。

须为女性,万不得已时,学堂才可雇用五十岁以上的男子为管理人员。严格执行男女有别的方针是为了限制女子参与社会活动,防止她们在道德行为上出轨。尽管如此,新学制却为妇女人才的培养开辟了广阔的道路,从光绪三十三年(1907)开始,各地政府积极推广女子教育,开办女子小学堂与师范学堂,全国入学读书女子的数量明显增加。据统计,除去教会女校的学生外,中国人自办女子学堂的学生人数逐年上升:光绪三十二年(1906)为 306 名,光绪三十三年(1907)1853 名,光绪三十四年(1908)为 2679 名,宣统元年(1909)为 12164 名。①

二、女子读物,渐趋丰富

在中国传统社会,由于宣扬"三从四德"的封建礼教,女子读物最常见的是《女四书》,即《女诫》《内训》《女论语》②《女范捷录》③。到了晚清,女子学习的内容丰富起来,在初等小学堂里要学习修身、国文、算术、女红、体操等五科,在高等小学堂里要学习修身、国文、算术、中国历史、中国地理、格致、图画、女红、体操等九科,此外,还要选修音乐、图画等。女子读物也较为丰富,就女子教科书来说,有五本:光绪三十年(1904)文明书局出版的杨千里编撰的《女子新读本》,光绪三十一年(1905)商务印书馆出版的浏生编撰的《女子国文读本》,光绪三十二年(1906)中国教育改良会在上海出版的谢允燮编撰的《初等小学女子修身教科书》,光绪三十二年(1906)上海群学社出版的许家惺编撰

---

① 中华教育改进社:《中国教育统计概览》,见王燕来《民国教育统计资料汇编》,第四册,北京:国家图书馆出版社,2010 年,15 页。
② 又名《宋若昭女论语》,唐代宋若莘著,宋若昭释。该书依照《论语》体例而作,在思想和行为上对女子提出了严格要求和应遵循的基本礼节,是淑女贤妇的一部行为规范和准则。
③ 明末儒学者王相之母刘氏所作。此书分为《统论》《后德》《母仪》《孝行》《贞烈》《忠义》《慈爱》《秉礼》《智慧》《勤俭》《才德》等 11 篇。

的《最新女子修身教科书》,光绪三十四年(1908)福州教育普及社出版的《最新妇女国文读本》。其中,《女子新读本》是一部两册的模范妇女故事集,上册十八章讨论中国历史上的妇女,如孟母、班昭、木兰、秦良玉等,"镜古得今,导源达流",为"我中国新女国民已去之导师";下册十章讨论近代的西方妇女,如罗兰夫人(Manon Jeanne Roland)、斯托夫人(Harriet Beecher Stowe)、南丁格尔(Florence Nightingale)等,为"我中国新女国民未来之摄影"。这五部教科书的读者对象有所不同:《女子新读本》针对的是受中学教育的女性读者,《女子国文读本》则是为年纪较大、已经认识数百字的妇女所作,《初等小学女子修身教科书》主要是针对初等小学学生而作,《最新女子修身教科书》以高等小学学生和师范生为对象,《最新妇女国文读本》主要是为二十岁以上的女子而作。① 就女子历史读物而言,清末出版了一些女子历史教科书。(1)光绪三十一年(1905)文宝书局出版的《五千年女界史》,"不独节录正史,且多采之秘籍,从女娲氏起,五千年'支那'女界之特色,上自后妃,下及奇女,贤恶分晰,既开特色之眼界,更作女学之教本。"② (2)光绪三十三年(1907)乐群书局出版的《初等小学女子历史教科书》,"是书用史谭体例,自上古以迄本朝,凡女子有德行、道义、智慧、文学、艺术者,无不选录,诚女学必需之书也。全书三册,共百二十课,足供小学三年之用。"③(3)文明书局发行的《(女子适用)国史教科书》,其出版广告称:"历史学科,无男女之可分,而吾国四千年之历史中,凡涉及女子事略,可垂为法戒者,不知凡几。是编用历史科寻常之系统,而内容多配置以历史中女子之事实,注重在道德教育,而历史上女子美术之进步,尤所注意。程度合高等小学及中学一二年。用以为

---

① 季家珍:《改造国家——晚清的教科书与国民读本》,孙慧敏译,载《新史学》,第12卷第2期。
② 载《时报》,1905年5月25日。
③ 载《中外日报》,1907年2月19日。

女子历史可,用以女子修身书亦可。"①此外,光绪三十二年(1906),广智书局出版了咀雪庐主人(许定一)编的《祖国女界伟人传》。民国元年(1912),神州图书局出版了徐天啸的《神州女子新史》。这两本书也曾作为女子历史教科书使用。女子历史教科书结合了女子教育的特点,如《祖国女界伟人传》则采集战国迄清朝女子30余人,或长于文学,或工于武功,或知爱民爱种,以列传体叙述,各传后附加评语。其人物取材的标准是"其精神活现,而关于国或种者",那些称之为贞女节妇者,与国家进步发达无甚关系,亦多删之。这与传统儒家观念下的女性典范截然不同。《神州女子新史》虽出版于民国元年(1912),但它的构思、成稿时间都在宣统三年(1911)之前,延续了晚清学界重视女子历史教育之余绪。该书分正编和续编两部分,正编自有史以来迄于明代,续编自清代迄于辛亥革命时期,仍以人物列传为主,每载一人跋以短评,每终一代跋以结论。②《神州女子新史》在清末民初史学界有一定的影响,被认为是中国第一部妇女通史。

在西潮的冲击之下,晚清的女子读物也发生了一些变化,那就是受到了西方与东洋的影响。以历史读物为例,一方面其深受西学影响,光绪二十七年(1901)《京话报》连载了《泰西妇女近世史》,光绪三十年(1904),启发社出版了《世界妇女势力范围史略》、文明书局出版了《世界女权发达史》等。另一方面,部分人士从日本书籍中翻译出版了一些女子教育学著作,如永江正直著、单士厘译的《女子教育论》,成濑仁藏著、杨廷栋和周祖译的《女子教育论》,植山荣次的《女子教育学》等。这些书籍的翻译与出版丰富了女子的阅读内容,同时也扩大了女子的阅读视野。

女性报刊开始出现,是妇女解放的一个重要表征。根据现有的资

---

① 见章嶔《中国大历史》书后广告,上海:上海文明书局,1910年。
② 李孝迁:《论晚清女子历史教科书》,载《华夏文化》,2007年第1期。

料，晚清第一份妇女报刊同时亦为我国历史上最早的妇女报刊，是光绪二十四年（1898）六月初六在上海创刊的《女学报》。《女学报》的创办不但突破了禁锢女性言论的历史，而且还在女子教育刚刚萌生的时候，即会聚一批女性与提倡女学的男性来共同集中地探讨女学问题，这是十分难能可贵的。《女学报》的诞生，标志着女性最初的觉醒，报刊的撰稿人与主笔几乎都是女性，其中有康有为的女儿康同薇、梁启超的夫人李惠仙以及张蕴华、裘毓芳等。《女学报》是第一份面向女性读者的刊物，它的宗旨是宣传变法维新，提倡女学，争取女权，要求妇女参政，主张男女平等。《女学报》最重要的主张是妇女应独立，"不受男子之维持与干预"，以全新的内容鼓励妇女走出男性的阴影，并以平等的人格、权力和思考与男性并肩实现共同的民族解放目标。《女学报》的内容与特色对其后的女性报刊的拓展起到了促进作用。

　　清光绪二十五年（1899），《苏报》馆主陈范之女陈撷芬开始创办《女报》，为册报，光绪二十八年四月初一（1902 年 5 月 8 日）正式出版，内页目录标为"飞行女报"，内容主要为反对妇女缠足、提倡开办女学堂、刊载女界新闻、介绍西方妇女生活状况等。《女报》还刊出女学生们所撰写的课艺（作文）月刊，到年底共出版九期。时人称之为"女苏报"。光绪二十九年二月初一（1903 年 2 月 27 日），《女报》改用西式手法装订。除了继续以前《女报》的主旨外，还进一步提出了女权问题：在主张反对君主压迫民众的同时，也反对男人压迫妇女，并且提出女子自主与独立的问题。光绪二十九年四月十五日（1903 年 5 月 11 日）第三期出版以后，《苏报》案爆发，陈撷芬陪其父陈范出亡日本。

　　继《女学报》之后，女性报刊逐渐发展壮大起来，共有《女报》《女子世界》《中国女报》《妇女声》《妇女时报》（上海办）、《星期女报》《女子白话报》《京女高师半月刊》（北京办）、《女星》《妇女日报》（天津办）、《新女子世界》《神州女报》《女权日报》（长沙办）、《女星期录》（香港办）、《女子魂》《新女界》《留日女学会杂志》（日本办）等 40 余种。这些报刊抒发了女性要求"男女平等""妇女解放"的心声,中国女性开始进入自我意识觉醒的时代,尽管这一觉醒被镶嵌在中国近代化进程的背景下,但是女性毕竟作为自我的存在,开始发出自己的声音。

三、勤于苦读,成就斐然

巾帼不让须眉,晚清出了一些才女贤媛,她们自幼就喜欢读书学习。清代卓越女词人吴藻(约1799—1862),字苹香,号玉岑子,浙江仁和(今杭州)人,自幼即十分好学,喜读词曲,性耽书史,稍长则肆力于词。她的词作风格多样,既有用轻巧、灵活的口语抒写真情之作,也有雄放豪迈的篇章。吴中一带有人将她的词谱成管弦歌乐,一时传唱大江南北。女诗人张襄雅好文辞,十余岁即能吟诗,几年之后已著书盈尺,她还喜读兵书,在一首七言诗中写道:"穿云惯舞双龙剑,踏月能开十石弓。卷起湘帘看宝剑,烧残银烛读《阴符》。"①女学者曾懿生于咸丰二年(1852),字伯渊,又名朗秋,自幼即喜欢舞文弄墨,性近书生,其父藏书甚多,她朝夕涵泳其中。她天资聪敏,淑婉纯和,凡经史诗词,过目成诵。她喜欢阅读医学书籍,家藏医书十分齐备,她就常常浏览研读。近代民主革命家秋瑾九岁的时候遂开始与兄妹一起就读于家塾。她天资聪颖,过目成诵,深得父亲宠爱,父亲遂教以吟咏,因此秋瑾很早就能作诗:"偶成小诗,清丽可诵。"②她成年后留学日本,刻苦攻读,每天晚上,当别人休息之后,她还要阅读、写作到深夜。除了秋瑾之外,还有一些女子赴日本留学。据说第一个留日女学生为浙江的夏循兰,她于光绪二十五年(1899)进入日本的华族女学校学习,当时只有九岁。光绪三十一年(1905,明治三十八年)三月,日本之东西

---

① 苏者聪:《中国历代才女》,郑州:河南人民出版社,1996年,400页。
② 秋宗章:《六六私乘》,见苏者聪《中国历代才女》,郑州:河南人民出版社,1996年,422页。

女学并附设中国女子留学速成师范学堂,限定本科修业二年,并有修业六月之音乐专修科;实践女学也设了中国女子留学师范工艺速成科,限定本科修业一年,工艺科六月,当时留日女生,大多在这些专设的学校补习。光绪三十一年(1905)七月,湖南省选派20名女生赴日本实践女子学校入学,这是中国官方首次选派女子出国留学。之后,奉天、云南、江西等省竞相效仿,光绪三十三年(1907)春,奉天女子师范学堂派21名女学生到实践女学读师范科。光绪二十九年(1903)前,留日女学生主要是随父兄或丈夫出国的,当父兄夫婿学成回国时,她们也就辍学回国。光绪二十九年(1903)以后,单身留学日本者增多。在当时,出国女子的知识程度都较低,不少人出国前没有进过学校,一般的名门闺秀也只读过几本《女诫》《内训》之类的书,出国后,多数人只能进入外国的中小学学习。一些女校为中国留学生设立的特别机构,多是速成课程,学生只能接受初等和中等教育。留日女学生给一些日本人士留下了深刻的印象,后者称她们不卑不亢,论学讲学,一如男子。日本实践女学校长下田歌子称赞她们性情伶俐、善娴交际、巧于应对。① 女子出国留学是中国教育近代化进程中的重要一步,亦是中国女性史上的一大创举。这些女留学生以自己的实际行动证明了中国女性的能力,对整个社会观念的转变产生了较大的影响。

就一般妇女而言,她们较为喜欢感性的东西,不太喜欢晦涩难懂的书籍:"其于一切深文奥义,索解而不能,于是寝馈于稗史小说。"② 像《女四书》《女孝经》《列女传》等正统教化的书籍"率迂陋不可卒读"③,难以引起普通妇女读者的阅读兴趣,一些稗史小说吸引了女性读者。曾朴的《孽海花》揭示了一些女性读者的阅读情况:"这闺秀的

---

① 下田歌子:《述教育中国妇女事》,载《顺天时报》,1907年1月12日,见沈殿成《中国人留学日本百年史(1896—1996)》,上册,沈阳:辽宁教育出版社,1997年,153页。
② 董瑞椿:《广女学议》,见《实学报》,北京:中华书局,1991年,393页。
③ 刘师培:《留别扬州人士书》,见万仕国《刘师培年谱》,扬州:广陵书社,2003年,19页。

姓名、籍贯,一时也记不得,但晓得他平日看见那些小说、盲词、山歌、院本,说到状元郎,好像个个貌比潘安,才如宋玉,常常心动。"①周作人回忆母亲虽然不曾上学,但是能识字读书,看过《七剑十三侠》《三国演义》以及新出的章回小说。② 乡间妇女喜欢阅读报刊上刊登的小说,有人记载:"……又试入穷乡僻壤,则除小说外,他项书籍,殆不可得见焉。与村夫野老妇人孺子谈,彼其除小说以外无所知,无足怪也。"③"惟妇女与粗人,无书可读,欲求输入文化,除小说更无他途。"④包天笑写了一部短篇小说,题名为《一缕麻》。他在女学堂里教书的时候,"有许多女学生,便问我:'果有这事吗?'好像很注意这个问题。"⑤这说明女学堂里的许多女学生喜欢阅读他写的小说《一缕麻》。包天笑因为寻找照片而认识了妓女,了解到妓女笑意老六爱看小说,于是就把撰写的几部单行本小说《情网》《空谷兰》《梅花落》等送给笑意老六。⑥

上文分析了晚清的几个不同的阅读群体,无论是阅读目的与阅读兴趣,还是阅读内容与阅读范围,各有自己的特点。不过,总体而言,晚清所有阅读群体的总人数较少,由于家庭条件的限制,基层社会百姓如家庭妇女、乡村农民等更少有机会入学读书。正如徐勤所言:"……然揣考四万万人之为学而被教化识文字者,妇女不得入学,以无才为福也,习以不教,不识文字,稍弄笔墨,涂丹黄,填韵语,则号为闺秀矣。此不得为学,既无女学,则四万万之民,去其半矣……若其耕农

---

① 曾朴:《孽海花》,见吴组缃等《中国近代文学大系(1840—1919)·小说集》,第 4 册,上海:上海书店出版社,1992 年,14 页。
② 周作人:《知堂回想录》,香港:三育图书公司,1980 年,596 页。
③ 管达如:《说小说》,载《小说月报》,1912 年第 3 卷第 5、7 至 11 号,见陈平原、夏晓虹《二十世纪中国小说理论资料》,第一卷,北京:北京大学出版社,1989 年,377 页。
④ 别士:《小说原理》,载《绣像小说》,1903 年第 3 期,见陈平原、夏晓虹《二十世纪中国小说理论资料》,第一卷,北京:北京大学出版社,1989 年,61 页。
⑤ 包天笑:《钏影楼回忆录》,香港:大华出版社,1971 年,361 页。
⑥ 包天笑:《钏影楼回忆录》,香港:大华出版社,1971 年,379 页。

之贫,工作之贱,乡无义学,阀非世胄,室无诗书,家乏衣食。于此而欲得读书识字,望若云天。二万万人中若此者,殆十而九。然则,尽中国之读者,殆不过二千万人耳。"①王德威估计晚清的最后十年里,"至少曾有一百七十余家出版机构此起彼伏,照顾的阅读人口,在二百万到四百万之间。"②

---

① 徐勤:《中国除害议》,见中国史学会《戊戌变法》,三,上海:上海人民出版社,1953年,122—124页。
② 王德威:《想像中国的方法:历史·小说·叙事》,北京:生活·读书·新知三联书店,1998年,4页。

第三章　晚清的阅读场所

在哪里阅读,阅读环境如何,这些问题对读书人来说都是必须考虑而且较为重要的。晚清的阅读场所有藏书楼与书院,与以前不同的是,新增了阅报处和图书馆。藏书楼是非常静谧的读书场所,就藏书规模与阅览场地而言,它只适合家族中人利用。不过,随着时代的变迁,原来私家藏书"秘而不宣"的观念发生了变化,晚清藏书楼渐渐向外人开放,寒门冷籍、普通会员也可以进入藏书楼阅览书刊,而且大众均可利用的公共藏书楼出现了。书院藏书区别于官府藏书和私人藏书的最大特点就是它的公共性与开放性明显,其收藏的目的不在于为藏而藏,不在于独自鉴赏,而在于供人借阅、研习与诵读。因此,书院作为读书人的阅读处所,一直受到他们的青睐。图书馆最先由传教士创办,是国人了解、观察西方近代图书馆的窗口。随着时间的推移,图书馆渐渐被国人接受,从而兴起了一场轰轰烈烈的建立公共图书馆运动。图书馆的出现增加了新的读书场所,提供了新的读书环境,受到了各界人士的欢迎。晚清,报纸的发行逐渐通畅,报纸渐渐受到大众的欢迎,一些地方建立了阅报会,阅报会的创办是公众喜欢阅报的反映。同时,为了推动报纸的阅读,各地还纷纷开办阅报处,将之作为专门的阅报场所。

第一节 藏 书 楼

藏书楼是非常静谧的读书场所,就藏书规模与阅览场地而言,它只适合家族中人利用。不过,随着时代的变迁,原来私家藏书"秘而不宣"的观念发生了变化,晚清藏书楼渐渐向外人开放,寒门冷籍、普通会员也可以进入藏书楼阅览书刊,而且大众均可利用的公共藏书楼出现了。

一、名门望族的藏书楼——世家子弟的读书处

大凡名门望族都有家族藏书楼,名人学士亦有自己的书斋,世家子弟、名人学士大都在藏书楼、书斋中度过他们的青春年华,藏书楼、书斋就是他们的阅读之所。晚清亦不例外,仍有很多人阅读其本族的藏书。

(一)瞿氏铁琴铜剑楼

晚清四大藏书家之首当推常熟瞿氏,瞿氏藏书系统首先是由瞿绍基建立的。瞿绍基自幼就喜欢读书,他深受家乡藏书文化的熏陶,酷嗜书籍,遇到好书就出资购置。瞿绍基虽然以贡生选授县学教谕,但是任职不久就辞职,隐居常熟古里村,致力于藏书,广购四部,旁搜金石,历经十年,积书十万余卷,而且读书乐道,昕夕穷览,博极群书。其室名为"恬裕斋",取"引养引恬""重裕后昆"之义,意在要让这种安逸的书斋生活永远流传下去,使子孙后代长守。嘉庆、道光年间,瞿绍基搜集了藏书家陈揆的"稽瑞楼"与张海鹏的"爱日精庐"部分藏书,其中有一些宋元精刊。瞿绍基之子瞿镛继承父志,极力搜集古籍,收集了黄丕烈的"士礼居"和汪士钟的"艺芸精舍"的部分藏书。太平天国运动时期,

瞿镛挟书逃难，藏书受到了一些损失，但是珍本秘籍仍然保存完好。在兵荒马乱之中，他又陆续购得江南各地散出之书，从而拥有了丰富的宋元旧刻及旧抄精本。《铁琴铜剑楼藏书目录》记载，瞿镛收藏了宋元旧刊及稀见本1300余种，是一位声名卓著的大藏书家。瞿氏书斋名称几经变更：瞿绍基的书斋名为"恬裕斋"，光绪初年，瞿镛为避光绪皇帝载湉之讳，将书斋更名为"敦裕斋"，后因获古铁琴一张，古铜剑一柄，遂名之"铁琴铜剑楼"。瞿镛之子瞿秉渊、瞿秉浚，继承祖父、父亲之志，精心维护"铁琴铜剑楼"，而且继续搜集、购买图书。瞿镛之孙瞿启甲字良士，别号铁琴道人，也善于继承和保藏先代藏书。辛亥革命后，他积极倡议设立公共图书馆，并于1915年创建常熟公共图书馆，捐献家藏复本和乡邦文献于其中。瞿氏几代人对铁琴铜剑楼的藏书管理极严，瞿氏之书不能借出楼外。一次，光绪皇帝派使者来借书，其中一书为光绪皇帝所赏识，他想留下那部书，并许诺赏给瞿氏后裔三品京堂，给钱巨万，以换取此书。瞿氏家人不肯，拿出乾隆皇帝颁给"恬裕斋"的诏书给使者看。使者禀报光绪皇帝，光绪皇帝恪守祖训，只得作罢。后人由此可以看出瞿氏藏书为什么能五世长守。不过，瞿氏藏书对外开放，供人阅览，觉述《谈铁琴铜剑楼》载："至嗜书之人，有欲得观珍秘者，瞿氏亦许入楼参阅……而于阅书之人，瞿氏辟有专室，供人饱览，且供茶水膳食。"铁琴铜剑楼不仅为阅书者辟有专室，而且还提供茶水膳食，为阅读者提供了很大的方便。曾到铁琴铜剑楼观书的学者名流甚多，如黄廷鉴、翁同龢、宗舜年、叶德辉、张元济、孙毓修、傅增湘、岛田翰、徐鸿宝、胡适等。

（二）杨氏海源阁

与瞿氏并称的藏书家当推山东聊城杨氏。杨以增（1787—1855），字益之，号至堂，别号东樵，道光二年（1822）进士，历任陕西布政使、江南河道总督兼漕运总督等职。"平生无他嗜，一专于书，所收数十万卷,庋海源阁藏之。"①海源阁建于道光二十年(1840),坐北朝南,楼上藏书,楼下为杨氏家祠,二楼匾额题"海源阁"。杨以增的《海源阁匾额跋语》称:"取《学记》'先河后海'语,颜曰'海源',盖寓追远之思,亦仿范氏'天一'阁名。"杨以增藏书,极重精善之本,而且不惜重金购买,如宋本《史记》是以三百八十金购之吴门,宋本《汉书》亦是重金所购。其藏书来源较广,主要源于江南著名藏书家的藏书。儿子杨绍和(1830—1875)字彦合,号勰卿,别号隐南居士,同治四年(1865)进士,曾任翰林院编修等职。他继承父志,专心收集图书,在京城为官时,购得乐善堂精善之本100余部,大大扩充了海源阁藏书数量。杨绍和之子杨保彝(1852—1910)字凤阿,同治九年(1870)举人,历任户部郎中、总理各国事务衙门章京等职,珍守海源阁藏书。杨氏藏书盛时多达2336部208300卷,蔚为北方图书之府,与常熟瞿氏铁琴铜剑楼藏书并峙南北,著称于世。海源阁藏书多为杨氏族人所读,杨以增勤于读书,藏一本读一本,阅尽其所藏书籍,后人从书中的藏书印"杨东樵读过""勰卿读过"等亦可窥见一斑。

(三)陆氏皕宋楼

陆氏藏书主人陆心源,字刚甫,号存斋,晚称潜园老人。咸丰九年(1859)考中举人,官至福建盐运使。陆心源生平嗜好藏书,而且家资丰裕,购书于大江南北。郁松年的"宜稼堂"藏书散出时,约4.8万册旧刊精藏尽归陆氏。陆氏还购得同县刘氏"眠琴山馆"、福州陈氏"带经堂"及吴县黄丕烈等诸家旧藏秘籍共计15万卷,于是建"十万卷楼""皕宋楼"及"守先阁"贮藏之。皕宋楼号称收藏宋版书籍200余部,十万卷楼藏明清秘籍及精抄精校本,守先阁藏明清刻本及普通抄帙。陆

---

① 杨绍和:《楹书偶录·自序》,见《清人书目题跋丛刊》,三,北京:中华书局,1990年,386页。

心源是一个具有开放意识的藏书家,他"念自来藏书未能垂远"①,于光绪八年(1882)春天上书归安太守,将守先阁藏的明清以后刻本、寻常抄帙及近人著述之善者对外开放,公开借阅。据《隅录》所载,鲍源深、潘祖荫、朱学琴、柯风荪、王鹏运等人都有幸阅览陆氏藏书。薛福成对陆心源开放藏书的义举给予了充分的肯定:"近今储藏之多,则推归安陆氏之皕宋楼,较之范黄诸家,有过之无不及焉……复请于大府,特奏于朝,归之于公,以供一郡之搜览,沾溉艺林,可谓至矣。"②

(四)丁氏八千卷楼

丁氏藏书在清末也闻名一时。丁申(?—1887)、丁丙(1832—1899)兄弟均好藏书,其家世有藏书之习。祖父丁国典曾在杭州梅东建楼储书,有感于先祖在北宋时就建有"八千卷楼",遂又将其书楼命名为"八千卷楼"。父亲丁英也爱好藏书,南北往返,晨购暮抄,得数万卷。丁申、丁丙兄弟继承祖、父之业,远求近购,插架益富,并且增建藏书之所"后八千卷楼""小八千卷楼"与"善本书室",总名为"嘉惠堂"。就数量而言,丁氏"八千卷楼"藏书与瞿氏、杨氏、陆氏三大藏书家藏书有较大差距,而且丁氏所藏宋刊本只有40余种,元刊本约百种。但是其藏书有独到之处,一是所藏之书多日本、朝鲜刻本,二是所藏多名人稿本、抄本与校本,三是所收多明清著名藏书家的旧藏。③ 正因如此,柳诒徵说:"清光绪中,海内数收藏之富,称瞿、杨、丁、陆四大家。然丁氏于文化史上之价值,实远过瞿、杨、陆三家。"④丁氏兄弟不但注重藏书,而且喜欢读书治学,他们博览群书,于学无所不窥,时有"双丁"

---

① 李宗莲:《皕宋楼藏书志序》,见李希泌、张椒华《中国古代藏书与近代图书馆史料(春秋至五四前后)》,北京:中华书局,1982年,60页。
② 薛福成:《出使英法义比四国日记·出使日记续刻》,见钟叔河《走向世界丛书》,长沙:岳麓书社,1985年,534—535页。
③ 李雪梅:《中国近代藏书文化》,北京:现代出版社,1999年,114页。
④ 柳诒徵:《国立中央大学国学图书馆小史》,南京:国立中央大学图书馆,1928年,28页。

之称。

（五）方氏碧琳琅馆

碧琳琅馆的主人方功惠字庆龄，号柳桥，自幼就很聪明，喜欢读书。他家几代为官，经济上很富裕，因此，有足够的条件满足他嗜书的愿望。碧琳琅馆藏书名满天下，从方功惠的父亲方宗徽开始购求书籍，到方功惠手里，他更加不惜资产，将剩余之钱都用来买书了，收藏了很多精本名刊。李希圣说："巴陵方柳桥观察官广东四十年，好书有奇癖，闻人家善本，必多方购致之，不可得则展转传抄，期于必备。"①傅增湘称方氏所藏堪与丁氏八千卷楼、陆氏皕宋楼媲美。方功惠既善藏书，也善读书，他读书非常勤奋，经他收藏的书他都一一读过，并且亲自题识，他的《碧琳琅馆藏书记》一共收有75篇题识。

二、有限开放的私人藏书楼——寒门冷籍的阅读处所

在传统社会，多数藏书家都秘惜所藏，除了家族成员或亲朋好友等少数人可以利用藏书之外，谁也不是藏书楼所开放的对象，封闭性成了藏书楼的主要特征。尽管如此，也有一些藏书家注重藏书的利用与流通，具有一定程度的藏书开放意识。如明代曹溶提出的《流通古书约》，为古书流通创一良法。清初的丁雄飞与黄虞稷订立《古欢社约》，互借图书。周永年撰写《儒藏说》，批判藏书私有观念，提出藏书公开思想："官私之藏，著录亦不为不多，然未有久而不散者。则以藏之一地，不能藏于天下；藏之一时，不能藏于万世也……盖天下之物，未有私之而可以常据，公之而不能久存者……今不揣谫劣，愿与海内同人共肩斯任，务俾古人著述之可传者，自今日永无散失，以与天下万

---

① 李希圣：《雁影斋题跋自序》，见吴丹青《晚清羊城三大藏书家述略》，载《广东史地》，2001年第2期。

世共读之。"①这些藏书开放思想在传统社会虽然未居主流地位,但是作为一种暗流亦在静静地流淌。

到了晚清,既有少数藏书家向他人公开私藏,又有一些以经邦济世为己任的官僚、士绅有限度地开放私家藏书,藏书楼也开始从封闭化向有限公开化发展。

张金吾抱着乐与人共、有叩必应的态度公开私藏。他说:"若不公诸同好,广为传布,则虽宝如球璧,什袭而藏,于是书何裨?于予又何裨?"

国英主张藏书对外开放。国英字鼎臣,满姓索绰罗氏,隶属满洲镶白旗。由于父母早亡,他幼年生活十分清贫,所以无力购书,仅习满汉文字。国英于道光二十年(1840)考笔帖式,隶兵部,历任主事员外郎、郎中、广东盐运使、内阁中书等职,于光绪二年(1876)因病退职,在家闲居,鸠工庀材:"于家塾构藏书楼五楹,颜曰'共读'。"②国英因少年时期家里贫穷无书可读,深知寒儒的苦衷,"况家少藏书,时值发、捻、回各逆滋扰半天下,版籍多毁于火,书价大昂,藏书家秘不示人,而寒儒又苦无书可读"。③因此,共读楼建成以后即对外开放:"其所以不自秘者,诚念子孙未必能读,即使能读,亦何妨与人共读,成己成人,无二道也。兹以养疴在里,检所存书,编成目录,除丛藏暂未列入,现计书三千余种,二万余卷,法帖四百余册。愿嗜古者,暇辄往观。果各就夫性之所近,谙练其才,扩充其识,将可以济时局、挽颓俗,储经邦济世安民正俗之学,为异日报国资,是则余之厚幸而切望也。"④国英想让那些无书可读的寒士前来共读图书,谙练其才,扩充见识,从而济时

---

① 周永年:《儒藏说》,见李希泌、张椒华《中国古代藏书与近代图书馆史料(春秋至五四前后)》,北京:中华书局,1982年,47页。
②④ 国英:《共读楼书目序》,见李希泌、张椒华《中国古代藏书与近代图书馆史料(春秋至五四前后)》,北京:中华书局,1982年,60页。
③ 国英:《共读楼书目序》,见李希泌、张椒华《中国古代藏书与近代图书馆史料(春秋至五四前后)》,北京:中华书局,1982年,59页。

局,挽颓俗。共读楼分为上下两层,楼上为书库,楼下为阅览处所。共读楼的服务对象是广大的寒门士子。为了便于共读楼的管理,国英专门制定了《共读楼条规》(以下简称《条规》),提出了一整套严密的管理措施,内容涉及藏书楼的开放时间、借阅图书的有关规定、藏书楼的接待规模、读者违纪的处理标准、管理人员的职责等。国英十分重视开放时间的确定,在《条规》的第一条就规定了共读楼的开放时间:"自光绪七年三月十三日起,除腊、正两月不计外,每月逢三日、八日巳正开楼至申正锁闭。所有一切书籍概不准出楼,看书者当依次幸临入楼取看,过时不候。"按阴历计算,初三、初八、十三、十八、廿三、廿八,全月共计开放六天,上午十时开门,下午四时锁闭,每次开放六个小时,这样有规律的开放时间足以让乡邻寒士受益。而且,为了方便参加乡试与会试的学子借阅图书,共读楼在开放时间方面给予了适当的照顾:"乡、会试年份诸友来者必多,拟乡场自七月二十五日至八月初五日连开楼十日,会场自二月二十五日至三月初五日连开十日。"共读楼连开十日,这对各路考生的作用很大,便于他们查阅典籍、巩固学识,增加了他们金榜题名的机会。

　　关于借阅图书的有关规定,《条规》中也写得很细:"楼下设有桌凳,诸邻友入楼后即比次而坐,不得竟行上楼……言明抄某书、查某书,自有执事者代为检取送阅……每位只可查看一二种,多则恐应接不暇。"共读楼的藏书采取闭架管理的方式,读者不能自取图书,需要何书,可向管理员提出,由管理员代取,图书阅毕,仍然交给管理员"归还原处,妥为安放"。阅览室的座位有限,每次只准二十位读者入楼,每人最多只能查阅两种书,读者要取得入楼看书的资格,先要经过熟人相识的介绍,再领取一张"图章条":"诸邻友欲来看书,前期须同相识友先到本宅说清姓、号,共若干位,本宅付给图章条一纸,到塾,家人见条方请入楼,无则阻拦,莫责不恭。"图章条是读者入楼看书的凭证,也就是说,共读楼实行了凭证入楼的管理模式。共读楼的管理颇为严格,违纪读者将受到严厉的处罚:"诸邻友入楼看书,倘有心浮手粗致使书页损坏……永远不约入楼。"即读者如果损坏图书,入楼看书的资格就被取消。此外,《条规》还明确规定共读楼管理人员的职责:"每逢开楼日期,必有本家主人看守,如不得闲,请两斋夫子代为照料……家人看守楼门须谨慎小心,倘非开楼日期又无本宅图章条,有人径欲入楼,家人不即阻拦擅行私开,一经查处,坐罪家人,轻者罚工食一个月,重者逐出。"本宅主人坐镇,家人各司其职,若有营私舞弊行为,则给予重罚。可见,国英对于共读楼管理人员的要求十分严格。

共读楼打破了私人藏书秘不示人的旧习,在新旧转换的关键时期,作为最早对外人开放的藏书楼,储书使寒儒共读,成为寒门士子借阅图书的好去处。共读楼不仅在私人藏书楼的对外开放方面做出了表率,而且共读楼的管理办法行之有效,具备了图书馆的雏形,对以后图书馆的管理具有重要的启迪和示范作用。

三、学会与学堂藏书楼——会员的阅读场所

由于中日甲午战争中国的失败和《马关条约》的签订,国人反抗外国侵略者和要求改革内政的愿望十分强烈。以康有为、梁启超为代表的维新派提出了变法主张,他们认为要拯救中国,就必须在政治上实行变革,推行新政,要推行新政,就必须从"振兴教育,作育人才,开通民智"入手。振兴教育的具体措施就是开设学堂、创办报纸、翻译书籍、组织学会、开设公共性藏书楼等。光绪二十一年(1895)八月,康有为正式创办了一个资产阶级政治团体——北京强学会,同年十一月,康有为创办上海强学会,亲自拟定了《强学会章程》,宣称强学会是"专为中国自强而立",他认为开办强学会最要紧的是做好四件事:译印图书、刊布报纸、开大书藏、开博物院。与此同时,康有为又创办了《强学报》,

鼓吹设会办报。于是各地闻风而动，纷纷设会办报。这引起了顽固派的嫉妒和不满。光绪二十二年（1896）一月二十日，北京强学会被弹劾，随即遭封禁。其后，上海强学会亦解散。尽管如此，维新派并不甘心失败，仍在多方努力，建立学会与学堂。汪康年在光绪二十二年（1896）的《时务报》上刊登了题为《论中国求富强宜筹易行之法》的文章，文中指出："今日振兴之策，首在育人材。育人材则必学新术，学新术则必改科举、设立学堂、定学会、建藏书楼……"在这样的宣传影响之下，各地学会、学堂如雨后春笋次第设立。据不完全统计，光绪二十二年至光绪二十四年（1896—1898），全国共设立学会87所，学堂131所，报馆91所。①

在学会、学堂成立的基础上，维新派又积极地宣扬建立开放式藏书楼，把开放式藏书楼的建立作为推行新政、培育人才的一种手段。许多维新派人士在不同的场合、不同的文章中发表了建立开放式藏书楼的观点与言论，论述了建立开放式藏书楼的必要性。康有为首先提出了"开大书藏"的观点："乾隆时敕建文汇阁于扬州，建文宗阁于镇江，例准士子就读；经乱散失，遗书无多。此会拟宏区宇，广集图书。近年西政西学日新不已，实则中国圣经古子先发其端，即历代史书、百家著述多有与之暗合者。但研求者寡，其流渐湮。今之聚书，务使海内学者知中国自古有穷理之学，而讲求实用之意亦未遽逊，正不必惊望而无极，更不宜画界以自封。泰西通都大邑，必有大藏书楼，即中国图书亦藏庋至多。今合中国四库图书购抄一分，而先搜其经世有用者；西人政教及各种学术图书，皆旁搜购采，以广考镜而备研求。其各省书局之书，皆存局代售。"②在章程中，康有为阐明了"开大书藏"的原因，介绍了"开大书藏"的办法，特别是提出了明确的建议：鉴于西方

---

① 谢灼华：《维新派与近代中国图书馆》，载《图书馆杂志》，1982年第3期。
② 《强学会章程》，见张静庐《中国近代出版史料·初编》，北京：中华书局，1957年，39页。

各大都会都有大藏书楼(图书馆),而且都收藏了很多中国图书,因此康有为建议清政府应该仿效西方,在各大城市设立藏书楼,并且收藏外国图书。简单地说,所谓"开大书藏",就是为了搜集中国的"经世有用"之书和"西人政教及各种学术图书",进而达到"以求中国自强之学"的目的。

继康有为提出兴学办书藏和开大书藏的建议之后,李端棻积极地主张建立开放式大藏书楼。李端棻(1833—1907),字苾园,同治二年(1863)进士,四次担任乡试考官,一次担任会试副总裁。光绪二十二年(1896)五月初二,李端棻向光绪皇帝上了"请推广学校"的奏折。《请推广学校折》详细论述了推广学校的五种办法:设藏书楼、创仪器院、开译书局、广立报馆与选派游历。"设藏书楼"位居推广学校的五种办法之首,足见李端棻对藏书楼的重视。《请推广学校折·设藏书楼》全面反映了李端棻的藏书楼思想,其思想主要包括以下几个方面。(1)各地需普遍设立藏书楼。首先,李瑞棻阐明了建立藏书楼的原因:"好学之士,半属寒畯,购书既苦无力,借书又难,其人坐此孤陋寡闻无所成就者不知凡几。"①因此设立藏书楼是为了解决寒畯学子的困难,给他们提供借阅图书的去处。其次,李瑞棻根据中外藏书楼的成功实践说明开放式藏书楼建立的可行性与重要性。"高宗纯皇帝知其然也,特于江南设文宗、文汇、文澜三阁,备庋秘籍,恣人借观。嘉庆间,大学士阮元推广此意,在焦山、灵隐起立书藏,津逮后学。"②上至清朝政府,下到民间,都注重设立藏书楼并且将之对外开放。实践证明开放式藏书楼的设立对人才的培养颇有成效:"自此以往,江浙文风甲于天下,作人之盛,成效可观也。"③此外,泰西诸国的成功实践也证明了藏书楼的设立富有成效:"泰西诸国颇得此法,都会之地皆有藏书,其

---

①②③　李端棻,《请推广学校折》,见李希泌、张椒华《中国古代藏书与近代图书馆史料(春秋至五四前后)》,北京:中华书局,1982年,97页。

尤富者至千万卷,许人入观,成学之众,亦由于此。"①最后,李端棻建议依照乾隆皇帝设立藏书楼的故事旧例,"更加增广",主张普遍设立藏书楼:"自京师及十八行省会,咸设大书楼。"②(2)藏书楼的藏书建设需加强。李端棻认为藏书楼主要收藏古今中外有用之书,人们可以通过调集图书、购买图书与咨送译书三个途径来充实各省藏书楼的藏书:"调殿版及官书局所刻书籍,暨同文馆、制造局所译西书,按部分送各省以实之。其或有切用之书,为民间刻本官局所无者,开列清单,访书价值,徐行购补。其西学书陆续译出者,译局随时咨送。"③(3)藏书楼需对外开放。设立藏书楼与加强藏书建设的目的都是对外开放藏书,让藏书得到充分的利用,因此,李端棻建议:"妥定章程,许人入楼观书,由地方公择好学解事之人,经理其事,如此则向之无书可读者,皆得以自勉于学,无为弃才矣。"④他提出通过"妥订章程"来保证藏书楼的对外开放,让那些"向之无书可读"的好学之士享有利用藏书的机会,都能够"入楼观书"。由此可见,李端棻的藏书楼思想不仅传承了康有为的"开大书藏"的思想,而且在其基础上发扬光大,更加具体和深入,从而对学会藏书楼和学堂藏书楼的兴起产生了广泛的影响。

康有为、李端棻等维新派人士所倡导的藏书楼,与传统的藏书楼在名称上虽然相同,但是在性质、宗旨上却有很大的差别。他们所倡导的藏书楼是开放式藏书楼,主张将藏书对外开放,供大家借阅。他们把藏书楼作为一种培育人才的社会教育机构,赋予了藏书楼新的作用和机制。⑤ 在维新派人士的积极主张之下,受他们开放藏书思想的影响,各地学会、学堂设立了一些藏书楼或阅览室,纷纷搜集新学文

---

①②③④ 李端棻,《请推广学校折》,见李希泌、张椒华《中国古代藏书与近代图书馆史料(春秋至五四前后)》,北京:中华书局,1982年,97—98页。
⑤ 张树华:《戊戌变法与我国开放式藏书楼的产生》,载《北京图书馆馆刊》,1999年第1期。

献,供同志阅览使用。① 各地共计设立藏书楼 50 余所,②兹举几例予以说明。

(一)苏学会的藏书借阅制度

光绪二十三年(1897)六月二十一日,章钰、张一麐、孔昭晋等在苏州发起成立了苏学会。苏学会把"藏书庋器之所"作为学会必不可少的一部分,因此在"会章"中明确提出:"会中讲堂及藏书庋器之所,必不可无。惟今当创始之时,尚无此项经费,暂借宽敞房屋作为学会公所。"苏学会将设立"藏书庋器之所"列为应办的八件事之一。③ 为了筹措设立"藏书庋器之所"的经费,苏学会在"入会七条"中列出了三个有关经费的入会条件。(1)凡入会者须出会费银五圆,作为购置书籍等一切经费。入会者于报名时先将会费交出,随后由报名处发给收条及取书凭折一扣,其会费由报名处陆续缴送协理登簿。(2)凡近城镇乡有愿入会者,照出会费五圆,唯书籍觅寄既难,又不能克日缴到,须本人自觅妥友代寄,邮费自理,但须照《看书章程》办理。(3)凡官长绅富如有愿助成斯举者,或捐书籍,或捐银钱在十元以上者,准借阅本会书籍,唯须照会中《看书章程》办理。十元以下者只发给收条。其有慨助巨资以昌斯举者,尤彰盛德。④

此外,苏学会还拟定了较为详细的《看书章程》,共有七条内容(其中关于借阅方面的规定有三条)。(1)购买书籍由经理会同协理等量会费之多寡,核要开单,共同议定。(2)本会所购之书分为六门:曰史学、曰掌故学、曰舆地学、曰算学、曰农商学、曰格致学,其余训诂辞章概不备。(3)书籍当依类编目,易于检寻。写书目三份,一存经理处,

---

① 程焕文:《晚清图书馆学术思想史》,北京:北京图书馆出版社,2004 年,205 页。
② 胡俊荣统计全国各地设立的藏书楼达 51 所。参见胡俊荣:《晚清知识分子创建中国近代图书馆的历程》,载《四川图书馆学报》,2000 年第 5 期。
③④ 《苏学会简明章程》,见李希泌、张椒华《中国古代藏书与近代图书馆史料(春秋至五四前后)》,北京:中华书局,1982 年,101—102 页。

一存会中,一存管书处。俟藏书既多,再刊书目单分送同人。(4)书籍每日由协理轮查一次,如有损坏遗失等情,须由管书人追根赔补。(5)每逢五逢十为发书之期,以五日为一限期,能多阅者每期发书两本,少者一本,上期取去,下期缴换。(6)会友欲看何书,须先向管书处挂号,以先后为序,不得争执。本会发有取书印折一扣,各人每逢发书之期,持折取书。第一期发书几本,第二期收回前期之书,再发书几本,均注明折上,钤以管书人私印,以后准此,一期不缴,以后不发。唯在近城镇乡不在本城者,展限五日,以十日为期,一期不缴,以后不发。(7)看书借书如有涂抹缺失等事,在会中本人罚缴书值,本数少者倍之,不缴者将名除去;不入会而有捐款者以后不借。①

从上述入会条件和《看书章程》,今人可以明了苏学会的藏书借阅制度。第一,"入会条件"明确了人们成为苏学会读者的条件。无论是苏州市民,还是城镇乡民,只要缴纳了会费,就都可以成为苏学会藏书的会员读者,借阅苏学会的图书。那些捐款捐书的官长富绅,也可以借阅学会的图书。也就是说,要成为苏学会藏书的读者,必须缴纳一定的费用,苏学会藏书的对外开放是有偿的。第二,苏学会《看书章程》规定了取书要凭证。在图书的借阅管理方面,苏学会提出了向每个会员发放"取书凭折一扣"的办法,所谓"取书凭折",类似今日所说的"借书证"。第三,苏学会《看书章程》提出了邮寄借书的服务方式。对于苏州市郊的会员读者,苏学会提出了邮寄图书的服务方式。尽管人们没有找到苏学会邮寄借书的史料,但是,这种与众不同的服务观念别具新意。第四,制定了借阅手续、借阅期限、赔偿办法等借阅规定。借阅手续十分严格:读者要看什么书,须向管书人登记,管书人根据读者登记的先后次序发书。读者凭"取书凭折"借书。管书人发书

---

① 《苏学会简明章程》,见李希泌、张椒华《中国古代藏书与近代图书馆史料(春秋至五四前后)》,北京:中华书局,1982年,102页。

时在读者的"取书凭折"上注明图书的借还册数并加盖私印。苏学会的发书时间为每月的初五、初十、十五日、二十日、二十五日、三十日。每位读者每次最多可以借两本书,本埠读者借书期限为五天,外地读者的借书期限为十天。不按期归还图书的读者,则取消其借书资格。读者如果不爱惜图书而在书上乱涂乱画或者遗失了图书,就要照价赔偿或翻倍赔偿;如不缴纳罚款,就被除名。可以说,苏学会制定的这些制度已经具备了近现代图书馆借阅制度的特征,具有切实可行的操作性,意义深远。

(二)扬州匡时学会:开放会中所有书籍报刊

扬州匡时学会成立于光绪二十四年(1898),学会章程共有三条。(1)会中以广购书籍为第一要义。现当开创之始,倡议同人咸出其所有之书,移入会中庋藏,由经理人出具收条,将来仍可收回,不做会中公用。至会中备购之书籍,自应永远存储,不得任意分散。(2)本会除购买书籍外,各种报章皆宜广搜博采,以新耳目而开智慧,如《昌言报》《中外日报》《农学报》《蒙学报》《申报》《新闻报》俱各备一份,置诸会中,公同浏览。(3)会中经费,现由倡议之人公同筹措,其未备之书籍,亦当次第购买。后之来者,经同人议定每人酌出入会之资,充为经费。会中所有书籍,皆可随时阅看,唯不得任意取回并糟蹋污损。① 由此可见,扬州匡时学会十分重视书刊的收藏,在学会创建之始,即倡议同人会友将家中藏书移入学会,筹措经费以后,即以广购书籍为第一要义,尽力购买书籍,而且还广搜博采各种报刊。学会规定,会中所有书籍报刊,读者均可随时阅看,共同浏览,但是不得任意拿走,也不能污损、糟蹋书籍。

---

① 《扬州匡时学会章程》,见李希泌、张椒华《中国古代藏书与近代图书馆史料(春秋至五四前后)》,北京:中华书局,1982年,103—104页。

(三)通艺学堂的《图书馆章程》

通艺学堂,原名西学堂,光绪二十二年(1896)由张元济、陈昭常、张荫棠、何藻翔、曾习经、周汝钧、夏偕复等在北京筹设。次年二月十二日开馆,九月二十日,张元济呈请朝廷将学堂更名为"通艺学堂",十二月十七日得到皇帝的批复。戊戌政变后,张元济于光绪二十四年(1898)十月初八被革职,通艺学堂也停止了活动,其所有财产交给了京师大学堂。通艺学堂开馆之始,张元济就拟定了学堂章程,章程中附有《读书规约》和《图书馆章程》。《图书馆章程》共有十二条内容:

第一条 本馆专藏中外各种有用图书,凡在堂同学及在外同志均可随时入馆观览。

第二条 中国书籍专择其有关政教者藏之,其琐碎芜杂者概不收录。

第三条 中国翻译西书,凡同文馆、制造局及各教会所印行者,现已购备全份,其最要各种并多备数部,以供众览。

第四条 西文图籍现择其浅近切要购备参考,余俟同人学业所造,乃尽添购。

第五条 本馆设馆正一人,即由同学兼理,专司搜采,检查等事仍由司事襄办。另用书佣一名,每日将看书人数暨借出缴还书数登簿,呈交司事查验。馆正暨总理随时抽查,如有遗失,责成书佣赔偿。

第六条 书籍概存柜中,另设书目,分类登载。来阅者即可取馆中所备提单,开明卷数,签名其上,交书佣提取。阅毕交还,始准将原单收回。

第七条 同人取阅书籍如有遗失,应偿原价二倍。若仅污损,则偿原价,仍将原书交还。俟补购到日,即将此书给予本人。

第八条 凡同学之不驻堂者,准将书籍借归阅看。此外不得援例办理。

第九条 西文图籍,现议概不得借归阅看。

第十条　借书归阅,卷帙不得过两册,时限不得过四日。违者罚书价四分之一。

第十一条　在外同志愿来馆读书者,应请同学作保,再由本馆赠一凭单。凡得有凭单者,本馆一律优待。唯此凭单不得转借转送。

第十二条　应备图书甚多,现因经费支绌,未能广为收罗。尚望四方宏达之士随时投赠,庶臻美备,并扩见闻。①

上述《图书馆章程》包含的内容十分全面,涉及图书的收藏范围,图书馆的管理办法,图书借阅规定如借阅手续、借阅期限和赔偿办法等方面。就图书收藏来说,通艺学堂的宗旨是专藏中外各种有用图书,特别是收藏与政治教育有关的图书。就图书馆的管理而言,馆正、司事、书佣分工负责,各司其职,馆正负责采购图书,司事负责检查图书的缺藏,书佣负责办理图书的借还手续。图书的借阅规定较为清楚详细,馆藏图书实行"闭架"阅览,读者将所需图书名称与卷数写在"提单"(相当于现在的索书单)上面,交给书佣提取图书。阅毕图书,就还给书佣,收回原单。图书的外借只限于中文图书,西文图书不得外借。每次借书数量不得超过两册,期限不得超过四天。对于违纪的读者,通艺学堂根据情况予以如下惩罚:污损图书,照原价赔偿;遗失图书,则翻倍赔偿。与众不同的是,通艺学堂明确规定借书凭单只限本人使用,不得转借转送。总之,通艺学堂的《图书馆章程》将图书馆的日常管理、文献收藏与对外借阅服务等概括无遗,在图书馆学术史上意义重大,程焕文称它是近代的第一个《图书馆章程》。②

(四)金陵劝学会:出资租阅

金陵劝学会藏书楼创办于光绪二十四年(1898),其在制定的章程中规定:"金陵风气大开。寒畯学子,笔砚耕耘,仅堪糊口,无力购买书

---

① 汪家熔:《两件图书馆史史料》,载《图书馆学通讯》,1983年第2期。
② 程焕文:《晚清图书馆学术思想史》,北京:北京图书馆出版社,2004年,212页。

籍。近因上谕乡会科岁等试改考策论，知非多读书不为功。有某君邀集同志多人，每人各出鹰洋十元，凑成巨款，购买中西有用之书，藏于公所。除凑股之人任凭观览外，其有未经入股有志读书者，准其出资租阅，如曩代春明坊借书之例。昨已妥定章程再禀府署，恳请转禀极峰准拨尊经代为藏书之所。盖以阁地宽敞，可容百余人团坐观书之故。又因此举志在劝学而起，故名之曰劝学会，一俟批准，即将克日兴办矣。"①劝学会的藏书对外开放：会友同人随意阅览学会的藏书，非会友读者则可以出资租阅图书。相对于买书而言，租书的钱自然要少，所以金陵劝学会的这种"出资租阅"的办法缓解了一些寒畯学子无书可读的困境。

(五)广州时敏学堂：对会员开放藏书

时敏学堂藏书楼创办于光绪二十四年(1898)，收藏的文献以经世致用的经济之书为主。中学之书除"四书""五经"之外，广购博采历代地理、历代掌故、本朝掌故、近代名臣奏议及时贤新著之书；西学之书则广购天算、地舆、格致、制造、政书、史志、交涉、公法、农矿、兵刑诸书。所有藏书均对会友开放："拟设借书部一卷，分送同人，俟捐款缴清，取有回条，再凭回条至学堂换借书凭部一本。凡借书还书，须据部到掌书处，给回收发字样。省城限三日为一期，四乡限十日为一期，上期还书，乃借下期，逾期不换，掌书催之。延至三期，永远不借，或有遗失污损一册者，酌议赔值，或令抄回三册。以上照全书原值赔偿，另购新本，其旧本仍充公籍。不赔者亦永远不借，不与会者不借。"②由此可见，时敏学堂详细规定了图书的借阅手续、借阅期限与赔偿办法，与其他学会藏书楼的规定有相似之处，不同的是它只对入会的会员开放藏书，非会员不能成为它的读者。

---

① 《金陵开劝学会》，见李希泌、张椒华《中国古代藏书与近代图书馆史料（春秋至五四前后）》，北京：中华书局，1982年，103页。
② 《时敏学堂章程》，见陈学恂《中国近代教育史教学参考资料》，上册，北京：人民教育出版社，1986年，410页。

(六)长沙南学会藏书处

长沙南学会创办于光绪二十四年(1898),是资产阶级改良派谭嗣同、唐才常等在湖南巡抚陈宝箴等的支持下组织成立的一个救亡御侮的政治组织。南学会设有藏书处,搜集古今中外有用之书,书籍来源多系捐助,捐书人姓名、捐书种数均在《湘报》上刊登。南学会略具地方藏书楼的规模,订立了《南学会藏书处章程二十四条》,在章程中明确规定:"广购古今中外重要图籍,庋置于藏书楼,其尤要者,多备数本,以便会友恣观。而会外人志切研读者,由会友官绅切实函保,经董事核准注册,给凭来看。"①南学会的藏书主要是对会友开放,此外,如果有官绅的担保,那么非会友也可以获得看书的资格。

以上这些学会藏书楼和学堂藏书楼是资产阶级维新改良派建立起来的新型藏书楼,与传统的藏书楼相比,有如下四点明显的不同。(1)在文献收藏方面,学会藏书楼和学堂藏书楼本着经世致用的目的,广泛搜集中西有用之书,除了择要收藏古代的经、史书籍,广为搜集西方的科学著作和翻译书籍外,还收藏当时出版的报纸。(2)在服务对象方面,学会藏书楼和学堂藏书楼开始面向社会,都不同程度地对社会开放,会友同人是藏书楼的主要服务对象,寒畯学子在一定的条件下若缴纳租金或有人担保,则也可以成为藏书楼的读者。(3)在服务方式上,大部分学会藏书楼和学堂藏书楼的藏书既可以阅览,也可以外借。(4)在图书管理方面,学会藏书楼和学堂藏书楼既明确了管理人员的工作职责,又对读者进行了一些约束,规定了图书的借阅手续、借阅期限与赔偿办法等。尽管学会藏书楼和学堂藏书楼的规模较小,服务范围较窄——读者以会友和学子为主,持续的时间也不长,但是比起传统的将藏书"秘不示人"的藏书楼,学会藏书楼和学堂藏书楼已

---

① 《南学会藏书处章程二十四条》,《湘报》第四十四、四十六号,光绪二十四年(1898)闰三月初六、初八出版,见汤志钧《康有为与戊戌变法》,北京:中华书局,1984年,221页。

经有了很大的进步:它们不同程度地对社会开放,初步开展了读者服务工作,使得读书之人又多了一些阅读之所。学会藏书楼和学堂藏书楼从根本上改变了中国几千年来封建藏书楼重藏轻用的传统,注重藏书的流通与利用,注重兼收西学新书和众多报刊。它们的出现,为近代图书馆事业的发展奠定了良好的基础。① 学会藏书楼和学堂藏书楼是传统藏书楼向近代图书馆过渡的重要标志,对近代图书馆的兴起起了很大的促进作用。②

四、公共藏书楼——有志学问之士的读书处

维新派进行的戊戌变法运动失败了,学会藏书楼和学堂藏书楼持续的时间也不长,尽管如此,维新派倡导的开放式藏书楼的思想却开始了"自上而下"的传播与发展。在维新派宣传西方图书馆思想观念及创办学会藏书楼和学堂藏书楼实践的影响下,一些地方士绅逐渐认识了新式藏书楼的意义和作用,并且开始在地方积极地宣传藏书楼的重要作用,倡导建立藏书楼。③ 此外,一些士大夫也积极地鼓吹新式藏书楼,宣传公共藏书楼思想,着手建立公共藏书楼。

(一)皖省藏书楼

较之京师、上海、广东等地,安徽省在维新变法前后一直比较封闭:"皖城虽号省垣,而人士多以擅长帖括闻,经世之学,讲求时寡。盖图籍之难购,讲肆之无人,风气未开,相率习焉安之。"④光绪二十六年

---

① 胡俊荣:《晚清三次社会变革与中国图书馆的近代化》,载《中国典籍与文化》,2000年第2期。
② 杨建东:《从鸦片战争到五四运动我国近代图书馆读者工作的发展》,载《山西图书馆学刊》,1982年第4期。
③ 程焕文:《晚清图书馆学术思想史》,北京:北京图书馆出版社,2004年,239页。
④ 《皖省藏书楼同人广告本省宦绅公启》,见蒋元卿《辛亥革命前的安徽藏书楼》,载《图书馆工作》,1987年第3—4期。

(1900)的义和团运动对安徽的地方官吏产生了较大的影响,是年,安庆府知府方坤五、怀宁县县令姚锡光"引以为忧,惩后惩前,思有以开通而倡导之,于是有创办凤鸣书院之议"①,以开通风气、消弭隐患。同年年底,开明士绅何熙年回到家乡,"略参管见,规划大略,付诸皖董,旋以议论哗然,阻挠者众,事遂半途而废"②。尽管凤鸣书院藏书楼受到顽固派的阻挠而半途而废,但是何熙年并未气馁,他决定改变策略,约集同志,在敬敷书院旧址上"创办书楼"③。为了消除众人的疑惑,他还积极地寻求地方官吏的支持,在皖省藏书楼开办前夕,"猥蒙方太守、姚直刺,各捐千金,以助其成。又为禀闻大宪,俯赐提倡,义声感孚,群情鼓舞"④。受此影响,无论本地士绅,还是外地士绅,都纷纷解囊,捐款资助。何熙年、潘世琛等皖绅利用捐款赴上海采购书籍、图画及器具,并于光绪二十七年(1901)二月二十二日租赁姚家口民房十八间,"暂行开办,庶几粗立规模,渐图开拓"⑤,并由"前署令姚令锡光颁到大人赐书'藏书楼'三字匾额"。至此,皖省藏书楼得以建立。

藏书楼建立以后,何熙年等人还商议制定了《皖省藏书楼开办大略章程十二条》。该章程较为全面地反映了何熙年等皖绅的藏书建设思想和公共藏书楼思想。章程的前三条内容都是关于藏书建设的:"一、本楼购置图籍,凡属有益经世之学,无论古今中外,均须随时增购,以供众览,庶备讲求实学转移风气之用。二、本楼图籍之外,旁及各报,无论旬报、日报,但非浅鄙狂妄之说,均当全年订阅,免蹈知古昧今之弊。三、本楼藏书概求实用,除理学为儒学正宗,词章亦文人要技,此项书籍自应备办外,其余琐碎之考据,猥鄙之词曲,古董之书画,

---

①②④ 《皖省藏书楼同人广告本省官绅公启》,见蒋元卿《辛亥革命前的安徽藏书楼》,载《图书馆工作》,1987年第3—4期。
③⑤ 何熙年:《皖省绅士开办藏书楼上王中丞公启》,见李希泌、张椒华《中国古代藏书与近代图书馆史料(春秋至五四前后)》,北京:中华书局,1982年,107页。

概不羼入。偶有捐赠,亦当璧谢,以昭划一,而免纷歧。"①在藏书建设方面,何熙年等皖绅坚持"有益经世"和"实用"的原则,本着这样的原则去收集古今中外之图书和各种报刊。皖绅对于"琐碎之考据,猥鄙之词曲,古董之书画"以及浅鄙狂妄之报刊,概不收录,即使有人捐赠,也要婉言谢绝。何熙年等人说明了藏书的目的是"以供众览,庶备讲求实学转移风气之用"。在章程中,何熙年等皖绅特别强调藏书楼的公开性和公益性:"本楼虽设皖城,而同人创办之意,本以公益为主,但使有志学问之士,无论何省籍贯,均许来楼阅抄,以化畛域。惟不得违越本楼定章。"②从这个规定来看,皖绅主张的藏书楼宗旨是以公益为主,打破地域界限,不仅对皖省有志学问之士开放,而且还向外省的有志学问之士开放,这是典型的"大公"的藏书楼思想。此外,为了保证书刊的长远保存,章程明确规定了所藏书刊只供阅览而不许携出,损坏图书也要赔偿,"庶以免残失而保久远"③。

皖绅开办藏书楼是一种自下而上的自觉行为,更能获得地方士绅的认同和响应。"义声感孚,群情鼓舞",特别是县令姚锡光赐书"藏书楼"三字匾额的时候,"士绅传播,欢迎无量",表现了士绅对创办藏书楼的极大热情。皖省藏书楼的创办和公共藏书楼思想的宣传在社会上产生了较为广泛的影响。(1)皖省藏书楼引起了士人的关注。虽然皖绅在创办皖省藏书楼的过程中采用的是较为低调的做法,"创设以来,除第一期诸官绅捐款外,从未以只词片牍,募捐于人"④。但是,皖绅在《汇报》上刊登过《皖省绅士开办藏书楼上王中丞公启》及附录《皖省藏书楼开办大略章程十二条》和《皖省藏书楼同人广告本省宦绅公启》,引起了士人对皖省藏书楼的普遍关注。在藏书楼创办之初,有志学问之士,

---

①② 《皖省藏书楼开办大略章程十二条》,见李希泌、张椒华《中国古代藏书与近代图书馆史料(春秋至五四前后)》,北京:中华书局,1982年,108页。
③④ 《皖藏书楼启》,见蒋元卿《辛亥革命前的安徽藏书楼》,载《图书馆工作》,1987年第3—4期。

"来楼探询续捐姓氏、开办日期者,踵趾相接",以至皖绅又在《汇报》上刊登《皖藏书楼启》,重申"除俟与捐款诸公妥议章程、刊刻开办外,倘蒙赐教匡正,敬祈函寄皖省拐角头藏书楼收,当即具复"①。人们由此可见皖省藏书楼"义声感孚,群情鼓舞"以及"士绅传播,欢迎无量"之一斑。(2)士人积极地传播皖绅的公共藏书楼思想。在高度关注皖省藏书楼的同时,士人还积极地传播皖绅的公共藏书楼思想,《广藏书说》即是士人对皖绅公共藏书楼思想的认同和推广。《广藏书说》首先认同了皖绅所言藏书楼可以"开通风气、消弭隐患"的观点,认为:"夫世之牖民智而兴民学者,莫善于书。书可以知天文,可以察地理,可以辨物态,可以觇人情,可以审是非正邪之宜,可以鉴治乱兴亡之迹。"②为了说明皖绅开办藏书楼的意义,《广藏书说》传承郑观应的观点,进一步阐述了开办公共藏书楼的必要性:"……香山郑观应有慨乎此,曾作《藏书说》,刊入所著《盛世危言》中,谓宜令各直省,宽筹经费,分设于书院,于府厅州县,购贮中外有用之书。无论寒儒博士,领凭入院,即可遍读群书。常年派员专管,有新书出,随时添购。使中国诚行是说,将所牖民智而兴民学者,必有成效之可观。无如各直省之官若绅,不遑及也。"③另外,《广藏书说》特别重视皖绅以"官助绅成"的方式开办公共藏书楼:"余谓藏书一事,莫非官若绅分内事也。特官忙而绅闲,官暂而绅久,故虽赖官以创其始,仍必赖绅以持其终。至于一切章程,有西法在,尽可择善而从。"④因此,可以说《广藏书说》是士人宣传公共藏书楼思想的重要文章,其在传播与推广皖绅公共藏书楼思想方面起到了很大的作用。蒋元卿评价《广藏书说》时说:"这篇铿锵有声的文章,在当时起了推动作用,引起官府的重视。"⑤

---

① 《皖藏书楼启》,见蒋元卿《辛亥革命前的安徽藏书楼》,载《图书馆工作》,1987年第3—4期。
②③④ 《广藏书说》,见蒋元卿《辛亥革命前的安徽藏书楼》,载《图书馆工作》,1987年第3—4期。
⑤ 蒋元卿:《辛亥革命前的安徽藏书楼》,载《图书馆工作》,1987年第3—4期。

尽管皖省藏书楼存续的时间不长，大约只有三年的时间，但是皖省藏书楼的创办开了行省建立公共藏书楼的先河，而且皖绅创办皖省藏书楼的时间处在维新变法时倡导"设大书楼"和清末新政时期各省普遍设立公共图书馆之间，皖绅的藏书楼活动和藏书楼思想具有承上启下的重要历史意义，对晚清公共藏书楼的设立也具有一定的推动作用。① 陈洙在光绪三十二年（1906）写的《上海格致书院藏书楼书目序》中曾倡导各省士大夫"援安庆藏书楼、古越藏书楼之例，遍设于各省、府、厅、州、县、城镇"②。

（二）古越藏书楼

古越藏书楼由浙江绍兴徐树兰创办。徐树兰（1837—1902），字仲凡，号检庵，光绪二年（1876）举人，授兵部郎中，又输资为候选知府、补用道花翎盐运使，一品封职。后因母亲生病而辞官还乡，不再任职。光绪二十三年（1897）他在绍兴创办"中西学堂"，延请中西教习，教授译学、算

古越藏书楼③

---

① 程焕文：《晚清图书馆学术思想史》，北京：北京图书馆出版社，2004年，242页。
② 陈洙：《上海格致书院藏书楼书目序》，见李希泌、张椒华《中国古代藏书与近代图书馆史料（春秋至五四前后）》，北京：中华书局，1982年，503—504页。
③ 傅璇琮、谢灼华：《中国藏书通史》，宁波：宁波出版社，2001年。

学、化学,影响较大。徐氏家族,"世多贤者,藏书亦有名于时"①。受维新派开放式藏书楼思想的影响,光绪二十六年(1900),徐树兰倡议"举其累世之藏书,楼以庋之,公于一郡"②,开始筹设绍兴古越藏书楼。光绪二十八年(1902),古越藏书楼落成,次年(1903)正式开放。③

徐树兰在记述创办古越藏书楼的情况时说:"职不揣绵薄,谨捐银八千六百余两,于郡城西偏购地一亩六分,鸠工营造,名曰古越藏书楼,以为藏书之所。"④古越藏书楼共四层,前面三层作为书库收藏书籍,中层大厅作为阅书室,里面备有阅览桌椅及其他器物。藏书源于两部分,一是徐树兰悉数捐入的家藏经史大部及一切有用之书,二是购买的译本新书及报刊。古越藏书楼共计收藏图书七万余卷,而且延聘通人,分门排比,共编目三十五卷。从建造藏书楼,到购买图书及阅览桌椅等,共计花费白银三万二千九百六十余两,日常运转经费为大洋一千元,所有这些经费都由徐树兰"自行捐备"⑤。作为一名地方士绅,徐树兰能够不惜巨资创办"公于一郡"的古越藏书楼,确实难能可贵。徐树兰没有等到古越藏书楼的正式对外开放,于光绪二十八年(1902)去世,但是他不仅创办了继皖省藏书楼之后我国第二个开放式公共藏书楼,而且给后人留下了宝贵的公共藏书楼思想和观念。

徐树兰创办古越藏书楼时参照东西各国规制,拟定了《古越藏书楼章程》。《古越藏书楼章程》共分名称、宗旨、藏书规程、管理规程、阅书规程、杂规和附则等 7 章 30 节,其中,"阅书规程"共 15 节,内容涉及服务对象、图书阅览手续、藏书楼的开放时间、阅览以外的特殊服务

---

① ② 张謇:《古越藏书楼记》,见李希泌、张椒华《中国古代藏书与近代图书馆史料(春秋至五四前后)》,北京:中华书局,1982 年,111 页。
③ 程焕文:《晚清图书馆学术思想史》,北京:北京图书馆出版社,2004 年,256 页。
④ 徐树兰:《为捐建绍郡古越藏书楼恳请奏咨立案文》,见李希泌、张椒华《中国古代藏书与近代图书馆史料(春秋至五四前后)》,北京:中华书局,1982 年,112 页。
⑤ 徐树兰:《为捐建绍郡古越藏书楼恳请奏咨立案文》,见李希泌、张椒华《中国古代藏书与近代图书馆史料(春秋至五四前后)》,北京:中华书局,1982 年,113 页。

等方面。(1)《古越藏书楼章程》明确了藏书楼的服务对象。古越藏书楼的创办目的是"以备合郡人士之观摩",因此,藏书楼的服务对象很广,凡是愿意阅览图书的,不分高低贵贱,不需铺保押金,只要遵守《古越藏书楼章程》,都可以成为古越藏书楼的读者,免费利用古越藏书楼的书刊:"凡愿阅书者,须先阅本楼章程,若愿守定章,请先至司事处,以姓名、别篆、住址及今日欲观某书报明……"①(2)《古越藏书楼章程》规定了严格的图书阅览手续。阅书人在阅读与了解藏书楼的章程之后,到司事处报告自己的姓名、别号、住址及所需书刊名称。司事在号簿上登记清楚之后,给阅书人发书单一张及对牌一块。阅书人将发书单与对牌交给监督,监督把发书单交给司书,司书负责取书交给阅书人,对牌则存放在监督处,待阅书人将原书交还之后,监督再将对牌还给阅书人。阅书人把对牌还给司事之后方可出门。所谓对牌,就是阅览凭证:"对牌六十号,每号三块,以古越藏书楼图记印于骑缝,上块永存监督处,下块永存司事处,中块于领书时凭此发书,于还书后凭此出门。"②由于古越藏书楼的阅览室只有六十个阅览座位,所以每天仅备对牌六十号。如果号牌发完,座位已满,就得排队等候:"待六十人中有一人交还对牌出外者,即给对牌入内领书。如待者不止一人,则以登号簿先后为次。"③(3)古越藏书楼的开放时间很长。在一些节日、假日,古越藏书楼要关门谢客:"恭届万寿圣节、孔子生日、夏至、冬至及房虚星卯日皆停阅一日。元宵、端午、中秋,停阅二日,前一日及本日。清明停阅五日,前二日后二日及本日,腊月由祀灶日起至新正初五日皆停阅。"一年之中,古越藏书楼只关门二十余天,其余时间都对外开放,全年共开放三百三十余天。开放的具体时间为"每日阅书,

---

①②③ 徐树兰:《古越藏书楼章程》,见李希泌、张椒华《中国古代藏书与近代图书馆史料(春秋至五四前后)》,北京:中华书局,1982年,116页。

上午九点钟起,十一点钟止,下午自一点钟起,五点钟止"①。(4)古越藏书楼为读者提供饮食服务。为了给阅书人提供方便,藏书楼在提供藏书阅览服务之外,还承办阅书者的膳食,免费供应茶水,"阅书者如欲用膳,其膳资理宜自备。本楼雇有庖丁,亦可承办。惟须本人自与庖丁面订。欲用早膳,宜前一日向庖丁预订,欲用午膳、晚膳,宜早晨向庖丁预订……阅书者如欲饮茶吸烟,宜自备。惟茶由本楼供应,不用者听。"古越藏书楼提供的饮食服务给阅书人带来了很大的方便,使阅书人有充裕的时间待在藏书楼里看书学习。

总之,徐树兰的公共藏书楼思想与众不同,既糅合了古代藏书的一些优良传统,又具有前瞻性与先进性,烙上了时代的印记。古越藏书楼在性质上与旧的封闭式藏书楼大不相同,它以公开阅览、公共使用为目的,给所有愿意读书的好学之士提供了就读之所。

(三)刘光汉的新式藏书楼

刘光汉(1884—1919)本名师培,字申叔,号左庵、光汉,江苏仪征人。他于光绪二十八年(1902)中举人,次年进京参加会试,名落孙山,途经上海,结识章太炎、蔡元培等革命党人,改名光汉。光绪三十年(1904)刘光汉任《警钟日报》主笔,参加光复会。光绪三十二年(1906),刘光汉在《国粹学报》第二年丙午第七号上发表了题为《论中国宜建藏书楼》的文章,主张在中国建立新式藏书楼。《论中国宜建藏书楼》一文反映了刘光汉的公共藏书楼思想。(1)各地需建立新式藏书楼。刘光汉批判了中国古代藏书的弊病:以书籍自私,多以藏庋相高,不复公之于天下。在此基础上,刘光汉提出了建立新式藏书楼的思想。他认为要向外国人学习,参考他们图书馆的做法,在中国设立新式藏书楼:"今考东西各邦,均有图书馆。官立、公立、私立,制各不同。上而都畿,下

---

① 徐树兰:《古越藏书楼章程》,见李希泌、张椒华《中国古代藏书与近代图书馆史料(春秋至五四前后)》,北京:中华书局,1982年,116页。

而郡邑，咸建阁庋书，以供学士大夫之博览。今宜参用其法，于名都大邑设藏书楼一区，以藏古今之异籍。"①(2)各州邑需普编书籍志。鉴于藏书楼的建立存在一些困难，如征求书籍的困难、经费的困难与书籍真伪审定的困难，刘光汉建议各个州邑普编书籍志："故欲建藏书楼，必先令一州一邑普编书籍志，博采旁收，悉著簿录，他日按簿而稽。见存之籍，则檄郡邑上其书，秘异之编，或命写官录其副。"刘光汉建议普编书籍志，弄清现有藏书的分布情况之后，再按簿而稽图书。他的这种想法确实不乏新意，但是"普编书籍志"费时费力，不切实际，难以如愿。(3)各地需建立开放式藏书楼，增加学者之见闻，最终达到爱国保土的目的。刘光汉主张藏书楼建成以后，即对外开放："及简编既备，栋宇落成，然后条列部目，按类陈列。典籍得其人，阅书定以时，以供专门之寻绎，以扩学者之见闻。"②阅书人在藏书楼里能够增长学识与见闻，此外，他们熟读诗书之后还可以萌生爱国保土之情："若能诵诗说书，知人论世，抒怀旧之蓄念，发思古之幽情，爱国之心既萌，保土之念斯切。国学保存，收效甚远。"③

刘光汉的新式藏书楼思想是对鸦片战争以来维新人士的公共藏书楼思想的继承与发展，具有一定的积极意义，特别值得一提的是他意识到了藏书楼与阅书人的关系，直接指明了藏书楼的开放给阅书人带来的益处。

---

①②③ 刘光汉：《论中国宜建藏书楼》，见李希泌、张椒华《中国古代藏书与近代图书馆史料（春秋至五四前后）》，北京：中华书局，1982年，121页。

第二节 书　院

书院藏书区别于官府藏书和私人藏书的最大特点就是它的公共性与开放性明显,其收藏的目的不在于为藏而藏,不在于独自鉴赏,而在于供人借阅、研习与诵读。因此,书院作为读书人的阅读去处,一直受到他们的青睐。

嵩阳书院藏书楼①

一、书院的藏书与读者

历经唐宋元明,迄至清代,书院的藏书事业形成了浩然盛大之势,大小书院都藏有图书,②大者专设藏书楼,小者也广征书籍。同治、光绪年间,社会政治、经济发生了很大的变化,与社会的发展相适应,加

---

① 傅璇琮、谢灼华:《中国藏书通史》,宁波:宁波出版社,2001年。
② 邓洪波:《清代书院的藏书事业》,见朱汉民、李弘祺《中国书院》,长沙:湖南教育出版社,1997年,79页。

上教会书院所带来的影响，书院的藏书事业开始了近代化进程。这首先表现在书院的藏书结构与内容发生了一些变化：书院除了收藏传统的经、史、子、集四部书籍以外，还收藏反映洋务、时务的新学书籍。上海龙门书院同治年间收藏的166种图书皆为传统典籍，到了光绪年间该书院增加了171种图书，其中，新学图书有110种。最典型的还是上海格致书院，它从创办伊始，就计划收藏西学文献："院中陈列旧译泰西格致诸书、各种史志、上海制造局新译诸书、各处旧有及续印新报、西国文字各种格致机器新旧之书、格致机器新报、机器新式图册，以及天球、地球、各种机器小样、天文仪器、化学各器、格致入门各器、五金矿石各样。又备中国经史子集，以期考古证今，开心益智，广见博闻。"①至光绪三十三年(1907)，上海格致书院藏书1215种45631卷，分为经、史、子、集、丛书、东西学六大部类，其中东西学书籍有415种，约占总数的34.2%。书院注意收集各国作者的书籍，除了收藏日本人、朝鲜人、越南人撰写的图书之外，还收藏西方人编撰的书籍，如开封大梁书院收藏有美国人谢卫楼著的《万国通鉴》、英国人麦丁富得力编的《列国岁计政要》、德国人瑞乃尔译的《德国武备操学》等几十部西方人的著作。② 西方作者及其所介绍的西方文化等方面的知识，使书院藏书散发着浓烈的近代化气息。③ 就文献类型来说，书院不仅收藏图书，还收藏报纸、杂志，如厦门博闻书院购买《万国公报》《京报》《申报》《中西闻见录》与《香港日报》等。可以说，书院兼收古今中外书籍报刊，反映了书院对新学的追求，便于读者掌握旧学新知。

---

① 《拟举办格致书院上李伯相禀稿》，载《申报》，1874年11月11日。
② 据李颖统计，大梁书院收藏92部外国人著作，其中，英国人的66部，美国人的14部，普鲁士人的5部，日本人的5部，德国人的1部，比利时人的1部。参见李颖：《近代书院藏书考》，载《图书与情报》，1999年第1期。
③ 邓洪波：《清代书院的藏书事业》，见朱汉民、李弘祺《中国书院》，长沙：湖南教育出版社，1997年，94页。

其次,读者范围进一步扩大。一般来说,书院藏书以本院师生为服务对象,院内师生成了书院藏书的读者。书院的生徒少则几十、几百,多则数千,因而书院藏书的读者众多。① 到了晚清,一些维新派人士和地方士绅极力呼吁藏书对外开放,亲自创办公共藏书楼,使更多的读书人受益;少数私人藏书楼也对外开放,惠及更多的读书人。在这种情况下,部分书院也进行了变革,将读者的范围进一步扩大,使得书院藏书的"公共性"日渐显扬。② 读者范围的扩大有以下几种情况。一是读者由书院师生扩大到书院管理人员。如惠州丰湖书院《借书约》规定:"管理书藏之绅士及董事,许其借书。"二是读者由院内人员扩大到院外人员。如益阳箴言书院《规制》载:"凡院外之人愿读某书者,自具薪水蔬油来院,呈明监院,限以日月而借之。"江宁(今南京)惜阴书院将服务对象扩大到本地所有的读书人:"俾本籍士子之无书者得诣书院借读。"③三是书院放宽限制,将读者范围扩大到所有人。厦门博闻书院规定,除了工匠仆役及粗俗轻浮下贱之人,厦地仕宦绅商文雅之士也可领取执照(按:读者证)入院看书。上海格致书院将读者的范围放得更宽,凡遵约登楼观书者都在欢迎之列,几乎没有任何的限制。书院藏书读者范围的扩大进一步提高了藏书的利用率,扩大了书院的影响。

二、书院的开放时间

书院藏书定时对外开放,开放时间都很长,一般来说,书院每年开放约十个月。当然,书院在放假期间不开放。每个月的开放次数,各个书院并不相同。有的十天开放一次,有的五天开放一回。湖南省浏

---

① 罗春兰:《试论中国古代书院的图书馆要素》,载《图书馆工作与研究》,1993年第4期。
② 邓洪波:《中国书院藏书的借阅制度》,载《江苏图书馆学报》,1998年第4期。
③ 同治《上江两县志》,卷十二《考·艺文上》。

阳县洞溪书院《领借藏书章程》规定："领书期，斋外限每月初一、十五日，斋内限以每旬逢一、五日，经管人如期守候收发，即或有事外出，须请慎重人代理，毋得致误。"①清末，一些教会书院、受教会影响的书院，其藏书的开放时间更长，如《上海格致书院藏书楼观书约》规定："每日午后二句钟起至五句钟，晚刻七句钟起至九句钟半止，礼拜日停阅。""每年正月二十外开楼，十二月二十内闭楼，停夏一月，均预期登报周知。"②格致书院每年的开放时间也有十个多月，每月二十八天左右，每天五个半小时。厦门博闻书院规定："定于每日早晨十点钟开门，以日没之时关门，天长约以六七点钟为度，天短约以五六点钟为度。"③书院的开放时间很长，给读者提供了很大的方便，使他们有充裕的时间饱读书院藏书，获取所需知识。

三、书院的借阅规定

书院藏书来之不易，且数量有限，为了保证藏书得到充分利用，也为了维护每个读者的利益，一些书院制定了专门的图书管理方面的规章制度，对于借书限额、借阅期限、借阅手续、违约罚则等做了详细的规定。

(一) 借书限额

书院藏书数量有限，对读者实行限额借书。一次借书数量或五本、八本、十本，或一种、三种，或五卷、十卷，各个书院的规定都不相同。河南开封大梁书院规定："每次取书，每人只许一种，不得过五

---

① 罗汝廉：《浏东洞溪书院志》，卷上《领借藏书章程》，见邓洪波《中国书院藏书的借阅制度》，载《江苏图书馆学报》，1998年第4期。
② 《上海格致书院藏书楼书目》，光绪三十三年(1907)商务印书馆代印本。
③ 《光绪元年六月驻厦门泰西各国仕商启事》，见邓洪波《中国书院藏书的借阅制度》，载《江苏图书馆学报》，1998年第4期。

卷。"①江苏兴化文正书院根据图书卷数的多少确定每次借阅的数量："卷数繁简不一，简者准取全册，繁者每取十本，挨次取阅，阅毕即还。"②一般来说，书院的图书只允许读者借走而不供应读者就地阅览，但是到了清末，也有书院设置了阅览室，将借阅分开，如于湖中江书院规定类书与善本书只能在藏书楼中阅览，不得借出，而普通书则可以借至斋舍中研习诵读。上海格致书院专门设立报刊阅览室，供人浏览日报、月报与教报。

(二)借阅期限

为了维护每个读者的利益，加快图书的流通，提高图书的利用率，书院规定了图书的借阅期限，多数书院定为10天或15天。开封大梁书院规定读者所借图书"至迟十日交还，不得逾期"③。兴化文正书院规定："无论在院、不在院，极迟以半月为限。逾限者下次不准再取。"④浏阳洞溪书院则根据住院者和不住院者的差别规定了不同的借阅期限："斋内准一次领某部几本，限五日缴还，依次再领。斋外准一次领某部几本，限半月缴还。"⑤

(三)借阅手续

书院藏书的借阅手续较为简单，但是各个书院的做法有些差异。有的开具领条，凭条借阅书籍。如浏阳洞溪书院规定："凡领书看者，宜书领条，由经管给发……无论斋内外人等，未书领条，不得擅行携去翻阅，以免遗失……领书条式，须写某人某月某日领某书。"⑥有的书院办理"执照"，凭照看书。厦门博闻书院规定："凡厦地仕宦绅商文雅之士，有志欲来本书院观看各书报者，须向司理书院董事取给执照，方

---

① ③ 《大梁书院藏书目·藏书阅书规则》，见李希泌、张椒华《中国古代藏书与近代图书馆史料(春秋至五四前后)》，北京：中华书局，1982年，74页。
② ④ 《兴化文正书院藏书目·藏书凡例》，见李希泌、张椒华《中国古代藏书与近代图书馆史料(春秋至五四前后)》，北京：中华书局，1982年，76—77页。
⑤ ⑥ 罗汝廉：《浏东洞溪书院志》，卷上《领借藏书章程》，见邓洪波《中国书院藏书的借阅制度》，载《江苏图书馆学报》，1998年第4期。

可出入。"①开封大梁书院则设立阅书簿登记借阅图书情况:"书院置一阅书簿,交司书吏收执。凡肄业生欲阅书者,必邀同斋长一人告司书吏检取,于簿书内记明某月某日取某书几卷几本、某生阅、斋长某人,各于名下书押。"②

(四)违约处罚

为了对书院藏书进行保护,确保书院藏书的长久流通,书院规定对违规读者需进行必要的处罚。书院明文规定,凡污损、遗失书籍者,必须赔偿损失。兴化文正书院规定:"倘有墨污,擅加丹黄,以及卷页缺少破损折绉,由斋长检点后,照原书计价赔罚。"③开封大梁书院的规定更加严格,无论是读者,还是图书管理人员,书籍如有损失,则都"势须购补,否则,累及斋长"④。安徽于湖中江书院对在书上乱涂乱画的读者处以取消借书资格的惩罚,对私自换书者处罚得更重:"如有古刻珍秘之本,阅者不得以近刻之本换出,如有更骛,罚从夺牛。"⑤此外,为了维护阅览秩序,有的书院如上海格致书院禁止吸烟与喧闹:"凡观书时,不宜喧扰,不准吸烟。"⑥

可以说,书院的有关借阅规定对每一位读者都是公平的,任何人都不得违反,否则要受到相应的处罚。换句话说,读者只要遵守了这些借阅规则,就可以自由地利用书院的藏书。

---

① 《光绪元年六月驻厦门泰西各国仕商启事》,见邓洪波《中国书院藏书的借阅制度》,载《江苏图书馆学报》,1998年第4期。
②④ 《大梁书院藏书目·藏书阅书规则》,见李希泌、张椒华《中国古代藏书与近代图书馆史料(春秋至五四前后)》,北京:中华书局,1982年,74页。
③ 《兴化文正书院藏书目·藏书凡例》,见李希泌、张椒华《中国古代藏书与近代图书馆史料(春秋至五四前后)》,北京:中华书局,1982年,77页。
⑤ 《安徽于湖中江书院藏书目·募捐书籍并藏书规条》,见李希泌、张椒华《中国古代藏书与近代图书馆史料(春秋至五四前后)》,北京:中华书局,1982年,72页。
⑥ 《上海格致书院藏书楼书目》,光绪三十三年(1907)商务印书馆代印本。

第三节 图 书 馆

图书馆最先由传教士创办,是国人观察、了解西方近代图书馆的窗口,随着时间的推移,图书馆渐渐被国人接受,从而兴起了一场轰轰烈烈的建立公共图书馆运动。图书馆的出现为阅读者提供了新的读书场所和新的读书环境,受到了各界人士的欢迎。

一、传教士创办的图书馆

传教士最早将西方的图书馆观念介绍到中国。程焕文称:西方图书馆观念在中国的传播可以追溯到明末清初西学开始大规模输入中国时期,即自16世纪利玛窦东来到18世纪中叶耶稣会在中国遭禁止和在欧洲被解散之间。[1] 最早向中国介绍西方图书馆的是艾儒略,他是意大利耶稣会传教士,他在中文译著《职方外纪》中介绍了欧洲国家的图书馆情况,向中国传播了西方图书馆观念,即官设图书馆观念和"公共"图书馆观念:"其都会大地,皆有官设书院,聚书于中,日开门二次,听士子入内抄写诵读,但不许携出也。"艾儒略介绍的这两种观念在明代是非常先进的图书馆观念,可是并没有引起时人的重视。鸦片战争以后,西方传教士继续著书立说介绍西方图书馆和传播西方图书馆观念。英国传教士马礼逊父子合著的《外国史略》介绍了葡萄牙、荷兰、法国等国的藏书和图书馆,如荷兰:"国内大开书院,学士云集,讲

---

[1] 程焕文:《晚清图书馆学术思想史》,北京:北京图书馆出版社,2004年,53页。

术艺,小学馆二千八百余处,大学院四处,皆聚印翻译之书。"①美国传教士裨治文的《美理哥合省国志略》、美国传教士戴德江的《地理志略》、英国传教士莫维廉的《地球全志》分别介绍了欧美国家的图书馆情况,宣传了西方图书馆的观念。如《地理志略》介绍"欧罗巴"(欧洲)的情况:"各处人民性情灵敏,知礼达义,开设学堂,不识字者甚少,著书籍,印新报,立阅书室,看画阁,俾人随意观览,以广见闻。"②《美理哥合省国志略》载:"故设一会所,逢礼拜日教人,内藏书极多,如不在者,亦可借回家自习,至礼拜日复送回。"③尽管西方传教士对西方图书馆的介绍颇为简略,却是晚清中国人认识西方图书馆和了解西方图书馆观念的最原始和最珍贵的材料,对中国人了解西方图书馆和图书馆观念具有较大的帮助。

西方传教士多聚集在上海,他们将上海作为传教和进行文化学术活动的中心,因此,他们创办的图书馆也主要集中在上海,主要有以下几个。

(1)徐家汇天主堂藏书楼。道光二十七年(1847)二月,天主教耶稣会会士南格禄委派梅德尔司铎在上海徐家汇购地一方,建筑耶稣会修院总院。同年六月总院竣工后,耶稣会传教士遂从青浦横塘的临时寓所移驻徐家汇,并开始搜集图书以备参考,此为徐家汇天主堂藏书楼的雏形和起始。④ 此后,耶稣会会士不断搜集与购买中西要籍,使得徐家汇天主堂藏书楼的藏书渐臻完备。徐家汇天主堂藏书楼共有两层书库,分别收藏中西文书刊。中文书库收藏中文书刊:"列架一百

---

① 马礼逊:《外国史略》,见王锡祺《小方壶斋舆地丛钞补编再补编》,第十二帙,杭州:杭州古籍书店,1985年,27页。
② 戴德江:《地理志略》,见王锡祺《小方壶斋舆地丛钞补编再补编》,第十二帙,杭州:杭州古籍书店,1985年,8页。
③ 裨治文:《美理哥合省国志略》,见魏源《海国图志》,卷五十九,光绪二年(1876)平庆泾固道署重刊本。
④ 胡道静:《上海图书馆史》,上海:上海市通志馆,1935年,57页。

余,每架十二格,分列经、史、子、集、丛书、圣教书,共约120000册……中籍中以地方志搜集得最多,居公藏书方志第五位……方志以外,收藏著名报纸杂志亦很完备:《申报》《新闻报》《时报》《东方杂志》、耶稣会所出各种期刊以及关于教育方面的多种杂志都保存着自创刊号起。"①西文书库收藏希腊、拉丁、法、英、德等文字图书、百科字典及重要杂志共约80000册。徐家汇天主堂藏书楼藏书丰富,它是上海天主教图书馆中最大的一所。

(2)工部局公众图书馆。该图书馆源于道光二十九年(1849)上海租界的西方侨民自发组织的一个"书会",后来该书会不断壮大,到咸丰元年(1851)改称"上海图书馆",至咸丰四年(1854),已收藏图书1276册,报纸和杂志30余种。该书会由于经费拮据,所以经常向工部局寻求支持,并逐渐由"私立"转向"公共",大约于20世纪20年代末30年代初正式更名为"工部局公众图书馆"。②

(3)亚洲文会北中国支会图书馆。该馆是同治十年(1871)英国传教士伟烈亚力在上海创办的,基本藏书源于伟烈亚力个人收藏的718卷图书和小册子以及该会已有的一些书籍,总量约为1300卷。该馆尽管规模不大,但是被称为"中国境内最好的东方学图书馆"。③

(4)圣约翰大学罗氏图书馆。该馆是美国圣公会传教士在上海创办的一所教会学校图书馆,发轫于光绪二十年(1894)创办的约翰中学藏书室。光绪三十年(1904)秋,藏书迁入新落成的思颜堂,遂用捐助者纽约罗氏的名字命名为罗氏藏书室。宣统三年(1911)秋,罗氏藏书室又迁移至新购的兆丰园,至此,该馆收藏英文图书5000余册,中文图书394部4432本。

---

① 胡道静:《上海图书馆史》,上海:上海市通志馆,1935年,57—59页。
② 程焕文:《晚清图书馆学术思想史》,北京:北京图书馆出版社,2004年,79页。
③ 胡道静:《上海图书馆史》,上海:上海市通志馆,1935年,45页。

(5)格致书院藏书楼。光绪二十七年(1901),格致书院西董傅兰雅等发起成立格致书院藏书楼,并且聘请监理会潘慎文牧师任主持,安排华人徐楚亭协助处理日常事务。藏书楼的创办目的是促进中国教育的进步。该藏书楼主要收藏中文书籍,"藏书都是中文的,其中三分之二是四部旧籍,余为东西学译本书"[①]。该藏书楼藏书规模较小,至光绪三十三年(1907),只有藏书1400种,报章24种。

(6)文华公书林。武昌文华大学是美国圣公会创办的一所教会学校。光绪二十四年(1898)美国人韦棣华女士来武昌探亲,正巧遇上该校缺乏师资之情形,遂被聘为该校的英文教师。她鉴于文华大学图书馆规模太小,馆藏缺乏,遂于光绪二十九年(1903)正式创办了"公书林",寓"公之于众"之义。

西方传教士创办的图书馆大都具备开放型特点。徐家汇天主堂藏书楼的藏书本来专供耶稣会会士研究参考之用,后来借阅范围有所延展,"凡教会中人,或由教会中人介绍,经藏书楼主管司铎同意后,亦可入内阅览,但为数极少"[②]。工部局公众图书馆"为谋公众之广大的利益,努力于造成此图书馆如'公开的书林'之情况",并且规定:"全日开放本图书馆成一公共阅览室,介于晨九时至晚七时之间。"[③]亚洲文会北中国支会图书馆的服务对象仅限于会员。圣约翰大学罗氏图书馆是上海最早的学校图书馆,供学生使用,并开架借阅。格致书院藏书楼并非专供洋人使用,也向中国人开放,这就使得中国人有机会接触外国人在中国创办的图书馆。文华公书林具有大学图书馆和公共图书馆的双重性质,既对文华大学的师生开放,同时又对社会公众开放,还举办演讲会、读书会、故事会和音乐会等活动,以吸引读者上门

---

① 胡道静:《上海图书馆史》,上海:上海市通志馆,1935年,47页。
② 葛伯熙:《徐家汇藏书楼简史》,载《图书馆杂志》,1982年第2期。
③ 《工部局公众图书馆——前上海图书馆》,见李希泌、张椒华《中国古代藏书与近代图书馆史料(春秋至五四前后)》,北京:中华书局,1982年,515页。

读书。传教士开办的图书馆虽然规模不大,但是都对外开放,供人使用,发挥了图书馆藏书的作用,得到了时人的好评。光绪三年(1877)二月初八的《申报》载文说:"本埠西人设有洋文书院,计藏外国书约有万卷,每年又添购新书五六百部。阅者只须每年费银十两,可随时取出披阅,阅毕缴换,此真至妙之法也。"①

总的来看,西方传教士抱着强烈的个人动机,以宗教研究和传播为主要目的在华创办图书馆,这具有鲜明的殖民主义色彩。但是,这些图书馆是中国第一批新式图书馆,在时间上比中国人自办的近代图书馆早半个世纪左右,具有开风气之先的作用。② 在晚清特殊的历史条件下,西方传教士创办的图书馆带来了西方新式图书馆的思想和观念,成为中国人观察和了解西方近代图书馆的窗口,开阔了中国人的眼界,让中国人见识了西方新式图书馆的管理模式和先进技术,从而动摇了中国古代藏书楼的封建基础,客观上推动了中国图书馆的近代化。③ 西方传教士创办的图书馆对外开放,供人利用,从这个意义上来看,西方传教士创办图书馆的活动促进了中国古代藏书楼向近代图书馆的转变。

二、国人创办的公共图书馆

鸦片战争以后,先进的中国人开始踏上向西方学习的艰难之路,林则徐和魏源提出"师夷长技以制夷"的思想,主张学习外国的长处,以对付外国的侵略。林则徐编辑了《四洲志》,魏源编辑了《海国图志》,在他们编译西方文献介绍"夷情"时,艾儒略的有关西方图书馆的记述也被重新发掘出来,而且其对官僚、士大夫以及学者的思想观念

---

① 《藏书便读》,载《申报》,1877 年 3 月 22 日。
② 康建强:《浅析清季新型图书馆兴起的条件与原因》,载《图书馆工作》,2002 年第 3 期。
③ 胡俊荣:《西方传教士对中国近代图书馆的影响》,载《图书馆》,2002 年第 4 期。

产生了一定程度的影响。林则徐和魏源是最早提倡学习西方图书馆的人,开辟了中国人认识西方图书馆的最初道路。① 林则徐和魏源等对西方国家及图书馆的介绍让国人开了眼界。第二次鸦片战争的失败,使一些具有改革意识的官僚士大夫与知识分子义愤填膺,亟思救国之策,他们开始走出国门,到欧美、日本等国学习与游历。继容闳于道光二十七年(1847)留学美国之后,王韬等游历欧美,郭嵩焘等出使泰西。尽管他们的出国目的主要是学习西方的科学文化和政治思想,而不是图书馆学,但是他们自觉或不自觉地接触了西方图书馆和西方的图书馆观念,并以文字的方式记载和介绍了西方的图书馆和西方的图书馆观念。② 王韬记述欧洲图书馆时说:"法国最重读书,收藏之富殆所未有。计凡藏书大库三十五所,名帙奇编不可胜数。"③他又说:"都中藏书之库林立,咸许人入而览观……都中人士,无论贫富,入而披览诵读者,日有数百人,然只许在其中翻阅,不得携一卷一篇外出,其例綦严。"人们通过这些文字可以看出王韬对西方图书馆的深刻认识与感受。郭嵩焘考察了巴黎图书馆、英国大学图书馆,两次进入伦敦大英博物馆,写下了详细的考察日记。关于大英博物馆的情况,郭嵩焘记载道:"藏书数十万册,皆分贮之……每日来此观书者六七百人。四围藏书分三层,下一层皆常用之书,听人自往取观;上二层则开具一条授司事者,司事者书其所取书于牌,分别门类,各向所掌取之。"④这些记录介绍了阅览室的布局、借阅手续、读者情况,让国人开了眼界。王韬、郭嵩焘对西方图书馆的介绍是其亲身观察所得,他们开启了考察西方图书馆之先河,增强了中国人对西方图书馆的感性认识。而且,王韬、郑观应等明确地提出学习西方图书馆观念,建立新式

---

① 胡俊荣:《晚清知识分子创建中国近代图书馆的历程》,载《四川图书馆学报》,2000年第5期。
② 程焕文:《晚清图书馆学术思想史》,北京:北京图书馆出版社,2004年,94页。
③ 王韬:《漫游随录·巴黎胜概》,见钟叔河《走向世界丛书》,长沙:岳麓书社,1985年,84页。
④ 郭嵩焘:《伦敦与巴黎日记》,见钟叔河《走向世界丛书》,长沙:岳麓书社,1985年,136—137页。

藏书楼，购藏中外书籍。受他们的这些思想和主张的影响，康有为、梁启超等维新派人士在戊戌变法时期积极地创办学会藏书楼和学堂藏书楼，广收"古今中外有用之书"。学会藏书楼和学堂藏书楼的创办冲击了封建藏书楼的重藏轻用的传统，提倡藏书对外开放，为公共藏书楼的建立打下了良好的基础。维新变法失败后，康有为、梁启超漂流海外，出国考察，并记述了亲眼所见的西方图书馆的情况。康有为在《意大利游记》中写道："举国藏书楼一千八百三十一所，报馆九百零二。"①他利用当时在国内流行的"藏书楼"一词来称呼与介绍西方图书馆。梁启超在加拿大和美国考察了整整一年时间，对美国图书馆特别关注，他在《新大陆游记》中对波士顿公共图书馆、华盛顿的美国国会图书馆以及芝加哥大学图书馆等进行了专门的介绍与说明，特别推崇美国公共图书馆的作用，他在《波士顿之图书馆与报馆》中写道："初六日，往观市立图书馆……至以此为公共教育之机关，实自兹馆始云。千八百四十七年，波士顿市长乾士氏议征市税，以设市立图书馆，议会许之，即为此馆之嚆矢……千八百五十四年，英之门治斯达、利物浦二市始有图书馆，实波士顿以后第一次继起者矣。以千八百九十六年之调查，则全美国中藏书三千卷以上之图书馆，凡六百二十六处云……除总馆之外，其分布于市中者，尚有分馆十所、借书处十七所云。此皆馆长为余所言者。"②在这段文字中，梁启超说明了公共图书馆的几个重要情况：公共图书馆的性质是公共教育之机关，其经费来源于税收，公共图书馆起源于美国，并为英国所仿效。《新大陆游记》引起了人们的关注，梁启超的这些有关公共图书馆的记述对清末公共图书馆运动的兴起产生了相当重要的影响。③

---

① 康有为：《欧洲十一国游记二种》，见钟叔河《走向世界丛书》，长沙：岳麓书社，1985年，154页。
② 梁启超：《新大陆游记及其他》，见钟叔河《走向世界丛书》，长沙：岳麓书社，1985年，478页。
③ 程焕文：《晚清图书馆学术思想史》，北京：北京图书馆出版社，2004年，131页。

清末出洋大臣对西方图书馆的考察,直接推动了中国公共图书馆的产生。光绪三十一年(1905),清廷为了预备立宪,分别派出以载泽和戴鸿慈为首的两路考察队伍出洋考察。其一路考察日本、英国、法国、比利时,一路考察美国、德国、奥匈帝国、俄国、意大利。考察时间近半年,两路考察队伍均于光绪三十二年(1906)五月下旬回国。在考察的过程中,他们也参观了一些图书馆,并有相关记录,如戴鸿慈在《出使九国记》中详细地记录了参观美国国会图书馆和柏林大学藏书楼的情况。

由于西学东渐的影响,洋务派、维新派对西方图书馆的宣传,以及出洋大臣的考察,清政府的提倡,所以到了清末民初,建立公共图书馆的呼声进一步高涨,自地方督抚到知识分子,大量人员开始投身于公共图书馆的建立,社会上兴起了一场建立公共图书馆的运动。

公共图书馆的建立分为两个阶段,第一个阶段是光绪三十年(1904)湖南图书馆的创建至宣统元年(1909)清廷学部"分年筹备事宜折"的奏报。这一阶段,建立公共图书馆的运动兴起了高潮,首先从湖南开始,然后湖北、福建、黑龙江、奉天、直隶、江南、山西、吉林等地相继创建公共图书馆。这个阶段公共图书馆基本上是在开明士绅自发创办的基础上兴建的,地方督抚因势利导地将"绅办"转为"官办",并正式使用"图书馆"这一名称。第二个阶段从宣统元年(1909)至宣统三年(1911)辛亥革命爆发,清政府灭亡。清学部于宣统元年(1909)列出分年筹备图书馆事宜:宣统元年"颁布图书馆章程""京师开办图书馆",宣统二年(1910)"行各省一律开办图书馆"[1]。此令一出,尚未建立图书馆的行省闻风而动,各省督抚遵令而行,纷纷筹建公共图书馆。京师图书馆于宣统元年(1909)开始筹建,陕西、云南、广西、甘肃、贵州等省图书馆也于宣统元年(1909)至宣统二年(1910)陆续建立,形成了

---

[1] 《学部奏分年筹备事宜折·分年筹备事宜单》,见李希泌、张椒华《中国古代藏书与近代图书馆史料(春秋至五四前后)》,北京:中华书局,1982年,128页。

创建公共图书馆的又一个高潮。这个阶段公共图书馆的创设主要是地方督抚对清政府预备立宪计划的一种响应,是自上而下的照章办事。至1911年辛亥革命爆发,18个行省中,除江西、四川、新疆3个行省外,其余15个行省都建立了公共图书馆,①再加上京师图书馆、上海图书馆等,清末主要的官办公共图书馆共计20座,②这标志着从中央到地方的公共图书馆系统的形成。

在辛亥革命爆发以前,大部分公共图书馆由于创建时间较短,且对外开放的各种准备工作尚在进行中,所以还没有开放,只有少数公共图书馆正式对外开放:湖北图书馆于光绪三十年(1904)八月二十七日开放,湖南图书馆于光绪三十二年(1906)九月初三开放,江南图书馆于宣统元年(1909)八月十八日正式开放,云南图书馆于宣统二年(1910)三月开放。尽管正式对外开放的图书馆为数不多,但是所有图书馆的创办目的就是对外开放,供人使用,而且公共图书馆兼收古今中外图书,且注重收集新学书籍,切合读者的求知和研究的需要,因此,公共图书馆的建立给渴望知识的读书人带来了希望、提供了条件。

公共图书馆在对外开放方面具有以下特点。

(1)公共图书馆普遍宣称对外开放,而且将读者范围扩大。《京师图书馆及各省图书馆通行章程》第一条规定:"图书馆之设,所以保存国粹,造就通才,以备硕学专家研究学艺、学生士人检阅考证之用,以广征博采、供人浏览为宗旨。"③光绪三十二年(1906)公布的《湖南图书馆暂定章程》规定:"本馆所藏各种图书报章,所有志向学者,皆得照

---

① 傅金柱:《晚清地方督抚与近代图书馆建设》,载《图书馆理论与实践》,2003年第3期。
② 《清末主要官办公共图书馆一览表》,见任继愈《中国藏书楼》,沈阳:辽宁人民出版社,2001年,1558页。
③ 《京师图书馆及各省图书馆通行章程折》,见李希泌、张椒华《中国古代藏书与近代图书馆史料(春秋至五四前后)》,北京:中华书局,1982年,129页。

规例入馆参阅。"①宣统元年（1909）成立的云南图书馆宣称对社会各界开放，而且不分本省还是外省："本馆所藏图书、报纸，凡政界、学界、实业界、军事界之人，勿论本省客籍，皆得照规则入馆参阅。"②

（2）公共图书馆制定了较为完善的借阅管理制度。公共图书馆大都制定了图书馆章程，在章程中明确了借阅管理制度，详细规定了收费办法、阅览纪律、阅览手续及数量等。《湖南图书馆暂定章程》中有"阅览章程"十七条，其中，对收费办法进行了明确的规定："凡入馆阅览图书者，不得不略取券资，一以津贴杂用，一以稍示限制。每次取钱三十文，只准一次入馆。一人二枚至十枚，定入馆二次至十次者，每券取钱二十四文，以一月为限。一人十一枚至二十五枚，定入馆十一次至二十五次者，每券取钱十八文，以二月为限。多则惟照日推算，券费不得再减。惟此种券据注明日月，过期即为废纸。如有中途遗失，以及涂抹损坏，本馆概不承认。至阅览各项报章者，每人每次取券资十二文。"③为了贴补杂费开支和限制进馆读者，湖南图书馆实行了有偿服务，无论是阅览图书，还是阅览报刊，都一律收费。此外，作为对外开放的公共图书馆，它们都特别强调阅览纪律。湖南图书馆要求进馆读者遵守纪律、爱护环境，不能高声朗诵、废书谈笑、任意涕唾、涂抹几案、题写墙壁、倾泼茶水。云南图书馆规定来阅者不得在书报上圈点、涂抹以及裁割图画，不得信口吟哦、高声喧笑、任意闲谈，不得携带童仆幼孩，也不得吸水旱烟。

（3）公共图书馆提供一些方便读者的配套服务。云南图书馆在馆

---

① 《湖南图书馆暂定章程》，见李希泌、张椒华《中国古代藏书与近代图书馆史料（春秋至五四前后）》，北京：中华书局，1982年，153页。
② 《云南图书馆章程》，见李希泌、张椒华《中国古代藏书与近代图书馆史料（春秋至五四前后）》，北京：中华书局，1982年，160页。
③ 《湖南图书馆暂定章程》，见李希泌、张椒华《中国古代藏书与近代图书馆史料（春秋至五四前后）》，北京：中华书局，1982年，155页。

中备有茶水,"并派杂役常川照料"①。湖南图书馆除了免费为读者供应茶水,还为读者代购食物:"每日馆中供给茶水,另有职役照料,如有欲购食物者,可交钱司事,属其人代购。"②图书馆的这些配套服务大大地方便了读者,受到读者的欢迎。

(4)公共图书馆服务方式较为单一,读者只能就室阅览图书,而不能将书借出馆外。湖南图书馆规定:"凡阅书诸君,不得携出室外随地观看,更不得私自借出馆外。"③云南图书馆要求读者谨守规则,"每日到馆参阅,不得任意出入,违者议罚"④。图书馆规定馆藏图书只供阅览,不得外借,因此就限制了图书的流通,影响了藏书的利用率。⑤

(5)公共图书馆限定了读者的年龄。尽管是公共图书馆,但它们却对读者的年龄进行限制,不允许儿童进馆阅览。湖南图书馆要求:"凡阅览图书者,必须年龄在十二岁以上者,方得取券入馆。"⑥云南图书馆规定:"惟须年在十二岁以上者,方准领券入馆。"⑦

尽管公共图书馆刚刚诞生,各个方面的工作刚刚展开,图书馆的藏书数量较为有限,读者为数不多,甚至有的图书馆还未来得及对外开放,但是,公共图书馆的建立宣告了旧式藏书服务体系的结束,宣告了传统藏书楼的衰落,昭示了新型图书馆及其新式服务的开始。

---

① 《云南图书馆章程》,见李希泌、张椒华《中国古代藏书与近代图书馆史料(春秋至五四前后)》,北京:中华书局,1982年,162页。
②③ 《湖南图书馆暂定章程》,见李希泌、张椒华《中国古代藏书与近代图书馆史料(春秋至五四前后)》,北京:中华书局,1982年,156页。
④ 《云南图书馆章程》,见李希泌、张椒华《中国古代藏书与近代图书馆史料(春秋至五四前后)》,北京:中华书局,1982年,161页。
⑤ 杨建东:《从鸦片战争到五四运动我国近代图书馆读者工作的发展》,载《山西图书馆学刊》,1982年第4期。
⑥ 《湖南图书馆暂定章程》,见李希泌、张椒华《中国古代藏书与近代图书馆史料(春秋至五四前后)》,北京:中华书局,1982年,155页。
⑦ 《云南图书馆章程》,见李希泌、张椒华《中国古代藏书与近代图书馆史料(春秋至五四前后)》,北京:中华书局,1982年,160页。

第四节 阅 报 处

晚清,报纸的发行途径逐渐变得通畅,报纸渐渐受到大众的欢迎,一些地方建立了阅报会,阅报会的创办是公众喜欢阅报的一个反映。同时,为了推动报纸的阅读,各地还纷纷开办阅报社,将之作为专门的阅报场所。

一、阅报会

随着报纸数量的增加,报纸在社会上的普及率也有了很大的提高。为了使更多的人能够阅览报纸,一些地方建立了阅报总会或阅报公会,会中收藏各种报纸,向社会公众开放。光绪二十四年(1898)春,江左汉记书局在汉口创办阅报总会,其告白称:"本局蒙上海等处各报馆委售旬报、日报十余种,类系指陈时务,贯通中西,为有志经世者不可不阅之报。兹特设立阅报总会一所,将各报备齐,以供众览,并备茶水以为消遣之资,尚恳请文人学士随时惠临为荷。"[1]同年夏天,苏州绅士董濂夫在当地创办阅报公会,其创办目的如下:"现因八股已废,士尚实学,上海时务、新学、经世、格致、农学各报,皆议论宏通,切中时弊;惟名目繁多,寒士无力购取,未易全览。故创设一会,将各报每种购全十数份,借人观阅。"[2]江苏清江绅士程楚侯、朱蓉伯筹集资本,在家乡创立阅报公会,备有20种报纸,于光绪二十四年(1898)八月初一

---

[1] 《汉口代派各报处江左汉记书局告白》,载《时务报》,第62册。
[2] 《拟设阅报公会》,载《时务日报》,1898年7月18日。

对公众开放。① 阅报会的创办，使报纸的读者群进一步扩大，尤其是让那些没有看过报纸、不知报纸为何物的贫穷之人有机会阅览报纸，从而进一步扩大了报纸的社会影响。

二、阅报社

为了充分发挥报纸开启民智的作用，让更多民众能够阅览报纸，各地纷纷开办阅报社。据桑兵统计，光绪三十年（1904）以前，江苏、江西、广东、福建、四川、湖北、浙江、山东、湖南、安徽、北京、河南、贵州等地建有阅览书报机构116处。② 其中，有的已颇具规模，如浙江温州永邑书报公会经过近两年的经营，共收藏新旧书籍两万余卷，"寒士艰于购书，逐日来阅者络绎不绝，风气开通，出洋留学日见其盛，该书会之功诚不鲜也"③。武昌日知会成立于光绪二十七年（1901），是圣公会举办的群众公开阅报所，收购各种新闻杂志及新书，"任人入览，以瀹进知论"④。长沙日知会也开办了阅书报室，"无论何教人皆可来会纵览，凡来观者，必有人与接谈，即痛陈内治之腐败，外侮之由来"⑤。阅报社的大量出现是在光绪三十一年（1905）与光绪三十二年（1906），此时，报纸与开启下层社会民智的关系已经受到时人的格外关注，特别是为下层社会着想的阅报社也开始出现："北京志士纷纷设立阅报处、讲报处，诚于下等社会及寒士有大裨益。"⑥光绪三十一年（1905）

---

① 《报会开设》，载《中外日报》，1898年9月22日。
② 桑兵：《清末新知识界的社团与活动》，北京：生活·读书·新知三联书店，1995年，282页。
③ 《温州之教育界》，载《警钟日报》，1904年8月17日。
④ 欧阳瑞骅：《武昌日知会纪念碑文（摘录）》，见李希泌、张椒华《中国古代藏书与近代图书馆史料（春秋至五四前后）》，北京：中华书局，1982年，180页。
⑤ 曹亚伯：《长沙日知会收藏书报供众浏览》，见李希泌、张椒华《中国古代藏书与近代图书馆史料（春秋至五四前后）》，北京：中华书局，1982年，182页。
⑥ 《中外近事·北京》，载《大公报》，1905年6月12日。

春天,北京西城阅报处成立后,工作人员不仅将消息登报公之于众,还四处张贴传单,传单上写着"请看报"三个大字,下面注明在哪里看。名号打出以后,读者一天天增多。为了吸引读者,西城阅报处还四处张贴报纸,请人来讲报。西城的做法很快产生了反响,南城、北城、东城以及崇文门外、东直门外也纷纷设立阅报处所。到光绪三十一年(1905)七月底,北京有十几个阅报处,到光绪三十二年(1906)二月,阅报处增加到二十几所,到六月共有26所。① 梁焕鼐、梁焕鼎兄弟所编的《梁济年谱》也提到了光绪三十二年(1906)阅报处的勃兴:"始都中无肯阅报者。由热心人士一二辈多方倡导,张报纸于牌,植立通衢,供众阅览。继又进而有阅报所、讲报处之设。皆各出私财为之,遍于内外九城,不下数十处。今之署曰京师公立阅书报处、通俗讲演所者,多半由此蟺蜕而来。"②阅报处的大量出现,除了有心人出钱出力,多方倡导所起的作用之外,舆论的大力鼓吹也有作用。《大公报》登载了一篇白话文章《天津也当设立阅报处》鼓励天津人以北京为榜样,多设阅报处:"我们中国的报纸,虽是不如外国多,到底也总算不少了。中国人顽固的多,阅报的风气不大开,你劝他花钱买报看,他是不肯的。就是买报看的,也不能买得许多。但靠着一两种报考查天下的事,究竟所知道的事有限。要打算多买,又买不起,惟有设立阅报处最好。这阅报处,拣那极好的报买些种,任人观看,不但于明白人有益处,就连那顽固人也可以渐渐地化过来……你们看北京城,不多的日子,立了许多阅报处,这个方才创办,那个闻风兴起。大宛试馆也已设立,照相馆的王子贞也肯兴办,就连医生卜广海也肯发热心天天演说报章。可见人之好善,谁不如我……假如再有人仿照北京的办法,多立阅报处,

---

① 《中外近事·北京》,载《大公报》,1905年7月30日,1906年2月26日,1906年6月27日。
② 梁焕鼐、梁焕鼎:《桂林梁先生遗著》,见李孝悌《清末的下层社会启蒙运动:1901—1911》,石家庄:河北教育出版社,2001年,50页。

不但是入学堂的可以开通,学堂以外的人也可以得开智的益处。天津有志之士甚多,必不至于专让北京人做这个好事,我们今天给天津的志士们提个醒儿。至于怎么办法,就请志士们自己商量罢。"①无独有偶,《大公报》的文章发表之后没有多久,《顺天时报》也登载了一篇白话文章《奉劝诸君多立阅报处》。②照这篇文章的说法,北京第一间阅报处开在琉璃厂工艺商局的楼上,但这个地方太高雅,少有基层民众问津,很快就关闭。因此,《顺天时报》就呼吁志士贤人在多方设立阅报处。到宣统二年(1910),阅报社的功能和重要性已经得到普遍认同,有人在《大公报》上发表了一篇论说《推广阅报社之益》,文中称:"大抵开通民智之难,莫难于使之自愿。故强迫不可也,劝导无效也。使之自愿之道,殊无过于广设阅报社。阅报社之设置甚易,只须择公有地方数处,略备椅桌,购置各种日报而已……特是阅报社一事,非惟城邑所不可少,乡镇之间亦宜同时举办。"③在舆论的呼吁与热心人士的直接参与之下,兴办阅报社的越来越多。

最初设立阅报社的人大多是感时忧国的知识分子或所谓志士④,乃至一般的商人,甚至还包括和尚、喇嘛等出家人。举例来说,天津八旗高等学堂学生湍松高联合几个人在安定门内组织了安定阅报社;北京第五高等小学教员常静仁则开了一间朝阳阅报社,对北京东南一带风气的开通做出不少贡献。山西归绥也在绥远满旗武备学堂好几个毕业生的倡议下于宣统元年(1909)建立了第一间阅报社。这些学堂的学生或教师都算得上是典型的新时代知识分子。⑤志士开办的阅

---

① 《天津也当设立阅报处》,载《大公报》,1905年5月30日。
② 《奉劝诸君多立阅报处》,载《顺天时报》,1905年7月13日。
③ 无妄:《推广阅报社之益》,载《大公报》,1910年4月2日。
④ 李孝悌称:志士是当时非常流行的用语,但并没有精确的定义,指的应该是没有士绅身份而思想和作为进步的平民。参见李孝悌:《清末的下层社会启蒙运动:1901—1911》,石家庄:河北教育出版社,2001年,52页。
⑤ 李孝悌:《清末的下层社会启蒙运动:1901—1911》,石家庄:河北教育出版社,2001年,53页。

报社有很多，如：光绪三十一年（1905）直隶省城有志士在西街杨公祠内设立了一间启蒙阅报社；①志士王君则在光绪三十二年（1906）邀集同志在北京德胜门外设立阅报处；志士关君也在北京开了一家阅报社；河北新河县的志士高魁斗在城内设立了一间阅报社，请人代购报纸十余种，供一般人阅读，以期开启民智。商人兴办的阅报社也不少，如：北京的照相馆老板王子贞邀集商人魏华轩和陆大福，每人出银二两，在照相馆对面租了两间房子开办阅报处，成效不错；河北获鹿县石家庄的商人有感于一般的阅报社都设在通都大邑，市镇有阅报社的较少，就联合起来设立了石家庄阅报社。僧人设立阅报处的例子也有一些，如：觉先和尚参与了北京宣武门内宣明阅报社的筹划和经营，社内除了陈列报纸外，还陈列各国地图及算学方面的书籍；续成和尚在北京朝阳门外兴办了一间代立阅报社；德胜门外黑寺的一位喇嘛会同他人在庙内设立阅报社；喇嘛鲍蕴畛开了一间师爱阅报社。阅报社的创立由普通民众首开其端，士绅和官府随之跟进，他们也开始热心于创立阅报社，如：直隶房山县县令毕承绸联合地方士绅于光绪三十一年（1905）八月组织了一所官绅合立阅报处；天津深泽县的绅士则和学生合作创立阅报社，受到了官厅的嘉勉；王国铎任职河北武清县河西务河厅之时联合其他士绅设立了河西务阅报所；黄晦闻在广州河南海潮寺高小附设阅书报社；江西省城登瀛学堂同人议在该堂附设藏书阅报室，以开通社会智识；浙江新城沈止戈等组织阅报处一所，购报十余种供人观览，并将《杭州白话报》逐日粘牌悬挂，俾乡人之识字者亦可阅看。② 纯粹由官厅开办的阅报社也渐渐出现，如：天津的一名官员办了一间启智阅报社；山东学务处设立了好几间阅报处；顺天府于光绪

---

① 载《顺天时报》，1905 年 9 月 30 日。
② 高践四：《三十五年来中国之民众教育》，见庄俞、贺圣鼐《最近三十五年之中国教育》，卷上，上海：商务印书馆，1931 年，160 页。

三十二年(1906)在府署东边设立阅报处，广备报纸，供人观览；湖北警察局的一位官员则请准在游客聚集的黄鹤楼内附设阅报社；河北井陉县县令为了开启民智，禀报督宪获准设立阅报社一所。

值得一提的是很多阅报社都设在寺庙、茶馆等人来人往的公共场合，目的是吸引更多的一般民众。有不少阅报社设在寺庙里，如：光绪三十一年(1905)，一位姓宾的志士联合同志在安定门内的博济庵建立了日新阅报社；同年，翰林院翰林吴荫培等人在京师米市胡同的财神庙内设置了阅报处，陈列了几十种报纸；直隶省城诸生则在天华牌楼的关帝庙内设立阅报处；光绪三十二年(1906)，刑部堂主事崇芳等人在护国寺开了一间开智阅报社；工艺局的阅报处则设在土地庙内；东三省的锦州，志士蒋宗周向财神庙借地开办启新阅报社；光绪三十二年(1906)，在安庆有人借财神庙开了一家集义阅报社；河南学务公所到光绪三十三年(1907)以前共设立了四间阅报处，除了第一间设在学务公所大门外，其他三间分别设在城东的火神庙、相国寺前的栗大王庙和城西的马神庙。阅报社之所以选择在寺庙里开办，是因为寺庙里众人会集，人们在烧香祭拜之暇可以阅读一些报纸。和寺庙一样，茶馆不分贫贱与阶级，人人都可以进出，知识很容易得到普及，因此茶馆也常常用来陈列各种报纸供人阅览，甚至有的茶馆被改成阅报处，如：天津劝善茶社陈列了《白话新报》供客人随意阅览；浙江湖州南浔镇的几位学界中人合力备置了一些报纸放在"一壶春"茶楼，免费供人阅览。当然，茶馆多半被用作讲报的场所，纯粹用作阅报社的较少。①

阅报社的对象包括一般民众，而不仅是粗识文字的"下层社会"，但是同样也可以确定，下层社会人士是阅报社的开化对象之一，乃至主要的对象，这不仅从阅报社明白榍橥的目的中可以看出，而且可以

---

① 李孝悌：《清末的下层社会启蒙运动：1901—1911》，石家庄：河北教育出版社，2001年，58页。

从阅报社陈列的报刊上窥得究竟。北京民政部在部内设立的阅报社陈列的报纸既有文言版,也有白话版。北京西城阅报社成立之初的报刊有《中国白话报》十六册,《福建白话报》三册,《广雅报》一册,《广雅俗报》四册,《湖南俗话报》《安徽白话报》《新白话》《童子世界》《启蒙画报》以及京津等处各报。人们通过这些白话报可以看出,阅报处设定的对象是下层社会人士和一般民众。

多数阅报社服务热情、周到,肯为读者着想,受到读者的称赞。天津东马路的启文阅报社成立于光绪三十一年(1905),开放时间是上午八点到十二点,下午一点到六点,阅报社内备有桌椅供人休憩,其中一张桌子特别供人喝茶抽烟,另外还备有纸笔以便读者抄录。① 北京顺天府设立的阅报处不仅章程完善,而且雇用的人员也能发扬服务精神,认真地为阅报者服务,此外顺天府还不时地派人稽查,检查他们的服务情况,因此该阅报处受到读者的欢迎与好评:"逐日阅报者接踵而来,无不交口称赞。"②保定在宣统元年(1909)共有四间阅报处,其中三间分别设在杨公祠、贡院街和厚福营,读者络绎不绝。当然,也有少数阅报社经营不善,乏人问津,如北京东四牌楼南半日学堂附设的阅报社管理松懈,服务人员对索报阅读者往往轻慢以待,以致下层社会人员畏其声威,"竟有徘徊门外,不敢妄入者"③。

三、阅报牌

阅报社都设在室内,但是有些阅报社由于缺乏固定的经费,所以开开停停,很难长期维持,如光绪三十三年(1907)三月间,北京就有同人、正俗、爱国、乐群等四家阅报社先后因为缺乏经费而停办。为了弥

---

① 《中外近事·本埠》,载《大公报》,1905年7月21日。
②③ 《时事·北京》,载《大公报》,1907年2月20日。

补阅报社的不足,吸引更多的读者,有的地方就设立阅报牌以供公众阅览报纸。譬如:在北京宣武门外教子胡同内麻刀胡同东口,绅士马维清自置了一具木牌,上面张贴《京话日报》,供民众阅读,后来木牌被人偷走,他就干脆把报纸贴在墙上;①天津意大利租界的居民很少看报,一个叫王文元的山东商人为了开通风气,出钱购买各种报纸,每天早晨十点整在棋盘街将报纸悬挂在墙壁上任人观看;②烟台白话报馆在各街巷口设立木牌,将每天出的报纸遍贴在木牌上,方便行人阅览;天津河东陈家沟本来设置了两处阅报牌,看的人多了,导致阅报牌处拥挤不堪,当地的董事认为这样会妨碍交通,就决定在董事办公处内添设一处阅报社,以方便更多的民众读报;天津东门外爬头街一个叫郑万青的绅士热心公益,为了便于邻里与附近的行人读报,特地在自宅附近制作了一个阅报牌,每天粘贴各种报纸;③住在河北大街的桐春和茶叶铺的老板王维周也在肉架胡同口设置了一个阅报牌,贴上各种报纸,供路人观看;住在天津河东小集的绅商宋君瑞于宣统二年(1910)设立了一个阅报牌,效果很好。相对于阅报社来说,阅报牌所需经费不多,易于长期维持。

综上所述,无论是藏书楼,还是书院,无论是图书馆,还是阅报处,尽管它们的服务对象不尽相同,但是它们都是很重要的阅读场所。尤其值得一提的是私人藏书楼的对外开放,公共藏书楼与公共图书馆的建立,大大增加了阅读场所,为各个阶层的各类读者提供了读书求知的条件。可以说阅读场所是阅读活动的先决条件,是阅读活动的基础,有了阅读场所,阅读活动方能顺利地进行。

---

① 《中外近事·北京》,载《大公报》,1905 年 7 月 6 日。
② 《时事·本埠》,载《大公报》,1906 年 11 月 1 日。
③ 载《大公报》,1911 年 5 月 21 日。

第四章　晚清的阅读内容

  晚清,传统典籍的阅读一直居于主导地位,读书人的阅读重点与兴趣仍然还在传统典籍上面。传统的经史典籍一直是重要的阅读对象,读书人继承传统的阅读方式,本着科举致仕的目的,醉心于传统典籍的阅读。另外,本着"师夷长技以制夷"的目的,人们开始阅读新学书籍,西学书籍、东学书籍与外语书籍渐渐进入人们的阅读视野,在人们的阅读内容中占有一席之地。图书之外,普通报刊成了人们的重要阅读对象。报刊由于具有内容丰富、通俗易懂与发行周期短等特点,所以能使读者较快地获得最新新闻和信息,受到读者的欢迎。阅读报刊成为一种风气,上自官员,下至普通百姓,都纷纷阅览报刊,注意从中获取信息和知识。此外,小报的独特风格和消闲内容迎合了人们的口味,满足了人们消闲自娱的需要,小报也成为市民社会的普通读物。

第一节 传统典籍

传统的经史典籍一直是重要的阅读对象,读书人继承传统的阅读方式,本着科举致仕的目的,醉心于传统典籍的阅读,而且传统典籍的出版为读书人的阅读提供了条件。

一、传统典籍的出版

武英殿刻书在嘉庆时期就不景气,道光、咸丰时期刻书更少,道光朝刻书46种,咸丰朝仅22种。① 太平天国以后,为了重振儒学,正人心,维世道,也为了士子有书可读,江南各地督抚兴办官书局,组织力量刊刻经史子集等旧学书籍:"故三十余年前,吴中士风颇不同。兵燹以后,非其旧矣。大吏知其然也,设书局,先刊朱子、小学诸书,为学者言行之本,'十三经''廿四史'以次告成,又搜集诸家经学、小学之书有藏稿未显于世者刻印流通,其嘉惠后学之意甚盛。"②官书局刻印的书籍称为"官书局刻本",亦称"局本",官书局所刻图书主要是传统的国学著作,尤以覆刻翻印清朝内府、武英殿刻本为多。最先兴办书局的是湖北巡抚胡林翼,他于咸丰九年(1859)在武昌开设书局,刻印《读史兵略》《弟子箴言》《大清一统舆图》《水经注图》等。同治二年(1863),曾国藩在安庆筹办官书局,次年将书局迁往金陵,称为金陵书局,光绪

---

① 来新夏等:《中国近代图书事业史》,上海:上海人民出版社,2000年,31页。
② 雷浚:《学古堂日记·序》,雷浚选,吴履刚编:《学古堂日记》,光绪十六年(1890)钱塘诸可宝署刻本。

初年改名为江南官书局，既刊印经史等传统典籍，如《史记》《汉书》《后汉书》《三国志》《文选》等，又刊刻西方科技图书，如徐光启翻译的《几何原本》、李善兰翻译的《重学》《圆曲浅说》等，既为社会提供了必需的读物，又满足了一般读者的需要。金陵书局刊刻精致，校对矜慎，所刻书籍在当时流行甚广。同治五年（1866）以后，各省纷纷设局刊书，相继开设了浙江官书局、苏州书局（又名江苏书局）、淮南书局、湖北崇文书局、湖南书局（后改名为思贤书局）、江西书局等，形成了一个遍布全国的官刻印书网，出现了图书出版的中兴现象，而且这一现象一直持续到清代末年，使得本已衰微的晚清图书出版业重现生机。

崇文书局是晚清四大著名书局之一，同治六年（1867）由湖广总督李瀚章、湖北巡抚曾国荃创设，局址在武昌后府街正觉寺。兹有几则文献记录为证。李鸿章的《设局刊书折》奏云："……续又准咨同治六年五月初二日奉上谕，鲍源深奏请刊刻书籍，颁发各学一折等因。钦此，恭录行知均经前置督臣李瀚章、前抚臣曾国荃会商办理……嗣于六年十月十五日开设书局，派委候补道张炳堃、候选道胡凤丹妥为经理。"民国《湖北通志》卷二十六《建置志二》载："崇文书局在后府街正觉寺内，同治六年湖广总督李瀚章、湖北巡抚曾国荃创设。"胡凤丹的《退补斋文存·重修鄂垣正觉寺记》记："鄂城东北隅正觉寺……丙寅（按：同治五年）夏游鄂，侨寓寺之西偏。越岁，适奉各直省创设书局之旨，时署楚督者为合肥李小荃中丞，抚楚者为湘乡曾沅浦宫保，以余好藏书，命承乏其事，即假寺之隙地，构矮屋数十间，为手民刊刻之所。次年三月，复与张鹿仙观察同督校雠，由是日夕往来于寺中。"胡凤丹，字月樵，浙江永康人，是崇文书局早期的主持人，为书局的早期建设做出了很大的贡献。同治八年（1869）夏天，他与其他人一起募得二千余两白银，重修正觉寺的大殿、后殿、听经阁等处，在天王殿外余址建钟鼓楼，楼前新添山门，东西各构瓦屋十二间，将其出租给他人做店铺，将所得的租钱作为寺庙的香火钱，山门内则为官书局三楹。随着刻书的日渐增多，版片、图书无处堆放，胡凤丹力请当局，拨款于殿后添造书楼四座，两两相对，是为东书楼、西书楼，主要收藏经部版片。东西两侧穿堂构楼五楹，收藏史部、子部、集部版片。至此，书局的条件大为改观，面貌焕然一新。光绪三年（1877），崇文书局改名为经理官书处，由正觉寺迁至武昌巡道岭（按：今胭脂路附近）。此前书局所刻诸书，署名"湖北崇文书局""楚北崇文书局"。光绪三年（1877）后所印书籍，皆署名"湖北官书处"或"鄂官书处"。如光绪十二年（1886）所刻的《春秋左传杜林详解》《尔雅》的牌记都题"湖北官书处刊本""湖北官书处重刊"。

崇文书局早期的刻书大多为正经、正史、小学字书之类，与官书局振兴文教的宗旨相一致，所刻书有《御纂七经》《四书集注》《史记》《资治通鉴》等。据统计，自同治六年（1867）至同治十一年（1872），崇文书局共刻书62种。① 此后，崇文书局更是以雕版印刷为主要业务，刻书种类和数量位居所有官书局的前列。《湖北官书处新编书目》记载，崇文书局共刻书300余种，其中经部书47种，史部书57种，子部书112种，集部书25种，杂著23种，丛书33种，新出石印铅印本12种。在清末数十家官书局中，崇文书局是刻书最多的书局之一，无论是刻书的种类，还是刻书的数量，都名列前茅。而且，崇文书局刻的很多书都是别的书局所未刻的，如刊刻的政书《大清会典》《清律例洗冤录歌诀》《吏部则例》《圣谕广训》等在其他官书局所刻图书中颇为少见。因此，崇文书局的刻书在晚清出版史上占有非常重要的地位。

同治四年（1865），长沙府学尊经阁改称尊经书局，同治十一年（1872），湖南书局即湖南官书局在尊经书局的基础上成立了。同治十二年（1873），郭嵩焘等人设立的编写《湖南忠义录》的临时机构忠义书局改称传忠书局。光绪七年（1881），郭嵩焘等人发起成立了思贤讲

---

① 《湖北崇文书局自同治六年至十一年止汇刻各种书目》，清抄本。

舍,并设有刻书处。光绪十七年(1891),传忠书局和思贤讲舍刻书处合并,称为思贤书局。但是在其后的一段时间内,该局所刻书仍刊有"思贤讲舍校刊"的字样。湖南书局、传忠书局和思贤书局在清朝盛极一时,共刻书150余种,其中,思贤书局刻书78种。思贤书局选刻的书籍侧重近人著作和乡贤先哲遗书,如王夫之的《王船山遗书》、曾国藩的《曾国藩全集》、皮锡瑞的《皮氏经学丛书》、王先谦的《汉书补注》与《后汉书集解》、孙诒让的《周礼正义》与《墨子闲诂》以及叶德辉的观古堂诸书等。思贤书局先后由曹耀湘、艾作霖、王先谦、张祖同、叶德辉等著名学者担任主持和校勘,所刻书籍校勘认真,字体雅致,比较注重版本外观形式的统一,质量较好,有的甚至超过殿本。

江西书局翻刻了《武英殿聚珍版丛书》,重刊阮元《宋本十三经注疏附校勘记》,重刻《御纂七经》。

苏州书局于同治七年(1868)创建于苏州,由江苏巡抚丁日昌奠定规模,以后逐步发展成为刻书最多之官书局。

浙江书局于同治六年(1867)创建于杭州,该局能够充分利用当地藏书家的书籍作为底本,有较多的善本或稿本作为校勘参考,所刻印之《小学考》《二十二子》《续资治通鉴》《玉海》等书籍,受到了社会的欢迎。

地方官书局刊刻的书籍数量大(表4-1),印数多,所刻之书大都是士子必读的经史子集类图书,起到了整理、保存和传播古代文献的作用,更重要的是缓解了读书人无书可读的困境,满足了读书人的需要,特别是在"公私储籍灰灭,寒畯艰于得书"的情况下,[1]地方官书局的刻书发挥了较大的作用。同治十年(1871),江宁盐法道孙衣言上奏都府取湖北书局、浙江书局、苏州书局、江宁书局等四个书局新刻的经籍藏于惜阴书院,于是各个书局积极响应,湖北书局送存的书籍有

---

[1] 同治《上江两县志》,卷十二《考·艺文上》。

《钦定明鉴》《康济录》《读书分年日程》等 32 种,浙江书局送存的书籍有《小学韵语》《四书反省录》等 14 种,苏州书局送的书籍有《资治通鉴》《弟子规》等 28 种,江宁书局送的书籍有《文选》《读书杂志》等 26 种,江宁聚珍书局送存的书籍有《五种遗规》《唐诗近体》等 10 种。①湖北书局等地方官书局送来的书籍充实了惜阴书院的藏书,江宁本地的无书可读的士子得以到书院自由借阅。此外,地方官书局还刊刻了一些价格低廉的普及读物以及袖珍本和少量的新学书籍,满足了社会各层次人员的需求。对于一些影响较大的图书,地方官书局注意选择底本,校勘也很精审,书价也比较低廉,受到普通读书人的欢迎。

表 4-1　官书局刊刻的传统典籍②

书局名称	出版数量(种)
湖北官书处	295
江南书局	60
淮南书局	61
江苏书局	201
浙江书局	151
山东书局	1324
山西官书局	29
广雅书局	260
合计	2381

---

① 同治《上江两县志》,卷十二《考·艺文上》。
② 周振鹤:《晚清营业书目》,上海:上海书店出版社,2005 年,20—170 页。

二、传统典籍的阅读

(一)中日甲午战争之前阅读传统典籍的人占绝对多数

中日甲午战争之前,绝大部分人还是按照旧的模式、旧的轨道生活,思想观念也仍然保持在守旧的状态,他们把入仕作为神圣无比的目标,将科举视作入仕的正途。科举制度与千家万户的利益紧密相连,读书应考被人们视作社会生活的必要组成,并且成为人们日常生活的一部分。① 长辈教育晚辈仍以参加科举考试中举视作获取功名、步入仕途的唯一途径。为了让子弟早日中举,很多长辈亲自课读其子弟,将他们自身的应考经验直接传授给晚辈。晚辈从长辈那里不断受到重视科举考试的熏陶,深知读书应考不只是一己之事,而且与其家族的兴旺发达有着密切的关系,因此就将金榜题名作为学习的终极目标。科举考试以"四书""五经"等儒家经典为内容,以八股时文为形式,规范着士人的读书框架,使其陶醉在制义诗赋之中不能自拔,科举考试犹如一张紧密的罗网,笼罩着整日俯仰子曰诗云的莘莘学子。可以说,科举盛行之时人们特别注重阅读传统典籍。兹举几例予以说明。

李慈铭(1830—1894),初名模,字爱伯,后更名慈铭,号莼客,浙江会稽人。李慈铭自幼就喜欢读书,在塾屋苦读经卷,擅作诗文,十二三岁即能写作韵文,成年之后更是勤学苦读,将读书看作头等大事,"以予自论之,平生所慕者书,所畏者事,书自性命所系,一日不得此者,一日不能不慕"②。他"于书无所不窥"③,阅览的图书范围十分广泛,经史子

---

① 杨齐福:《科举制度与近代文化》,北京:人民出版社,2003年,75页。
② 李慈铭:《越缦堂日记》,扬州:广陵书社,2004年,2591页。
③ 平步青:《掌山西道监察御史督理街道李慈铭传》,见李慈铭《越缦堂日记》,扬州:广陵书社,2004年,1页。

集,无所不读:"君自谓于经史子集以及稗官梵夹诗余传奇,无不涉猎。"①据《越缦堂日记》记载,李慈铭自咸丰三年至光绪十五年(1853—1889)读过的书有经部 177 种,史部 355 种,子部 148 种,集部 297 种,丛书 11 种,共计 988 种。值得注意的是,他不只是一般地浏览,而是边读边写,逐日课记读书心得。同治二年(1863)十月初四夜晚,李慈铭读完清人江藩的《汉学师承记》后写道:"江氏文少剪裁,又不免门户之见;其述诸君爵里事迹著作,亦有舛漏。然谨守汉学,不容一字出入,殊有班氏《儒林传》《艺文志》家法,非陆氏《释文叙录》等书,所得比肩。遗文轶事,亦多藉以考见,诚有功于诸儒矣。"②李慈铭每读一书,"必求其所蓄之深浅,致力之先后,而评隲之,务得其当"③。他在前后三十多年的时间里写了很多读书札记,在其读书札记中,确有一些前人所未发的创见。李慈铭往往能在短短数语中击中要害,又能触类旁通,剖析入微,而不流于琐屑的考证。④ 从李慈铭阅读的书籍来看,它们主要还是传统的经史等四部典籍。李慈铭的思想颇为保守、迂阔,基本上禁锢在"夷夏之辨""夷夏之防"的樊篱之内,他排外的意识较为突出,不愿意了解世界,不屑于学习西方先进的东西。他对郭嵩焘的《使西纪程》多有诋毁,如:"嵩焘之为此言,诚不知是何肺肝,而为之刻者又何心也?"⑤他对洋务派主张的学习西方先进科技事项也着力攻讦,认为"力主开铁路之议,将沦中国为戎狄"⑥。因此,李慈铭所读的有关西方情况的书籍较少,他先后读过徐继畬的《瀛寰志略》、郭嵩焘的《使西纪程》、刘锡鸿的《英轺私记》与魏源的《海国图志》。

---

① 平步青:《掌山西道监察御史督理街道李慈铭传》,见李慈铭《越缦堂日记》,扬州:广陵书社,2004 年,2 页。
② 李慈铭撰,由云龙辑:《越缦堂读书记》,北京:中华书局,1963 年,57 页。
③ 赵尔巽:《清史稿》,卷四八六《文苑三·李慈铭》,北京:中华书局,1998 年,3441 页。
④ 李慈铭撰,由云龙辑:《越缦堂读书记》,北京:中华书局,1963 年,1 页。
⑤ 李慈铭撰,由云龙辑:《越缦堂读书记》,北京:中华书局,1963 年,483 页。
⑥ 李慈铭:《越缦堂日记》,扬州:广陵书社,2004 年,10316 页。

桐城耆儒吴汝纶,字挚甫,同治进士,擅长古文。他不仅酷爱读书,而且习惯写日记,历经数十年,从不间断,"日记所载,自出为州郡、退主讲院以至避寇乡野、视学异国,其间疾病患难、造次颠沛,数十年无虚日。自经史诸子百家之义理、文辞、训诂、名物,以至时政、邦交、各国学术教育,无所不究,行己接人、居处游览之事,无所不录。"①吴汝纶在日记中详细记录了他的读书情况。同治五年(1866)至光绪二十五年(1899),他阅读了经学、史学、文艺等书籍,并且写了很详细的读书笔记。在史学书籍方面,吴汝纶阅读了《史记》《资治通鉴》《魏书》《隋书》《晋书》等,特别是重点阅读了《史记》和《资治通鉴》,对其中的错误予以纠正,如:"《史记》:'郦生食其谓监门。''谓'当作'为'。本传:'郦生为里监门。《汉书》此处亦作'为里监门'。《战国策》:'监门闾里,士之贱者也。'"②同治六年(1867)十月初八至同治八年(1869)正月二十一日,吴汝纶阅读了《资治通鉴》的卷一至卷一百八十二,而且几乎在读完每一卷之后都写了读书笔记,纠正其中的谬误缺失,抒发自己的心得体会,如:"夜读《通鉴》(按:《资治通鉴》)一卷,见尹铎之保障弟在损户数而已。简子曰:'民疲力以完之,浚民之膏泽以实之,其谁与我?'此千古守城之要义。今苏、沪当海口之冲,连年征饷,民困已极,当官者不求节用,日开利源,其无乃犯简子之所言者乎?……"这段话显然是吴汝纶的有感而发,他以古讽今,表露了对那些只知搜括民脂民膏而不懂开源节流的当官者的责难与怨恨。

(二)中日甲午战争之后传统典籍还有其市场,阅读传统典籍的还不乏其人

19世纪末20世纪初,清朝政府已经处于没落状态,处于多灾多

---

① 籍忠寅:《桐城吴先生日记·序》,见吴汝纶《桐城吴先生日记》,保定:莲池书社,民国十七年(1928)。
② 吴汝纶:《桐城吴先生日记》,卷二《史学上》,保定:莲池书社,民国十七年(1928)。

难的困境和面临亡国灭种的危险。国人为了寻求救国治国之道,在阅读西方书籍、吸收新学思想的同时,仍然阅读旧学书籍,吸取传统思想的精华。旧学书籍还有市场,阅读旧学书籍的人还为数不少。现以清末书局的营业书目、档案馆保存的书业公会档案、《申报》的书籍销售广告为例进行一些量化分析。营业书目是书局为出售书籍而编制的征订书目,多半是单张的传单,大到四开,小到八开,少数则为书册。①如《上海扫叶山房发兑石印书籍价目》《上海同文书局石印书画图帖》《上海纬文阁发兑石印时务算学新书目录》等。书业公会 57 家成员的书目留底登载了书店的印书与售书目录。营业书目与书目留底等(表 4-2、表 4-3、表 4-4)明显地昭示了当时社会上的流行书籍与大众读物,今人从中可以看出时人的阅读兴趣与阅读趋向。

表 4-2　同文书局等经营书籍的数量②

书局名称	经营书籍总数(种)	传统典籍数量(种)	传统典籍所占比例(%)	西学书籍数量(种)	西学书籍所占比例(%)
同文书局	169	165	97.6	4	2.4
鸿宝斋	308	298	96.8	10	3.2
扫叶山房	373	365	97.9	8	2.1
申报馆	181	155	85.6	26	14.4
湖北官书局	319	295	92.5	24	7.5
浙江图书馆	253	218	86.2	35	13.8
慈母堂	162	153	94.4	9	5.6
飞鸿阁	480	427	89.0	53	11.0
纬文阁	384	306	79.7	78	20.3
十万卷楼	679	560	82.5	119	17.5

① 周振鹤:《晚清西学流行程度的一个视角(代前言)》,见《晚清营业书目》,上海:上海书店出版社,2005 年,3 页。
② 周振鹤:《晚清营业书目》,上海:上海书店出版社,2005 年,3—544 页。

(续表)

书局名称	经营书籍总数(种)	传统典籍数量(种)	传统典籍所占比例(%)	西学书籍数量(种)	西学书籍所占比例(%)
申昌书局	615	530	86.2	85	13.8
宝善斋书社	657	535	81.4	122	18.6
宁波汲绠山庄	430	366	85.1	64	14.9
合计	4580	4007	87.5	573	12.5

表4-3 书业公会57家书局的书底挂号①

书局名称	登册总数(种)	传统典籍数量(种)	传统典籍所占比例(%)	西学书籍数量(种)	西学书籍所占比例(%)
纬文阁	107	98	91.6	9	8.4
慰记书庄	21	20	95.2	1	4.8
广明书局	15	7	46.7	8	53.3
醉六堂	40	38	95.0	2	5.0
嘉惠书林	35	31	88.6	4	11.4
科学会编译部总发行所	3	2	66.7	1	33.3
理文轩	58	41	70.7	17	29.3
蒋春记	16	15	93.8	1	6.2
文会书社	13	12	92.3	1	7.7
经香阁	18	17	94.4	1	5.6
著易堂	144	124	86.1	20	13.9
文海阁	22	22	100	0	0
兰陵社	19	19	100	0	0
何秀记	21	21	100	0	0

---

① 周振鹤:《晚清营业书目》,上海:上海书店出版社,2005年,613—644页。

(续表)

书局名称	登册总数（种）	传统典籍数量（种）	传统典籍所占比例(%)	西学书籍数量（种）	西学书籍所占比例(%)
古香阁	85	83	97.6	2	2.4
洽记书庄	5	5	100	0	0
文通书庄	9	8	88.9	1	11.1
广益书局	48	40	83.3	8	16.7
广百宋斋	72	70	97.2	2	2.8
千顷堂	98	93	94.9	5	5.1
藻文书局	23	18	78.3	5	21.7
镜海楼	42	41	97.6	1	2.4
扫叶山房	41	41	100	0	0
扫叶山房南号	87	81	93.1	6	6.9
韵记书庄	22	21	95.5	1	4.5
炼石印局	31	30	96.8	1	3.2
六艺书庄	52	42	80.8	10	19.2
兴记鸿文书局	106	100	94.3	6	5.7
有益斋	24	24	100	0	0
智新书局	16	15	93.8	1	6.2
彪蒙书室	57	50	87.7	7	12.3
玉叶山房鲸记	3	3	100	0	0
逊记书庄	4	4	100	0	0
飞鸿阁	21	21	100	0	0
文瑞楼	91	88	96.7	3	3.3

(续表)

书局名称	登册总数（种）	传统典籍数量（种）	传统典籍所占比例(%)	西学书籍数量（种）	西学书籍所占比例(%)
萃文斋	29	27	93.1	2	6.9
久敬斋	26	26	100	0	0
同文新译书局	8	8	100	0	0
咏记书庄	17	16	94.1	1	5.9
仁余书庄	21	19	90.5	2	9.5
壬林记书庄	7	7	100	0	0
同文晋记书局	22	22	100	0	0
文宜书局	186	184	98.9	2	1.1
源记书庄	72	69	95.8	3	4.2
华兴书局	36	33	91.7	3	8.3
公兴书局	8	8	100	0	0
文宝琳记	53	47	88.7	6	11.3
申昌书室	59	47	79.7	12	20.3
"支那"新书局	36	36	100	0	0
文富楼	35	32	91.4	3	8.6
美华宾记	42	36	85.7	6	14.3
南洋官书局附宝善斋	82	70	85.4	12	14.6
育文书店附震东书局	57	55	96.5	2	3.5
富强斋	99	71	71.7	28	28.3
奎照楼	13	13	100	0	0
江左书林	114	110	96.5	4	3.5
合计	2491	2281	91.6	210	8.4

表 4-4 《申报》的书籍销售广告

年 份	总数量(个)	传统典籍		新学书籍	
		数量(个)	所占比例(%)	数量(个)	所占比例(%)
光绪二十四年(1898)	669	376	56.2	234	35.0
光绪二十五年(1899)	529	280	52.9	154	29.1
光绪二十六年(1900)	322	162	50.3	91	28.3
光绪二十七年(1901)	523	218	41.7	199	38.0
合 计	2043	1036	50.7	678	33.2

从表 4-2、表 4-3 和表 4-4 可以看出：传统典籍仍然是当时重要的阅读对象，读书人的阅读重点与兴趣仍然还在传统典籍上面。一般而言，书局出版书籍的目的是赢利，它们出版书籍要考虑受众的阅读兴趣。同文书局等的营业书目、纬文阁等 57 家书局的书底挂号反映了读者的阅读倾向。同文书局等 13 家书局共出售书籍 4580 种，其中，传统典籍 4007 种，占总数的 87.5%；纬文阁等 57 家书局共出版书籍 2491 种，其中，传统典籍 2281 种，占总数的 91.6%。文海阁、兰陵社等 16 家书局出版的书籍全部是传统典籍。《申报》上传统典籍的广告量很大，《古今图书集成》《史鉴纲目新论》等 267 种传统典籍刊登了 1036 则广告，平均每种书的广告频率为 3.9，[①]传统典籍的广告数量所占的比例也很大，超过了 50%，这说明传统典籍还颇受士人的欢迎。在传统典籍中，那些有关实学、经世致用之学以及关系民生实务的书籍更受士人的青睐："有志之士莫不研求实学，力矫虚浮。"[②]

---

① 梁玉泉：《清末上海的书籍市场(1898—1901)——以〈申报〉书籍广告为例》，载《南京晓庄学院学报》，2005 年第 3 期。
② 《林文忠公政书五种石印》，载《申报》，1898 年 11 月 6 日。

由此可见，即使在西学书籍已经兴起的情况之下，传统典籍在图书市场中也仍然占据重要地位，受到人们的青睐。

第二节　西学书籍、东学书籍、外语书籍

本着"师夷长技以制夷"的目的，人们开始阅读新学书籍，西学书籍、东学书籍与外语书籍渐渐进入人们的阅读视野，在人们的阅读内容中占有一席之地。

一、西学书籍的阅读

（一）鸦片战争时期，阅读西书之风刚刚兴起

林则徐是睁眼看世界的第一人，他不像一般封建士大夫那样，认为外国的事情一概与中国无涉，而是采取积极主动的态度去弥补自己贫乏的世界知识。他认识世界的渠道是组织翻译英文书报，他组织译书的目的性很强：翻译西洋史地、商业图书，以了解西方国家的情况，翻译制造枪炮的西洋书籍和操作重炮的资料，以改进中国的武器水平和战术。他组织翻译的西方著作和资料，内容较为丰富，包括政治、经济、军事、文化、科技、地理、外交、社会情况等方面。通过阅读这些翻译过来的西方著作和资料，林则徐了解到不少"夷情"，而且从这些著作和资料之中，寻找到不少可以"以其人之道，还治其人之身"的知识。同时他也大大开阔了眼界，提高了反抗侵略的水平，正如他自己后来所说："制驭准备之方，多由此出。"曾国藩注重阅读西书，不但阅读了《圣武记》《瀛寰志略》，还阅读了日本人写的《新论》以及西方的军事、科技

著作。

（二）洋务运动时期，人们阅读的西书以自然科学与应用科学书籍为主

第二次鸦片战争之后，人们学习西方科学知识的愿望更为迫切，他们主要阅读西方的自然科学与应用科学书籍，之所以如此，一是因为第二次鸦片战争中国的失败，使一部分先进的知识分子清醒地认识到要挽救清朝的统治危机，拯救国人的命运，就必须学习西方的科学知识。人们对西学知识的渴求就成了他们阅读西学书籍特别是自然科学与应用科学书籍的巨大动力。二是由于当时翻译和出版的大量西方自然科学与应用科学图书，为士人的阅读提供了条件。徐维则的《东西学书录》中记载了翻译出版的各种西书共有555种，其中应用科学225种，占总数的41%；自然科学162种，占总数的29%；其他为哲学、历史、法学、文学、教育、游记、杂著、议论等。西方自然科学与应用科学图书的大量出版使士人阅读西学书籍的愿望得以实现，士人纷纷阅读西学书籍。康有为阅读的西学书籍有《海国图志》《瀛寰志略》《西国近事汇编》《环游地球新录》《儒门医学》《西药大成》《内科理法》《法律医学》和《保全生命论》等。梁启超阅读的西学书籍有《瀛寰志略》《格致汇编》《数学启蒙》《数理精蕴》《西药大成》《佐治刍言》《地理全志》《笔算学》《代数备旨》《代微积拾级》《西药略释》等。吴汝纶作为桐城耆儒，虽然工于古文，但是思想较为开放，也注意阅读西书西报。自光绪十五年（1889）至光绪二十六年（1900），他阅读的西书有《美国农学新法》《农学十法》，阅读的西方报刊有《英京报》《纽约格致报》《法国报》《美国学问报》《法文格致报》《法国博学报》等，而且他还写了一些读书笔记。①

在一些洋务学校里学生们广泛阅读西方新学书籍。据统计，从同

---

① 吴汝纶：《桐城吴先生日记》，卷八《西学上》，保定：莲池书社，民国十七年（1928）。

治元年(1862)到光绪二十一年(1895),洋务派创办的各类学校达25所之多,①如上海广方言馆、广州同文馆、湖北自强学堂、福州船政学堂、天津水师学堂、江南水师学堂等。洋务学校主要是为洋务事业培养新人才,学校开设的课程内容主要是西方语言及西方科学知识。上海广方言馆将算学列为教学内容,要求学生:"算学与西文并须逐日讲习,其余经史各类,随其资禀所近分习之。专习算学者,听从其便。"②福州船政学堂则要求学生必须学习英文、法文,精通算学,深明制造之法,通晓驾驶之学。严复说他在福州船政学堂学习期间所学的课程有19门:"英文、算术、几何、代数、解析几何、割椎、平三角、弧三角、代积数、动静重学、水重学、电磁学、光学、音学、热学、化学、地质学、天文学、航海术。"洋务学校的教学内容驱使学生广泛地阅读西方的自然科学与应用科学书籍。此外,洋务学校的开办,科学知识的传授,改变了士人的旧观念,开创了士林新风气,人们竞相学习西方的新知识。如蔡元培从此于新学与外国事物极为细心,并且旁及自然科学的学习;王国维"知世有新学"之后,从浙江海盐县赶赴上海,"从日人苦攻西学"。③

(三)中日甲午战争以后,阅读西方的社会科学书籍成为阅读界的主流

中日甲午战争以后,国人向西方学习的内容发生了较大的变化。一方面,中日甲午战争中国失败以后,国人终于意识到:"西人之所强者兵,所以强者不在兵。"④用洋枪洋炮武装起来的清军,仍旧抵挡不住外敌的入侵,因此,中国人对过去学习西方的偏颇进行检讨,认为仅

---

① 李华兴:《民国教育史》,上海:上海教育出版社,1997年,47页。
② 朱有瓛:《中国近代学制史料》,第一辑上册,上海:华东师范大学出版社,1983年,217页。
③ 转引自丁钢《文化的传递与嬗变——中国文化与教育》,上海:上海教育出版社,1990年,228页。
④ 梁启超:《饮冰室合集·饮冰室文集之一·变法通议·论译书》,北京:中华书局,1989年,68页。

仅学习西方的器物之长与科学技术是相当不够的,还要学习西方的社会科学知识。另一方面,百日维新失败,维新派认为政治变革已不可能,就将主要精力转向对国人进行思想启蒙,开始让国人了解西方的社会思想,于是人们阅读西方的社会科学书籍就成了大势所趋。早在英国留学期间,严复就对西学产生兴趣,把很多精力用于研读西方的哲学、社会科学著作以及考察中西政教风俗的异同,他研读过亚当·斯密、边沁、卢梭、孟德斯鸠、达尔文、赫胥黎等人的著作。回国之后,在北洋水师学堂任教期间,严复有较为充裕的可自由支配的时间,继续阅读西方社会科学图书。章太炎于光绪三十二年(1906)东渡日本以后,对西方近代的哲学、社会学和政治学书籍产生了浓厚的兴趣,潜心阅读康德、费希特、叔本华、斯宾诺莎、哈特曼、谢林、黑格尔、蒲鲁东等人的著作,了解与吸收西方近代的哲学思想和人文社会科学思想。

西方社会科学书籍的大量翻译与出版使读书人阅读西方社会科学书籍的愿望得以实现。以光绪二十八年至光绪三十年(1902—1904)为例,三年共翻译与出版文学、历史、哲学、经济、法学等社会科学书籍327种,占总数的61%,自然科学图书112种,占总数的21%,应用科学图书56种,占总数的10%。译书多少的顺序为社会科学—自然科学—应用科学,与前一阶段的译书情况正好相反。为了让更多的人阅读西书、了解西方与学习西方,严复在北洋水师学堂做教务工作之余把主要精力用于翻译西方哲学、社会科学名著,介绍西学的精华。宣统元年(1909)以前,严复独立翻译与出版的西文原著共有12部,涉及哲学、社会科学的就有8个门类。社会科学书籍的大量翻译与出版丰富了读书人的阅读生活,使读书人能够随心所欲地阅读西方的社会科学图书。

吴汝纶重点阅读了严复翻译的《天演论》《计学》(由亚当·斯密的《富国论》翻译而成),写了详细的读书笔记。吴汝纶颇为推崇《天演论》,他在给严复的信中写道:"前读《天演论》,以赫胥氏名理,得我公雄笔，合为大海东西奇绝之文，爱不忍释。老懒不复甄录文字，独此书则亲书细字录副袭藏，足以知鄙人之于此文倾倒至矣。"①光绪二十八年(1902)二月吴汝纶阅读了西师意的《实学指针》，摘录了其切要涯略，还写下了心得体会："是书详记英、俄、德、美诸国之地积、民口、财政、军制，使吾国士夫考邻敌之富盛而思所以自振，拔其用意，故以勤矣。"②

孙宝瑄也喜欢阅读西学书籍，自光绪二十年(1894)正月至光绪二十三年(1897)十二月，他阅读了魏源的《海国图志》、侯失勒的《谈天》、李提摩太的《八星之一总论》和《百年一觉》《几何原本》《交涉公法论》《万国公法》《植物图说》、严复翻译的《天演论》、林乐知翻译的《中国度支考》。对于有些重要书籍，孙宝瑄阅读的时间较长，譬如对于《交涉公法论》，他读了几个月，自光绪二十三年(1897)五月二十六日一直读到九月二十日。孙宝瑄对西学书籍十分感兴趣，举凡政治、历史、哲学、宗教，无不涉猎。自光绪二十七年(1901)至光绪三十二年(1906)，他又阅读了14种西学书籍，见表4-5。

表4-5 孙宝瑄阅读的西学书籍③

时　　　间	阅读西学书籍情况
光绪二十七年(1901)三月初四	观美国伯盖内著的《政治学》
光绪二十七年(1901)三月初八	观《译书汇编》
光绪二十七年(1901)四月初二	览傅兰雅翻译的《佐治刍言》
光绪二十七年(1901)四月初三	读严复翻译的《原富》
光绪二十七年(1901)五月二十四日	观卢梭《民约论》
光绪二十七年(1901)五月三十日	舟中观《理财学》，德国李士德著
光绪二十七年(1901)十月十五日	观美国伯盖内著的《政治学》

---

①② 吴汝纶：《桐城吴先生日记》，卷九《西学下》，保定：莲池书社，民国十七年(1928)。
③ 孙宝瑄：《忘山庐日记》，上海：上海古籍出版社，1983年，328—873页。

(续表)

时　　间	阅读西学书籍情况
光绪二十七年(1901)十月十六日	观德国李士德的《理财学》
光绪二十八年(1902)八月二十二日	观李提摩太著《生利分利之别论》
光绪二十八年(1902)十一月二十四日至三十日	观《农学初级》,英国旦尔恒理著
光绪二十八年(1902)十二月二十日	观《俄罗斯大风潮》,英国克咯伯著
光绪二十九年(1903)九月初七至十月十六日	观《群学肄言》,斯宾塞著
光绪三十二年(1906)闰四月初九	观《法国司法组织》及《政教考》

孙宝瑄读了不少译著,从中获益甚多,而且写了很多读书笔记,他在笔记中既简要介绍了所读之书的内容,也发表了自己的观点。他阅读斯宾塞的《群学肄言》时就写了很多笔记,如:"《群学·述神篇》云:民德、民智,厘然两事。智育求之于理想,德育发之以感情,终之以行习,徒有感情,犹无益也。必自感情施之有事,夫然后能由勉强至于利安,至于既久,寖以为习,则行其所无事矣。忘山(按:孙宝瑄自称)曰:由是观之,则锡兰耶露二教派,专以天界地狱警戒群生者,即所以动人之感情也。"①读完一本书,他要做些点评,评价《交涉公法论》时他说:"是书为英国全备之万国公法,于各国交际之道,所当尽之职,论之极精……中名论实多,如云国之治乱,一以律堂断之。律堂开,则为治;律堂闭,则为乱。"②孙宝瑄不但自己读译著,还建议他人多读新翻译出版的图书:"居今日而欲谈名理,以多读新译书为要。盖新书言理善于剖析,剖析愈精,条理愈密。"③

总之,与传统典籍的阅读相比较,西学书籍的阅读在图书阅读中只占相当小的比例,阅读西学书籍的人很少。从表4-2与表4-3可

---

①② 孙宝瑄:《忘山庐日记》,上海:上海古籍出版社,1983年,138页。
③ 孙宝瑄:《忘山庐日记》,上海:上海古籍出版社,1983年,755页。

以看出：同文书局等13家书局出售的西学书籍只有573种，占出版书籍总数的12.5％。纬文阁等57家书局共出版西学书籍210种，仅占出版书籍总数的8.4％，其中，文海阁、兰陵社、何秀记等16家书局出版的书籍中竟然无一册西学书籍。尽管官方积极提倡西学，尽管先进的知识分子与精英阶层呼吁学习西方，然而即使在上海这样的中西文化交汇之地，西学书籍在图书市场上还是不太流行。由此可以推知，就民间的普通大众而言，他们对西学的认识有一个过程，在当时他们还并不热衷于阅读西学书籍。

二、东学书籍的阅读

东学书籍即是日文书籍，清朝末年用日文翻译的西方社会科学书籍以及日文原著大为增加，很多人开始阅读东学书籍，其中尤以梁启超、孙宝瑄较为典型。

梁启超最早读到的东书是日本明治维新先驱吉田松阴撰写的《幽室文稿》。吉田松阴是日本近代史上一位有深远影响的民族主义思想家和教育家，其著作《幽室文稿》蕴含了民族主义的思想精神，对欲变法强国的康有为具有一定的借鉴意义，因此康有为将其作为门人的必读书。梁启超在致日本人品川弥二郎的信中说："启超昔在震旦，游于南海康先生之门。南海之为教也，凡入塾者皆授以《幽室文稿》，曰：苟志气稍偶衰落，辄读此书，胜于暮鼓晨钟也。仆既受此书，因日与松阴先生相晤对，而并与阁下相晤对者，数年于兹矣。"[①] 由此可见梁启超读了《幽室文稿》之后受到了该书较大的影响。《西学书目表》记载，梁启超较早读到的东书还有冈本监辅撰的《万国史记》、冈千仞撰的

---

① 《民报》第二十四号，《时评》第二十二页，见丁文江、赵丰田《梁启超年谱长编》，上海：上海人民出版社，1983年，162页。

《米利坚志》及《战法学》。这三本书皆用汉文著成,对于前两本书,梁启超并不看重,对其评价不高。《战法学》刻于都中日本使署,乃中东战争以后所著,梁启超甚为看重此书,认为"言极详尽",称之为"华文兵书中最佳者也"。此外,梁启超还看到了日本人所绘的《坤舆方图》、日本人所印的《亚细亚东部图》及日本陆军测量部所绘的《东三省直隶山东及日本高丽沿海各地图》等地图。在逃亡日本之前,梁启超所读的东书还有不少,如《变法通议·论译书》云:"以吾所见日本人之《清国百年史》《'支那'通览》《清国工商业指掌》,其中已多有中国人前此不及自知者。"①《记东侠》称:"余读冈千仞氏之《尊攘纪事》、蒲生重章氏之《伟人传》,冥想当时侠者,言论丰采,一一若在耳目。"②读了日本人绪方南溟所撰的《中国工艺商业考》之后,梁启超还特意撰写提要,结尾几句是:"嗟夫,以吾国境内之情形,而吾之士大夫竟无一书能道之,是可耻矣,吾所不能道者,而他人能道之,是可惧矣。"③读了一些日本书或与日本有关的图书之后,梁启超对日本已较为熟悉,而且对这些书的评价也很好:"日本法规之书,至纤至悉,皆因西人之成法而损益焉也。"④他又评价道:"日本近日官制,悉模仿西法,而其官名率多汉唐遗称,若有中国古今悉无之官,则用日本名称,一大佳也。"⑤当然,直到此时,梁启超还只是通过阅读与日本有关的著作来了解日本,因此,他对日本的了解还只限于表面印象,对日本的评价也只限于将那些表面印象加以美化,并没有做深刻的分析。直到光绪二十四年

---

① 梁启超:《饮冰室合集·饮冰室文集之一·变法通议·论译书》,北京:中华书局,1989年,66页。
② 梁启超:《饮冰室合集·饮冰室文集之二·记东侠》,北京:中华书局,1989年,29页。
③ 梁启超:《饮冰室合集·饮冰室文集之二·中国工艺商业考提要》,北京:中华书局,1989年,51页。
④ 梁启超:《饮冰室合集·饮冰室文集之一·变法通议·论译书》,北京:中华书局,1989年,68页。
⑤ 梁启超:《饮冰室合集·饮冰室文集之一·变法通议·论译书》,北京:中华书局,1989年,73页。

(1898)八月十一日乘坐日本舰艇"大岛"号东渡日本之后,梁启超才发现了一片新的文献天地,并阅读了更多的日本文献。还在舰艇上的时候,舰长就把一本小说《佳人奇遇》给梁启超解闷,《佳人奇遇》为日本政治家、小说家柴四郎所作,"缘此书大意,系中日留洋两志士奇遇欧洲三少女,以风马牛之不相及,竟相亲互爱而不愿分离,是诚空前绝后之一大稀奇……著者东海散士,不曰政治之作,而用才子佳人之名,托言外邦之善恶,暗责本国之利弊,以慷慨激昂淋漓痛快之言辞,叙世界兴衰得失强亡之原因。"① 梁启超读完《佳人奇遇》,对其颇有好感,于是开始了对它的翻译,将中文本《佳人奇遇》连载于《清议报》上,从第一册起,断断续续登至第三十五册。继《佳人奇遇》之后,梁启超又阅读与翻译了《十五小豪杰》。《十五小豪杰》本为法国人儒勒·凡尔纳所著的科幻小说,原名《两年间学校暑假》,"英人某译为英文,日本大文家森田思轩又由英文译为日文,名曰《十五少年》"。梁启超乃据日文重译为《十五小豪杰》,将其连载于《新民丛报》上。梁启超在日本边学日文边读东书,随着日文的日趋熟练,他"广搜日本书而读之"② 。此外,他还每天阅读日本报纸,因而,"畴昔所未见之籍,纷触于目,畴昔所未穷之理,腾跃于脑,如幽室见日,枯腹得酒,沾沾自喜"③。从《东籍月旦》著录的图书来看,梁启超阅读了日文图书80余种,而且他还写了读书随感,如《自由书》《双涛园随笔》《岁晚读书录》等。随着阅读东书的增多,梁启超的思想也为之一变。逃亡日本的头几年是梁启超一生思想变化极大的几年,他鼓吹自由甚至主张革命,并因此遭到了康有为等

---

① 《佳人之奇遇·田兴复临室主人叙》,见邹振环《影响中国近代社会的一百种译作》,北京:中国对外翻译出版公司,1996年,129—130页。
② 梁启超:《饮冰室合集·饮冰室专集之二十二·夏威夷游记》,北京:中华书局,1989年,186页。
③ 梁启超:《饮冰室合集·饮冰室文集之四·论学日本文之益》,北京:中华书局,1989年,80页。

师友的指责。

孙宝瑄阅读的日文书籍较多,自光绪二十七年(1901)至光绪三十二年(1906),他阅读了19种日文著作或译作,见表4-6。

表4-6 孙宝瑄阅读的日文书籍①

时　　　间	阅读日文书籍情况
光绪二十七年(1901)五月二十六日至二十八日	观《物竞论》,日本加藤和之著
光绪二十八年(1902)二月初四	观《日本维新儿女英雄奇遇记》
光绪二十八年(1902)三月初五	观《"支那"文明史论》,日本中西牛郎著
光绪二十八年(1902)三月十三日至五月初八	观《日本国史略》
光绪二十八年(1902)七月初十	观《日本政党小史》
光绪二十八年(1902)十月二十二日	观《欧洲财政史》,日本法学士小林丑三郎著
光绪二十八年(1902)十月二十四日至十一月二十二日	观冈本所著《西学探源》
光绪二十八年(1902)十二月初一至初二	观《传种改良问答》,日本森田峻太郎著
光绪二十八年(1902)十二月初二至初三	观《胎内教育》,日本伊东琴次郎著
光绪二十八年(1902)十二月初五	观日本饭泉规矩三氏著,蒋震方译的《修学篇》,又览泽柳政太郎之《读书法》
光绪二十八年(1902)十二月十二至十八日	览日本岸本能武太著、余杭章炳麟译的《社会学》
光绪二十八年(1902)十二月二十五日	观《道德进化论》,日本户外宽人著

---

① 孙宝瑄:《忘山庐日记》,上海:上海古籍出版社,1983年,364—885页。

(续表)

时　　间	阅读日文书籍情况
光绪二十八年(1902)十二月二十七日	薄晚,观新出书二种,一曰《二百年后之吾人》,一曰《地球之过去未来》,皆日本人著
光绪二十九年(1903)二月初四	览日本幸德秋水《帝国主义》终卷
光绪二十九年(1903)二月初七	观《精神之教育》,日本隅谷己三郎著
光绪二十九年(1903)八月二十七日	览新译《哲学要领》,日本井上圆了著
光绪三十二年(1906)五月十三日	观《朝鲜近世史》,日本北总林泰辅编辑,刘世珩译

三、外语书籍的阅读

(一)外语书籍的出版为阅读提供了条件

道光二十年(1840),英国人罗伯特编译的英汉对照版《意拾喻言》在广州出版,该书本是外国人学习汉语的参考读物,但是中国人可以借助于它来学习英语。道光二十二年(1842)、道光二十六年(1846),罗伯特先后编写了《华英通用杂话》与《汉英会话》。咸丰五年(1855),署名子卿的人编译的《华英通话》在广东出版,该书是当时颇有影响的英语读物,分为两部分:一是按事物分类的词汇,共计37类;二是不便分类的单词和简单会话,用粤语注音。据统计,19世纪40—60年代,英语读物共计出版近20种,这些书籍大多在南洋、香港、澳门和广州等地刊行,其特点就是采用分类方式编排中外语词,既便于中国人学习外语常用对话,也便于外国人通过这些读物来学习汉语。① 19世纪

---

① 邹振环:《十九世纪下半期上海的"英语热"与早期英语读本及其影响》,载《档案与史学》,2002年第1期。

60—80年代,学习英语形成一种风气,英语读物的出版也日益增多。申报馆于同治十三年(1874)出版了曹骧编译的《英字入门》,该书分为英字源委、单字门、二字拼法门、三字拼法、四五六字拼法、七字以外拼法等十则,该书影响较大,受到时人的好评:"见其书内细列英文,以字母拼合,反切以及变化成音之法备录详陈,奥妙臻至。向来英字各书未有如是之清楚而简捷,可以便初学之读解者,真属入门之善法也。"①《申报》刊登了《华英文字合璧》《华英通用要语》《华英说部撮要》等英语读物的广告。《华英文字合璧》于光绪五年(1879)出版,它将中国经书中成语之要旨译成英文,"大有助于阅读英文各书之用"。点石斋于光绪十年(1884)出版了《无师自通英语录》,该书共计900句,先将英文句子译成汉语,再解释每个英文单词,而且在每个词语下用汉语注音,以便读者依照注音死记硬背。

除了出版英语读物以外,当时的出版机构还出版了其他外语读本,如法语读本《法字入门》、德语读本《德字初桄》和日语读本《日字入门》,这三种读本都受到了英语读本的深刻影响。《法字入门》由龚渭琳编译,于光绪十三年(1887)由上海美华书馆出版,马建忠称该书"籍体审音,曲尽重妙,诚初学之津梁也"。晚清的出版机构较为注重外文书籍的出版,见表4-7。

表4-7 外语书籍的出版情况(种)②

出版机构	英文	法文	德文	日文
飞鸿阁	9	1	0	1
纬文阁	9	1	0	1
十万卷楼	9	0	0	1

---

① 《精制英字新书》,载《申报》,1874年12月24日。
② 周振鹤:《晚清营业书目》,上海:上海书店出版社,2005年,410—642页。

(续表)

出版机构	英文	法文	德文	日文
申昌书局	11	1	0	2
宝善斋书社	23	3	2	10
汲绠书庄	2	0	0	19
广智书局	10	0	0	1
时中书局	4	2	0	6
慈母堂	2	1	0	0
科学图书社	26	1	1	8
理文轩	1	0	0	2
广益书局	1	0	0	2
文瑞楼	2	0	0	0
文宜书局	1	0	0	0
申昌书室	6	0	0	0
美华宾记	2	0	0	0
富强斋	2	0	0	0
商务印书馆	75	0	0	0
合计	195	10	3	53

较之其他书籍的出版数量，外文书籍的出版数量很小，但是它毕竟体现了晚清出版市场的变化，而且更为重要的是外语读物的出版推动了一般社会阶层对西方语言重要性的认识，从而使得整个社会形成了学习外国语言的热潮。

(二)外语书籍的阅读

林则徐学习英语、阅读英语书籍。他学习英语的一个主要依据就是由他改写选编整理的《澳门月报》原题作"林则徐译"。另一个明证就是《洋事杂录》，据陈胜粦先生介绍，林则徐辑的《洋事杂录》里即录有洋文,如一月至十二月的英语读音,有关词语的读音和意译,罗马数字和阿拉伯数字的英语读音及汉译,各种外币的读音及汉译等。林则徐积极地学习英语、追求新知的热情,既反映了他那强烈的爱国心和高度的责任感,也是近代中国开明进步的爱国者开始迈开步伐、走向世界的重要标志。① 容闳于道光八年(1828)生于广东香山县,七岁的时候就进入英国传教士在澳门设立的女塾(附设男塾)学习英文。女塾停办之后,他辍学数年,道光二十一年(1841)进入马礼逊学校学习,在该校度过了六年的小学生活,所学课程为初等之算术、地理、英文以及国文。经过学习,他不仅会讲一口流利的英语,而且对西学产生了浓厚的兴趣。道光二十七年(1847),他跟随初中老师白朗牧师到达美国,接受"完全之教育",先在马萨诸塞州的孟松学校就读,②学习算术、文法、生理、心理及哲学等课程;1850年(道光三十年),他进入著名的耶鲁大学学习,大学期间,他刻苦学习,而且还立下了报国宏愿:"以西方之学术,灌输于中国,使中国日趋于文明富强之境。"③1854年(咸丰四年),容闳从耶鲁大学顺利毕业,获得文学学士学位。同年十一月十三日,他启程归国,第二年四月,回到广州。可以说,容闳在整个读书求学生涯中接受的是一种相当标准而严格的西方文化教育,这种教育为他拥有广博而坚实的西方文化知识奠定了基础。

道光二十三年(1843)上海开埠以后,商贸中心北移,人们为了早登利路,开始学习英语,于是洋泾浜英语渐渐盛行。所谓洋泾浜英语,

---

① 陈胜粦:《林则徐与鸦片战争论稿》,增订本,广州:中山大学出版社,1990年,431页。
② 孟松学校是一所初级中学,因为当时美国还没有高等中学,所以凡准备升入大学者均在此类学校学习,作为预备。参见李振武:《略论容闳的教育爱国思想及活动》,见吴文菜《容闳与中国近代化》,珠海:珠海出版社,1999年,122页。
③ 容闳:《西学东渐记》,长沙:湖南人民出版社,1981年,23页。

其实是商业用英语的讹音,①是一种夹杂着上海话的蹩脚英语,上海滩的生意帮、白相帮、码头帮、洋行小鬼等不同程度地操起了简单的洋泾浜英语。在国人初期学习英语的过程中,洋泾浜英语为他们学习和掌握简单的英语会话提供了便利,从而促进了国人与外商的交流与沟通。不过这种不太准确的语言及其错误的语法给英语学习也带来了一些消极的影响,让初学者对英语的认识形成了一些错误的概念。

此外,阅读外语书籍、学习外语知识也形成风气,上海就出现了学习英语的热潮。到了19世纪60年代,随着洋行的增多,与西学相关的就业机会迅速增加,人们越来越意识到英语的重要性。曹骧说:"……且人往往以不谙西语,致受洋人之欺侮,不识西文,致受洋人之愚弄,则学之而所益大也。"②学习英语有很多好处,对于读书人来说,他们学了英语可以穷经博览,可以了解西国之人民政事与风俗得失;对于寒素之家而言,他们学了英语就可以经商坐馆,易谋温饱。于是,学习英语就成为一种风气,人们除了在一些教会学校和广方言馆里学习英语之外,还到英语培训班和夜校里去学习英语。上海的英语培训班和夜校较多,有大英学堂、英华书馆、英话文法公所、英字英语班、英语文法算学班、英语夜校、番文馆、英话英字班、英语班、宋长记英语夜校、英文书馆、洋文书塾、英文学馆、英文学塾等。其中,最早的是同治三年(1864)设在复和洋行内的大英学堂,专教十岁至十三岁的幼童学习英语;影响最大的是英国传教士傅兰雅主持的英华书馆。英华书馆招收学生的年龄在十岁到十八岁之间,学生来自上海、广州、厦门、苏州和宁波,全部是富家子弟。书馆从上午九时开始授课,上午教

---

① 邹振环称:洋泾浜是旧上海分隔华界与租界的一条小河,属于黄浦江的支流,在浦东的叫"东洋泾浜",浦西的叫"西洋泾浜"。道光二十五年(1845)建立的英租界以该河为南界,道光二十九年(1849)建立的法租界以该河为北界。参见邹振环:《十九世纪下半期上海的"英语热"与早期英语读本及其影响》,载《档案与史学》,2002年第1期。

② 曹骧:《英字入门》,光绪三十二年(1906)石印本。

授英语,下午教授中文。郑观应年轻时曾在英华书馆的夜班学习两年:"公余之暇,约高要梁君纶卿入英博士傅兰雅先生英华书馆夜课,只读英文两年。"①在上海格致书院多次获奖的杨然青研读过《英字入门》《英语集全》等英语读物。

在"英语热"的带动下,学习其他外语的风气也形成了。龚渭琳自十二岁起就在上海广方言馆随法文教习学习了四年法语,后来又跟法国人学习了四年法语。郭沫若的大哥于光绪二十六年(1900)考上了东文学堂,学习日文。光绪三十年(1904)暑假,他邀请两位东洋教习来家做客,并留他俩在家中住了三天。郭沫若出于好奇心,时常跑去找那两位东洋人说话,因此,也学了一些日语,如"瓦塔苦西"(按:我、我们)、"阿那打"(按:你、你们)、"阿里加朵"(按:谢谢)、"萨约那罗"(按:再见)。②

通过阅读外语书籍与学习外语知识,知识分子具备了跨文化交流的本领,一般民众则获得了到外国洋行、银行、邮局、餐馆等单位就业的资本。因此,学习外语,益处甚多。特别是在科举废除之际的转型时代,除了本欲攀爬科举之梯却因科举废除而无法如愿者,希望经由学习洋文来求取生活保障之外,还有许多本不具备功名者欲借通晓外文,而能够在上海这个较为西化的城市当中,在与洋人有关的公司谋一职位,从而获得较高的薪水。③

---

① 夏东元:《郑观应集》,下册,上海:上海人民出版社,1982年,1532页。
② 郭沫若:《我的幼年》,上海:光华书局,1929年,71页。
③ 余芳珍:《阅书消永日:良友图书与近代中国的消闲阅读习惯》,载《思与言》,第43卷第3期。

第三节 报 刊

普通报刊具有内容丰富、通俗易懂与发行周期短等特点,能使读者较快地获得最新新闻和信息,因此受到读者的欢迎,阅读报刊成为一种社会风气。另外,小报的独特风格和消闲内容迎合了市民的口味,满足了市民消闲自娱的需要,小报成为市民社会的普通读物。

一、普通报刊的特点

西方列强的入侵打破了清朝闭关自守的局面,先进的知识分子痛于外患之凭陵,清廷之窳败,国亡之无日,认识到非革新不足以图存,然而手无权柄,遂致力于办报,借报纸传播其主张,以言论觉天下。早期创办的报纸,鼓吹习西法,识洋务,变法自强。中日甲午战争之后,维新派为推动政治变革,在办报方面倾注心力,大造舆论,广开风气。庚子赔款以后,革命报纸相继创刊,以革命大义鼓动群伦,使志士风偃,人心归向。[①] 晚清的报刊种类较多,按照主办者的不同,晚清的报

---

① 陈玉申:《晚清报业史》,济南:山东画报出版社,2003年,1页。

刊包括传教报刊如《格致汇编》①《万国公报》②与《申报》③，洋务报刊如《循环日报》④，维新报刊如《时务报》⑤和《国闻报》⑥，立宪报刊如《宪法白话报》，革命报刊如《民报》⑦，官方报刊如《北洋官报》⑧等。这些报刊有其共同之处，迎合读者的阅读需求，对读者产生了良好的影响。

（一）报刊传播了西方的科技知识，对读者起到了科学启蒙的作用

传播西方科技知识是晚清报刊的一项任务，特别是传教报刊把介绍西方科技知识作为报刊的主要内容。为适应中国人"师夷长技"的

---

① 《格致汇编》于光绪二年（1876）正月二十三日发刊于上海，最初是月刊，后改为季刊，由英国传教士傅兰雅担任主编。至光绪十八年（1892）冬停刊，共出60期。
② 《万国公报》原名《中国教会新报》，同治七年（1868）八月由美国监理会传教士林乐知创办于上海，同治十三年（1874）更名为《万国公报》，光绪九年（1883）七月因故停办。广学会成立后，于光绪十五年（1889）正月将其复刊，作为自己的机关报。复刊后的《万国公报》仍由林乐知任主编，但该报由周刊改为月刊，重心在论学论政，版面内容首先是社说、评议政治和中外时事、译介西方政治和社会学说，其次是光绪政要，包括摘录谕旨和奏折，最后是各国新闻和电报辑要。
③ 《申报》于同治十一年（1872）三月二十三日由英国商人美查正式创刊，初为双日刊，自第5号起改为日刊，但逢星期日则休刊一天，自光绪五年（1879）闰三月初七起，《申报》在星期日也照常出版。《申报》每期一张，单面印刷，分为8版，内容包括论说、新闻（本埠新闻、外埠新闻）、香港新报选录、西报摘要、广告、货物价格表、轮船出入日期表等。
④ 《循环日报》于同治十二年（1873）十二月十八日创刊于香港，由王韬担任正主笔。该报除星期日外每日发行，每期两张四版，第一版为商业行情，第二版是船期消息和广告，第三版则是新闻和论说，第四版刊登广告。
⑤ 《时务报》于光绪二十二年（1896）七月初一由汪康年、黄遵宪、梁启超等人正式创刊。汪康年任报馆总理，梁启超任主笔。《时务报》为旬刊，每月初一、十一、廿一出版，每册三十余页，分为《论说》《谕旨恭录》《奏折录要》《京外近事》《域外报译》等栏目。从第二册起，《域外报译》又分为《英文报译》《东文报译》《法文报译》等，占全册二分之一左右的篇幅。
⑥ 《国闻报》于光绪二十三年（1897）十月初一由严复等人在天津创办，每日出版一大张，毛边纸单边印刷，对折成四页，内容包括电传上谕、路透电报、本馆主笔人论说、天津本地新闻、京城新闻、外省新闻和外洋新闻等。
⑦ 《民报》是中国同盟会的机关报，于光绪三十一年（1905）十一月在日本东京创刊。《民报》初为月刊，后改为不定期出版。该报由胡汉民、张继、陶成章、章炳麟等先后任主编，撰文者均为当时重要的革命党人。
⑧ 《北洋官报》于光绪二十八年（1902）十一月二十六日创刊，间日一出，每期一册，铅字印刷。该报以讲求政治学理、破陋习、浚智识、期于上下通志、渐至富强为宗旨。

需要,传教报刊大多设有介绍科技知识的栏目,从《察世俗每月统计传》《东西洋考每月统计传》《遐迩贯珍》到《六合丛谈》《万国公报》,无不把介绍西方科技知识作为报刊的主要内容。其中,《万国公报》对西方的自然科学方面的最新研究成果进行了多学科的密集介绍:关于天文方面的介绍文章有《星学举隅》《天文图说》《土星考略》《新星》等;关于医学方面的有《生命大律》《西医汇抄》;关于农业方面的有《农学新法》等;关于声学、化学方面的有《电气考》《矾精》《声学刍言》《德律风源流考》等;物理学方面有介绍电、磁、热、光等知识的文章。这些介绍自然科学知识的文章迎合了一些读者追求新知的心理,开拓了他们的视野,扩大了他们的知识范畴。传教士创办的专门性科技刊物上的内容则更为全面,更为丰富,如《格致汇编》广泛地介绍了西方近代自然科学的基础知识,各门学科都有涉及:数学方面,设有《算学奇题》专栏,所列"奇题"多为趣味数学题;物理学方面,除了一般地介绍物质形态、物质运动、万有引力等知识外,还较多地介绍了电学原理、光学原理;化学方面,介绍了物质的64种元素;等等。所有学科的内容在《格致汇编》中都有反映。《格致汇编》所传播的这些新鲜、丰富的科技知识对读者具有科学启蒙的作用,深受读者的欢迎。除了传教报刊之外,维新报刊也特别重视介绍西方文化教育与科学知识。《岭南学报》的"略例"称:"凡有西学西政,皆考其源流,详其得失。"《新学报》的"章程"则谓:"本学报之设,专为振兴教学、切磋人才起见……现拟先将算、政、医药、博物四种新理新法依次刊报,流播遐迩。"维新派创办的专业性科技报刊如最早的农学刊物《农学报》与最早的数学刊物《算学报》,均以提倡和传播新学与实学为主要宗旨。晚清报刊对西方科学的宣传提高了读者的科学素养,丰富了读者的科学知识。

(二)报刊内容的范围非常广泛,扩大了读者的知识面

无论是传教报刊、洋务报刊,还是维新报刊与革命报刊,它们的栏目都较多,如《新民丛报》设有《论说》《学说》《时局》《政治》《史传》《地

理》《教育》《学术》《农工商》《兵事》《财政》《法律》《国闻短评》《名家谈丛》《绍介新著》《中国近事》《海外汇报》《小说》《文艺》等二十几个栏目,内容丰富,包罗万象,丰富了读者的知识。就传教报刊来说,除了偶尔刊登一些宗教性内容外,大部分报刊刊登的是非宗教性内容,主要刊登新闻、新知。《六合丛谈》的编者宣称:"今予著《六合丛谈》一书,亦欲通中外之情,载远近之事,尽古今之变。见闻所逮,命笔志之,月各一编,罔拘成例,务使穹苍之大,若在指掌,瀛海之遥,如同衽席。"①本着这一宗旨,该刊第一号刊登了"地球形势大率论""希腊为西国文学之祖"等西方文化知识,"泰西近事""金陵近事""粤省近事"等中外新闻,以及"进口货单""出口茶价单""银票单""水角单"等商务信息,而宣传宗教的只有《约书略说》一篇文章。

(三)报刊的发行周期短,使读者能较快地获得最新新闻和信息

晚清的报刊可以分为日刊、双日刊、五日刊、周刊、旬刊、半月刊、月刊等几大类,其中,日刊传播消息最快,能使读者获得最快和最新的信息。就《申报》来说,它为了满足读者的需要,特别注重新闻的时效性:"本馆自开设以来,所有京报上奏疏,必按日分排;谕旨则随到随录……本馆因念谕旨为国家最大最要之件,阅报诸君均以先睹为快,故不吝重资,与津友订定,请将每日京报上谕旨,由中国新设之电报局传示。"光绪八年(1882)九月十三日,顺天乡试在北京发榜,《申报》驻京访员将江、浙、皖三省上榜者的名单于当日送到天津,转电上海,上榜者名单次日即见报,距北京发榜时间仅隔24个小时。《申报》以最快的速度和最短的时间将北京发榜的消息传递给了所有的读者。传教报刊新闻栏里刊登的西方国家消息最多,从总统选举、议会召开、文化教育到工商业的进展,这些内容都被及时地介绍给读者。

---

① 《六合丛谈小引》,见张之华《中国新闻事业史文选(公元724年—1995年)》,北京:中国人民大学出版社,1999年,82页。

(四)报刊的通俗性,适应了读者的阅读习惯与阅读心理,吸引了更多的读者

晚清报刊特别是民办报刊比较注重迎合市民与基层民众的口味,在内容编排和文字风格上注意通俗性与可读性。如《申报》自创刊起就立足于一般市民,同治十一年(1872)六月初八刊登的《邸报别于新报论》指出:《邸报》只录朝廷政事,仅为知识精英所好,而新报则要兼及闾里琐闻,要为农工商贾们喜爱,"是《邸报》之作成于上,而新报之作成于下"①。《申报》力求记述当今时事,"文则质而不俚,事则简而能详"②,做到"文理不求高深,但欲浅显,令各人一阅而即知之",只要一阅《申报》,"既可多知事务,又可学演文墨"③。为了迎合读者,适应读者的阅读习惯和阅读心理,许多报刊自创办之日起就刊载一些文人雅士投寄的随笔、杂谈、寓言、游记、诗词、对联、短篇小说和科学小品等,如:最早的中文报刊《察世俗每月统计传》刊载了外国传教士撰写的中文小说;《申报》发刊伊始,就公开征求骚人韵士的短什长篇,对于天下各名曲竹枝词及长歌纪事之类作品,"概不取值"④。竹枝词以反映市民生活和都市风貌为主题,通俗易懂,是一种通俗的市民文学形式。可以说,这些短什长篇和竹枝词等文学作品的刊登,既为文人雅士们提供了发表作品的机会,又给报刊增添了文学色彩、趣味性和可读性,从而使报刊吸引了更多的读者。⑤

(五)与读者保持密切的联系

一些报刊较为重视读者的意见,与读者保持紧密的联系,经常刊载读者的来函来稿。这些来函来稿,既为报社通报了情况,也为报社

---

① 《邸报别于新报论》,载《申报》,1872 年 7 月 13 日。
② 《本馆告白》,载《申报》,1872 年 4 月 30 日。
③ 《论本报销数》,载《申报》,1877 年 2 月 10 日。
④ 《本馆条例》,载《申报》,1872 年 4 月 30 日。
⑤ 李斌:《晚清报刊与文化大众化》,载《贵州社会科学》,1996 年第 2 期。

提供了大量的新闻和评论之类的稿件,成为报纸的稿源之一。就《京话日报》①发表的读者来稿而言,积极为该报供稿的,除了识文断字的职员、蒙师、书办、学生外,还有识字不多的小业主、小商贩、小店员、手工业工人、家奴、差役、士兵、家庭妇女、优伶,以及部分堕落风尘的妓女,由此可以看出该报和社会中下层群众特别是其中的城市贫民有多么密切的联系。对于这些来稿,《京话日报》处理得非常认真负责,它设有《来稿题名》专栏,每天公布准备刊用的稿件题目,以免投稿者悬念。随着来稿的增多,如不能备载,该报就改变方式,把不准备用的稿件题目和作者姓名在报末公布,"免负诸君热心"。《京话日报》这么认真负责地处理读者的来函来稿,表明它对读者十分重视。

(六)报刊的发行量反映了读者对报刊的需求

传教报刊、洋务报刊、维新报刊和革命报刊等都自印自销。由于报刊发行之初多不为人所知,也由于读者对报刊的认识与接受有个过程,所以就一般情况而言,报刊的印刷数量与销售数量是逐渐增多的。《万国公报》刚复刊时印数不到 1000 份,为了扩大影响,广学会在杭州、南京、济南、北京等地举行赠阅活动,将该报分送给参加科举考试的士子们,同时还举办有奖征文活动以吸引士人。光绪十五年(1889)、光绪二十年(1894)、光绪二十一年(1895),广学会先后举行三次有奖征文活动,吸引了较多人的参与,自然也引起了许多士人阅读该报的兴趣。到光绪二十二年(1896)底,该报的发行量从每月 1000 份增加到 4000 份。光绪十七年(1891),广学会在拟订的发行计划中,准备把《万国公报》送到下列人员手中:道台以上的高级文官,2289 人;尉官以上的高级武官,1987 人;府学以上的礼部官吏,1760 人;专科以上的学校教授,2000 人;居留在全国各省会城市中具有举人资格的候

---

① 《京话日报》发刊于 1904 年 8 月 16 日,由彭翼仲创办。该报日出一小张,除文字外,间附插图。

补官吏,2000人;参加科举考试的人员,3000人;部分官吏和士大夫的女眷及子女,4000人。总计17036人。今人从这个发行计划可以看出《万国公报》的销售面很广,销售量很大。在光绪二十九年(1903),《万国公报》发行54396份。①《申报》创刊之始,每期只有600份,四个月后,该报在上海已日销3000份,在苏州、杭州、汉口、宁波等地,"逐渐通行,发售日盛一日"②。至光绪三年(1877),《申报》的每日销数将及万份。为了扩大报刊的发行范围,《申报》增设了分销处。光绪七年(1881),《申报》在北京、天津等地设有17个分销处,光绪十三年(1887)又增添了15个分销处,使得它发行的范围更加广泛,拥有的读者更多。当然,也有一些报刊在发行之初就很畅销,如《新民丛报》一出版就很抢手,创刊号印至四次,以后各期皆须补印,销售数量最高时有14000余份,国内外寄售点有97处,且云南、贵州、陕西、甘肃等地均有经售。《东方杂志》每期的销售数量为15000份。

　　与民间报刊不同的是,官报的发行以派销为主,即利用行政渠道,自上而下层层分摊派销。《政治官报章程》规定:"本报为开通政治起见,无论官民皆当购阅,以扩见闻。除京内各部院暨各省督抚衙门,由馆分别送寄外,其余京师购阅者,由馆设立派报处,照价发行。外省司道府厅州县及各局所学堂等处,均由馆酌按省分大小,配定数目,发交邮局寄各督抚衙门,分派购阅。"③《四川学报》由四川学务处通饬各属派阅:"凡各属官署,各处学堂及各公局,均当派阅一分。""其学堂已经报明开办、堂数较多之处,固当按其所报堂数派发学报,其未经报明堂数或竟未开办者,即酌量地方情形,分别派报多寡。约定大县四十分,

---

① 黄新宪:《〈万国公报〉与中国教育的近代化》,载《南京师大学报》(社会科学版),1996年第1期。
② 《本馆自叙》,载《申报》,1872年9月9日。
③ 《宪政编查馆大臣奕劻等奏办理政治官报酌拟章程折》,见故宫博物院明清档案部《清末筹备立宪档案史料》,下册,北京:中华书局,1979年,1062页。

中县三十分,小县二十分。"①层层分摊的行政措施,使得官报的发行渠道颇为畅通,而且为了推广官报,有的地方还把官报派销数量的多少作为考核官员政绩的根据之一,派销数量多的官员,在官报上被通报表扬,派销数量少的官员,除了被点名批评外,还要被降职。在派销政策与奖惩措施的直接影响与推动之下,官报的印刷数量与销售数量很大,有些官报的印刷数量超过万份,如《湖北官报》创办初期实行免费赠送措施,每期的印刷数量有两万余份。印刷与发行的数量越多,也就显示读者的数量越多。

二、普通报刊的阅读

在报纸发行之初,社会上的一般人不知报纸为何物,甚至还有"父老且有以不阅报纸为子弟勖者"②。随着报刊影响的逐渐扩大,人们逐步认识到报刊的作用。随着报刊的增多和其作用的充分显现,报刊越来越受到重视。张之洞认为报刊不仅是有志四方之男子获得学问的媒介,而且是各层人士获取信息的途径。阅读报刊有很多益处,因此他提倡大家阅读报刊:"要可以扩见闻,长志气,涤怀安之酖毒,破扪钥之瞽论,于是一孔之士、山泽之农始知有神州,筐箧之吏、烟雾之儒始知有时局。"③无论是洋人创办的报刊,还是国人自办的报刊,它们都在一定程度上起到了开启民智、扩展见闻的作用。就是政府主办的报刊,也对各级官员起到了宣传政令与统一行政的作用,"故官报从政治上言之,固可收行政统一之效"④。因此,报刊成了人们的重要阅读

---

① 《学务处通饬各属按期申解学报价银札》,载《四川学报》,1905年13期。
② 戈公振:《中国报学史》,上海:上海古籍出版社,2003年,126页。
③ 张之洞:《张文襄公全集》,卷二〇三《劝学篇二·阅报第六》,民国十七年(1928)北京文华斋刻本。
④ 戈公振:《中国报学史》,上海:上海古籍出版社,2003年,71页。

对象。阅读报刊是人们阅读生活的重要方面,上自官员,下至普通百姓,都纷纷阅览报刊,注意从报刊中获取信息和知识。晚清,各类报刊都在不同程度上对不同层次的读者产生很好的影响,受到读者的欢迎与好评,以下略举数例示之。

《万国公报》的读者主要是"为政者""为师者""为士者"和"为民者",该报每月在全国的重要官邸中流传,①"购阅者大都达官贵介、名士绅商,故京师及各直省阀阅高门、清华别业,案头多置此一编,其销流之广,则更远至海外之美、澳二洲"②。《万国公报》的影响很大,读者较多:光绪皇帝曾经购阅全套《万国公报》进行浏览;总理衙门官员经常订阅《万国公报》,醇亲王也经常阅读;张之洞、李鸿章等洋务派官僚要求官绅购阅;浙江一个城市的几个士绅每月订购《万国公报》六七份,在这个城市的一些官员和士人中传阅;住在上海的一位翰林特别喜欢看《万国公报》,他还经常给在京城的翰林同僚们邮寄三十余份《万国公报》。康有为是《万国公报》长期而热心的读者,自从第一次接触《万国公报》起,他就被其中完全崭新的西方自然科学知识所吸引,他如饥似渴地阅读,几乎每期必买,试图从中找到强国富民之路。他在看了《万国公报》对显微镜的介绍之后,设法弄到了一台显微镜。在显微镜下,康有为看到了微观世界的很多东西,从而明白了"世间万物的大小及运动都是相对而言"的科学道理。通过阅读《万国公报》,康有为认真地探究了哥白尼的"日心说"、牛顿的天体力学和康德的"星云说",对宏观世界、宇宙的起源、宇宙的奥秘等产生了浓厚的兴趣,从而逐渐形成自己的宇宙观。康有为对《万国公报》情有独钟,从中获益颇多,在《康南海自编年谱(外二种)》中,他就多次提到《万国公报》。不仅如此,康有为还参加了《万国公报》在光绪二十年(1894)的有奖征

---

① 《同文书会年报》第五号,载《出版史料》,1989 年第 1 期。
② 载《万国公报》第 94 册,1896 年 11 月。

文活动,获得了六等奖。由此可见,《万国公报》颇受社会的欢迎,对近代官绅起了思想启蒙作用。

《时务报》倡言变法,态度鲜明,议论透彻,而且文笔流畅,富有激情,创办不久便深受读者欢迎:"数月之间,销行至万余份,为中国有报以来所未有,举国趋之,如饮狂泉。"①"故虽以僻寂荒城,独无分局,而皆展转丐托,千里递寄,数人得共阅一编,资为课程。"②《时务报》的销售数量很大,特别是在广州、香港、澳门等地十分畅销,现以光绪二十二年(1896)七月至光绪二十三年(1897)十二月的统计数字(表 4-8)为例进行说明。

表 4-8 《时务报》的销售情况(册)③

寄报数		派报处									合计
		广州						香港		澳门	
		中西报馆	时务书局	圣教书楼	知新书局	会经堂书坊	鸿安栈	邓宅	聚珍书楼	文裕堂书房	维盛茶楼	知新报馆	
光绪二十三年十二月	光绪二十二年七月至	新出报	88654							10309			2178	101141
		重印旧报	2010							536			66	2612
		缩印报	3600							150			0	3750
		合计	94264							10995			2244	107503

---

① 梁启超:《本馆第一百册祝词并论报馆之责任及本馆之经历》,载《清议报》第 100 册,1901 年 12 月 21 日。
② 苏舆:《翼教丛编》,卷三,上海:上海书店出版社,2002 年,62 页。
③ "新出报"指的是当年新出版的《时务报》,"重印旧报"指的是重印发行的过期《时务报》,"缩印报"指的是将以往发行的各期《时务报》加以缩印、重新销售。参见汪叔子《维新思潮的涌涨——以〈时务报〉在广州地区的销售为例》,载《学术研究》,2004 年第 4 期。

从表4-8来看，这段时期，《时务报》在广州、香港、澳门等地的寄销数量高达107503册，不仅新出的《时务报》颇为畅销，而且就算过期的《时务报》也畅销，这充分反映了广州等地读者对《时务报》的青睐与厚爱。另外，汪康年的师友信札文字也显露了读者对《时务报》的喜爱。湖南陈三立《致汪康年书》："忽见《时务报》册，心气舒豁，顿为之喜……日起有功，必能渐开风气，增光上国。"①湖南邹代钧《致汪康年书》："昨由俞恪士送到报百份，阅之令人狂喜，理识文兼具，而采择之精，雕印之雅，犹为余事，足洗吾华历来各报馆之陋习。""此报名贵已极，读书人无不喜阅。"②旅顺丁其忱致信汪康年："近阅《时务报》，知执事总理其事，并获读大著《中国自强策》三篇，议论确切，曷胜钦佩……《时务报》详载中外时事，使阅者耸动心目，上以当执政者之晨钟，下以扩士君子之闻见，法至善，意甚盛也。"③一些地方大吏为了维新变革而提倡阅报，如：湖广总督张之洞在善后局拨款订购《时务报》288份，发给全省文武大小衙门及各书院各学堂；浙江巡抚购买《时务报》，发给各府州县；湖南巡抚购买《时务报》，发给各书院。

在众多的报纸之中，最受欢迎的莫过于《申报》，"中国各省所设之中国文字新闻纸，未有销数过于《申报》者"④。《申报》的体例风格新旧杂陈，雅俗共存，内容繁杂，而且其内容布局具有明显的读者针对性：京报选录、外报选译和论说等时政内容偏重于官僚、士绅等社会上层人士；商业广告和启事则主要面向中外工商界人士；新闻虽然有最大的阅读普适性，但是初创时期的新闻稿追求传奇性和故事性，因而更接近下层市民；旧体诗词显然吸引着各阶层的文学爱好者。因此，《申报》具有庞大的读者群。首先，《申报》最大的读者群是上海的普通

---

① 上海图书馆：《汪康年师友书札》，上海：上海古籍出版社，1986年，1983页。
② 上海图书馆：《汪康年师友书札》，上海：上海古籍出版社，1986年，2658—2659页。
③ 上海图书馆：《汪康年师友书札》，上海：上海古籍出版社，1986年，1页。
④ 《论本报销数》，载《申报》，1877年2月10日。

市民,"然阅者则草茅之士、闾阎之人居多"①。为了迎合市民读者,《申报》既刊经国大事,也登闾巷琐闻;既登生意行情,又载吃喝玩乐:"凡国家之政治,风俗之变迁,中外交涉之要务,商贾贸易之利弊,与夫一切可惊可愕可喜之事,足以新人听闻者,靡不毕载。务求其真实无妄,使观者明白易晓。"②《申报》被众多的上海市民广为传阅,有人写了一首诗《申报馆》:"巷论街谈费讨寻,一时声价重鸡林。蜃楼结撰虽无碍,清议原存愤世心。"《申报》给寻常市井生活带来了新鲜而有活力的内容,并且价格低廉,取阅方便,受到市民阶层的欢迎:"余尝闻之售报人言,皆谓阅之报人,市肆最多。"③特别是一些店铺每天花费十余文钱购买一份《申报》让全店员工传阅,多则数十人,少则十几人,能识字者即能阅报,结果是一举两得:"既可多知事务,又可学演文墨。"④店铺员工的文化素质得以提高。市民阶层的生活经验和文化程度决定了他们的阅读重点是社会新闻和广告中的商情、生活、戏目等。因此,对普通市民而言,《申报》具有用来阅览以消闲娱乐和作为生活指南的双重功能。

其次,官绅阶层(官员和绅士)是《申报》的重要读者群。《申报》初创之时,由于业务不熟,误导了舆论或是触犯了官僚的利益,所以没有得到官绅阶层的认同。最先重视《申报》的是洋务派官员。如郭嵩焘出使英国前即喜欢阅读《申报》,出使期间他让上海文报局定期将每期的《申报》转寄至英国,每期必阅,以便了解国内新闻。他出使英法两国时,日记中频频出现了关于《申报》"寄到"和"阅读"的内容,并且还有针对《申报》信息所发的议论。除了通过总理衙门和李鸿章等人寄来的公私信函了解国内消息外,《申报》也是郭嵩焘了解国内消息的重要来源。曾纪泽、刘坤一、李鸿章等洋务高层官员也经常阅读《申报》,

---

① ③ ④ 《论本报销数》,载《申报》,1877年2月10日。
② 《本馆告白》,载《申报》,1872年4月30日。

从中获取信息。随着风气渐开,越来越多的官绅开始关注与阅读《申报》,将其作为了解时局和舆论的重要参考,特别是《申报》上刊登的大量《京报》摘录、宫门抄、辕门抄、谕旨选录和各地官场动态吸引着官绅阶层。光绪二十年(1894),黄式权担任主笔后,《申报》刻意迎合官场,行文谨慎,讲究文字,极合守旧派占多数的晚清官场口味。老报人胡道静曾谈到19世纪末《新闻报》成为《申报》的对手,两者在读者类型上各有偏重:"普遍的状况:看《申报》的多为官绅,《新闻报》则为商界。"①尽管官绅阶层中阅读《申报》的人较少,但是他们对提高《申报》的声誉具有举足轻重的作用。②

再次,新旧知识分子亦是《申报》的读者群,这是《申报》赖以立足的基础。《申报》上刊登的论说、诗文以及科举消息,是吸引各个时期知识群体的主要内容。《申报》在光绪十六年(1890)以前曾大量刊登诗文作品,它是上海第一家刊登诗文的报纸,"无量数斗方名士,咸以姓名得缀报尾为荣……"③当时侨居沪上的书画界高手名人,对能在《申报》上发表作品而感到兴奋:"《申报》来,见《明珠暗投记》,改《鹤立鸡群论》,已登报中,大快人意!"④对于科场中人,《申报》则是刊登科举消息的权威窗口。《申报》对江浙每科每场的试题、排榜尤为重视,同治十二年(1873)九月二十四日,《申报》刊登的《顺天乡试中式江浙才子题名》第一次报道科举消息,此后又扩大到对江南其他省份的科举考试进行报道,逢试必报,几成定例。因此,《申报》颇受读书人的喜爱。

《申报》培养了读者的阅报意识,使读者树立了近代报纸的概念。

---

① 胡道静:《申报六十六年史》,见胡道静《报坛逸话》,上海:世界书局,1940年,74页。
② 范继忠:《早期〈申报〉与近代大众阅报风习浅说》,载《新闻与传播研究》,2004年第3期。
③ 雷瑨:《申报馆之过去状况》,见申报馆《最近之五十年:申报馆五十周年纪念》,上海:申报馆,1923年,27页。
④ 无名氏:《绛芸馆日记》,见上海人民出版社《清代日记汇抄》,上海:上海人民出版社,1982年,310页。

19世纪70年代末,处在文化中心城市的居民及有一定社会地位的官绅中,已有一批人将《申报》作为了解"时务"的首选读物。姚公鹤写道:"犹忆公鹤八九岁时,先族伯彦嘉先生自英伦回,敦促先君子购阅《申报》,盖其时只有《申报》一家开设最久,故先生云云。先君子大楚其议,然乡俗间颇已骇怪不置矣。"①可见,《申报》是当时开明士绅的阅读首选物。此外,《申报》起到了促进读者阅报的作用,受到了读者的欢迎。有一位读者写了一首七律诗《读申报偶占》:"于今谁把狂澜挽,赖此能为直道防。中外品题罗月旦,春秋笔削挟风霜。蜃楼海市谈非幻,牛鬼蛇神载不妨。别有宦途千百变,尽他纸上梦黄粱。"②这首诗表达了读者阅读《申报》的心理体验与真实感受,表达了读者获取信息和了解社会的精神快感。

三、小报成为市民社会的普通读物

小报流行于清朝末年和民国时期,是一种以休闲为主、讲求趣味的小型报纸。上海是最早出现小报,并且是小报最为集中的城市。上海的第一张小报是《游戏报》,其创办于清光绪二十三年(1897)五月二十五日,由谴责小说家李伯元担任主编,主要刊登小说、传奇、诗词、弹词、随笔、逸闻等文艺作品,也刊登一些支持变法、反对帝国主义侵略、讽刺社会不良现象的言论。李伯元解释他办《游戏报》的目的时说:"《游戏报》之命名,仿自泰西。岂真好为游戏哉?盖有不得已之深意存焉者也。慨夫当今之世,国日贫矣,民日疲矣,士风日下,而商务日亟矣……故不得不假游戏之说,以隐寓劝恶,亦觉世之一道也。"③吴

---

① 姚公鹤:《上海闲话》,上海古籍出版社,1989年,127页。
② 《读申报偶占》,载《申报》,1883年11月1日。
③ 李伯元:《论〈游戏报〉之本意》,《游戏报》第63号,1897年8月25日,见阿英《晚清文艺报刊述略》,上海:古典文学出版社,1958年,61页。

研人称李伯元是"以痛哭流涕之笔,写嬉笑怒骂之文"①。《游戏报》的特色在于援用科举等第,首创名妓花榜,由读者投函推荐,并且由读者投票,品评才色美艺。另外,《游戏报》也仿效京师之文武榜例,另开武榜,以品评歌声为主。《游戏报》可视为消闲阅读文化的类型,虽然消闲并非《游戏报》的旨趣,但是这种以讽喻时事、寓针砭于嬉乐之中的内容,无形中扩大了消闲式阅读概念的影响力。②《游戏报》满足了上层人士、中产阶层人士的兴趣,又富于通俗性、趣味性、文艺性,读者面广,每日销量有七八千份。《游戏报》之后效颦者纷起:光绪二十三年(1897)九月,笑笑主人主编的《笑报》创刊;十一月,《消闲报》创刊;十二月,德国人鼎普主办的《奇闻报》创刊。此后,《采风报》(孙玉声主办)、《趣报》(邹弢主办)、《海上文社日报》(海上文社的机关报)、《世界繁华报》(李伯元主办)、《笑林报》(孙玉声主办)等多种小报相继出版。上海的小报竞争十分激烈,旋起旋仆,为时无多,"只有游戏、笑林、繁华三家支撑最久"③。据阿英统计,清末上海的小报有 32 种。④

相对于上海小报的数量多、种类广而言,北京小报数量很少,而且种类较少。清末北京的小报有《京话报》《京话日报》《中华报》《正宗爱国报》《刍言报》等 11 种。《京话报》创刊于光绪二十七年(1901)七月初二,为黄秀伯所办。《京话日报》创刊于光绪三十年(1904)七月初六,由彭翼仲创办。《京话日报》出刊后就大受读者欢迎,不仅流布北方各省,而且东到奉黑,西及陕甘:"凡言维新爱国者莫不响应传播,而都下商家百姓于《京话日报》则尤人手一纸,家有其书,虽妇孺无不知有彭先生。"为了扩大销售量,除北京外,该报还在天津、保定、通州、锦

---

① 吴沃尧:《李伯元传》,载《月月小说》第 1 年第 3 号,1906 年 12 月。
② 余芳珍:《阅书消永日:良友图书与近代中国的消闲阅读习惯》,载《思与言》,第 43 卷第 3 期。
③ 胡道静:《上海新闻事业之史的发展》,上海:上海通志馆,1935 年,60 页。
④ 阿英:《晚清小报录》,见《晚清文艺报刊述略》,上海:古典文学出版社,1958 年,51 页。

州、新民、开封、西安、山东、山西、南京等地设置代派处。每一个代派处都有不少热心读者自愿义务协助推销,因此,《京话日报》发行范围很广,销售量最高的时候有一万多份,成为当时北京销路最广、影响最大、声誉最隆的一份报纸:"北京报界之享大名者,要推《京话日报》为第一。"①该报的广泛传播,对推动社会风气的开通起了很大的作用:"庚子以前,社会异常闭塞,自庚子以后,彭诒孙创设《京话日报》,于是风气逐渐开通。"②

与大报不同的是,小报主要以文艺作品来揭露清政府的腐败,以诗歌、竹枝词来反映十里洋场的风光及种种怪现象。小报把自己的品位定位于中下层市民文化,把自己的市场定位于市民社会,为了迎合市民读者的口味,小报将休闲性作为本位。如《世界繁华报》完全是一种所谓"消闲"的小报,内容分为讽林、艺文志、野史、官箴、北里志、鼓吹录、时事嬉谈、谭丛、小说、论著诸类,对当时的官场讽刺得十分辛辣。《消闲报》所载内容,上自国政,下及民情,乃至白社青谈、青楼丽迹,无一不备,"盖名曰消闲,真可以遣愁、排闷、醒睡、除烦也"。③《及时行乐报》在广告上自称"取杜牧看花之遗意,写及时行乐之闲情"④,所设栏目有《本馆论说》《采风问俗》《笑林杂录》《花丛汇纪》《梨园谭艺》《杂诗》等。小报主办者办报的目的是让大众阅读小报以消闲娱乐。赵君豪称:"小报性质,与大报各有不同,笼统言之,无非描写社会间有趣味之事件,以供各级人士之消遣。"⑤小报常为人批评的内容一是色情,二是造谣,其实,真正专门刊登色情内容的小报毕竟是极少数。当然,为了迎合一些人的低级趣味,小报确实刊登了一些风花雪

---

① 英华:《北京视察识小录》,载《大公报》,1907年11月26日。
② 载《民立报》,1909年9月13日。
③ 阿英:《晚清小报录》,见《晚清文艺报刊述略》,上海:古典文学出版社,1958年,67页。
④ 阿英:《晚清小报录》,见《晚清文艺报刊述略》,上海:古典文学出版社,1958年,79页。
⑤ 赵君豪:《中国近代之报业》,上海:申报馆,1938年,157页。

月之类的内容,如:《笑报》内容侧重"花事",附及其他方面;《花世界》的内容以"花事"为主,旁及梨园之事。阿英认为如果不谈"风月""勾栏",晚清小报就不会存在,就会失去物质基础:"这正说明了这类小报是半殖民地都市生活和封建地主生活结合起来所孕育的具有特征的报纸,也正反映了当时半殖民地的买办阶级、洋场才子、都会市民和官僚地主一些没落的生活形态。这些报纸是起了推波助澜作用的……这些小报同时也揭露了当时的社会黑暗,抨击了买办、官僚以及帝国主义,奠定了晚清谴责小说发展的基础。"①

花子看报②

---

① 阿英:《晚清小报录》,见《晚清文艺报刊述略》,上海:古典文学出版社,1958年,50页。
② 《开通画报》,见陈平原《图像晚清:〈点石斋画报〉之外》,北京:东方出版社,2014年,138页。

小报的独特风格和消闲内容迎合了市民的口味，满足了市民消闲自娱的需要，小报一经出版，就广受欢迎，成为市民的普遍性读物。市民大众通过阅读小报自娱自乐，成为小报的重要读者群。《游戏报》以诙谐之笔，写游戏之文，言俚意浅，通俗易懂，无论是农工商贾，还是妇人竖子，都喜欢阅读。因此，《游戏报》自创办以来，"颇蒙阅者许可，购阅日多"①。《消闲报》颇受读者欢迎，无论是当道诸公、高雅诸君，还是读书童子，都借之以消闲、遣闷与排愁："一篇入目，笑口既开。"②《京话日报》以市民读者为主要对象，从创刊时起，就一再声明："我们这《京话日报》是一个胆大妄言，不知忌讳，毫无依傍，一定要作完全国民的报。"③为了让北京市民能看懂它，该报"通篇概用京话，以浅显之笔，述朴实之理，纪紧要之事"④，而且它敢于揭露社会黑暗，反映下层民众的疾苦，仗义执言，勇于为民请命，深受中下层民众的欢迎。此外，《京话日报》还刊登了不少带有明显反帝爱国色彩的新闻和评论，如《论俄水手杀人案》："那船上的水手杀人，应当按我们的法律判断……这件事是我全国人民应当舍着性命和外国人力争的，并不是为死的伸冤，实是为保全活的起见。若是这件事争不过来，以后各国的人，便不能再把中国的人做平等看待了。"这些评论和报道在读者中引起强烈反响，不少读者读到这一类文章之后，十分激动，"有掉眼泪的，有拍桌子的，有咬牙切齿要说话说不出来的。大家都道：早知国势如此，我们为什么不要强啊！"⑤为了扩大读者面，《京话日报》在北京四城设置了二十余家阅报处和讲报处。

---

① 李伯元：《论〈游戏报〉之本意》，《游戏报》第63号，1897年8月25日，见阿英《晚清文艺报刊述略》，上海：古典文学出版社，1958年，61页。
② 阿英：《晚清小报录》，见《晚清文艺报刊述略》，上海：古典文学出版社，1958年，66页。
③ 《演说》，载《京话日报》，1905年4月7日。
④ 《发刊词》，载《京话日报》，1904年8月16日。
⑤ 《本京新闻》，载《京话日报》，1905年7月16日。

虽然,小报的读者主体是职员、店员、学生和粗通文墨的普通市民,但是政府要员、出身显赫的上海寓公、大小公馆里的有闲人士中喜欢读小报的也不在少数。① 由于小报的特色所致,人们阅读小报会感到轻松和愉悦。梁实秋在短文《小报》中谈到阅读大报像是和太太谈天,一本正经,而阅读小报则像是和姨太太相处,十分开心:"我们平常看大报,像是和太太谈天,她老是板着脸,不是告诉你家里钱不够用,就是告诉你家里兄弟吵架,使你听得腻而且烦。偏是翻翻小报看看,她会嬉皮笑脸的逗着你玩。姨太太逗着你玩,使你笑眯眯的开心,我羡慕你;姨太太稍微不规矩一些,出言稍微欠庄重一点,我原谅她。"②

　　总之,晚清的阅读内容十分丰富,无论是传统的经史典籍,还是西学书籍、东学书籍与外语书籍,无论是普通报刊,还是街头小报,都进入人们的阅读视野,成为重要的阅读内容。由于社会变革的冲击,科举制度废除前后情况的不同,人们阅读的侧重点有所不同,所以晚清阅读活动呈现出较为明显的阶段性。

---

① 李楠:《晚清、民国时期上海小报研究——一种综合的文化、文学考察》,北京:人民文学出版社,2005年,53页。
② 梁实秋:《小报》,见李楠《晚清、民国时期上海小报研究——一种综合的文化、文学考察》,北京:人民文学出版社,2005年,23—24页。

第五章　晚清的阅读方法

在阅读过程中,阅读方法颇为重要,了解应该阅读的图书,掌握阅读的方法与技巧对普通读书人来说非常重要。晚清,龙启瑞、张之洞、梁启超等编撰了一些颇有价值的导读书目,这些导读书目并不只是简单的书单,而在指导读书人阅读与学习方面起到了非常重要的作用。他们不仅给读书人推荐了应该阅读的图书,还提出了导读意见,介绍了阅读方法,让读书人读书减少了盲目性。不仅如此,曾国藩、张之洞、康有为、梁启超等人还结合自己的阅读实践,总结自己的阅读经验,介绍了一些实用巧妙、行之有效的读书方法,使读书人受益匪浅。

第一节　导读书目

导读书目最早出现于唐朝。家塾和书院中招收了大量的生徒,他们除了学习经、史、作文以外,还要阅读一些参考书,为了使他们了解应该阅读的图书和掌握阅读的方法,指导他们阅读学习的书目即导读书目就出现了。导读书目在出现伊始,不太受人重视,随着时间的推移,这种情况有所改变,特别是到了晚清,导读书目兴盛起来。其原因在于晚清文化是中国传统文化与西方外来文化大汇合、大交融的文化,要了解这种大交融的文化,途径之一就是阅读中外典籍。为了方便读者阅读这些典籍,晚清的学者就编撰了一些导读书目,具体所述如下。

一、《经籍举要》

《经籍举要》是龙启瑞撰写的一本导读书目。龙启瑞,字翰臣,广西临桂人,道光二十一年(1841)状元,历任翰林院修撰、顺天府乡试同考官、广东乡试同考官、湖北学政等职,道光二十七年(1847)撰成《经籍举要》。该书共收录 250 余种古籍,按经、史、子、集四部法编排次序,不设子目。该书从三个方面来引导读者阅读,首先是推荐阅读的图书。《经籍举要》是龙启瑞为科举士子们读书而编写的,他选取了诸生急需精读的经、史、子、集四类书籍,经部书 72 种,史部书 37 种,子部书 29 种,集部书 30 种,共 168 种,正文后列有约束身心之书 11 种、扩充学识之书 7 种、博通经济之书 6 种、文字音韵之书 9 种、诗词古文之书 10 种、场屋应试之书 3 种,其他 27 种,共 73 种。在推荐图书的时候,龙启瑞很注重从著录方面来引导读者阅读,著录有详有略:对著名的书籍做全面的介绍,详细地著全书名、作者、卷数、版本等著录项目;对一般的书籍只做简要的介绍,有的干脆只列出书名。这样便于读者分清主次、区别对待。其次是介绍了阅读方法。龙启瑞认为,读经书,先要认真读懂一种经书,然后再阅览其他经书;读史书的时候,手边放一个日记本,随时记录心得体会,譬如记录古人的嘉言懿行来检查自己的身心,记录古人的善政良谋来增长自身的学识等。再次是说明读后的收获,即从结果方面劝解读者读书,如龙启瑞在场屋应试之书后写道:"上面所举各书对读者都有益处,应该将它们放在床头边,以备浏览,这些书多而不繁,简而不陋,读完之后再读些其他的书,就可以达到博学多闻的目的。"《经籍举要》对传统典籍做了多方面的说明与介绍,引导读者更有效地阅读,是一部很好的导读书目。

二、《书目答问》

张之洞于同治十三年(1874)担任四川学政的时候,尊经书院的学生向他请教应该读什么书以及读哪一种版本的书:"诸生好学者,来问应读何书,书以何本为善,遍举既嫌挂漏,志趣学业,亦各不同,因录此以告初学。"①他就精选了一个阅读书目,此即《书目答问》,如他所说,此书是为初学者指引门径而作的。该书并不只是一个简单的书单,而是一本很好的导读书目:"意在开扩见闻一,指示门径二,分别良楛三,其去取分类,及偶加记注,颇有深意。"②书中共收录古籍2200余种,按经、史、子、集四部法分类,每部中又分若干小类,每类中再分子目,每一部书名下注明作者姓名、版本出处、卷数异同,且对重要的书加了简单的按语。该书开列书目时并非泛泛而录,而是有所选择,"经部"类列举"学有家法实事求是者","史部"类列出"义例雅饬考证详核者","子部"列举近代实用之书,"集部"则列举最著名的书,凡是没用的书、内容空洞的书、古怪的书、杂乱无章的书,一概不收录。张之洞如此推荐书目,就是让初学者学有所得,可以吸收一些好的东西,真正起到了引导初学者读好书、读益书的作用。特别值得一提的是,张之洞在《书目答问》中为尊经书院的学生开列了有关西学知识的书籍,如

---

① 张之洞:《书目答问略例》,见《书目答问》,民国四年(1915)扫叶山房石印本。
② 胡钧:《张文襄公年谱》,卷一,北京:天华印书馆,民国二十八年(1939)。

《新译西洋兵书五种》《新译几何原本》《代数术》《数学启蒙》《瀛寰志略》《海国图志》《新译地理备考》《新译海道图说》,给学生学习西学、了解西方指引了门径。《书目答问》是一部精选的导读书目,在目录学史上占有重要的位置,素为学人所推重:"承学之士视为津筏,几于家置一编。"①梁启超在回忆少年时代的读书生活时称:"得张南皮之《𫐐轩语》《书目答问》,归而读之,始知天地间有所谓学问。"②

三、《桂学答问》

《桂学答问》是康有为在桂林讲学时编撰的一本指导学生阅读中西书籍的目录著作。该书约万言,分为两部分,共计44款。第一部分共计36款,以解题、评介形式推荐了七类书籍:"读书宜分数类:第一经义,第二史学,第三子学,第四宋学,第五小学及职官、天文、地理及外国书,第六词章,第七涉猎。"③该部分共推荐了经学、史学、目录之学、辞章之学等280种图书。第二部分有8款,是"合计其书,综程其课"的导读意见:读书宜分七类分学并轨齐驱;读书须求师友"会讲";会讲须禁淫朋诡说;读书当分专精、涉猎,不可偏废;指出记读书笔记的方法,组织会课的方法;学问皆由志趣等。

《桂学答问》不是普通的举要书目,而是一本重要的导读书目,在"导读"方面很有特色。(1)《桂学答问》注重中西学书籍并举,是指导学生阅读中西学书籍的导读书目。在《桂学答问》中,康有为除了向学生推荐传统的经典书籍外,还向他们推荐了西学书籍:《瀛寰志略》《万国通鉴》《万国史记》等有关地志方面的书籍,《万国公法》《星轺指掌》

---

① 范希曾:《书目答问补正·跋》,北京:中华书局,1963年,233页。
② 梁启超:《饮冰室合集·饮冰室文集之一·三十自述》,北京:中华书局,1989年,19页。
③ 康有为著,楼宇烈整理:《长兴学记·桂学答问·万木草堂口说》,北京:中华书局,1988年,41页。

等关于历法的书籍,《列国岁计政要》《西国近事汇编》《西事类编》《西俗杂志》《普法战纪》等关于政治与社会风俗的书籍,《谈天》《地理浅识》《天文图说》《西学大成》《化学养生论》《格致鉴原》《格致释器》《格致汇编》等自然科学书籍。可以说,《桂学答问》是一本指导学子如何逐步阅读中西书籍的导读书目。(2)《桂学答问》将开列书目与导读意见合为一体。康有为把开列书目与具体的导读意见相结合,在分类罗列书目时,明确地指出各书的先读后读之序、具体读法;对各书加以评说,指出哪些书可合读、可分读;指出哪些书应细读、应熟读精考,可穷究、实可宝,应补读、应熟读;指出哪些书是伪书,应考证,哪些书可观、可类观、可择读,哪些书可涉猎、可互考、可备考、可备查。康有为在开列书目的同时,又提出了很好的阅读方法与导读意见,可供学子学习与借鉴。此外,值得注意的是康有为还为"中人"①策划了一个具体的读书日程安排,如:"为学之始,先以一二月求通孔子之大义为主。'五经''四书'固所自熟,将《公羊》《繁露》《白虎通》《孟子》《荀子》《大戴记》《韩诗外传》《尚书大传》及'三史'《儒林传》、汉人经说,讲求而贯通之。是月也,但兼看小学及《宋元学案》以为清心寡欲之助。诸书既通,则可分类并致,半年之内,周、秦、西汉子说可毕,'三史'亦通,《说文》地图亦有所入,考订、议论、目录之书亦粗涉,词章亦以暇讽诵,外国要书及天文地理,亦讲贯毕。及半年以后,浩然沛然,旁薄有得,各经说,各史学,群书百家,皆可探讨,期年而小成,有基可立矣。三年则诸学毕贯,此为中人言之。"②

---

① 中人:中等智力之人。康有为在《桂学答问》中将人分为上智之才、中人、下才三类。
② 康有为著,楼宇烈整理:《长兴学记・桂学答问・万木草堂口说》,北京:中华书局,1988年,41页。

四、《读书分月课程》

《读书分月课程》是梁启超于光绪二十年（1894）在广东讲学时根据康有为的《桂学答问》改编而成的指导门人阅读的一本推荐书目，包括《学要十五则》《最初应读之书》《读书次第表》三个部分。《学要十五则》揭示了《桂学答问》的要旨，提出了具体的阅读方法，如鉴于书籍浩如烟海，门人苦于没有门径可入、不知从何处读起，梁启超以"经学"为例，提出了阅读建议："古人经学，必首《诗》《书》，证之《论语》《礼记》《荀子》……故言经学，必以《春秋》为本……故言《春秋》，尤以《公羊》为归。"①为了指导学子阅读每一本书，他提出了具体的阅读方法，如："读《公羊》，可分义、礼、例三者求之……何邵公解诂，本胡母生条例，皆《公羊》先师口说也，宜细读……学者初读《公羊》，不知其中蹊径，可先读刘礼部《公羊释例》……"②对于西学书籍，梁启超也指出了阅读次序："读西书，先读《万国史记》，以知其沿革；次读《瀛寰志略》，以审其形势；读《列国岁计政要》，以知其富强之原；读《西国近事汇编》，以知其近日之局。"③

《最初应读之书》是梁启超向门人推荐的阅读图书，鉴于门人不知道读什么书、不知道读书的先后次序，梁启超采用了"抽择全文，倒乱原次，割裂谫陋"的方法，从《桂学答问》中精选出66种图书，编成简明目录《最初应读之书》，该书分为5个大类和12个小类，其中，经学书13种，史学书9种，子学书13种，理学书24种，西学书7种。梁启超不是简单地列出书名，而是指明了阅读每类书籍的先后顺序，如"史学书"中，他建议："先读《史记·儒林传》，次《汉书·儒林传》，次《汉书·

---

①② 梁启超：《饮冰室合集·饮冰室专集之六十九·读书分月课程·学要十五则》，北京：中华书局，1989年，1—2页。
③ 梁启超：《饮冰室合集·饮冰室专集之六十九·读书分月课程·学要十五则》，北京：中华书局，1989年，4页。

艺文志》，次《史记·孔子世家》《仲尼弟子列传》《孟子荀卿列传》，次《后汉书·儒林传》，次《后汉书·党锢传》，次《史记·老子韩非列传》《游侠列传》《刺客列传》《日者列传》《龟策列传》，次《史记·太史公自序》，次《后汉书》，次群史。"①不仅如此，梁启超还对有些重点书籍提出了导读意见，如："《后汉书》，择其'列传'先读之，余可缓读。'列传'中，武臣之传亦可缓读。"②

《读书次第表》则是梁启超指导门人阅读经学、史学、子学、理学、西学书籍同时并进的具体方案。鉴于学者不必每日专读一书，梁启超遂仿照朝经暮史、昼子夜集的方法，将经学、史学、子学、理学、西学各门类书籍，胪列其次第，按月编成阅读表，使人从第一月至第六月每月循序渐进地阅读，半年之后，该阅读者就读完了经学、史学、子学、理学、西学等六十余种书籍。由此可见，《读书分月课程》内容非常具体，对读者很有指导意义。

五、《西学书目表》

《西学书目表》是梁启超编撰的一本导读书目，由上海《时务报》馆石印线装出版。该书有正表三卷，共著录鸦片战争后所译西书352种，分为学、政、教三类，除了教类图书不收录外，其余诸书分为上、中、下三卷，即西学诸书、西政诸书和杂类之书。大类之下共分28个子目，有的类目之下还有说明，如：西学类图书又可分为算学、重学、电学、化学、声学、光学、汽学、天学、地学、全体学、动植物学、医学、图学等目；西政诸书，分为史志、官制、学制、法律、农政、矿政、工政、商政、兵政、船政等；而游记、报章、格致总说、西人议论之书、无可归类之书则被归

---

①② 梁启超：《饮冰室合集·饮冰室专集之六十九·读书分月课程·最初应读之书》，北京：中华书局，1989年，7页。

入杂类之书。附表一卷,共著录通商以前西人译著各书 86 种,近译未印各书 88 种,中国人所著书 119 种,附《读西学书法》一卷。在《西学书目表》的正表部分,梁启超通过"表下加识语,表上加圈识"的方式向读者评价、推荐图书,所加圈识、识语分为几种情况:有的加 1 圈,有的加 2 圈,有的加三角形号,有的无圈有识语,有的有圈有识语。《数学启蒙》上加了 2 圈,其"识语"为"《数理精蕴》之节本,极便初学"。《佐治刍言》上也加了 2 圈,"识语"则是"言政治最佳之书"。《笔算学》上加了 1 圈,"识语"是"用俗语教学童甚便,惟习问太繁"。《代数备旨》上加了 1 圈,其"识语"是"虽未备而便初学"。由所加圈数及证之识语可以得知,圈数多的图书最为重要,圈数少的书较为重要,没有圈识之书不重要。而且,对于有些书,梁启超还加了一些不好的评语,比如《地理略说》:"亦名《浅说》,太浅而旧。"梁启超在推荐图书的时候还用了比较法,在比较中向读者推荐好书,如言及地图时云:"中国地图无一精本,胡文忠之图号称最善而舛谬漏略不可偻指,故欲读图者必以译出西图为断,余所见者有制造局之平图地球图。"梁启超如此品评比较各书长短,说明理由,然后向读者推荐,使读者能够自然地接受他所推荐的书目。在推荐书目的同时,他还说明了阅读这些书的用处,他认为,阅读这几百种书,就可以粗略地知道世界演变的迹象以及国土变迁的情况。①《读西学书法》则详细地说明了阅读各类西书的方法。因而《西学书目表》是一部书目较全、指导性很强的西学导读书目,是当时不少人的"读书指南",如经学大师皮锡瑞即借以作为购书、阅书的参考:"阅梁卓如所著《西学书目表》,将购数册阅之。"②

---

① 王美英:《近代导读书目评介》,载《武钢党校学报》,1993 年第 1 期。
② 皮锡瑞:《师伏堂未刊日记》,载《湖南历史资料》,1958 年第 4 期。

六、《东籍月旦》

梁启超于光绪二十八年(1902)夏天开始编撰《东籍月旦》,其初始计划十分庞大,但是一些客观原因导致他实际只探讨了伦理与历史两门学科。当时留学日本学东文、读东书的人越来越多,如何读东书就成了一个重要的问题,"某科当先,某科当后,欲学某科必不可不先治某科,一科之中,某书当先,某书当后,某书为良,某书为劣,能有识抉择者盖寡焉。"①在这种情况下,梁启超"不揣固陋",就其目力所见,对东学图书展开评价,并且将之推荐给读者。他在《东籍月旦》中向读者推荐了81种普通学图书。据《东籍月旦·叙论》,梁启超将东学分为普通学与专门学两类。《东籍月旦》的第一编即是普通学,普通学之关于读书者有伦理、国语及外文、外国语、历史、地理、数学、博物、物理及化学、法制、经济等十门;不关读书者有习字、图画、唱歌、体操等科。专门学主要指政治、经济、法律、哲学等学科。梁启超认为:"凡求学者,必须先治普通学。"②对于十门普通科目,他认为中国学生不必学习国语汉文,其余的各门则都要认真学习:"大抵欲治政治学、经济学、法律学等者,则以历史、地理为尤要;欲治工艺、医学等者,则以博物、理化为尤要。"③在十门普通学科之中,梁启超重点评价与推荐了伦理与历史两门。鉴于中国的伦理学范围甚窄,不足以详尽伦理学的内涵,而日本文部省下发的"关于中学所教伦理道德之要领"涉及的伦理学范围较广,梁启超建议学生多读外国伦理之书,并且开列了普通伦

---

① 梁启超:《饮冰室合集·饮冰室文集之四·东籍月旦·叙论》,北京:中华书局,1989年,83页。
② 梁启超:《饮冰室合集·饮冰室文集之四·东籍月旦·叙论》,北京:中华书局,1989年,84页。
③ 梁启超:《饮冰室合集·饮冰室文集之四·东籍月旦·叙论》,北京:中华书局,1989年,85页。

理学著作两种,即元良勇次郎撰写的《(中学教育)伦理讲话》和井上圆了撰写的《伦理通论》。梁启超对这两本书都很看重,认为元良博士的著作简明赅括,最适合初学之用,"诚斯学最善之本也"。井上博士的著作"适合于我国今日之用""此书就本学各种问题分类,与元良氏之著体例不同,其叙诸家学说,极为简明,读之可以见源流派别"①。为了便于读者阅读这两本书,更好地学习伦理学,梁启超还开列了18种参考书,其中一种为丛书,收书12部。对于诸书,梁启超以简明的文字予以评说,如评价井上哲次郎、高山林次郎合著的《新编伦理教科书》为"精心结撰"之作,但是"专为日本人说法",故"在彼虽为极良之书,在我则只足供参考而已"②。对于《主乐派之伦理说》等书,梁启超指明其皆专门学校出版之书,"可供参考"。在伦理学之后,梁启超评述与推荐了历史学书籍,他将日本历史之书分为8类:一是世界史(附西洋史),二是东洋史(附中国史),三是日本史,四是泰西国别史,五是杂史,六是史论,七是史学,八是传记。在《东籍月旦》中,梁启超评述了前三类。梁启超认为日本人所谓世界史、万国史,实际就是西洋史。在西洋史方面,梁启超首先评介了四种必读书,即本多浅治郎著之《(新体)西洋历史教科书》、元良勇次郎与家永丰吉合著之《万国史纲》、箕作元八与峰岸米造合著之《西洋史纲》以及和田万吉译德国布列著《世界通史》,其中,本多之书即《(新体)西洋历史教科书》优于他书之处原因在于:"其叙事条分缕析,眉目最清,以若干干燥无味之事实,而有一线索以贯之,读之不使人生厌。每叙一事,不过两三行而止,而必叙述其原因结果,毫无遗漏。"③随后,梁启超评述了25种有关的参考书,按照世界史、断代世界史、专题世界史、世界文明史之次

---

①② 梁启超:《饮冰室合集·饮冰室文集之四·东籍月旦·叙论》,北京:中华书局,1989年,87页。
③ 梁启超:《饮冰室合集·饮冰室文集之四·东籍月旦·叙论》,北京:中华书局,1989年,91页。

序,逐次加以评述。梁启超一共评述了世界史著作29种,并且进行了总结:"要之,西史之书,虽复汗牛充栋,求其真完全美满、毫发无憾者,今尚不得一焉。"①梁启超推荐的东洋史著作是桑原骘藏所著之《中等东洋史》,而且他还开列了12种参考书。有关中国史著作,梁启超评述了田口卯吉的《"支那"开化小史》、白河次郎与国府种德合著之《"支那"文明史》。关于日本史的学习,梁启超建议阅读有关明治维新和幕府统治的历史书,并且推荐了8种书籍。《东籍月旦》至此戛然而止,成了梁启超的未竟之作。如前所述,梁启超或详或略一一评判各书,不负其书之名"月旦"。可以说,梁启超对伦理学和历史学两个重要类目的日本图书做了较为全面的评价,尽管他所评述的是日本书,但是他的立足点却是为了中国的留学生读者着想,这给早期阅读东书的中国人指明了读书方向。②

尽管晚清的导读书目各有侧重,有的侧重传统典籍如《经籍举要》和《书目答问》,有的侧重西学书籍如《西学书目表》,有的侧重东学书籍如《东籍月旦》,有的则是中西书籍兼收并蓄如《桂学答问》和《读书分月课程》,但是其作者都通过这些书给读书人推荐了应该阅读的图书,而且有的作者还提出了导读意见,介绍了阅读方法,让读书人读书减少了盲目性。按照作者的指点去阅读图书,读书人既节省了时间,又获取了很多的知识,因此,导读书目颇受时人的欢迎。江西义宁县仁义书院即公告学子利用这些"读书门径":"看《輶轩语》,可知读中书门径;看《初学读书要略》,可知读西书门径;经史子集要书,其目具《书目答问》;近译西书及中人所著言西事之书,其目具见《西学书目表》。"③这里提到的各式书目,便是可以用来建立晚清读书人"阅读对

---

① 梁启超:《饮冰室合集·饮冰室文集之四·东籍月旦·叙论》,北京:中华书局,1989年,97页。
② 王心裁:《梁启超读书生涯》,武汉:长江文艺出版社,1998年,72页。
③ 《江西义宁县仁义书院变通冬课诗赋改为策论启》,载《湘学报》,1898年第36期。

象"的最具体的资料库依据,究其实际,它们确实提供了读书人在书海中遨游的指南针。①

第二节 阅读方法

晚清的名人学者如曾国藩、张之洞、康有为、梁启超等人在长期的阅读实践中积累了宝贵的阅读经验,形成了较为独特的阅读思想与阅读方法,他们将其总结出来,介绍给当时的读书人,使读书人受益。值得一提的是,他们对传统典籍与西学书籍的阅读方法进行了探讨,提出了很好的意见与建议。

一、名人学者的阅读方法

(一)曾国藩的看读写作法

曾国藩嗜好读书,一生之中坚持最久且一以贯之的活动便是读书,无论是在静谧安宁的书斋,还是在戎马倥偬的战场,他都坚持读书写作,乐此不疲。本着经世致用的读书目的,他读书读得多、读得杂、读得博,广读博览,吸收一切对统治阶级有用、对自身管用的知识与思想。他在读书上总有一种渴望感、压力感、紧迫感与责任感,不敢有丝毫的怠慢和松懈。他以儒家经典为指导,终生恪守儒家学说,善于将传统典籍、史册、兵书中的合理成分与现实斗争结合起来,自始至终坚持个人道德修养,自强不息,克己复礼,终于成就了自己立功、立德、立

---

① 潘光哲:《追索晚清阅读史的一些想法:"知识仓库""思想资源"与"概念变迁"》,载《新史学》第16卷第3期。

言的轰轰烈烈的事业。经过长期的阅读实践,曾国藩总结了一些很好的读书方法,具体所述如下。

1. 看读写作。曾国藩在家书中说得十分清楚:"读书之法,看、读、写、作,四者每日不可缺一……譬之富家居积,看书则在外贸易,获利三倍者也;读书则在家慎守,不轻花费者也。譬之兵家战争,看书则攻城略地,开拓土宇者也;读书则深沟坚垒,得地能守者也。看书如子夏之'日知所亡'相近,读书与'无忘所能'相近,二者不可偏废。至于写字,真、行、篆、隶,尔颇好之,切不可间断一日。既要求好,又要求快。余生平因作字迟钝,吃亏不少。尔须力求敏捷,每日能作楷书一万则几矣。至于作诸文,亦宜在二三十岁立定规模,过卅后则长进极难。"①以上这些是曾国藩所提倡的初步的读书方法,看、读、写、作四者的界说与效益,曾国藩言之甚详。尤其对于读书与看书,曾国藩既有独到的见解,又论述得最为透彻,因为读书意在求熟,看书意在求速,熟然后可以专精,速然后可以广博。

2. 专精读书。曾国藩将专精阅读看作读书的一个秘诀,无论是教育子弟,还是教育他人,他都十分强调专精一业,专攻一学。曾国藩说:"求业之精,别无他法,曰专而已矣……若志在穷经,则须专守一经;志在作制义,则须专看一家文稿;志在作古文,则须专看一家文集……万不可以兼营并骛,兼营则必一无所能矣……凡专一业之人,必有心得,亦必有疑义。诸弟有心得可以告我共赏之,有疑义可以问我共析之。"②"读书之道,有必不可易者数端:穷经必专一经,不可泛骛……吾以为欲读经史,但常研究义理,则心一而不纷。是故经则专守一经,史则专熟一代,读经史则专主义理。此皆守约之道,确乎不可

---

① 曾国藩:《曾国藩全集》,家书一《咸丰八年七月二十一日谕纪泽》,长沙:岳麓书社,1994年,406页。
② 曾国藩:《曾国藩全集》,家书一《道光二十二年九月十八日致澄弟温弟沅弟季弟》,长沙:岳麓书社,1994年,36页。

易者也。"①贪多嚼不烂,泛泛看书,收获甚小,因此,曾国藩强调专精读书,如读经书则专守一经,读史书则专熟一代,读文集"此一集未读完,断断不换他集",此乃读书"专字诀"。

曾国藩像②

3. 分类笔记。为了加深读书的印象,增强阅读的效果,曾国藩提倡读书时要做好分类笔记。他的读书笔记《求阙斋读书录》就是很好的榜样,该书十卷,他在该书中记下了读书心得,提出了独到见解,如:"桐城姚姬传郎中鼐所选《古文辞类纂》,嘉道以来知言君子群相推服,谓学古文者,求诸是而足矣。国藩服膺有年,窃见其中亦小有疵误,兹摘于左。"③他评论《史记》时称:"太史公行文间有气不能骞举处。"④曾国藩常常埋怨自己生平抄录札记不多,引以为憾,因此,时时以此事

---

① 曾国藩:《曾国藩全集》,家书一《道光二十三年正月十七日致澄弟温弟沅弟季弟》,长沙:岳麓书社,1994年,55页。
② 蒋廷黻:《中国近代史》,北京:团结出版社,2006年,53页。
③ 曾国藩:《求阙斋读书录》,卷十,光绪二年(1876)传忠书局刻本。
④ 曾国藩:《求阙斋读书录》,卷三,光绪二年(1876)传忠书局刻本。

教导子弟。他在给儿子曾纪泽的书信中说:"泽儿若能成吾之志,将'四书''五经'及余所好之八种,一一熟读而深思之,略作札记,以志所得,以著所疑,则余欢欣快慰,夜得甘寝。此外,别无所求矣。"①他又说:"大抵有一种学问,即有一种分类之法;有一人嗜好,即有一人摘抄之法。"②曾国藩要求子女读书学习,处处留心,真正做到眼到、心到与手到,勤动脑筋,勤动笔杆,写下读书心得,做好读书札记。

4. 持之以恒。在给弟弟们的书信中,曾国藩充分表达了读书做学问要有持之以恒精神的思想与观点:"盖士人读书,第一要有志,第二要有识,第三要有恒。有志则断不甘为下流;有识则知学问无尽,不敢以一得自足,如河伯之观海,如井蛙之窥天,皆无识者也;有恒则断无不成之事。此三者缺一不可。诸弟此时惟有识不可以骤几,至于有志有恒,则诸弟勉之而已。"③"学问之道无穷,而总以有恒为主。兄往年极无恒,近年略好,而犹未纯熟。自七月初一起,至今则无一日间断。每日临帖百字,抄书百字,看书少亦须满廿页,多则不论。自七月起,至今已看过《王荆公文集》百卷,《归震川文集》四十卷,《诗经大全》廿卷,《后汉书》百卷,皆朱笔加圈批。虽极忙,亦须了本日功课,不以昨日耽搁而今日补做,不以明日有事而今日预做。诸弟若能有恒如此,则虽四弟中等之资,亦当有所成就,况六弟、九弟上等之资乎?……诸弟试将朱子《纲目》过笔圈点,定以有恒,不过数月即圈完矣。"④曾国藩的这些书信是他在京城供职时所写,那时正是他发愤立志、持恒读

---

① 曾国藩:《曾国藩全集》,家书一《咸丰九年四月廿一日谕纪泽》,长沙:岳麓书社,1994年,477页。
② 曾国藩:《曾国藩全集》,家书一《咸丰十一年九月初四谕纪泽》,长沙:岳麓书社,1994年,477页。
③ 曾国藩:《曾国藩全集》,家书一《道光二十二年十二月二十日致澄弟温弟沅弟季弟》,长沙:岳麓书社,1994年,48页。
④ 曾国藩:《曾国藩全集》,家书一《道光二十四年十一月二十一日致澄弟温弟沅弟季弟》,长沙:岳麓书社,1994年,99页。

书的时候。他所举有志、有识、有恒都是读书应有的先决条件,他平时教育兄弟及子女,总是以立志、有恒为最要,立志之后,又能够持之以恒,就会知道学海无涯、学问无尽。从曾国藩取得的成就来看,原因就在于他树立了坚定的志向,具有持之以恒的毅力,如饥似渴地畅游于书海,无论是在静谧的翰林院供职,还是在戎马倥偬的军旅生涯中,曾国藩总是手不释卷,坚持读书不辍,做出了有恒读书的好榜样。

综观曾国藩的阅读方法,无论是看、读、写、作与专精一业,还是做好分类笔记、持之以恒,都很重要,且对他的子孙产生了直接的影响。如曾纪泽坚持了看、读、写、作的读书治学方法,无论是诗文、奏折,还是日记、书札,都继承了父亲曾国藩的遗风。他不仅专精一业,专攻一学,有所收效,而且做到博与专相结合,在广博的同时去专精,反过来在专精的同时又不断去拓宽视野,更新知识,在读书治学方面取得了一定的成绩,做出了一定的贡献。此外,曾国藩的阅读方法,对当时的读书人也具有借鉴意义。曾国藩的阅读方法尽管是晚清时代的产物,体现了中国传统文化的属性,但是在中西文化相互碰撞、相互融合的过程中,对近代士大夫的影响十分深远,如他的嫡传弟子李鸿章、薛福成、张裕钊、黎庶昌、吴汝纶等人皆一秉师承,皆亲从受业,守其师说,友教四方。在曾国藩的指导和要求下,他们十分讲究读书治学方法,通过多年的苦读、勤思与力作,终于成为清末较有成就的名人与学者。

(二)张之洞的读书宜博法

张之洞的阅读方法在《輶轩语》《劝学篇》等书中得到了反映,其中,尤以《輶轩语》最为明显。《輶轩语》是张之洞在四川各府县按试之后对各地生员所写的教诫之语,多为治学的经验之谈。輶轩,原指使臣所乘之车,张之洞以学政使蜀,因而取此书名。该书分为三篇,上篇语行,中篇语学,下篇语文,"其间颇甚浅近,间及精深,缘质学非一,深者为高材生劝勉,浅者为学僮告戒,要皆审切时势,分析条理,明白易行,不为大言空论。"①他对士子提出了"德行谨厚""人品高峻""立志远大""砥砺气节""出门求师""习尚俭朴"②等品德行为方面的要求;指明了阅读经史子集的具体门径和治学方法,提出了读书治学的一些重要原则,如"读书宜读有用之书""读书期于明理,明理归于致用"等。更重要的是,他提出了一些读书方法,内容如下所述。

1.读书宜求善本。张之洞认为善本有三种类型:一为足本,二是精本(精校本与精刻本),三是旧本(旧刻与旧抄)。善本精校细勘、刊刻无误,读书人应该多读。

2.读书宜博。无论从事何种学问,只有多见多闻才可能有心得体会,张之洞因而提倡博览群书:"博之为道将如何?曰在有要而已。古书不可不解,有用之书不可不见,专门之书不可不详考贯通。如是,则有涯涘可穷矣。"③

张之洞读书④

---

① 张之洞:《輶轩语》,光绪二十一年(1895)湖北官书处重刻本。
② 张之洞:《輶轩语·语行第一》,光绪二十一年(1895)湖北官书处重刻本。
③ 张之洞:《輶轩语·语学第二》,光绪二十一年(1895)湖北官书处重刻本。
④ 肖东发:《中国出版图史》,广州:南方日报出版社,2009年,211页。

3. 读书宜有门径。读书得门径,就会事半功倍。张之洞向读书人推荐了几种"门径"之书:《四库全书总目提要》为"读群书之门径",《汉学师承记》为"经学之门径",《小学考》为"小学之门径",顾炎武的《音学五书》为"韵学之门径",《史通》为"史学之门径",齐召南的《历代帝王年表》为"读史之门径",《古今伪书考》为"读诸子之门径",《文心雕龙》、钟嵘《诗品》为"诗文之门径"。①

4. 专精与涉猎相结合。读书要讲究方法,专精与涉猎相结合:对经、史之书要专精探讨,如果精通一经,则群经大旨就会了然于胸;对一般书籍,只需涉猎,观其大略、知其要领即可。

(三)康有为的目录引路法

康有为一生酷爱读书,在吸收古人读书经验的基础上,他提出了一些好的读书方法,现叙述如下。

1. 读书时使用专精、涉猎兼行法。康有为认为,书有精粗不同,又有类属之别,因此阅读时要用不同的方法。他说:"凡书有精粗,读之自有详略。"②他指出,经书内容精深,应该精读、熟读,其他图书,只需通其大义、了解大概:"自诸经外,读书之法,在通其大义,非谓诵其全文。"他将读书方法归纳为专精、涉猎两种:"读书当分专精、涉猎二事,惟专乃可致精,惟涉猎乃能致博,二者不可偏废。"③也就是说,读者通过精读获取专深的知识,通过涉猎而博览群书,扩充见闻。

2. 读书须分清主次先后。康有为认为读书要讲究先后次序,先读经典书籍,后读一般书籍。譬如读史书,应先读"三史",即《史记》《汉书》和《后汉书》,"能通'三史',则经义、史裁、掌故、文章俱备矣。读史

---

① 张之洞:《輶轩语·语学第二》,光绪二十一年(1895)湖北官书处重刻本。
② 康有为著,楼宇烈整理:《长兴学记·桂学答问·万木草堂口说》,北京:中华书局,1988年,31页。
③ 康有为著,楼宇烈整理:《长兴学记·桂学答问·万木草堂口说》,北京:中华书局,1988年,41页。

宜以《史记》、'两汉'为重……故'三史'宜熟读……'廿四史'宜全读。新学读史,日一二卷,其后渐习,日可三四卷……'三史'宜用功深,宁可少其卷数。'三史'破,余史皆易读,卷数可增矣。"①康有为认为阅读经典图书是获取知识的根基,应该把它放在首要地位来阅读。康有为在《桂学答问》中分类罗列书目时,明确地指明各书的先读后读之序、具体读法;对各书加以评说,指出哪些书可并读、可分读,哪些书应细读、熟读,哪些书可择读、可互考、可备考、可备查。

3. 读书须求师结友,共同探讨。康有为说:"读书须求师友。师不易得,求友最要。孤陋则寡闻见消,丽泽则讲友宜先。"②"一人之见有限,众人之识无穷。故读书当求友讲求,旬日会讲,上下议论,其益无穷。"③他在讲学授课的时候注重"会讲",每半个月在学生中举行一次演讲会,让学生各抒己见,这样,既培养了学生的思考能力,又活跃了他们的思想。此外,康有为要求学生边读书边记札记,把札记交给学长查阅之后由他亲自批改。

4. 学问皆因志趣,读书要立志。康有为强调学子读书要通中外古今,"凡百学问,皆由志趣。志犹器也,志大则器大。""若有大志,则通古今中外之故,圣道王制之精,达天人之奥,任天下之重矣。"④学子应立大志以天下重任为己任,认真通读古今中外之书,则"天下万国烛照数计……若将制造局书全购尤佳。学至此,则圣道王制、古今中外、天文地理,皆已通矣。"

5. 读书时使用目录"引路法"。康有为十分重视目录在阅读中的

---

① 康有为著,楼宇烈整理:《长兴学记·桂学答问·万木草堂口说》,北京:中华书局,1988年,35页。
②③ 康有为著,楼宇烈整理:《长兴学记·桂学答问·万木草堂口说》,北京:中华书局,1988年,41页。
④ 康有为著,楼宇烈整理:《长兴学记·桂学答问·万木草堂口说》,北京:中华书局,1988年,42页。

指引门径作用。他说:"当知目录之学。俾知天下书目甚多,无以兔园册子、高头讲章、时样制艺自足。"①而且他十分推崇《四库提要》和《书目答问》:"书目博深,莫如钦定《四库提要》;精要且详,莫如《书目答问》,版本最佳。其检丛书之目,有《汇刻书目》,皆学者必应查考之书。"②他建议读书人购买这些目录名著,"每日随意涉猎"或"常置怀袖熟记",这样就可以达到"学问自进"的目的。③

(四)梁启超的融会贯通法

1.融会贯通。梁启超讲究读书方法,反对读死书,主张在理解书本要旨的基础上,融会贯通,举一反三,形成自己的思想见解。他指出:"学者凡读书,必每句深求其故,以自出议论为主,久之触发自多,见地自进,始能贯串群书,自成条理。"④他特别强调读书要做读书笔记:"读书莫要于笔记……无笔记则必不经心,不经心则虽读犹不读而已。黄勉斋云:'真实心地,刻苦功夫。'学者而不能刻苦者,必其未尝真实者也。"⑤

2.博约结合。梁启超遵循康有为的读书学习注重"专精"与"涉猎"的关系,他在《读书分月课程·读书次第表》中转述康有为的话语:"学者每日不必专读一书。康先生之教,特标专精、涉猎二条,无专精则不能成,无涉猎则不能通也。"⑥梁启超读书时做到博约结合,在博览群书的基础上,选择若干种图书细嚼慢咽,以达于精深。他编撰《国学入门书要目及其读法》时,特标一"随时涉览书类",以为"学问固贵专精,又须博涉以辅之……随意涉猎,初时并无目的,不期而引起问

---

①②③　康有为著,楼宇烈整理:《长兴学记·桂学答问·万木草堂口说》,北京:中华书局,1988年,38页。

④⑤　梁启超:《饮冰室合集·饮冰室专集之六十九·读书分月课程·学要十五则》,北京:中华书局,1989年,4页。

⑥　梁启超:《饮冰室合集·饮冰室专集之六十九·读书分月课程·读书次第表》,北京:中华书局,1989年,11页。

题,发生趣味,从此向某方面深造研究,遂成绝业者,往往而有也。"①他的这些读书方法行之有效,而且具有一定的指导意义。

综观以上几位名人学者提出的阅读方法,虽然有较大的差异,但是也有相同之处,如他们都提倡读书时要专涉兼行、博约结合,即将精读与泛读相结合。这些阅读方法如"看读写作""读书宜博""目录引路""融会贯通""博约结合"等对读书人颇有益处。读书得法,就会事半功倍,读书人如果吸取了这些阅读方法,甘于苦读勤学,就会取得丰硕的成果,"士生今日,若肯读书,真可不废无益之精神,而取益身心,坐收实用,据汉学之成书,玩宋学之义理"②。当然,曾国藩等人的这些阅读方法不仅在当时具有实际指导意义,而且在其后相当长的时期内产生了深远的影响。

二、传统典籍与西学书籍的阅读方法

在晚清,传统典籍与西学书籍都是读书人的阅读对象,只是在不同的阶段,它们所占的分量有所不同。那么,阅读传统典籍与阅读西学书籍有什么不同呢?关于这一点,时人进行了一些探讨,提出了一些宝贵的建议。

(一)传统典籍的阅读方法

晚清一代,传统典籍一直是人们的重要阅读内容,而如何阅读这些书籍以获得事半功倍的效果呢?时人进行了一些有益的探索,提出了一些行之有效的阅读方法,如张之洞就提出了一些好的建议。首先,他针对传统典籍汗牛充栋的客观情况提出了将缩约读书法作为指

---

① 梁启超:《饮冰室合集·饮冰室专集之七十一·国学入门书要目及其读法·随意涉览书类》,北京:中华书局,1989年,16页。
② 张之洞:《张文襄公全集》,卷二〇四《輶轩语一》,民国十七年(1928)北京文华斋刻本。

导学子阅读中学书籍的总体意见。他在《劝学篇》中指出"今欲存中学,必自守约始",而"守约必自破除门面始"。他对中学门类进行重新整合,将其分为"经史、诸子、理学、政治、地理、小学各门",各门皆有其"求约之法"。他主张学生们用缩约读书法阅读各门中学书籍。① 如:对于经学,他主张学子将各种经书节录纂集以成一书,"皆采旧说,不参臆说一语"。纂集的结果——小经不过一卷,大经不过二卷,读起来自然轻松简便。对于史学,他主张学子只需阅读《通鉴》《纪事本末》《通考》《通典》,正史只需阅读"志及列传中奏议""《通考》取十之三,《通典》取十之一"。其余诸子、理学、政治、地理、小学各门书籍也采取类似的缩约读书法。因此,实际需要阅读的中学书籍就很少。其次,他针对经史子集四部分类提出了具体的分门别类的读书方法。关于如何阅读经部书籍,张之洞提出了七点建议。(1)读经宜读全本:"《周礼》《礼记》《左传》断不可删,即鲁钝者亦须买全本,就其上钩乙选读,日后尚可寻检寓目,不然终身不知此经有几卷矣。"②(2)读经宜正音读:"古时九州岛语言不同,而诵诗读书同归正读……近世一淆于方音,一误于俗师,至于句读离合,文义所系,尤宜讲明音读雅正。"③(3)读经宜明训诂:"诂者,古言也,谓以今语解古语,此逐字解释者也。训者,顺也,谓顺其语气解之,此逐句解释者也。时俗讲义何尝不逐字逐句解释,但字义多杜撰,语意多影响耳。"④(4)宜讲汉学:"汉学所要者二:一音读训诂,一考据事实。音训明方知此字为何语,考据确方知此物为何物,此事为何事,此人为何人,然后知圣贤此言是何意义。不然,空谈臆说,望文生义,即或有理,亦所谓郢书燕说耳,于经旨无与也。"⑤(5)宜读国朝⑥人经学书:"国朝诸大儒读书多,记书真,校书

---

① 罗志田:《裂变中的传承——20世纪前期的中国文化与学术》,北京:中华书局,2003年,135页。
②③④⑤ 张之洞:《輶轩语·语学第二》,光绪二十一年(1895)湖北官书处重刻本。
⑥ 清朝。

细,好看古书,不敢轻改古本,不肯轻驳古说,善思善悟,善参校,善比例,善分别真伪,故经学为千古之冠。书多矣,以《皇清经解》为大宗,虽未全录,已得大概。"①(6)宜专治一经:"十三经岂能尽通,专精其一即已不易……今且先治其一,再及其他,但仍须参考诸经,博综群籍,方能通此一经,不然,此一经亦不能通也。"②(7)治经宜有次第:"先师旌德吕文节教不佞曰:'欲用注疏工夫,先看毛诗,次及三礼,再及他经。'其说至精……非谓此经精通方读彼经,谓浅显者未明,则深奥者不必妄加穿凿,横生臆见,津梁既得,则各视性之所近,深造致精,可也。治诗礼可不兼三经,治三经必涉诗礼。"③

而对于如何阅读史学书籍,张之洞则提出八条建议。(1)宜读正史④。(2)正史中宜先读"四史"⑤:"全史浩繁,从何说起,四史最要,四者之中,《史记》《前汉》为尤要,其要如何? 语其高,则证经义、通史法,语其卑,则古来辞章无论骈散,凡雅词丽藻,大半皆出其中,文章之美无待于言。"⑥(3)宜读《通鉴》。(4)宜读《通考》。(5)史学亦宜专精一种。与读经部书籍一样,张之洞建议读史书也要专精一种:"览虽宜博,欲求精熟,则亦贵专攻,但能精熟一二种足矣。"⑦(6)读史宜读表志:"作史以作志为最难,读史以读志为最要,一代典章制度皆在其中。若止看列传数篇,于史学无当也。表亦史家要领,可订岁月之误,兼补纪传之阙。"⑧(7)读史忌妄议论古人贤否、古事得失。(8)读史忌批评文章。

关于阅读子部书籍的方法,张之洞提出了两点意见。(1)读子宜求训诂看古注:"诸子道术不同,体制各别,然读之亦有法,首在先求训

---

①②③⑥⑦⑧ 张之洞:《𬨎轩语·语学第二》,光绪二十一年(1895)湖北官书处重刻本。
④ 即《史记》《汉书》《后汉书》《三国志》《晋书》《宋书》《南齐书》《梁书》《陈书》《魏书》《北齐书》《周书》《隋书》《南史》《北史》《旧唐书》《新唐书》《旧五代史》《新五代史》《宋史》《辽史》《金史》《元史》《明史》。
⑤ 即《史记》《汉书》《后汉书》《三国志》。

诂,务使确实可解,切不可空论其文,臆度其理。"①张之洞还说学子们如果以经学家的实事求是的方法来阅读子部书籍,就会受益匪浅。(2)读子宜买丛书。鉴于子部书籍较多,如果购买单行本,经年累月也难于收齐,张之洞就建议为学者多买丛书:"购得一书,即具数种或数十种。"②

关于阅读集部书籍的方法,张之洞提出以下六点建议。(1)读古集宜知体要:"能知体要,则读文集有益于经、子、史。凡集中有奏议、考辩、记传,文字中有实事者,须详览之。"③(2)读国朝人文集有实用胜于古集。(3)辞章家宜读专集。(4)读《昭明文选》宜看注。(5)浅学读文选亦宜看全本。(6)读后世诗文选本宜择善者。

可以说,张之洞在《輶轩语》中提出的关于阅读传统典籍的那些方法颇有见地,不只在当时可供读书人借鉴,即使在后世也值得读书人学习与利用。

(二)西学书籍的阅读技巧

与传统典籍不同的是,西学书籍多是翻译而来的,那么阅读西学书籍时就要了解一些翻译技巧,了解西方国家的风土人情,以便对所读书籍能够理解透彻。关于阅读西学书籍的方法,时人也进行了一些探索,提出了一些建议,梁启超即是其一。为了指导读者阅读西书,梁启超撰写了《读西学书法》,详细地介绍了阅读各类西书的方法。譬如介绍阅读算学类图书技巧时,他在分析各书优劣的基础上指出了阅读的方法:"学算必从数学入,乃及代数,伟烈④之《数学启蒙》即《数理精蕴》之节本,每法取其一题而去其芜词,极便学者。狄考文之《笔算数学》专为授蒙之用,全用俗语,习问极多,皆便于初学之书也。二书于比例、开方两门皆极简明,狄书更能举其要,非中国旧说所能及。惟狄

---

①②③　张之洞:《輶轩语·语学第二》,光绪二十一年(1895)湖北官书处重刻本。
④　即伟烈亚力。

书译笔太繁耳。"①"习代数者当以《代数术》为正宗,而以《代数备旨》辅之。《备旨》习问太多,颇嫌繁而不杀,其弊与《笔算数学》同,且除加减乘除命分外,止有一次、二次方程式,于代数一术亦未完备也。然《代数术》卷二十三论方程界线颇有错误,学者读至此,姑缓置之,躐读下卷可也。"②介绍阅读天学类图书技巧时,他不仅指出《谈天》为博大精深之作,"不可不急读",而且还建议别人阅读其他一些简明扼要的天文学译作:"《谈天》一书必通算学明测量乃能卒业,其稍易明晓者则有《天文图说》《天文揭要》二书,《图说》之图精妙可喜,《揭要》则多新法,常有校正《谈天》之误者。"③介绍阅读兵政类图书技巧时,他建议别人首先阅读《临阵管见》《前敌须知》《防海新论》《列国陆军制》《英国水师章程》《德国军制述要》等书,而对那些专门制用而非壹志于兵学的图书则"可以缓读"④。可以说,梁启超非常详尽地介绍了多部西书的阅读方法,对指导读者阅读学习很有裨益,读者如果按照他介绍的方法去阅读西学图书,就会取得事半功倍的效果。

---

①②③④ 梁启超:《西学书目表·读西学书法》,光绪二十二年(1896)质学会重刊本。

第六章　晚清阅读的影响

开卷有益,读书有用,饱读诗书,影响深远。阅读的好处甚多、影响较大,①对个人来说,阅读既能增长见闻、涵养心灵,又能开阔眼界、转变思想。翁同龢早年接受儒家教育,主要阅读传统典籍,思想较为保守,反对把正途子弟拖入洋务,但是他阅读西学书籍之后思想发生了变化,开始支持和帮助洋务新政;吴汝纶等人阅读了西方医学书籍,获得了预防疾病的医疗知识。对于社会而言,阅读书籍对政治、文化、社会生活等各个层面都会产生一定的影响,可以引发社会的变革,如洋务运动、戊戌变法等几次大变革都与人们阅读西学书籍进而崇尚西方政治经济制度有较大的关联。

---

① 潘光哲称阅读不仅是一种技能,而且是一道寻求意义的途径。透过阅读史的取向,我们可以深入地了解晚清士人怎样借着各式各样的阅读/思想活动为他们的生命找寻意义,编织自己的"意义之网"。参见潘光哲:《追索晚清阅读史的一些想法:"知识仓库""思想资源"与"概念变迁"》,载《新史学》,第16卷第3期。

一、阅读对个人的影响——增长见闻、转变思想

阅读是愉悦心情、涵养心灵的一种过程,是提升自我内心修养、培养自我道德的活动。阅读也是积累知识、增长见闻的一种行为,随着新知新识的日积月累,思想观念就会发生一定的变化,可以说,阅读对个人生活的影响较为长远。

(一)翁同龢读书与思想的转变

翁同龢(1830—1904),字叔平,江苏常熟人,自六岁开始在私塾"朱氏书馆"和"李氏书馆"中学习了四年,读完"四书"和"五经",其后进入常熟的游文书院、苏州的紫阳书院读书学习,接受传统儒学教育,饱读经史之书。咸丰六年(1856)他状元及第,步入官场,先后担任同、光两朝[1]帝师,两次授军机大臣职,兼任总理衙门大臣,历任工部尚书、刑部尚书、户部尚书、协办大学士,从政时间有四十余年。

翁同龢早年接受儒家教育,主要阅读传统典籍,如《纲鉴》《汉书》《传习录》《薛文清公读书录》《骈体文钞》等。第二次鸦片战争中国的失败,他在思想上受到刺激,苦苦寻觅救国之策,认真阅读了《林文忠公全书》《龚定庵集》和魏源的《海国图志》、谢清高的《海录》。但是他身处宫廷,接触的西方书籍有限,思想还较为保守,譬如:同治六年(1867)在"同文馆议考选正途五品以下京外官入馆肄习天文算学,聘西人为教习"[2]的问题上,他附和顽固派倭仁等人的意见,反对把正途子弟拖入洋务。这时候他的思想还停留在忠君守道阶段,反对和排斥西方的一切。

---

[1] 即同治、光绪。
[2] 赵尔巽:《清史稿》,卷三九一《倭仁》,北京:中华书局,1998年,3012页。

然而，随着洋务运动的不断深入和西方资本主义文化对中国古老文化的冲击，翁同龢广泛阅读有关西方的书籍，不仅阅读了郭嵩焘的使英见闻《使西纪程》，还阅读了郭嵩焘写的有关洋务的专著。其思想随之发生了较大的变化，他改变了对洋务运动的不支持态度，开始支持和帮助洋务新政，如：在光绪元年(1875)展开的海防大讨论中，翁同龢以鲜明的态度赞成海防建设；在洋务企业轮船招商局开办之初经营困难之时，他奏准皇帝拨部款予以支持，而且还咨请各省日后有凡官物一并交招商局承运，并由政府给予水脚补助。19世纪80年代以后，翁同龢与洋务官僚、驻外使臣如曾纪泽、盛宣怀、张荫桓、黎庶昌、容闳等人交往，从他们那里了解到不少西学知识，大大地开阔了眼界，思想有了长足的进步。他先后阅读了资产阶级改良主义思想家们的著作和经世论文，如薛福成的《筹洋刍议》、郑观应的《救时揭要》、陈炽的《庸书》、汤震的《危言》、黄遵宪的《日本国志》、康有为等人宣传维新变法的著作，还阅读了曾纪泽赠送的16种汉译西学著作。他托人从上海代为购买《申报》《万国公报》《中外新报》等报刊以及沪版西学译著，详加阅览。他还借每次回乡修墓之机，驻足上海，参观租界，到书肆购买汉译日文、英文书籍，带回京中阅读。① 翁同龢担任户部尚书时与海关总税务司赫德等人接触较多，从他们那里获得不少有关西方各国的情况，并且阅读了反映当时西方各国社会政治、军事、历史等方面的著作，如《泰西各国新史揽要》《列国变通兴盛记》《普法战纪》等。他不断地阅读西书，吸取新学知识，到中日甲午战争之后，由于民族危机的空前严重，翁同龢的思想已由原先赞成洋务运动进而转变为主张维新变法，辅佐光绪皇帝进行改革。

(二)阅读西方医学书籍，获取预防疾病的医疗知识

康有为于光绪十一年(1885)患上一种头痛病，家人请来医生替他

---

① 谢俊美：《翁同龢评传》，南京：南京大学出版社，1998年，6—7页。

诊治。然而,这种头痛病却十分古怪,医生无法诊断病情,对这种病束手无策。他感到头痛难忍,不能阅读文字,只得每天在室内行吟徘徊。他甚至感到死神一步步地向自己逼近,于是"数月不出,检视书籍遗稿,从容待死"①。就在从容待死之际,一个偶然的机会,他得到了江南制造局翻译馆翻译的一些医书,如《儒门医学》《西医大成》《内科理法》《法律医学》和《保全生命论》等。他反复研读其中的医理奥妙,十分崇信西学的他决定试用西药。康有为针对自己的病情和症状,对照书中所述,"创试西药,如方为之"②。康有为使用西药的结果出人意料,他的病情竟然渐渐好转。在以后的数月内,他一边研读医书,一边自配药方试用,每天到村后的树下散步,对自己的"医术"踌躇满志。光绪十一年(1885)七月,康有为病痛痊愈,于是更加信奉西学,拼命吸取西方的科学知识。

晚清著名学者、桐城派古文家吴汝纶读了许多西方医学书与卫生书,如《化学卫生论》《居宅卫生论》《孩童卫生论》等。他还读过《知新报》《格致新报》《新民丛报》等趋新报刊,并在日记中进行了一些摘录与评论。读过这些新学书刊之后,吴汝纶进一步增强了对西医的认同感:"医学,西人精绝,读过西书,乃知吾国医家殆自古妄说。"③他崇尚西医,认为中医不足恃,喜欢"以西学引掖时贤"④,建议一个身体羸弱的朋友"宜略阅西医书,稍明养身之法"⑤。朋友廉惠卿患病的时候,他就提醒廉惠卿"应就西医"⑥:"至食物之有益身体而易消化者,合信

---

①② 康有为著,楼宇烈整理:《康南海自编年谱(外二种)》,北京:中华书局,1992年,13页。
③ 吴汝纶撰,施培毅、徐寿凯校点:《吴汝纶全集·答何豹丞》,三,合肥:黄山书社,2002年,164页。
④ 吴汝纶撰,施培毅、徐寿凯校点:《吴汝纶全集·答廉惠卿》,三,合肥:黄山书社,2002年,122页。
⑤ 吴汝纶撰,施培毅、徐寿凯校点:《吴汝纶全集·答何豹丞》,三,合肥:黄山书社,2002年,156页。
⑥ 吴汝纶撰,施培毅、徐寿凯校点:《吴汝纶全集·与廉惠卿》,三,合肥:黄山书社,2002年,287页。

书中曾胪列之,此外,略见于《化学卫生论》及《省身指掌》,可查阅也。"①吴汝纶向陆伯奎推荐学堂书目时,其中就有《化学卫生论》《孩童卫生论》《居宅卫生论》《西医举隅》等传教士编译的西学书。②

鲁迅称他在洋务学堂里阅读了一些西方医学书,知道了一些生理学、医学的知识:"在这学堂里,我才知道世上还有所谓格致、算学、地理、历史、绘图和体操。生理学并不教,但我们却看到些木版的《全体新论》和《化学卫生论》之类了。"③同时,鲁迅还从译书的历史上"又知道了日本维新是大半发端于西方医学的事实"。鲁迅不但自己阅读西方医学书籍,而且还让弟弟周作人阅读,他给弟弟寄过大量书籍报刊,光绪三十年(1904)五月周作人就收到了《生理学萃》等书。④

光绪二十八年(1902)天津发生时疫,新创刊的《大公报》立即刊登了大量有关医学的文章以进行卫生知识的宣传,其中在一篇题为《将卫生学当知》的文章里,作者以自身为例劝时人多读一些西方医学书。作者还推荐了一些西洋讲卫生的书,如《全体通考》《全体阐微》《医理略述》《延年益寿论》《治心免病法》《居宅卫生论》《化学卫生论》《幼童卫生论》等,请"大家可以随意买点看看",以增加预防疾病、治疗疾病的医学卫生知识。李伯元的《文明小史》刻画了苏州趋新人士姚文通购买医学书的故事,姚文通正在上海为儿子物色新学堂就读的时候,突然接到家信,说是夫人即将分娩,他就急忙准备赶回家,临走的时候,特地到书坊里买了新出的《传种改良新法》《育儿与卫生》等书,"带了回去,以作指南之助,免为庸医所误"。⑤ 可以说,人们对那些实用

---

① 吴汝纶撰,施培毅、徐寿凯校点:《吴汝纶全集·与廉惠卿》,三,合肥:黄山书社,2002年,568页。
② 吴汝纶撰,施培毅、徐寿凯校点:《吴汝纶全集·与陆伯奎学使》,三,合肥:黄山书社,2002年,377页。
③ 鲁迅:《呐喊·自序》,见《鲁迅全集》,第一卷,北京:人民文学出版社,1981年,139页。
④ 张菊香、张铁荣:《周作人年谱(1885—1967)》,天津:天津人民出版社,2000年,55页。
⑤ 李伯元:《文明小史》,上海:上海古籍出版社,1982年,119页。

的医学书籍较为重视,特别是在身患疾病或者是疫病流行之时,人们就想通过阅读一些医书来获取医学知识以增强预防疾病的能力、找到治病的良方。

二、阅读对社会变革的影响

阅读不只是单纯的个人行为,也不只是与人心风俗有关的行为,它关系到国家的命运和个人的前途。① 清末的启蒙人士认为:"凡社会以三种系统成立:曰督制系统,官兵是也;曰供给系统,农工是也;曰分配系统,商贾是也。或以士归入督制系统。余谓欲各种系统之进于文明,皆非读书不可。"②"地方上不读书人太多,就为地方的大害。"③阅读很重要,对社会的变革亦产生较大的影响,晚清几次大的社会变革如洋务运动、戊戌变法并非空穴来风,而是人们在阅读西学书籍且思想认识发生了较大的变化、对清朝政府的腐败深恶痛绝而对西方政治经济制度有了一些了解之后发生的。

(一)林则徐、魏源与"师夷长技以制夷"

林则徐是睁眼看世界的第一人,他不像一般封建士大夫那样,认为外国的事情一概与中国无涉,而是采取积极主动的态度去弥补自己贫乏的世界知识。他认识世界的渠道是组织翻译英文书报,其组织译书的目的性很强:翻译西洋史地、商业图书,以了解西方国家的情况,翻译制造枪炮的西洋书籍和操作重炮的资料,以改进中国的武器水平和战术水平。他组织翻译的西方著作和资料,内容较为丰富,包括政治、经济、军事、文化、科技、地理、外交、社会情况等方面。通过阅读这

---

① 张仲民:《清季启蒙人士改造民众阅读习惯的论述》,载台湾《"中央研究院"近代史研究所集刊》,2010年第68期。
② 孙宝瑄:《忘山庐日记》,上海:上海古籍出版社,1983年,622页。
③ 载《通俗日报》(成都),1909年10月19日。

些翻译过来的西方著作和资料,林则徐了解到不少"夷情",而且从这些著作和资料之中寻找到可以"以其人之道,还治其人之身"的一些知识,同时他也大大开阔了眼界,提高了反抗侵略的水平。正如他自己后来所说:"制驭准备之方,多由此出。"而且,在禁烟和抗击英国侵略的斗争中,林则徐看到了外国侵略者的军事优势在于先进的军械火器,因此主张学习外国制造船炮的技术。

魏源发展了林则徐"向西方学习"的思想,搜集资料,编纂《海国图志》。道光二十二年(1842),魏源接受林则徐的嘱托,根据《四洲志》译稿及《澳门月报》《华事夷言》和滑达尔的《各国律例》等中外文献资料,于十二月编成《海国图志》五十卷,其中地图 23 幅,洋炮图式 8 页,除了保留林则徐翻译的《四洲志》以外,他在内容上还增加了许多:"大都东南洋、西南洋,增于原书者十之八,大小西洋、北洋、外大西洋,增于原书者十之六。"①初版之后,魏源先后两次进行扩充增补:道光二十七年(1847),该书增订为六十卷,与五十卷本相比,增加了海外各国情况的介绍,而且将西洋技艺的一卷扩充为八卷;咸丰二年(1852),《海国图志》六十卷增补为一百卷,其中地图 75 幅,西洋技艺图式 57 页,地球天文合论图式 7 幅。

关于《海国图志》的编辑目的,魏源在《海国图志叙》中进行了陈述:"为以夷攻夷而作,为以夷款夷而作,为师夷长技以制夷而作。"②《海国图志》介绍了世界各国的地理和历史知识,介绍了西方战舰、火器、养兵练兵之法。该书一经出版,即产生了强烈反响,成为人们了解世界历史地理知识的最重要的、最详备的读物,③又激起了先进知识分子向西方学习的热情,受到时人及后世的推崇。左宗棠十分重视和推崇《海国图志》,曾为其重刊本作序,称洋务运动是"魏子所谓师其长

---

①② 魏源:《海国图志叙》,见《海国图志》(五十卷),道光二十四年(1844)古微堂聚珍版。
③ 王余光、宁浩:《塑造中华文明的 200 本书》,武汉:武汉大学出版社,1997 年,1281 页。

技以制之也"。冯桂芬、王韬、康有为都认真研读过《海国图志》,吸取并发展了"师夷"思想:冯桂芬赞同"师夷长技以制夷"的主张,并且把"不仰赖外夷"之说发挥成"不购船雇人""自造、自修、自用"的主张;① 王韬在师夷之军事长技的基础上,初步提出政治要求,主张师夷之政治长技,进行维新变法;康有为则把《海国图志》作为西学的基础,系统地把"师夷"思想推广到经济、政治、教育等领域,拟定出较为完整的资产阶级改良变法纲领。②

(二)李鸿章与洋务运动

李鸿章字渐甫,号少荃,晚年自号仪叟。他于道光三年(1823)出生于安徽省庐州府合肥县磨店乡的一个耕读之家,自六岁开始在家馆中读书。其书房名为棣华书房,是一个方塘花树环绕的水阁,环境十分优美安静,李鸿章在其中度过了六年的家学生活。道光十四年(1834),父亲李文安考中举人后到费氏墨庄就馆授徒时,十二岁的李鸿章也跟随前往继续读书。其后,李鸿章又拜师于伯父李仿仙。李仿仙是一位饱学之士,对李鸿章的督教也十分严格。此外,李鸿章还受教于徐明经。在父亲等三位严师的严格督导和学问的陶冶之下,李鸿章不仅初涉义理和经世致用之学,而且在应付科举考试的制艺技巧方面进步很快,于道光二十年(1840)考入县学成为秀才,时年十八岁。李鸿章才华初露,自信心大为增强,他在道光二十二年(1842)写的《二十自述》七言律诗中表示克服因循积习,珍惜美好的青春年华,再接再厉,刻苦攻读,要做西汉终军、贾谊那样弱冠扬名的人物。③ 经过几年的寒窗苦读,李鸿章终于在道光二十三年(1843)被庐州府学选为进入国子监学习的优贡生。抵达京城之后,李鸿章拜见了在翰林院供职的

---

① 冯桂芬:《校邠庐抗议·采西学议》,见《显志堂稿》,光绪二年(1876)校邠庐刻本。
② 王余光、宁浩:《塑造中华文明的 200 本书》,武汉:武汉大学出版社,1997 年,1283 页。
③ 成晓军:《洋务之梦——李鸿章传》,成都:四川人民出版社,1995 年,11 页。

曾国藩,在曾国藩的指导之下学习了经学和写作八股文的技巧。道光二十四年(1844),李鸿章参加顺天府恩科乡试,结果中试第四十八名举人。第二年参加恩科会试,虽然名落孙山,但是其诗文博得出任本科会试同考官曾国藩的刮目相看。随后两年,李鸿章发奋攻读经史,在"求义理经世致用之学"的同时,又着意学习科举考试之文。道光二十七年(1847),李鸿章再次参加会试,一举中榜,参加殿试之后,高中第二甲第十三名进士,朝考后被点了翰林,以翰林院庶吉士供职京师。李鸿章寒窗苦读十几年,终于顺利地通过科举考试,取得功名,步入了官场,成为洋务派的最重要人物之一。

洋务派在中央以奕䜣为代表,在地方以曾国藩、李鸿章、左宗棠、张之洞为代表,他们打着"自强""求富"的旗号,发动了一场以学习西方科学技术与坚船利炮为主要内容的"洋务运动"。在洋务派中,李鸿章主持洋务运动的时间最长,进行的洋务工作最多,成为洋务运动中最重要的角色。李鸿章认为洋枪洋炮非常先进,于同治元年(1862)十二月十五日致信曾国藩说:"鸿章尝往英法提督兵船,见其大炮之精纯,子药之细巧,器械之鲜明,队伍之雄整,实非中国所能及。"[1]他认为"自强"在于练兵制器,"求富"在于振兴商务:"欲自强必先裕饷,欲浚饷源,莫如振兴商务,商船能往外洋,俾外洋损一分之利,即中国益一分之利。微臣创设招商局之初意,本是如此。"[2]在自强、求富思想的指导之下,李鸿章大兴洋务事业:一是开办军事工业,他于同治四年(1865)在上海收购了一座修造轮船、洋枪与洋炮的外国机器铁厂,把苏州制炮局的一部分机器并入,将该厂更名为"江南机器制造总局",把原来在外国机器铁厂做工的洋匠也接收留用。同年,李鸿章到南京就任两江总督,把马格里主持的苏州制炮局迁到南京,改名为金陵机

---

[1] 李鸿章:《李文忠公全集·朋僚函稿》,卷二,光绪三十一年(1905)金陵刻本。
[2] 李鸿章:《李文忠公全集·奏稿》,卷三十九,光绪三十一年(1905)金陵刻本。

器局,用外国机器制造火药、大炮。二是创办新的工矿企业,光绪三年(1877),李鸿章派唐廷枢在滦州筹办开平矿务局,开采煤铁。三是建立北洋海军,李鸿章于光绪元年(1875)开始筹建北洋海军,历时十余年,北洋海军于光绪十四年(1888)正式建立,拥有军舰二十二艘,其中十七艘购自外洋,五艘由国人自造。北洋海军是洋务运动"求强"活动中开销最大的项目,亦是清朝政府"自强新政"的主要标本和支柱。[①]

(三)康梁与戊戌变法

1. 康有为研读西学书籍,提出维新变法的主张

康有为阅读传统典籍,钻研佛道经书,但他从这些东西中却没有找到拯救民族的出路,于是转而涉猎西学,研读西学书籍。早在光绪元年(1875)康有为十七岁的时候,他就读过《海国图志》和《瀛寰志略》,对西方有了初步的印象。光绪五年(1879),他阅读了《西国近事汇编》《环游地球新录》和其他一些西方的翻译著作之后对西方有了进一步的认识。《西国近事汇编》是江南制造局翻译馆编译的,该书从同治十二年(1873)开始,到光绪二十五年(1899),每年一卷,主要依据英国的《泰晤士报》等报刊编译内容,实际上是一部西国大事要闻录。该书是分年编辑的,时效性较强,一度成为同治、光绪年间中国知识分子了解世界大事的重要参考书。康有为将其视为必读书,并且从中吸取大量信息,这些信息成为他孕育改良思想的重要教材。从这些介绍西学的书籍中,康有为对西方国家的政治制度、经济制度和社会风貌产生了浓厚的兴趣,并且认为资本主义制度比封建专制制度好得多。此后,他更加注重阅读有关西学的书籍,并把藏书楼中收藏的《海国图志》和《瀛寰志略》等著作找出来重新阅读,怀着对西学极大的兴趣而开始钻研西学。

光绪八年(1882),康有为赴北京参加科举考试,名落孙山,返乡的

[①] 《中国近代史丛书》编写组:《洋务运动》,上海:上海人民出版社,1973年,45页。

途中他顺道游览了扬州、南京、上海等历史文化名城。上海是西学在中国传播的中心,既有墨海书馆、美华书馆与江南制造局翻译馆等翻译西书机构,又有徐汇公学、清心书院等一批介绍西学的教育场所,特别是上海的西书品种繁多,康有为就大量购买西书,短短的时间里,他就购得西书3000余册。光绪八年(1882)十一月,康有为结束北京、上海之行,回到苏村老家。从此以后,他如饥似渴地阅读和研究搜集到的论述西方国家的政治、经济、文化等的各种译著与报刊。无论是《万国公报》,还是列国游记,无论是历史地理、社会政治著作,还是有关声学、光学、电学、化学、重学等自然科学的书籍,只要是西方的新学新知,他都要看一看,读一读,尤其对天文、物理、古地质学等十分感兴趣,"是时绝意试事,专精问学,新识深思,妙悟精理,俯读仰思,日新大进"。① 康有为阅读的西学书刊中,值得一提的是《万国公报》。《万国公报》是外国传教士在中国创办的传播西学内容最多、影响最大的一种报纸,对康有为的影响很大。自从第一次接触《万国公报》起,康有为就被其中完全崭新的西方自然科学知识所吸引,他如饥似渴地阅读,几乎每期都买。康有为对《万国公报》情有独钟,从中获益颇多,在《康南海自编年谱》中,他就多次提到《万国公报》。光绪二十一年(1895)八月,康有为为了宣传维新变法而在北京创办的一种杂志就索性取名为《万国公报》,可见《万国公报》在康有为心中是多么的重要。

康有为阅读西书,寻找真理,并从儒家经典中汲取了可资运用的知识进而议政,而且他在弟子们的帮助下,写了《新学伪经考》《孔子改制考》,创立了变法维新的理论,②为维新变法提供了理论依据。康有为利用孔子的权威和光绪皇帝的权威,来推行他的维新变法大业。这是他学习西方的经验,又考虑了当时的国情,"采法、俄、日以定国是"

---

① 康有为著,楼宇烈整理:《康南海自编年谱(外二种)》,北京:中华书局,1992年,11页。
② 汤志钧:《戊戌变法史》,修订本,上海:上海社会科学院出版社,2003年,56页。

的创举。①

2.康有为积极推动维新变法

维新变法运动的掀起以康有为领导的"公车上书"为起点。光绪十四年(1888),康有为趁入京考试的机会,第一次向光绪皇帝上书请求变法,《上清帝第一书》极陈帝国主义侵略、民族危机严重之状,指出俄国蚕食东方的阴谋,法国专力越南以窥中国的企图,提出"变成法""通下情""慎左右"三点建议。这次上书虽然强调了变法的必要性,但是并未论及变法的具体条例,而且遗憾的是此次上书遭到封建顽固势力的阻挠而并没有上达光绪皇帝,这使得康有为感到除了向西方学习以外,还必须到中国传统的封建学说中去寻找变法的理论依据。光绪十六年(1890),他移居广州,开办万木草堂讲学,既培养变法的骨干,又著书立说,从今文经学中汲取可资利用的东西进而议政:他把改良主义思想同儒家今文学说结合起来,用改良主义的观点重新解释儒家学说,在弟子们的帮助下,撰写并出版《新学伪经考》《孔子改制考》,作为变法维新舆论宣传的张本。光绪二十一年(1895)四月初八(5月2日),康有为趁入京应试之机,同各省应试举人联名上书请愿,此乃著名的"公车上书"。康有为在"公车上书"中,请求皇帝拒和、迁都、练兵与变法,提出了他的全部变法维新主张,而且变法条文非常具体,既有开新的内容,又有除旧的东西,既有内政措施,又有外交方案,涉及面较广。② 可惜的是,这次上书又没有上达皇帝。康有为并未气馁,同年五月初六(5月29日),康有为呈递《上清帝第三书》,提出了变法的步骤和"公车上书"的补充说明,都察院于五月十一日(6月3日)将《上清帝第三书》代呈光绪皇帝,光绪皇帝阅后大受影响,毅然有改革

---

① 汤志钧:《戊戌变法史》,修订本,上海:上海社会科学出版社,2003年,77页。
② 汤志钧称康有为此后的历次上书,大抵不出"公车上书"的范围。参见汤志钧:《戊戌变法史》,修订本,上海:上海社会科学出版社,2003年,150页。

之志。闰五月初八（6月30日），康有为又呈递《上清帝第四书》，正式向光绪皇帝提出"设议院以通下情"的主张，但是又被顽固派拒绝代呈。在不断上书光绪皇帝以争取从上而下进行政治改革的同时，康有为又组织强学会，创办《万国公报》和《时务报》，宣传变法，讲求新学，使得知识分子中形成一种呼吁变法的社会风气，从而推动维新变法运动的发展。光绪二十三年（1897）冬，德国强占胶州湾。消息传出后不久，康有为赶赴北京，于光绪二十三年（1897）十一月十二日第五次上书光绪皇帝，提出了变法的具体计划：采法、俄、日以定国是；大集群才而谋变政；听任疆臣各自变法。这次上书被工部尚书淞溎中途按捺住了，没有及时递上，直到光绪二十四年（1898）正月初三（1月24日）才上达光绪皇帝。正月初八（1月29日）康有为上了《应诏统筹全局折》（第六书），吁请光绪皇帝坚决变法。《应诏统筹全局折》是资产阶级改良派改革的全部要求，也是戊戌变法的施政纲领。不久，康有为进呈《俄大彼得变政记》，主张效法俄国，进行变法，还上了第七次书，请求光绪皇帝借鉴俄、日，颁行新政。在康有为等人的积极活动下，政治改革的空气日趋浓郁，终于促使了光绪皇帝"诏定国是"的实现。

3. 梁启超阅读西书，参与维新变法运动

早在光绪十六年（1890），梁启超就在上海见过江南制造总局翻译馆翻译出版的西书若干种，那些书对年轻而求知欲旺盛的梁启超来说具有很大的吸引力，遗憾的是他囊中羞涩，无钱购买那些西书。在上海的书坊，梁启超还是买了一本小部头书即徐继畬的《瀛寰志略》。该书共十卷，不足15万字，以图为经，全面系统地介绍了地球形状、经纬度划分、东西半球及南北极等知识，介绍了世界近八十个国家和地区的地理位置、历史变迁、经济、文化、风土民情，梁启超读后"始知有五大洲各国"①。梁启超阅读了《瀛寰志略》，了解了外国的历史与地理，

---

① 梁启超：《饮冰室合集·饮冰室文集之十一·三十自述》，北京：中华书局，1989年，16页。

就像发现了一个新世界的存在,同时也对西方的强大感到震惊。在万木草堂学习期间,康有为讲授中国数千年来学术源流、历史政治之沿革得失时,常"取万国以比例推断之",使梁启超对西方与西学有了进一步的了解与认识,而且,在课堂上,梁启超已经开始学习声学、光学、电学、化学等西方近代自然科学基础知识。同时,万木草堂里收藏了不少西书,梁启超因此阅读了一些西书,接触了西学。此后,梁启超对西学抱有极大的兴趣,一有机会就购买与阅读西书。光绪十八年(1892),梁启超再次经过上海,经济略为宽裕的他"斯时于国学书籍之外,更购江南制造局所译之书,及各星轺日记,与英人傅兰雅所辑之《格致汇编》等书"①。梁启超这次购买的西书并不是很多,重点在算学、地理、历史方面,他读后感触颇深,受益匪浅。当然,直到光绪二十年(1894),梁启超阅读的西书还不是很多,也不太全面,他较为全面地阅读西书是在参与创办强学会时期。强学会又名译书局,也叫强学书局或强学局,是中国知识分子较早成立的一个政治团体,光绪二十一年(1895)七月倡议成立,十月正式成立,十二月被清政府封禁,前后历经几个月的时间。其间,梁启超除了操持强学会的会务、《中外纪闻》的报务之外,将更多的时间用在阅读西书上面,"会中于译出西书购置颇备,得以余日尽浏览之"②。这一次较为全面的阅读西书过程使他更为广泛地了解了西学,为编撰《西学书目表》打下了坚实的基础。梁启超对西方的思想文化较为看重,他说:"国家欲自强,以多译西书为本;学者欲自立,以多读西书为功。"③基于此观念,当他的门人梁作霖等询问应该阅读的西书以及阅读方法的时候,他便于光绪二十二年

---

① 梁启勋:《曼殊室戊辰笔记》,见丁文江、赵丰田《梁启超年谱长编》,上海:上海人民出版社,1983年,28页。
② 梁启超:《饮冰室合集·饮冰室文集之十一·三十自述》,北京:中华书局,1989年,17页。
③ 梁启超:《饮冰室合集·饮冰室文集之一·西学书目表序例》,北京:中华书局,1989年,123页。

(1896)九月编成《西学书目表》以作应答。《西学书目表》既是梁启超对自己所读西书的一次全面总结,也是他对当时所译西书的一次全面总结。① 对于《西学书目表》所列的西学图书,梁启超并没有一一读过,一般说来,加了圈识与识语的书是他读过的,而未加圈识与识语的书则是他没有读过的。在医学类图书中他写道:"诸书多未读者,不敢妄加圈识,其已读数书识之。"他在工政和兵政两类图书中也有相同的表述。医学类图书39种,梁启超已读而识之者12种,约占31%;工政类图书38种,梁启超读了7种,约占18%;兵政类图书55种,梁启超读过的更少,只有2种,仅占3.6%。② 至此,梁启超所读的西书还不是很多,他所获得的西学知识还非常有限,或得之于师友的传授切磋,或得之于所读西书、西报。他由于不通西洋文字,所以对西方文化的认识还较为浅显。尽管如此,他还是积极地介绍西学。戊戌变法失败,梁启超逃亡日本以后,阅读了一些日本人翻译的西学书籍,进一步增强了对西方国家与西方文化的认识,而且亲自撰文介绍西方的学术思想文化,如撰写了《蒙德斯鸠之学说》《天演学初祖达尔文之学说及其略传》等。特别是阅读了卢梭的《民约论》后,他不禁为之鼓而呼,撰写了《民约论巨子卢梭之学说》,对卢梭的学说进行了重点介绍。

作为康有为的弟子,梁启超积极参与维新变法运动。在担任《时务报》主笔之时,梁启超发表了一些文章呼吁变法,特别是陆续发表《变法通议》,深刻揭露封建专制制度的腐朽,猛烈抨击封建顽固派的因循保守,而且以日本、印度与波兰为例阐述不变法的危害与变法的必要:日本以"自变"而强,印度以"不变"而沦为英国殖民地,波兰"见分于诸国而代变"。梁启超认为变法的本原是"变动科举"和"工艺专利",前者旨在摧毁科举制度,后者要求给民族资本主义的发展提供一

---

① 王心载:《梁启超读书生涯》,武汉:长江文艺出版社,1998,31页。
② 王心载:《梁启超读书生涯》,武汉:长江文艺出版社,1998年,36页。

些条件。

4. 光绪皇帝阅读西书，支持维新变法

光绪皇帝阅读了魏源的《圣武记》《海国图志》、冯桂芬的《校邠庐抗议》、郑观应的《救时揭要》、陈炽的《庸言》、汤震的《危言》。这些时务书对光绪帝的政治思想产生了巨大影响，如光绪帝看了冯桂芬的《校邠庐抗议》之后，认为书中所论"最切时要"，对日后治理国政颇有裨益，特地将其中的《汰冗员议》《许自陈议》《省则例议》《改科举议》《采西学议》《制洋器议》等 6 篇文章抄录装订成册，置于寝宫案头，时时浏览。维新变法达到高潮之时，光绪皇帝谕令直隶总督荣禄将《校邠庐抗议》印刷 1000 册，下发给军机大学士、六部九卿、翰詹科道以及各省督抚、将军，命令他们阅读之后签注自己的意见或者逐段加以评论："逐条签出，各注明简论说，分别可行不可行，限十日咨送军机处汇合进呈，以备采择。"为了了解西方的政治经济、历史地理与风俗民情等，光绪帝阅读了出国使臣的日记和游记，如斌椿的《星槎日记》、李圭的《环游地球新录》、张德彝的《航海述奇》、曾纪泽的《伦敦与巴黎日记》、薛福成的《出使英法义比日记》、钱恂的《通商出入表》《中外交涉表》《关税出入表》。① 中日甲午战争中国的惨败大大地刺激了光绪皇帝，他对封建传统观念产生了怀疑，极力探索中国"致败之故"和寻求图强之道，对了解外国情况和世界的发展形势产生了强烈的兴趣，更"喜欢看新书"了。② 光绪二十四年(1898)正月，他主动向翁同龢要来黄遵宪的《日本国志》，详加阅览。同年三月二十三日，光绪帝得到《日本变政考》《俄大彼得变政记》《泰西新史揽要》《列国变通兴盛记》等书，"置御案，日加披览"③。此后，他对西学书籍表现出特别浓厚的兴

---

① 谢俊美：《翁同龢评传》，南京：南京大学出版社，1998 年，9 页。
② 张元济：《戊戌政变的回忆》，见中国史学会《戊戌变法》，四，上海：上海人民出版社，1957 年，324 页。
③ 梁启超：《戊戌政变记》，北京：中华书局，1954 年，15 页。

趣,"退朝则考读西法新政之书,日昃不惶"①。他又通过各种途径"大购西人政书览之"②。通过阅读这些新书,光绪皇帝大大开阔了眼界,初步触到了世界发展的脉搏,得到了新的启示和鼓舞,"于万国之故更明,变法之志更决"③。

《校邠庐抗议》的一些篇目带有很明显的时代色彩,如《制洋器议》《采西学议》等,就是当时社会上思想趋于开放的士大夫们关心的话题。从内容上看,《校邠庐抗议》突破了传统士大夫所谓"经世致用"的评议时政精神,通过对中西之间力量对比强弱悬殊原因的分析,提出了自强和自救的对策,特别是书中关于如何向西方学习的内容,成了洋务派官僚们付诸实践的理论纲领。《校邠庐抗议》对清末思想界的影响很大,除了封建顽固派以外,倾向维新的官员和帝党、资产阶级改良派以及洋务思想的因袭者,都从不同的角度对它产生了较大的阅读兴趣。翁同龢于光绪十五年(1889)把该书推荐给光绪皇帝阅读,希望书中鼓吹的改革思想能够对他有所启迪。

中日甲午战争中国失败之后,各地人民的反抗情绪日烈,清政府的经济危机日深,光绪皇帝感到"非变法不足以图存"。另外,在资产阶级改良派的影响之下,光绪皇帝也逐步加快了变法的进程。光绪二十一年(1895)五月十一日(6月3日),光绪皇帝接到康有为的《上清帝第三书》后,命抄录副本三份:一份送给慈禧太后,一份留在乾清宫,一份抄录各省督抚、将军议处。同年闰五月二十七日(7月19日),光绪皇帝颁发了"因地制宜"的"上谕":"自来求治之道,必当因时制宜,况当国事艰难,尤应上下一心,图自强而弭祸患。朕宵旰忧勤,惩前毖后,惟以蠲除积习力行实政为先。叠据中外臣工条陈时务,详加披览,

---

① 梁启超:《戊戌政变记》,北京:中华书局,1954年,152页。
② 梁启超:《戊戌政变记》,北京:中华书局,1954年,155页。
③ 梁启超:《戊戌政变记》,北京:中华书局,1954年,15页。

采择施行，如修铁路、铸钞币，造机器，开各矿……大约以筹饷、练兵为急务，以恤商、惠工为本源，此应及时举办……着各直省将军、督抚将以上各条，各就本省情形，与藩、臬两司暨地方官悉心妥筹，酌度办法，限文到一月内分晰覆奏。"①此后，光绪皇帝又颁发了几次新政"上谕"，如光绪二十二年（1896）五月初二（6月12日）批准李端棻的奏折，推广学校以励人才，命令各省督抚酌拟办法。光绪二十四年（1898）正月初三（1月24日），光绪皇帝命令王大臣在总理衙门延见康有为，康有为的《上清帝第五书》得以上达光绪皇帝。正月初八（1月29日）康有为上了第六书（《应诏统筹全局折》），光绪皇帝看了这个奏折以后非常满意。四月十三日（6月1日），康有为代御史杨深秀拟了《请定国是而明赏罚折》，代侍读学士徐致靖拟《请明定国是疏》，他自己也上了《请告天祖誓群臣以变法定国是折》。四月二十三日（6月11日），光绪皇帝根据杨深秀、徐致靖等的奏章，召集军机全堂，发表了《明定国是诏》，宣布了讲求时务、变法自强的方针："……嗣后中外大小诸臣，自王公以及士庶，各宜努力向上，发愤为雄，以圣贤义理之学植其根本，又须博采西学之切于时务者实力讲求，以救空疏迂谬之弊。"②光绪皇帝下诏书，"以变法为号令之宗旨，以西学为臣民之讲求"，此后一切维新"基于此诏"③。"诏定国是"后，光绪皇帝接连颁布了有关政治、经济、军事、文教方面的各项新政，相应地改革了若干旧弊，如废八股改试策论，诏举经济特科，翻译新书，改书院为学堂等。新政诏令的陆续颁发，引起了后党的恐慌与不满，后党与帝党之间斗争激烈。八月初六（9月21日）慈禧太后重新临朝，发动政变，将光绪皇帝幽禁于瀛台，处死了维新变法的领导者和积极分子谭嗣同、杨锐

---

① 朱寿朋编，张静庐等校点：《光绪朝东华录》，四，北京：中华书局，1958年，3631页。
② 《大清德宗景皇帝实录》卷四一八，中华书局影印本，1987年。
③ 梁启超：《戊戌政变记》，北京：中华书局，1954年，22页。

等六君子,历时103天的"新政"宣告终结。尽管"戊戌变法"昙花一现,但是它代表了当时的社会发展趋势,引起了社会的变动与思想的转移,有其进步意义:一是对封建传统势力起了一定的冲击作用,刺激了中国民族资本主义的发展;二是改变了桎梏封建知识分子思想的科举制度,颁布了"废八股为策论"的上谕,试题不再依据"圣经贤传",京师大学堂成立,其课程还包括西方科技知识,学堂学生能够接受一些资本主义国家的政治社会学说和自然科学知识。

"国势由于风俗,风俗由于民德,民德由于所读之书。"[1]无论对于个人的知识积累与思想变化,还是对于社会的政治变革与风俗变化,阅读都起到了较大的作用,产生了较大的影响。

---

[1] 《说小说》,载《中外日报》(上海),1902年4月10日第一版。

第七章　晚清阅读的特点

与前此各朝相比,晚清阅读有其独特之处:受社会大环境的影响和社会政治变革的冲击,晚清的阅读呈现出较为明显的阶段性;由于社会风气的差异,新学传播路径的不同,晚清阅读在不同的地方表现出不同的特点,也就是说晚清阅读还存在区域上的差异;由于地位的不同与经济条件的限制,不同的阅读群体具有不同的阅读兴趣与阅读内容,晚清阅读呈现出明显的社会阶层性。

一、晚清阅读的阶段性

受社会大环境的影响和社会政治变革的冲击,晚清的阅读活动呈现出较为明显的阶段性,根据阅读内容的不同大致可以分为三个阶段。

第一个阶段(1840—1895):传统的经史典籍占据阅读市场,西学书籍渐渐进入阅读视野。

1. 攻读经史典籍

道光二十年(1840)至光绪二十一年(1895),整个中国社会依然笼罩在天朝上国的气氛之中,从最高统治者到一般民众,绝大多数人并没有意识到西方的威胁势不可当,仍然按照传统的轨道与模式生活,思想观念也仍然保持在守旧的状态,阅读的书籍主要还是传统的经史典籍。就当时的历史背景来说,科举制度仍然盛行,科举考试犹如一张紧密的罗网,笼罩着莘莘学子,他们不得不整日俯仰子曰诗云,特别注重阅读传统典籍。从当时的导读书目来看,张之洞、梁启超等人在光绪二十一年(1895)以前主张读书人阅读传统典籍,他们推荐的图书仍以传统典籍为主。同治十三年(1874),张之洞为初学者撰写的《书目答问》收录的传统古籍共有 2200 余种,收录的西学书籍则只有《新译海塘辑要》《地球图说》《瀛寰志略》《海国图志》《新译地理备考》《新译海道图说》《新译西洋兵书五种》《新译几何原本》《代数术》《代微积拾级》《曲线说》《数学启蒙》等十几种。光绪二十年(1894),梁启超在广东讲学时编成的简明导读书目《最初应读之书》共收录书籍 66 种,其中传统典籍 59 种,占了 89.4%,西学书籍只有 7 种,仅占 10.6%。从时人的读书实践来看,他们主要阅读传统典籍。曾国藩自道光二十一年(1841)七月至同治十一年(1872)三月阅读的传统典籍较多,如《朱子全书》《说文解字》《庄子解》《张子正蒙注》《礼记章句》《四书稗疏》《周易内传》《读通鉴论》《宋论》《史记》《汉书》《五代史》《明史》《江南通志》《松江府志》《湘阴县志》《诗集》(梅伯言著)、《七言古诗选》(王渔洋著)、《阅微草堂笔记》《集古录》《国朝文录》《古文辞类纂》《二程全书》《理学宗传》等,其中《理学宗传》是曾国藩日记中记载的最后一部书,也是他所读的最后一部书。李慈铭自咸丰三年至光绪十五年(1853—1889)读过的传统典籍有经部 177 种,史部 355 种,子部 148 种,集部 297 种,丛书 11 种,共计 988 种。

2. 阅读西学书籍

鸦片战争之后,封闭的国门已被西方列强的坚船利炮冲开,国人的思想封闭状态已被打破,部分先进的知识分子开始睁眼看世界,主张向西方学习,主动地阅读西方的器物之书,积极地学习外语。林则徐是睁眼看世界的第一人,他不像一般封建士大夫那样,认为外国的事情一概与中国无涉,而是采取积极主动的态度去弥补自己贫乏的世界知识。他认识世界的渠道是组织翻译英文书报,其组织译书的目的性很强:翻译西洋史地、商业图书,以了解西方国家的情况,翻译制造枪炮的西洋书籍和操作重炮的资料,以改进中国的武器和战术。他组织翻译的西方著作和资料,内容较为丰富,包括政治、经济、军事、文化、科技、地理、外交、社会情况等方面。通过阅读这些翻译过来的西方著作和资料,林则徐了解到不少"夷情",而且从这些著作和资料之中,寻找到不少"以其人之道,还治其人之身"的知识,同时他也大大开阔了眼界,提高了反抗侵略的水平,正如他自己后来所说:"制驭准备之方,多由此出。"

曾国藩注重阅读西书,不但阅读了《圣武记》《瀛寰志略》,还阅读了日本人写的《新论》以及西方的军事、科技著作。特别是在洋务运动的实践之中,他更加意识到西方科技与文化的重要性,明确地提出"师夷智以造炮制船",广泛涉猎西方书籍。为了消除语言的隔阂与障碍,便于更多的人阅读西方书籍,同治六年(1867)冬,曾国藩采纳科学家徐寿的建议,在江南制造局内附设翻译馆和印书处,先后聘请徐寿、李善兰、华蘅芳、李凤苞、徐建寅以及外国人傅兰雅、伟烈亚力、林乐知等为该馆主要翻译人员。在翻译方面,曾国藩采取"急用先翻"的方针,以翻译"制造"之学为主,所译书籍涉及算学、测量、化学、地理、天文、医学、工艺、造船等方面。翻译馆翻译的书籍不仅传播了西方的实用制造技术,而且传播了相关的科学知识,更使曾国藩扩大了阅读范围,加强了对科技知识的了解。曾国藩还教育后代进一步认识西方书籍的重要性,一再勉励子孙要读西方有用之书。

在一些洋务学校里,学生们开始阅读西方新学书籍。据统计,从同治元年(1862)到光绪二十一年(1895),洋务派创办的各类学校达

25所之多,①如上海广方言馆、广州同文馆、湖北自强学堂、福州船政学堂、天津水师学堂、江南水师学堂等。洋务学校主要是为洋务事业培养新人才,学校开设的课程内容主要是西方语言及西方科学知识。上海广方言馆将算学列为教学内容,要求学生:"算学与西文并须逐日讲习,其余经史各类,随其资禀所近分习之。专习算学者,听从其便。"②福州船政学堂则要求学生必须学习英文、法文,精通算学,深明制造之法,通晓驾驶之学。严复说他在福州船政学堂学习期间所学的课程有19门:"英文、算术、几何、代数、解析几何、割椎、平三角、弧三角、代积数、动静重学、水重学、电磁学、光学、音学、热学、化学、地质学、天文学、航海术。"洋务学校的教学内容驱使学生广泛地阅读西方的自然科学与应用科学书籍。此外,洋务学校的开办,科学知识的传授,改变了士人的旧观念,开创了士林新风气,人们竞相学习西方的新知识,如蔡元培从此于新学与外国事物极为细心,并且旁及自然科学的学习;王国维"知世有新学"之后,从浙江海盐县赶赴上海,"从日人苦攻西学"。③

第二个阶段(1895—1905):中国传统的经史典籍与西学书籍分庭抗礼。

1. 兼读中国传统的经史典籍与西学书籍

中日甲午战争之后,在日趋强劲的变法呼声中,科举变革的步伐逐渐加快。随着相关信息的增多,不少读书人逐渐意识到,科举考试乃至整个科举制度退出历史舞台,只是时间早晚的问题,如果不能及早应变,则必致束手无策,坐以待毙。因此他们一方面为了应付科举考试而阅读旧书,另一方面又进入新学堂学习新知识,可谓旧书新书

---

① 李华兴:《民国教育史》,上海:上海教育出版社,1997年,47页。
② 朱有瓛:《中国近代学制史料》,第一辑上册,上海:华东师范大学出版社,1983年,217页。
③ 转引自丁钢《文化的传递与嬗变——中国文化与教育》,上海:上海教育出版社,1990年,228页。

兼而读之。此外，由于百日维新的失败，维新派认为政治变革已不可能，就将主要精力转向思想启蒙，开始了解西方的社会思想，于是阅读西学书籍就成了大势所趋。因此，很多人在阅读传统的经史典籍的同时又注重阅读西书。孙宝瑄就是个很典型的例子。

孙宝瑄(1874—1924)，一名浙，字仲玙（一作愚或瑜），浙江钱塘人，生于清末官宦世家，父亲孙诒经，光绪年间担任户部左侍郎，哥哥孙宝琦，曾任清政府驻法、德公使暨顺天府尹，岳父李瀚章曾担任两广总督。因此，孙宝瑄以荫生得分部主事，继得保补员外郎，在工部、邮传部及大理院等处任职，民国初年，担任宁波的海关总督。孙宝瑄笃志向学，嗜好读书，无论是闲居在家，还是奔波在旅途，无论是白天，还是深夜，他都抓紧时间读书，几乎到了无日不读书的地步。他阅读的范围相当广泛，凡经史子集，释道家言，无所不读："癸巳以前，好读宋儒书，研义理之学。以后泛览史鉴，于历代兴亡得失，及典章制度之沿革迁变，究其大凡。又喜诵汉魏六朝之文赋。居沪后……遍涉诸子百家，旁及释道家言。"① 截至光绪二十九年（1903），他阅读了《尚书注疏》《周礼注疏》《扬子法言》《荀子》《管子》《盐铁论》《困学纪闻》《文献通考》《华严经》《金刚经》《石头记》《西游记》《式训堂丛书》《王船山遗书》等，而且他花了很多时间阅读史学书籍，如《南史》《北史》《明史纪事本末》，阅读了正史中的食货志、兵志与刑志等全部内容。此外，孙宝瑄还多方搜求与阅读西学书籍，举凡政治、历史、哲学、宗教，无不涉猎。自光绪二十年（1894）正月至二十三年（1897）十二月阅读了魏源的《海国图志》、侯失勒的《谈天》、李提摩太的《八星之一总论》和《百年一觉》《几何原本》《交涉公法论》《万国公法》《植物图说》、严复翻译的《天演论》、林乐知翻译的《中国度支考》。对于少数讲究法政的书籍，

---

① 叶景葵：《忘山庐日记·序》，见孙宝瑄《忘山庐日记》，上海：上海古籍出版社，1983年，序1页。

如李提摩太翻译的科幻政治小说《百年一觉》和傅兰雅翻译的《交涉公法论》,孙宝瑄反复阅读与思考,特别是对于《交涉公法论》,他研读了几个月,自光绪二十三年(1897)五月二十六日始一直读到九月二十日。光绪二十七年(1901)至光绪三十一年(1905),孙宝瑄阅读了《民约论》等13种西文书籍和《物竞论》等18种日文著作或译作。孙宝瑄读了不少译著,从中获益甚多,而且写了很多读书笔记,他在笔记中既简要介绍了所读书籍的内容,也发表了自己的观点。光绪二十九年(1903),他阅读斯宾塞的《群学肄言》时就写了很多笔记,如:"《群学·述神篇》云:民德、民智,厘然两事。智育求之于理想,德育发之以感情,终之以行习,徒有感情,犹无益也。必自感情施之有事,夫然后能由勉强至于利安,至于既久,寖以为习,则行其所无事矣。忘山(按:孙宝瑄自称)曰:由是观之,则锡兰耶露二教派,专以天界地狱警戒群生者,即所以动人之感情也。"①读完一本书,他要写些点评,评价《交涉公法论》时,他写道:"是书为英国全备之万国公法,于各国交际之道,所当尽之职,论之极精……中名论实多,如云国之治乱,一以律堂断之。律堂开,则为治;律堂闭,则为乱。"②孙宝瑄不但自己读译著,还建议他人多读新翻译出版的图书:"居今日而欲谈名理,以多读新译书为要。盖新书言理善于剖析,剖析愈精,条理愈密。"③

2. 科场应试之书仍有销路,但是参加科举考试的人数逐渐减少

尽管此时科举考试已成强弩之末,但是毕竟科举制度尚未退出历史舞台,因此仍有一些读书人醉心于举业,为了科举及第而刻苦攻读。刘大鹏(1857—1942),字友凤,号卧虎山人、梦醒子,山西太原县赤桥村人。他对科举考试情有独钟,视之为人间正道,清光绪二十年(1894)中甲午科举人,光绪二十一年(1895)、光绪二十四年(1898)、光

---

①② 孙宝瑄:《忘山庐日记》,上海:上海古籍出版社,1983年,138页。
③ 孙宝瑄:《忘山庐日记》,上海:上海古籍出版社,1983年,755页。

绪二十九年(1903)连续三次进京参加会试,均名落孙山。此外,科场应试之书的畅销也反映了还有人阅读科考书籍,还有人热衷于科举考试。光绪二十八年(1902)夏天公奴①在金陵卖书,他认为时人购书仍以科场应试为目的:"内地人之购书……若夫有用无用,盖视科场为衡,苟科场所不需,则虽佳亦从缓。能越此范围,殆百不及一。"②不只是金陵人喜欢购买科考书籍,汴梁人亦是如此,"场前买书者,都为临文调查之用"③。光绪二十九年(1903)王维泰在汴梁卖书,他写了一篇《汴梁卖书记》,描述了考生抢购科考书籍的情况:"场前买书者,类皆取地理、历史两部,杂著能阅者尚多,至教育一门,则寥寥无几。临场数日,奔走于道,问《通鉴辑览》《史论大观》者日数十起……余带有《周礼政要》三十部,数日已售罄,问者络绎不绝,故诳之曰:'顷剩一部适售去',则顿足拊髀,失声嗟叹。有汗流气喘而至者,脱口问《周礼》一种有否?答以无,狼仓左右望,向别家驰去。更有借买新书为名,翻阅数种后,便问《周礼政要》;以早罄对,犹坚恳不已。缘此书各坊不备,故以居奇相揣度……至初七日,某书店忽续到六十部,顷刻而尽。"④

虽然读书人仍心系科考,但是较之以前,此时参加科举考试的人数在不少地方逐年递减。在山西太原县,光绪三年(1877)和刘大鹏一起参加童生试的有一百几十人,而到了光绪二十九年(1903)参加童生试的只有23人。刘大鹏在当年的日记中大发感叹:"去岁犹垂四十

---

① 据陈乃乾先生考证,公奴为开明书店主持人夏颂莱,该开明书店与1927年创办的开明书店并非一个组织系统,而是店名的偶合。
② 公奴:《金陵卖书记》,见张静庐《中国近现代出版史料·现代甲编》,上海:上海书店出版社,2003年,391页。
③ 王维泰:《汴梁卖书记》,见张静庐《中国近现代出版史料·现代甲编》,上海:上海书店出版社,2003年,404页。
④ 王维泰:《汴梁卖书记》,见张静庐《中国近现代出版史料·现代甲编》,上海:上海书店出版社,2003年,405页。

人,今岁则减之太锐,学校衰微至是已极,良可浩叹。"①光绪三十年(1904),该县应考童生试者仅剩18人。② 光绪三十年(1904)春,湖北武昌县试应试人数也大为减少。应考人数的锐减已经比较普遍,当时的报刊登载:"各府州县每遇岁科两试,报名与考之人数与曩时作比例,仅存三分之一。"③可见,在越来越多的乡村士子心中,科举考试成了食之无味、弃之不甘的鸡肋。④

  第三个阶段(1905—1911):传统典籍的阅读日趋减少,新学书籍的阅读则日益增多,报纸的阅览更加普及。

  伴随科举制的废除与新学堂的兴起,传统典籍的阅读日趋减少。从销售市场来看,所谓"故书旧籍",已经"无人留心"⑤,旧学书籍的销量锐减:"吾家所刊书合股印,兄亦谓然,惟不必太多,此皆旧学,出售不易,只能送人耳。"⑥文化市场上流行的则是新学书籍,包括教科书、小说、政法类著作等。喜欢新学书籍的人渐渐增多,一些官员喜欢阅读新学书籍:"京官稍有才学志趣者,争阅新书,将来衡文之选,皆出其中。沪上书报,销售之广,过于往年不止百倍。"⑦士子们从八股制艺中解脱出来,读书倾向也发生了变化,他们争相学习西方的科学知识,获取新的知识与信息。如钱基博在光绪二十九年(1903)十七岁,还是"专习'四书''五经'"⑧,而到了光绪三十一年(1905)清政府宣布停止科举考试,他年方十九岁,"是年,始修习算学",而且一心向往学习西学,"在自习完上海江南制造局所译《笔算数学》《代数备旨》等课本后,

---

① 刘大鹏遗著,乔志强标注:《退想斋日记》,太原:山西人民出版社,1990年,118—119页。
② 刘大鹏遗著,乔志强标注:《退想斋日记》,太原:山西人民出版社,1990年,132页。
③ 《论中国学堂程度缓进之原因》,载《东方杂志》,1904年第1卷。
④ 关晓红:《科举停废与近代乡村士子——以刘大鹏、朱峙三日记为视角的比较考察》,载《历史研究》,2005年第5期。
⑤ 顾廷龙:《艺风堂友朋书札·陈庆年函》,下,上海:上海古籍出版社,1981年,959页。
⑥ 上海图书馆:《汪康年师友书札·汪大燮函》,上海:上海古籍出版社,1986年,899页。
⑦ 俞雄:《张棡日记》,上海:上海社会科学院出版社,2003年,92页。
⑧ 傅宏星:《钱基博年谱》,武汉:华中师范大学出版社,2007年,16页。

又涉猎几何、三角及微积分领域"①。章太炎于光绪三十二年(1906)东渡日本以后,对西方近代的哲学、社会学和政治学书籍产生了浓厚的兴趣,潜心阅读康德、费希特、叔本华、斯宾诺莎、哈特曼、谢林、黑格尔、蒲鲁东等人的著作,了解与吸收西方近代的哲学思想、人文社会科学思想。孙诒让阅读过诸多新书,如他曾阅读严复所译《天演论》《原富》《法意》《群己权界论》《群学肄言》《社会通诠》等书,"在诸书中各有朱笔圈出之语多处"②。光绪三十三年(1907),六十岁的孙诒让还亲自前往上海考察学务,并访问了上海的几个著名书局,采购新书364册。除了亲自购买新学书籍之外,孙诒让还不断收到各地友人包括梁启超、汪康年等赠送的诸多新学书报,如《蒙学报》《经世报》《湘报》《湘学新报》《新民丛报》《革命军》《攮书》《中国民族志》《京报》等。对这些新学书报,孙诒让不仅自己阅读,还提供给他人阅览。他在温州开学堂的时候就为那些新知识不足之"旧人士"及一些无力购书报者设立"师资读书社",提供新学书报,供其阅读。③

另外,从报纸上刊登的小说广告来看,这一时期(1905—1911)传统小说的广告渐渐被新兴的翻译小说和时事小说广告所取代,这说明以往流行的传统章回小说受到了读者和书局的冷落,新兴的翻译小说和时事小说受到读者和书局的青睐。

光绪三十一年(1905)以后,报纸的阅览更加普及。由于很多人热心于社会公益,从商人、僧人、志士到士绅、官员,他们纷纷开办阅报社,所以阅报社的设立在光绪三十一年(1905)、光绪三十二年(1906)达到高峰。随着阅报社的广泛兴办,报纸的阅览更加普及。《申报》在

---

① 傅宏星:《钱基博年谱》,武汉:华中师范大学出版社,2007年,17页。
② 孙延钊撰,徐和雍、周立人整理:《孙衣言孙诒让父子年谱》,上海:上海社科院出版社,2003年,331页。
③ 孙延钊撰,徐和雍、周立人整理:《孙衣言孙诒让父子年谱》,上海:上海社科院出版社,2003年,343页。

光绪三十二年(1906)刊登了一篇文章《论阅报者今昔程度之比较》,其中提到与过去相比,工商界阅报人的数量增加,而农民以前完全不知道什么是报纸,现在也渐渐知道,甚至闻讲报社之讲演,则鼓掌欢呼,"惟恐其词之毕,而恨己之不能读者"①。由此可见阅报普及之事实。在阅报社看报的人很多,设在北京东四牌楼的阅报社地处要冲,"每日阅报者,相聚如云"②。天津日新阅报社在天仙戏园旁边,每天去看报的人有两三百个。看报的人不一定都来自下层,但是他们都识字。为了让更多文盲了解时事新闻,达到启蒙救亡的目的,许多阅报处兼充讲报处,将书写的文字换成口说的语言,向不识字者进行宣讲,如《京话日报》在北京四城设置了二十余家阅报处和讲报处。每一处都有不少读者自愿捐贴报纸,以供众人阅览,或者自愿充当义务讲报人,为识字不多的读者朗读或讲解报纸。其中,仅读者刘瀛东一个人就捐贴了三十份报纸。有一家开办说书馆的小业主,不但自愿把说书馆提供给《京话日报》充当讲报处,而且还"外送茶水,不取分文"③。北京护国寺有一个名叫郭瑞的人,字云五,外号醉郭,他在衣服前后各嵌上一块圆形白布,前面写的是"讲报人醉郭",后面写的是"不是□报爱国保种",他长期充当《京话日报》的义务讲报员,闻名一时。苏州从光绪三十一年(1905)起设立讲报处,到光绪三十二年(1906)底已经设置六处,"按期将各报宣讲,于劳动社会颇有影响"④。天津河东一带的穷教书匠杜学义对讲报的好处深有体认,他在育英学馆门外开设讲报处,主要讲白话报和《敝帚千金》。刚开始,听众只有十几个,都是来自附近的居民,不到十天,听报的人增加到四五十个,还有远道而来的。

---

① 载《申报》,1906年2月5日。
② 载《大公报》,1906年11月24日。
③ 载《京话日报》,1905年5月8日。
④ 载《申报》,1906年11月16日。

杜学义照顾不过来,特别找了四五个志同道合的人来帮忙。① 直隶省城的诸生合力在天华牌楼关帝庙内设立阅报处,并派人宣讲,"以便不识字人环听,易启心思"②。天津的一个私塾蒙师讲的报纸有《大公报》《直隶白话报》《青龙报》《京话日报》和《启蒙画报》。北京进化阅报社每天晚上讲演报章时事,还特别配以自制的幻灯片,这种用幻灯配合演讲的做法引起了很大的回响,前往听讲的人"日以千百计"③。由此看来,阅报社让人直接阅报,讲报处则让人听报(可说是间接阅报),这一切都说明清末的报纸阅览更加普及,基层民众有机会从报纸上获取新闻与信息。

二、晚清阅读的区域性

由于社会风气的差异,新学传播路径的不同,晚清阅读在不同的地方表现出不同的特点,也就是说晚清阅读还存在区域上的差异。一般来说,像广州、福州、厦门、宁波、上海等五个通商口岸以及靠近通商口岸的地区,人们的思想较为开放,他们易于接受西方新学,喜欢阅读西方新学书籍,而在内地,人们的思想观念较为保守,他们对西方新学较为排斥,仍然沉迷于传统的经史典籍。

(一)不同地区受到的西学影响不一,时人所读的书籍差别也很大

上海作为晚清五个著名的通商口岸之一,受西学东渐的影响较大,读西学新书的人较多,而且上海作为当之无愧的出版中心与印刷中心,聚集了当时中国最主要的、最多的、最大的出版机构。20世纪初期正是各种新式出版机构群起于上海之时。这些书局、报馆聚集在

---

① 载《大公报》,1905年7月13日。
② 载《顺天时报》,1905年8月22日。
③ 载《大公报》,1906年5月4日。

棋盘街、四马路、望平街一带，使这些区域成为上海文化资讯产品的交流、聚散地。这种情形见载于光绪二十九年（1903）的《国民日日报》："数年来，上海书局之设立较粪厕尤多，林立于棋盘街、四马路之两旁，莫不借输入文明之美名，而造出种种新名目、新样式、新装订、新纸张之书。呜呼，是社会之进步乎，抑退步乎？举全国之旧读书人，一至书肆眼花心迷，莫知孰优孰劣、孰可读孰不可读。而无道德心之中国书贾，从中大得获利之方法，或张大其告白，或修饰其门面，获利弥多而出版之书日众，出版日重而其足附输入文明之美名者几希。"①有人统计，晚清上海的出版机构就有360余个，②它们翻译出版了较多的新学书籍，为人们阅读新书提供了便利，"要买新书，非到上海去不可"③。

相比之下，其他地区阅读新书的人相对较少。从书店卖书的情况来看，出售新书的书坊较少："目今扬子江、浙江流域之地，除上海外，若浙江、江苏、安徽、江西、湖北各省城所有书坊，盖亦可以觇国矣！其间以杭州之程度为最高，居然有非夹带、非闱书、非尺牍、非医卜星相之书出售；苏州次之，因至书坊一望，往往作洁白色而无黄黑色，此所以不如也。其安庆、南昌、武昌之书坊，并无白色，皆土灰色，尽并石印新书亦无几，皆其草纸土版所印《了凡纲鉴》《王匣记》《江湖尺牍》之类也，其士人不考，无至书坊者。"④东部地区尚且如此，内地更是守旧。光绪二十三年（1897），开始担任陕西学政的叶尔恺随后写信给汪康年诉苦："此间（陕西）人士除八股外，直不知有他书，得见《輶轩语》者不

---

① 《新书评骘》，载《国民日日报》，1903年8月15日。
② 张仲民：《阅读、表达与集体心态——以清末出版的"卫生"书籍为中心》，上海：复旦大学博士学位论文，2007年。
③ 包天笑：《钏影楼回忆录》，香港：大华出版社，1971年，148页。
④ 《论内地文明之情形》，载《中外日报》，1903年10月24日。

过十年。一言以蔽之,陋而已矣!"①直到20世纪初年,内地一些省份甚至还没有专门出售新学书籍的书店,比如光绪二十九年(1903)的河南:"汴省向无售新书者,去秋有上海友人开设时中书社,所售皆场屋书,间带新书,颇有顾问者。"②就报刊的发行而言,影响极大的《时务报》在沿海、沿江一带颇为畅销,但在江西一些地方的销量有限,"士夫僻处乡隅,每以无从购阅为憾,甚至有不知《时务报》之名者"。在此种情况下,《时务报》在这些地方的销量自然有限,"现除吉、赣、九江,外如饶、广及万载各处,均销报寥寥"③。

(二)图书销售情况的不同反映了阅读倾向的区域差异

公奴于光绪二十八年(1902)夏天在金陵卖书,写了《金陵卖书记》,王维泰于光绪二十九年(1903)在汴梁卖书,写了《汴梁卖书记》。现对金陵与汴梁两地的图书销售情况进行对比,可以看出两处阅读倾向的不同。以下是公奴在金陵所卖书的数量:历史38种893部、地理19种337部、政法27种533部、经济6种168部、教育7种94部、科学28种427部、报章5种189册、文编9种282部、科场书5种46部。④ 公奴卖出的图书之中历史书最多,科场书最少。而汴梁以销售科场书为主,购买新书的人很少,而且汴梁人对新知识不感兴趣,很少购买与阅读科学书籍:"生理、物理、地质、动物、化矿等书,皆科学必备之本,惟购者甚少;间有之,皆在多数中带销一二分。若宪法、公法、国法、外交等书,购者虽不乏人,而应试者反居少数。"⑤《伦理学》一

---

① 上海图书馆:《汪康年师友书札·叶尔恺函》,上海:上海古籍出版社,1987年,2476页。
② 王维泰:《汴梁卖书记》,见张静庐《中国近现代出版史料·现代甲编》,上海:上海书店出版社,2003年,403页。
③ 上海图书馆:《汪康年师友书札·汪立元函》,上海:上海古籍出版社,1987年,1028页。
④ 公奴:《金陵卖书记》,见张静庐《中国近现代出版史料·现代甲编》,上海:上海书店出版社,2003年,385页。
⑤ 王维泰:《汴梁卖书记》,见张静庐《中国近现代出版史料·现代甲编》,上海:上海书店出版社,2003年,407页。

书,日本元良勇次郎著,麦鼎华译,该书科学价值很高,"举直觉、实验两说合东西洋之思想而贯通之,为中等教科善本",然而汴梁人士对该书"从无顾问者"①。从王维泰在汴梁卖书的情况来看,卖得最多的还是《通鉴辑览》等"未脱八股辞章窠臼"的旧书,买客中最多的是那些预备参加科考者:"试将旬日间买客约略位置:其最多之多数,必问《通鉴辑览》《经世文编》,甚至或问《子史精华》《四书味根》《五经备旨》者,此皆未脱八股辞章窠臼者,为最下乘。其次则问《商榷》《札记》《掌故汇编》《九家古注》《七经精义》等书,是为旧学中已得门径者,为次下乘。若购觅《朔方备乘》《航海图经》及《泰西新史》《政治艺学全书》等,则渐有新旧过渡思想,临文时能解调查者,为中下乘。至讲求公法、详考路矿、采访学制、搜讨兵政东西各书籍者,虽不外得第起见,然已预备得第后之进步,是为中乘。若考察理化各科,工商诸业,殖民政策,建国主义者,其胸中已有成竹,特假文场为发挥地,不系心于得失者,是为上乘。至留心民约、社会、立宪、国法,则其思想已臻极点,方针已有定向,行所欲行,止所欲止,是为更上乘。若平日立定宗旨,不辞义务,学有门径,善自韬晦,意在枉尺直寻者,虽千百中不得一二,是为能造世界之英雄,乃无上上乘。其他私利填胸,功名束肋,若剧场之傀儡,全无自动力者,于七级浮屠,尚未涉足,更不可以数计。"②从比较中得知,金陵新书走俏,汴梁科场书畅销,这反映了两个地方不同的阅读倾向:金陵由于靠近通商口岸,人们的思想观念较为开放,他们易于接受新事物新知识,阅读新书的人较多;汴梁地处内陆,当地人思想较为保守,陷于科考应试,阅读旧书的人较多。

(三)刘大鹏与朱峙三两个乡村士子面对科举变革的不同心态和

---

① 王维泰:《汴梁卖书记》,见张静庐《中国近现代出版史料·现代甲编》,上海:上海书店出版社,2003年,406页。
② 王维泰:《汴梁卖书记》,见张静庐《中国近现代出版史料·现代甲编》,上海:上海书店出版社,2003年,408—409页。

选择,反映了不同地区阅读风尚的差异

1. 二人对科举考试的态度不同

朱峙三(1886—1967),湖北武昌县达明乡人,出身于湖北乡村的贫寒家庭,父亲以行医维持全家生计,祖父和叔父相继病逝,家中负债累累。朱峙三自幼习举业,七岁入私塾并决心博取功名摆脱贫困,十七岁参加府试期间,便在日记中袒露心迹:"科举本非善政,然贫贱之士,小而言之,进学后开贺,可获贺礼者三百余串,中举则倍之矣。"①可是,科举的独木桥狭窄难行。府试未中,朱峙三对科举取士感到茫然:"噫!科举取士,寒士可以出头,然老死其间未能得一青衿者,盖十分之九也。"②刘大鹏对科举考试情有独钟,尽管连续三次进京参加会试,均名落孙山,但他仍然热衷于科举考试。

2. 二人对科举改革的心态不同

光绪二十七年(1901)至光绪三十一年(1905),变革科举的步伐逐渐加快,朱峙三及时地作出了相应的调适。光绪二十七年(1901)七月十六日,清廷下诏停用八股,八月初一,朱峙三的老师便将科举考试要废八股改试策论的消息传达给他,并表示:"如有上谕,我邑各私塾不授八比文矣。"三周后,朱在日记中确定了上述消息,随即改作时文。③此后,朱峙三设法进入新设的民办小学堂。光绪二十九年(1903)闰五月中旬,当看到报刊上注销《奏定学堂章程》时,朱峙三敏锐地意识到:"观其意,似欲废科举,办学堂。"④一个多月后,他的家乡便盛传"废科

---

① 胡香生辑录,严昌洪编:《朱峙三日记(1893—1919)》,武汉:华中师范大学出版社,2011年,115页。
② 胡香生辑录,严昌洪编:《朱峙三日记(1893—1919)》,武汉:华中师范大学出版社,2011年,120页。
③ 胡香生辑录,严昌洪编:《朱峙三日记(1893—1919)》,武汉:华中师范大学出版社,2011年,89—91页。
④ 胡香生辑录,严昌洪编:《朱峙三日记(1893—1919)》,武汉:华中师范大学出版社,2011年,117页。

举、专办学堂"的消息。朱峙三从兴办学堂中看到了希望:"科举去年明令停废,自是以后各县专办学堂,以为培植人才之地,可望吾国富强矣。"①他根据各省学堂逐渐兴办尤其是简易师范一年毕业即可派充小学教员且月薪30元的情况,又托人联系,准备投考省城的新式学堂。朱峙三为自己能从封闭的书斋走向更广阔的世界而感到欣喜,并且为了自己的前途而奋斗。光绪二十九年(1903)起,他就通过在海外留学或在新式学堂就读的同乡朋友借阅《扬州十日记》《嘉定屠城纪略》《浙江潮》《江苏》等书刊,这些书刊"倡言革命排满,并无忌讳,印刷精良醒目,夜间看看,尤为有味,心目开朗,有时会令人流涕,令人愤怒不可止",由此,朱峙三"知排满革命为吾辈天职"②。与朱峙三不同的是,刘大鹏却对科举改革不停地指责与抱怨。光绪二十二年(1896)四月至五月间,山西传闻废学校、裁科考,稍后又"风闻有意全裁各省书院,停乡、会试十科"。刘大鹏在日记中写道:"盖士子习业已久,一旦置旧法而立新法令,自有不知适从之势。谣之起真耶假耶,不得而知也,真令人二三其心。"③

3. 科举停废后二人的反应不同,做出的选择也不同

在证实科举立停的消息后,朱峙三相当冷静:"今日科举已成历史上陈迹矣。许多醉心科举之人,有痛哭者矣。"④急需养家糊口的朱峙三选择到一年期的速成师范就读,毕业后即在家乡小学任教。不久,他认识到"非求高深学问,以后难于立足新时代矣"⑤,又考入省城的

---

① 胡香生辑录,严昌洪编:《朱峙三日记(1893—1919)》,武汉:华中师范大学出版社,2011年,179页。
② 胡香生辑录,严昌洪编:《朱峙三日记(1893—1919)》,武汉:华中师范大学出版社,2011年,129—131页。
③ 刘大鹏遗著,乔志强标注:《退想斋日记》,太原:山西人民出版社,1990年,57页。
④ 胡香生辑录,严昌洪编:《朱峙三日记(1893—1919)》,武汉:华中师范大学出版社,2011年,169页。
⑤ 胡香生辑录,严昌洪编:《朱峙三日记(1893—1919)》,武汉:华中师范大学出版社,2011年,180页。

两湖师范学堂继续求学。在此之前,他已经考取了县里的师范学堂,陶醉在"自建学堂后,气象一新,书声嚷嚷然,夜景犹佳"①的氛围之中。刘大鹏对兴办学堂牢骚满腹,认为:"学堂之害,良非浅鲜,自学堂设立以来,不但老师宿儒坐困家乡、仰屋而叹,即聪慧弟子亦多弃儒而就商。凡入学堂肄业者,莫不染乖戾之习气,动辄言平等自由,父子之亲,师长之尊,均置不问,为父兄者知其悖谬,不愿子弟入学堂,遂使子弟学商贾。"②对于"新式学界之人皆以平等自由为宗旨,无父无君,此风愈甚"的趋势,刘大鹏倍感焦虑,认为伦理纲常正遭受前所未有的冲击与威胁。③ 身为塾师的刘大鹏,认为科举停废直接影响了他的生计前途,因而反应异常强烈:"下诏停止科考,士心散涣,有子弟者皆不作读书想,别图他业,以使子弟为之,世变至此,殊可畏惧。""甫晓起来心若死灰,看得眼前一切,均属空虚,无一可以垂之永久……日来凡出门,见人皆言科考停止,大不便于天下,而学堂成效未有验,则世道人心不知迁流何所,再阅数年又将变得何如,有可忧可惧之端。"④在他看来,所可忧惧者,一是"科考一停,士皆殴入学堂从事西学,而词章之学无人讲求,再十年后恐无操笔为文之人";二是"科考一停,同人之失馆者纷如,谋生无路,奈之何哉!"⑤刘大鹏由于醉心于举业,对其他出路不屑一顾,完全将个人前程及家庭际遇的改善与科举制的实行联系起来,所以对科举停废抵触强烈。与刘大鹏经历相似的一部分中年乡村士子,尤其是那些以塾馆和举业为生者,面临着因可能失去饭碗而无所适从的困窘,在骤然打击之下,陷入精神与物质双重失落的痛苦

---

① 胡香生辑录,严昌洪编:《朱峙三日记(1893—1919)》,武汉:华中师范大学出版社,2011年,165页。
② 刘大鹏遗著,乔志强标注:《退想斋日记》,太原:山西人民出版社,1990年,162—163页。
③ 刘大鹏遗著,乔志强标注:《退想斋日记》,太原:山西人民出版社,1990年,156页。
④ 刘大鹏遗著,乔志强标注:《退想斋日记》,太原:山西人民出版社,1990年,146页。
⑤ 刘大鹏遗著,乔志强标注:《退想斋日记》,太原:山西人民出版社,1990年,147页。

境地以致难以自拔,由此对新式学堂持敌视态度,表现出顽固守旧的一面也不足为奇。

三、晚清阅读的阶层性

由于社会地位的不同与经济条件的限制,不同的阅读群体具有不同的阅读兴趣与阅读内容,晚清阅读呈现出明显的社会阶层性。蒙童是年龄最小的读者群体,正处于身心成长的最初阶段,没有社会地位可言,他们读书不是出于个人兴趣,而是受长辈所迫,被动地在家塾或私塾里学习。学生人数很多,也没有什么地位,他们读书则具有明确的目的:应试科举、金榜题名。他们也有其特定的阅读范围,主要是阅读应试书籍,课余也阅读一些课外读物,而且他们是专职读书人,读书时间十分充裕。晚清官员较多,由于捐纳和保举的泛滥,试用、候补、候选官员的数量十分庞大,官员的实际数量是额定官缺的几倍、十几倍,甚至几十倍。作为统治者,官员处于社会的最高层,因此他们有优越的条件读书学习。皇帝带头读书,诸臣百官于政事之余,勤于读书。他们读书之多,读书之广,令人惊叹。官员读书具有很强的目的性,读书为政,经世致用,身体力行,凡议论问题,制定政策,必引经据典,总结前人为政得失,用以指导实践活动。① 官员读书是为了"致用",是为施政提供参考依据。士子属于社会的精英阶层,列于"四民"之首,在传统社会中的地位非常高。晚清的士子人数较多,有人估计:"夫以中国民众数万万,其为士者十数万。"② 作为群体来说,士子以读书为本,以仕宦为目的,他们读书有其明显的特点,那就是其阅读兴趣十分

---

① 李治亭:《谈清朝官员的读书与著书》,载《人民论坛》,2006年第4期。
② 李端棻:《请推广学校折》,见李希泌、张椒华《中国古代藏书与近代图书馆史料(春秋至五四前后)》,北京:中华书局,1982年,95页。

浓厚，阅读内容十分宽泛。就所读书籍而言，他们一方面不忘旧学，阅读传统的经史典籍，另一方面又关注新学，阅读新学书籍，可谓旧书新书，兼而读之。市民生活在社会的底层，社会地位很低，是非常普通的读者群体，而且由于经济条件的限制，他们只能在繁忙的劳作谋生之余利用点滴时间阅读书刊。他们的阅读范围较窄，主要是报纸、小说、善书以及通俗读物。就阅读目的而言，他们阅读既不是为了升官，也不是为了著述，而是为了休闲娱乐。女子是晚清出现的一个新的阅读群体，随着女子教育的出现和社会风气的开化，走出闺门、进入学校读书的女子日渐增多。女子的读书目的与男子有所不同，她们主要还是修身养性，为了当好贤妻良母。在传统社会，只有少数女子通过读书学习改变了自己的命运，成为社会精英，多数女子还是在家相夫教子。

主要参考书目

赵尔巽.清史稿.北京:中华书局,1998.
大清文宗显皇帝实录(影印本).北京:中华书局,1987.
大清宣宗成皇帝实录(影印本).北京:中华书局,1986.
大清德宗景皇帝实录(影印本).北京:中华书局,1987.
益阳县志.嘉庆二十五年(1820)刻本.
武陵县志.同治二年(1863)刻本.
宝庆府志.道光二十九年(1849)刻本.
靖州直隶州志.光绪五年(1879)刻本.
泸溪县志.乾隆十六年(1751)刻本.
上江两县志.同治十三年(1874)刻本.
河北省地方志编纂委员会.河北省志:第76卷.北京:中华书局,1995.
湖北省地方志编纂委员会.湖北省志·教育.武汉:湖北人民出版社,1993.
大公报(天津版),1905—1911.
京话日报,1904—1905.
警钟日报,1904.

南洋官报,1904.

时务日报,1898.

申报(上海书店影印本),1983.

顺天日报,1904—1911.

四川官报,1905.

万国公报,1896.

中外日报,1898.

阿英.晚清文艺报刊述略.上海:古典文学出版社,1958.

包世臣撰,李星点校.包世臣全集.合肥:黄山书社,1997.

包天笑.钏影楼回忆录.香港:香港大华出版社,1971.

陈义杰整理.翁同龢日记.北京:中华书局,1993.

冯桂芬.显志堂稿.校邠庐刻本,光绪二年(1876).

郭嵩焘.伦敦与巴黎日记//钟叔河.走向世界丛书.长沙:岳麓书社,1985.

故宫博物院明清档案部.清末筹备立宪档案史料.北京:中华书局,1979.

国家档案局明清档案馆.戊戌变法档案史料.北京:中华书局,1958.

胡林翼.胡文忠公遗集.武昌崇文书局刻本,同治三年(1864).

胡钧.张文襄公年谱.北京:北京天华印书馆,1939.

胡珠生.宋恕集.北京:中华书局,1993.

康有为.欧洲十一国游记二种//钟叔河.走向世界丛书.长沙:岳麓书社,1985.

康有为著,楼宇烈整理.康南海自编年谱(外二种).北京:中华书局,1992.

康有为.万木草堂诗集.上海:上海人民出版社,1996.

康有为著,楼宇烈整理.长兴学记·桂学答问·万木草堂口说.北京:中华书局,1988.

雷浚选,吴履刚编.学古堂日记.钱塘诸可宝署刻本,光绪十六年(1890).

黎庶昌.拙尊园丛稿.光绪十六年(1890).

李慈铭.越缦堂日记.扬州:广陵书社,2004.

李慈铭撰,由云龙辑.越缦堂读书记.北京:中华书局,1963.

李圭.环游地球新录.长沙:湖南人民出版社,1980.

李希泌,张椒华.中国古代藏书与近代图书馆史料(春秋至五四前后).北京:中华书局,1982.

梁启超.饮冰室合集.北京:中华书局,1989.

梁启超.新大陆游记及其他//钟叔河.走向世界丛书.长沙:岳麓书社,1985.

梁启超.戊戌政变记.北京:中华书局,1954.

梁启超.清代学术概论.上海:商务印书馆,1921.

刘大鹏遗著,乔志强标注.退想斋日记.太原:山西人民出版社,1990.

仇润喜.天津邮政史料.北京:北京航空航天大学出版社,1989.

容闳.西学东渐记.长沙:湖南人民出版社,1981.

上海人民出版社.清代日记汇抄.上海:上海人民出版社,1982.

上海图书馆.汪康年师友书札.上海:上海古籍出版社,1986、1987、1989.

苏舆.翼教丛编.上海:上海书店出版社,2002.

孙宝瑄.忘山庐日记.上海:上海古籍出版社,1983.

孙延钊撰,徐和雍、周立人整理.孙衣言孙诒让父子年谱.上海:上海社会科学院出版社,2003.

汤志钧. 章太炎年谱长编. 北京：中华书局，1979.

王夫之著，舒士彦点校. 宋论. 北京：中华书局，1964.

王韬. 漫游随录//钟叔河. 走向世界丛书. 长沙：岳麓书社，1985.

王韬，顾燮光等. 近代译书目. 北京：北京图书馆出版社，2003.

王锡祺辑. 小方壶斋舆地丛钞补编再补编：第十二帙（影印本）. 杭州：杭州古籍书店，1985年.

魏源. 海国图志. 平庆泾固道署重刊本，光绪二年（1876）.

吴汝纶. 桐城吴先生日记. 保定：莲池书社，1928.

吴汝纶撰，施培毅、徐寿凯校点. 吴汝纶全集：三. 合肥：黄山书社，2002.

夏东元编. 郑观应集：上册. 上海：上海人民出版社，1982.

新民社辑. 清议报全编（影印本）. 台北：台湾文海出版社，1986.

徐珂. 清稗类钞. 上海：商务印书馆，1917.

薛福成. 出使英法义比四国日记·出使日记续刻//钟叔河. 走向世界丛书. 长沙：岳麓书社，1985.

俞雄. 张棡日记. 上海：上海社会科学院出版社，2003.

曾国藩. 曾国藩全集. 长沙：岳麓书社，1994.

曾国藩. 求阙斋读书录. 传忠书局刻本，光绪二年（1876）.

张枬，王忍之. 辛亥革命前十年间时论选集：第二卷. 北京：生活·读书·新知三联书店，1963.

张之洞. 张文襄公全集. 北京文华斋刻本，1928.

张之洞. 书目答问. 扫叶山房石印本，1915.

张之洞. 輶轩语. 湖北官书处重刻本，光绪二十一年（1895）.

赵烈文. 能静居日记//续修四库全书：第562—564册. 上海：上海古籍出版社，2002.

朱汉民，李弘祺. 中国书院. 长沙：湖南教育出版社，1977.

胡香生辑录,严昌洪编. 朱峙三日记(1893－1919). 武汉:华中师范大学出版社,2011.

朱寿朋编,张静庐等校点. 光绪朝东华录. 北京:中华书局,1958.

邹容. 革命军. 上海:上海民智书局,1928.

左宗棠. 左宗棠全集. 长沙:岳麓书社,1986.

陈胜粦. 林则徐与鸦片战争论稿. 广州:中山大学出版社,1985.

陈学恂. 中国近代教育史教学参考资料. 北京:人民教育出版社,1986.

陈玉申. 晚清报业史. 济南:山东画报出版社,2003.

陈正宏,谈蓓芳. 中国禁书简史. 上海:学林出版社,2004.

成晓军. 洋务之梦——李鸿章传. 成都:四川人民出版社,1995.

程焕文. 晚清图书馆学术思想史. 北京:北京图书馆出版社,2004.

邓嗣禹. 中国考试制度史∥民国丛书:第五编 25. 上海:上海书店,1996.

丁钢. 文化的传递与嬗变——中国文化与教育. 上海:上海教育出版社,1990.

丁文江,赵丰田. 梁启超年谱长编. 上海:上海人民出版社,1983.

范希曾. 书目答问补正. 北京:中华书局,1963.

冯玉祥. 我的读书生活. 上海:作家书屋,1947.

傅宏星. 钱基博年谱. 武汉:华中师范大学出版社,2007.

傅璇琮,谢灼华. 中国藏书通史. 宁波:宁波出版社,2001.

戈公振. 中国报学史. 上海:上海古籍出版社,2003.

龚云. 铁路史话. 北京:社会科学文献出版社,2011.

顾长声. 传教士与近代中国. 上海:上海人民出版社,2004.

郭沫若. 我的幼年. 上海:光华书局,1929.

郭沫若著作编辑出版委员会. 郭沫若全集. 北京:人民文学出版

社,1992.

胡道静. 报坛逸话. 上海:世界书局,1940.

胡道静. 上海图书馆史. 上海:上海通志馆,1935.

胡道静. 上海新闻事业之史的发展. 上海:上海通志馆,1935.

胡绳武. 中华文明史·清代后期. 石家庄:河北教育出版社,1994.

黄正雨. 康有为读书生涯. 武汉:长江文艺出版社,1997.

姜义华. 章太炎思想研究. 上海:上海人民出版社,1985.

来新夏等. 中国近代图书事业史. 上海:上海人民出版社,2000.

李华兴. 民国教育史. 上海:上海教育出版社,1997.

李楠. 晚清、民国时期上海小报研究——一种综合的文化、文学考察. 北京:人民文学出版社,2005.

李仁渊. 晚清的新式传播媒体与知识分子:以报刊出版为中心的讨论. 台北:台湾稻乡出版社,2005.

李孝悌. 清末的下层社会启蒙运动:1901—1911//台湾学术丛书. 石家庄:河北教育出版社,2001.

李雪梅. 中国近代藏书文化. 北京:现代出版社,1999.

李志刚. 基督教早期在华传教史. 台北:台湾商务印书馆,1985.

刘伯骥. 广东书院制度沿革. 上海:商务印书馆,1939.

刘哲民. 近现代出版新闻法规汇编. 上海:学林出版社,1992.

留学生丛书编委会. 中国留学史萃. 北京:中国友谊出版公司,1992.

柳诒徵. 中国文化史:下册. 北京:中国大百科全书出版社,1988.

柳诒徵. 国立中央大学国学图书馆小史. 南京:国立中央大学图书馆,1928.

陆鸿基. 中国近世的教育发展史. 香港:华风书局,1983.

罗志田. 裂变中的传承——20世纪前期的中国文化与学术. 北

京:中华书局,2003.

任达.新政革命与日本:中国·1898—1912.南京:江苏人民出版社,1998.

任继愈.中国藏书楼.沈阳:辽宁人民出版社,2001.

桑兵.晚清学堂学生与社会变迁.上海:学林出版社,1995.

桑兵.清末新知识界的社团与活动.北京:生活·读书·新知三联书店,1995.

实藤惠秀.中国人留学日本史.谭汝谦、林启珍译.北京:生活·读书·新知三联书店,1983.

舒新城.我和教育.上海:中华书局,1941.

舒新城.近代中国留学史.上海:上海文化出版社,1989.

舒新城.中国近代教育史资料.北京:人民教育出版社,1985.

宋荐戈.中华近世通鉴·教育专卷.北京:中国广播电视出版社,2000.

苏者聪.中国历代才女.郑州:河南人民出版社,1996.

汤志钧.章太炎政论选集:上册.北京:中华书局,1977.

汤志钧.戊戌变法史:修订本.上海:上海社会科学院出版社,2003.

王凤喈.中国教育史.南京:正中书局,1945.

王荣华.多元视野下的中国——首届世界中国学论坛.上海:学林出版社,2006.

王树槐.中国现代化的区域研究—江苏省(1860—1916).台北:台湾"中央研究院"近代史研究所,1984.

王心裁.梁启超读书生涯.武汉:长江文艺出版社,1998.

王余光,宁浩.塑造中华文明的200本书.武汉:武汉大学出版社,1997.

王忠欣. 基督教与中国近现代教育. 武汉:湖北教育出版社,2000.

吴蕙芳. 万宝全书:明清时期的民间生活实录. 台北:台湾花木兰文化出版社,2005.

吴文莱. 容闳与中国近代化. 珠海:珠海出版社,1999.

谢俊美. 翁同龢评传. 南京:南京大学出版社,1998.

熊月之. 西学东渐与晚清社会. 上海:上海人民出版社,1994.

修晓波. 邮政史话. 北京:社会科学文献出版社,2011.

杨齐福. 科举制度与近代文化. 北京:人民出版社,2003.

姚公鹤. 上海闲话. 上海:上海古籍出版社,1989.

游子安. 劝化金箴——清代善书研究. 天津:天津人民出版社,1999.

苑书义. 李鸿章传. 北京:人民出版社,1991.

张静庐辑注. 中国近代出版史料·初编. 北京:中华书局,1957.

张静庐辑注. 中国出版史料·补编. 北京:中华书局,1957.

张静庐辑注. 中国近现代出版史料·近代初编. 上海:上海书店出版社,2003.

张静庐辑注. 中国近现代出版史料·现代甲编. 上海:上海书店出版社,2003.

张菊香,张铁荣. 周作人年谱(1885—1967). 天津:天津人民出版社,2000.

张煜明. 中国出版史. 武汉:武汉出版社,1994.

张之华. 中国新闻事业史文选(公元724年—1995年). 北京:中国人民大学出版社,1999.

张仲民. 出版与文化政治:晚清的"卫生"书籍研究. 上海:上海书店出版社,2009.

赵君豪. 中国近代之报业. 上海:申报馆,1938.

中国史学会. 洋务运动. 上海:上海人民出版社,1961.

邹振鹤. 晚清营业书目. 上海:上海书店出版社,2005.

朱有瓛. 中国近代学制史料. 上海:华东师范大学出版社,1983.

邹振环. 影响中国近代社会的一百种译作. 北京:中国对外翻译出版公司,1996.

庄俞,贺圣鼐. 最近三十五年之中国教育. 上海:商务印书馆,1931.

索　引

【人名】

A

- 艾儒略　123,197,201
- 艾约瑟　30

B

- 包世臣　45
- 包天笑　4,24,106,128,129,136,161
- 包筠雅　4,5
- 毕承䌷　212
- 裨治文　32,198

C

- 蔡元培　39,189,232,312
- 曹溶　168
- 曹骧　241,244
- 常静仁　211
- 陈宝箴　181
- 陈蝶仙　141
- 陈范　39—41,158
- 陈介石　51
- 陈梅坪　108
- 陈撷芬　158
- 陈昭常　178
- 程楚侯　208
- 崇芳　213

D

- 戴德江　198
- 戴鸿慈　204
- 狄考文　75,84,85,288
- 丁丙　167
- 丁国典　167
- 丁其忱　256
- 丁日昌　38,220
- 丁申　167
- 丁雄飞　168
- 丁英　167
- 董康　111
- 董濂夫　208
- 杜学义　318,319
- 杜亚泉　77,78

F

- 范继忠　2
- 方功惠　168
- 方坤五　183
- 方宗徽　168
- 冯桂芬　11,30,31,297,305
- 冯玉祥　67
- 傅兰雅　31,33,75,84,200,234,244,245,303,311,314

G

- 高凤谦　78
- 高魁斗　212
- 龚渭琳　241,245
- 龚自珍　45
- 顾燮光　34,36
- 管嗣复　32,33
- 郭沫若　61,67,69,70,245
- 郭嵩焘　97,98,202,219,223,257,292
- 国英　169—171

H

- 哈拉达　81
- 何熙年　183,184
- 何藻翔　178
- 赫德　21,22,292
- 赫胥黎　35,233
- 胡道静　98,258
- 胡凤丹　218,219
- 胡林翼　96,217
- 胡聘之　51
- 胡万安　146

- 胡璋　39
- 华蘅芳　110,311
- 黄晦闻　212
- 黄警顽　137
- 黄彭年　71
- 黄丕烈　164,166
- 黄品三　147
- 黄式权　98,258
- 黄英　78
- 黄虞稷　168
- 黄芝　68

J

- 季家珍　4
- 简侣琴　117,118
- 蒋宗周　213
- 金雅妹　149

K

- 康爱德　149
- 康达初　116,119
- 康达菜　118
- 康达节　120
- 康广仁　117,151
- 康国器　120,123
- 康辉　116
- 康建昌　116
- 康同薇　148,158
- 康学修　117
- 康有为　2,9,38,39,41,46,83,109,116—127,148,158,171—174,203,231,236,238,254,265,268—270,276,282—284,292,293,297,299—304,306,307
- 康赞修　116,118—124
- 柯金英　149
- 孔昭晋　175

L

- 李伯元　4,259,260,294
- 李慈铭　222,223,310
- 李端棻　173,174,307
- 李瀚章　218,313
- 李鸿章　16—18,25,30,31,89,95,98,119,218,254,257,280,297—299
- 李惠仙　158
- 李善兰　30,32,110,218,311
- 李廷翰　136

- 李希圣　168
- 李治亭　2
- 利玛窦　123，197
- 梁启超　2，9，33，38，39，46，47，106—109，115，127，133，134，136，148，150，151，158，171，203，231，236—238，265，268，270—276，284，288，289，302—304，310，317
- 廖平　39
- 林乐知　31，75，85，234，311，313
- 林纾　136，143
- 林则徐　11，31，32，96，201，202，230，242，243，295，296，310，311
- 刘大鹏　48，50，51，314，315，322—325
- 刘光汉　189，190
- 刘坤一　98，257
- 龙启瑞　9，59，265—267
- 卢梭　35，233，234，304
- 陆大福　212
- 陆士谔　139，140
- 陆心源　166，167
- 吕拔湖　108，123

M

- 马建忠　31，241
- 马君武　35
- 马礼逊　84，197
- 马维清　215
- 玛吉士　32
- 麦华陀　84
- 孟德斯鸠　35，233
- 莫维廉　198
- 慕瑞　32

P

- 潘世琛　183
- 潘衍桐　46
- 彭翼仲　129，260
- 皮锡瑞　47，220，272

Q

- 秦绶章　52
- 邱子昂　14
- 秋瑾　159
- 瞿秉浚　165
- 瞿秉渊　165

- 瞿启甲　165
- 瞿绍基　164,165
- 瞿镛　164,165

R

- 容闳　88,202,243,292
- 阮元　108,173,220
- 芮哲非　4,5

S

- 单士厘　157
- 沈戟仪　60
- 沈小园　145
- 沈止戈　212
- 石美玉　149
- 石星巢　108,109
- 舒新城　67,68,72,83,136,137
- 司默灵　53
- 孙诒让　60,220,317
- 孙玉声　260

T

- 谭嗣同　38,181,307

- 唐彪　59
- 唐才常　181

W

- 汪康年　109,172,256,317,320
- 汪士钟　164
- 王德威　162
- 王国铎　212
- 王闿运　112
- 王韬　13,32,150,202,297
- 王维泰　315,321,322
- 王维周　215
- 王文元　215
- 王引之　112
- 王筠　59
- 王肇铉　15
- 王子贞　210,212
- 韦廉臣　30,75,110
- 伟烈亚力　30,76,110,199,311
- 魏华轩　212
- 魏源　11,31,32,45,96,97,123,201,202,223,234,291,295,296,305,313
- 文惠廉　86

- 翁同龢 9,98—102,165, 290—292,305,306
- 吴怀疚 151
- 吴汝纶 9,109,224,231, 233,234,280,290,293,294
- 吴荫培 213
- 吴藻 159
- 吴稚晖 39

X

- 夏穗卿 133
- 夏同善 98,99
- 夏偕复 178
- 夏循兰 159
- 夏曾佑 137
- 萧侃 60
- 谢允燮 155
- 徐光启 123,218
- 徐念慈 132,136
- 徐寿 84,311
- 徐树兰 186,187,189
- 徐天啸 157
- 徐桐 95
- 徐维则 33,231
- 许定一 157
- 许家惺 155
- 薛福成 167,280,292,305

Y

- 亚当·斯密 35,150,233
- 严复 11,35,67,133,143, 232—234,312,313,317
- 杨保彝 166
- 杨曼青 131
- 杨模 111
- 杨千里 155
- 杨然青 245
- 杨仁山 121
- 杨绍和 166
- 杨廷栋 35,157
- 杨以增 165,166
- 姚锡光 183,184
- 姚祖晋 78
- 叶尔恺 320
- 余芳珍 3,4
- 余治 145
- 俞焜 37
- 俞樾 113,114
- 郁松年 166
- 恽积勋 111
- 恽毓麟 111

Z

- 载湉 40,98,165
- 曾国藩 3,9,30,66,67,89,119,217,220,230,265,276—280,285,298,310,311
- 曾国荃 218
- 曾纪泽 98,257,279,280,292,305
- 曾朴 143,160
- 曾习经 178
- 曾懿 159
- 张福僖 32
- 张浣泉 68,83
- 张金吾 169
- 张景良 78
- 张赉臣 122
- 张秀熟 2,67,69
- 张一麐 175
- 张荫棠 178
- 张元济 3,78,79,83,165,178
- 张蕴华 158
- 张之洞 9,39,43,95,107,253,254,256,265,267,276,280—282,285—288,298,310
- 张仲民 2,3
- 章钰 175
- 郑观应 11,46,75,150,185,202,245,292,305
- 郑万青 215
- 周汝钧 178
- 周悭吾 107,108
- 周叙琪 3,4
- 周永年 168
- 周祖 157
- 周作人 161,294
- 朱次琦 116,123—125
- 朱蓉伯 208
- 朱峙三 50,322—324
- 邹代钧 256
- 邹容 39—41
- 邹弢 39,260
- 左宗棠 25,30,94—96,119,296,298

【文献名】

A

- 《安徽白话报》 214
- 《澳门新闻纸》 31

- 《澳门月报》 31,32,242,296

B

- 《八星之一总论》 234,313
- 《巴黎茶花女遗事》 35,143
- 《百年一觉》 234,313,314
- 《保全生命论》 231,293
- 《北史》 313
- 《笔算数学》 49,69,85,288,289,316
- 《笔算学》 231,272
- 《汴梁卖书记》 315,321
- 《变法通议》 304
- 《博物新编》 76

C

- 《采风报》 260
- 《昌言报》 177
- 《筹洋刍议》 292
- 《出版与文化政治：晚清的"卫生"书籍研究》 3
- 《出使英法义比日记》 305
- 《初等小学女子修身教科书》 155,156
- 《刍言报》 260

- 《楚辞》 124
- 《传习录》 291
- 《传种改良新法》 294
- 《春秋公羊传笺》 112
- 《春秋左传读》 114

D

- 《答问》 39
- 《代数备旨》 49,76,231,272,289,316
- 《代数术》 268,289,310
- 《代微积拾级》 30,231,310
- 《得一录》 145
- 《德国武备操学》 192
- 《邸报》 119,250
- 《地理备考》 32
- 《地理浅识》 269
- 《地理全志》 231
- 《地理志略》 198
- 《地球全志》 198
- 《地球韵言》 2,61,65,66,68,69
- 《地学浅说》 110
- 《弟子箴言》 217
- 《点石斋画报》 4,14,129
- 《电气考》 248

- 《东华录》 113,119
- 《东籍月旦》 238,273—275
- 《东莱博议》 61
- 《东西学书录》 33,77,231
- 《东西洋伦理学史》 82
- 《东亚舆地全图》 70
- 《动物学》 78
- 《独居记》 110
- 《读史兵略》 217
- 《读史方舆纪要》 96,126
- 《读书次第表》 270,271
- 《读书分年日程》 221
- 《读书分月课程》 270,271,275
- 《读书杂志》 221
- 《读通鉴论》 310
- 《读西学书法》 272,288

E

- 《俄大彼得变政记》 302,305
- 《尔雅》 71,114,124,219
- 《尔雅集解》 112
- 《尔雅义疏》 112
- 《二程全书》 310
- 《二十二子》 108,220
- 《二十年目睹之怪现状》 133,135

F

- 《法国报》 110,231
- 《法国博学报》 110,231
- 《法国第一次革命之风潮》 35
- 《法国革命战史》 35
- 《法国话规》 53
- 《法国话料》 53
- 《法律医学》 231,293
- 《法文格致报》 110,231
- 《法意》 35,317
- 《法字入门》 241
- 《返性图》 145
- 《飞影阁画报》 14,129
- 《封神演义》 144
- 《福建白话报》 214
- 《父师善诱法》 59

G

- 《膏兰室札记》 110,114
- 《革命军》 39—41,317
- 《格物入门》 53
- 《格致鉴原》 269
- 《格致释器》 269

- 《格致新报》 293
- 《龚定庵集》 291
- 《共和政体论》 35
- 《古今图书集成》 229
- 《古今伪书考》 282
- 《古文辞类纂》 59,107,278,310
- 《谷梁传笺》 112
- 《诂经精舍课艺文八集》 113
- 《诂经精舍课艺文七集》 113
- 《管子》 110,114,313
- 《广雅报》 214
- 《广雅俗报》 214
- 《归震川文集》 279
- 《桂学答问》 268—270,275,283
- 《国策》 59
- 《国朝柔远记》 14
- 《国朝文录》 310
- 《国粹学报》 83,189
- 《国家法》 91
- 《国家学原理》 91
- 《国民日日报》 320
- 《国史第一读本》 82

H

- 《海国图志》 30,32,96,97,104,123,201,223,231,234,268,291,296,297,299,305,310,313
- 《海录》 291
- 《海上文社日报》 260
- 《汉书补注》 220
- 《汉学商兑》 108
- 《汉学师承记》 223,282
- 《汉英会话》 240
- 《航海述奇》 305
- 《航海图经》 322
- 《鹖冠子义解》 112
- 《红楼梦》 123,136
- 《后汉书集解》 220
- 《湖北通志》 218
- 《湖南俗话报》 214
- 《湖南忠义录》 219
- 《花月痕》 140
- 《华事夷言》 32,296
- 《华严经》 313
- 《华英通话》 240
- 《华英通用杂话》 240
- 《华英文字合璧》 241

- 《化学养生论》 269
- 《淮南子》 110,114
- 《环游地球新录》 231,299, 305
- 《皇朝经世文编》 83,96
- 《黄帝魂》 83

J

- 《畿辅通志》 96
- 《及时行乐报》 261
- 《集古录》 310
- 《几何原本》 30,53,110,218, 234,313
- 《几希录》 145
- 《计学》 233
- 《佳人奇遇》 238
- 《家塾课程》 59
- 《嘉定屠城纪略》 113,324
- 《简明地理教科书》 82
- 《江南通志》 310
- 《江苏》 324
- 《交涉公法论》 234,235,313, 314
- 《教童子法》 59
- 《界约》 39
- 《金刚经》 313
- 《金陵卖书记》 321
- 《晋书》 224
- 《京报》 98,192,258,317
- 《京话报》 157,260
- 《京话日报》 215,251,260, 261,263,318,319
- 《经国美谈》 70
- 《经籍举要》 266,267,275
- 《经世文编》 126,322
- 《经义述闻》 112
- 《警钟日报》 115,189
- 《镜花缘》 28,135
- 《九家古注》 322
- 《九章算法》 53
- 《救生船》 145
- 《救时揭要》 292,305

K

- 《康济录》 221
- 《康有为读书生涯》 2
- 《矿物学》 78
- 《困学纪闻》 124,313

L

- 《泪珠缘》 141,142

- 《礼记笺》 112
- 《礼记章句》 310
- 《李鸿章传》 3
- 《理学宗传》 310
- 《历代帝王年表》 282
- 《廉让居偶录》 145
- 《梁济年谱》 210
- 《梁启超读书生涯》 2
- 《两年间学校暑假》 238
- 《聊斋志异》 28,136
- 《了凡纲鉴》 68,320
- 《列国岁计政要》 192,269,270
- 《林文忠公全书》 291
- 《岭南学报》 248
- 《六合丛谈》 248,249
- 《陆操新义》 14
- 《伦敦与巴黎日记》 305
- 《论语注》 112

M

- 《美国独立战史》 35
- 《美国学问报》 110,231
- 《美理哥合省国志略》 32,198
- 《蒙德斯鸠之学说》 304
- 《蒙学报》 177,317
- 《蒙学课本》 80
- 《猛回头》 83
- 《米利坚志》 237
- 《民报》 116,247
- 《民约论》 35,234,304,314
- 《明独》 110
- 《明季稗史汇编》 113
- 《明史》 119,310
- 《明史纪事本末》 313
- 《墨子》 112,114
- 《墨子闲诂》 220
- 《牡丹亭》 38

N

- 《南菁书院经解》 113
- 《南史》 103,313
- 《廿二史札记》 124
- 《廿一史弹词》 69
- 《孽海花》 143,160
- 《纽约格致报》 110,231
- 《农学报》 177,248
- 《农学新法》 248
- 《女四书》 152,155,160
- 《女孝经》 152,160
- 《女学报》 158

- 《女子国文读本》 155,156
- 《女子教育论》 157
- 《女子教育学》 157
- 《女子新读本》 155,156

O

- 《欧洲历史揽要》 36

P

- 《佩文斋画谱》 14
- 《皮氏经学丛书》 220
- 《骈体文钞》 291
- 《普法战纪》 269,292
- 《普通地理读本》 82

Q

- 《七剑十三侠》 161
- 《七经精义》 322
- 《七言古诗选》 310
- 《奇闻报》 260
- 《启蒙画报》 70,129,214,319
- 《钱辛楣全集》 124
- 《强学报》 171
- 《钦定明鉴》 221
- 《钦定学政全书》 94,95
- 《青龙报》 319
- 《訄书》 41,114—116
- 《趣报》 260
- 《全体阐微》 294
- 《全体通考》 294
- 《劝学篇》 280,286
- 《群学肄言》 35,235,314,317

R

- 《攘书》 317
- 《日本编年史》 36
- 《日本国志》 292,305
- 《日本维新慷慨史》 35
- 《日本维新三十年史》 36
- 《日本学政纂要》 36
- 《日讲四书解义》 95
- 《日知录》 124
- 《瑞士建国志》 35

S

- 《三国演义》 133,136,137,161

- 《山东官报》 97
- 《商榷》 322
- 《上海的古腾堡：中国印刷业的资本主义，1876—1937》 5
- 《尚书》 71，114
- 《尚书大传》 112，269
- 《尚书义》 112
- 《尚书注疏》 313
- 《申报》 2，24，28，43，81，82，97，98，127，128，140，142，152，177，192，199，201，225，229，241，247，249，250，252，256—259，292，317
- 《神州女子新史》 157
- 《神州日报》 134
- 《生理学萃》 294
- 《生命大律》 248
- 《圣武记》 230，305，311
- 《圣谕广训》 74，95，219
- 《诗》 71，94，112，270
- 《诗集》 310
- 《诗经补笺》 112
- 《诗经大全》 279
- 《诗品》 282
- 《十三经注疏》 94
- 《十五小豪杰》 135，238
- 《石头记》 313
- 《时报》 83，139，143，199
- 《时务报》 3，47，152，172，247，255，256，271，302，304，321
- 《实学指针》 234
- 《史鉴纲目新论》 229
- 《史鉴节要》 61，69
- 《史论大观》 315
- 《史通》 282
- 《使西纪程》 223，292
- 《世界地理大全》 32
- 《世界繁华报》 260，261
- 《世界女权发达史》 157
- 《式训堂丛书》 313
- 《书画谱报》 14
- 《书目答问》 107，267，268，275，284，310
- 《数理精蕴》 231，272，288
- 《数学启蒙》 76，231，268，272，288，310
- 《双涛园随笔》 238
- 《水道提纲》 96
- 《水浒传》 37，38，136，144
- 《水经注》 124
- 《水经注图》 217
- 《说部丛书》 139
- 《说文解字》 112，124，310

- 《说文解字注》 112
- 《朔方备乘》 30,322
- 《四川学报》 97,252
- 《四库全书总目提要》 282
- 《四书稗疏》 310
- 《四书反省录》 221
- 《四书集注》 219
- 《四书味根》 322
- 《四洲志》 32,201,296
- 《松江府志》 310
- 《宋论》 310
- 《苏报》 39—41,158
- 《苏格兰独立记》 35
- 《算术备旨》 66
- 《算学报》 248
- 《隋书》 224
- 《岁晚读书录》 238

T

- 《太平经国书》 126
- 《泰西妇女近世史》 157
- 《泰西新史》 322
- 《谈天》 30,110,234,269,289,313
- 《谈瀛录》 14
- 《唐诗近体》 221
- 《唐诗三百首》 67
- 《天文图说》 248,269,289
- 《天演论》 35,233,234,313,317
- 《天演学初祖达尔文之学说及其略传》 304
- 《通鉴辑览》 315,322
- 《铜刻小记》 15
- 《童子世界》 214
- 《图画日报》 129
- 《土星考略》 248

W

- 《外国史略》 197
- 《晚期中华帝国的阅读史,1000—1800》 4
- 《万宝全书》 132
- 《万国史记》 236,268,270
- 《万国通鉴》 76,192,268
- 《王船山遗书》 220,313
- 《王荆公文集》 279
- 《危言》 292,305
- 《维新之梦——康有为传》 3
- 《魏书》 224
- 《文化贸易:清末民初的四堡书业》 5

- 《文明之概论》 91
- 《文献通考》 109,126,313
- 《文心雕龙》 282
- 《文选》 59,60,67,124,218,221
- 《无师自通英语录》 241
- 《五代史》 103,310
- 《五经备旨》 322
- 《五千年女界史》 156
- 《五种遗规》 116,221
- 《武英殿聚珍版丛书》 220

X

- 《西国近事汇编》 231,269,270,299
- 《西事类编》 269
- 《西俗杂志》 269
- 《西厢记》 38,136
- 《西学大成》 269
- 《西学书目表》 47,236,271,272,275,303,304
- 《西洋史要》 36
- 《西药大成》 231
- 《西药略释》 231
- 《西医汇抄》 248
- 《西医举隅》 294
- 《西游记》 136,144,313
- 《西域图志》 96
- 《希腊独立史》 35
- 《遐迩贯珍》 248
- 《宪法白话报》 247
- 《香港日报》 192
- 《湘报》 181,317
- 《湘军志》 112
- 《湘绮楼日记》 112
- 《湘绮楼诗文集》 112
- 《湘阴县志》 310
- 《消闲报》 260,261,263
- 《小说时报》 27
- 《小说原理》 137
- 《小说月报》 27
- 《小学考》 220,282
- 《小学韵语》 64,66,68,69,221
- 《笑报》 260,262
- 《笑林报》 260
- 《新白话》 214
- 《新编伦理教科书》 274
- 《新大陆游记》 203
- 《新论》 230,311
- 《新民丛报》 27,42,83,238,248,252,293,317
- 《新三字经》 66

- 《新上海》 139,140
- 《新式出版业与知识分子：以包天笑的早期生涯为例》 4
- 《新小说》 42,70,133
- 《新星》 248
- 《新学报》 248
- 《新译地理备考》 268,310
- 《新译海道图说》 268,310
- 《新译几何原本》 268,310
- 《新译西洋兵书五种》 268,310
- 《星槎日记》 305
- 《星学举隅》 248
- 《星轺指掌》 268
- 《形学备旨》 76,85
- 《省身指掌》 294
- 《续资治通鉴》 220
- 《薛文清公读书录》 291
- 《学海堂经解》 113
- 《学要十五则》 270
- 《学约》 39
- 《荀子》 269,270,313

Y

- 《延年益寿论》 294
- 《盐铁论》 313
- 《扬州十日记》 113,324
- 《扬子法言》 313
- 《一缕麻》 161
- 《医理略述》 294
- 《译书经眼录》 34,36
- 《译书事略》 33
- 《意拾喻言》 240
- 《音学五书》 112,282
- 《英国革命战史》 35
- 《英京报》 110,231
- 《英轺私记》 223
- 《英字入门》 241,245
- 《瀛寰志略》 30,103,123,223,230,231,268,270,299,302,310,311
- 《庸书》 292
- 《庸言》 305
- 《幽室文稿》 236
- 《游戏报》 4,259,260,263
- 《輶轩语》 107,268,275,280,288,320
- 《玉定金科》 145
- 《玉海》 220
- 《育儿与卫生》 294
- 《御纂七经》 219,220
- 《御纂孝经近思录》 95
- 《御纂朱子全书》 95

- 《圆曲浅说》 218
- 《阅微草堂笔记》 310
- 《越缦堂日记》 223

Z

- 《曾国藩读书记》 2
- 《曾国藩全集》 220
- 《曾国藩传》 3
- 《札说》 39
- 《战法学》 237
- 《张之洞传》 3
- 《掌故汇编》 322
- 《浙江潮》 70,324
- 《正宗爱国报》 260
- 《政治艺学全书》 322
- 《知新报》 293
- 《直隶白话报》 319
- 《职方外纪》 197
- 《植物图说》 234,313
- 《治心免病法》 294
- 《中等国文读本》 82
- 《中东战纪本末》 16
- 《中国白话报》 214
- 《中国度支考》 234,313
- 《中国魂》 83
- 《中国历史教科书》 82
- 《中国民族志》 317
- 《中国书籍的社会史:晚期中华帝国的书籍与文学文化》 5
- 《中国自强策》 256
- 《中华报》 260
- 《中外日报》 177
- 《中西算学大成》 14
- 《重学》 30,218
- 《周官笺》 112
- 《周礼正义》 220
- 《周礼政要》 315
- 《周礼注疏》 313
- 《周易》 71,102
- 《周易内传》 310
- 《周易说》 112
- 《朱子全书》 94,310
- 《朱子语类》 109
- 《主乐派之伦理说》 274
- 《资治通鉴》 109,219,221,224
- 《子史精华》 322
- 《自由书》 238
- 《祖国女界伟人传》 157
- 《最初应读之书》 270,310
- 《最近代数学》 82
- 《最近绘图女界现形记》 29
- 《最新初小国文教科书》 78

- 《最新妇女国文读本》 156
- 《最新女子修身教科书》 156
- 《佐治刍言》 231,234,272
- 《作文》 82

【专有名词】

A

- 凹版印刷术 13,15

B

- 八千卷楼 167,168
- 白云洞 125,126
- 北洋水师学堂 89,233
- 皕宋楼 166—168
- 碧琳琅馆 168

C

- 长沙南学会藏书处 181

D

- 点石斋 14,241

- 度恩学堂 85

F

- 福建船政学堂 53,74,89

G

- 格致书院 72,84,85,192—196,200,245
- 格致书院藏书楼 200
- 工部局公众图书馆 199,200
- 古越藏书楼 186—189
- 广东水陆师学堂 53
- 广州时敏学堂 180
- 广州同文馆 53,232,312

H

- 海源阁 165,166
- 湖北自强学堂 53,74,232,312

J

- 江南水师学堂 53,232,312

- 金陵劝学会　179,180

K

- 科举制度　6,7,10,45—51,68,69,73,94,105,106,153,222,264,304,308,310,312,314

M

- 美华书馆　13,76,241,300
- 蒙养学堂　84,85
- 墨海书馆　13,76,300

P

- 培雅学堂　85
- 平版印刷术　13—15

S

- 三湖书院　125
- 善书　7,57,127,145—147,327
- 上海广方言馆　31,52,232,245,312

- 上海江南制造局附设的机械学堂　53
- 上海约翰书院　85
- 圣依纳爵公学　84
- 圣约翰大学罗氏图书馆　199,200
- 苏学会　175—177

T

- 天津水师学堂　53,232,312
- 铁琴铜剑楼　164—166
- 通艺学堂　178,179
- 凸版印刷术　13,15

W

- 皖省藏书楼　182—187
- 文华公书林　200

X

- 徐汇公学　84,300
- 徐家汇天主堂藏书楼　198—200

Y

- 亚洲文会北中国支会图书馆　199,200
- 扬州匡时学会　177
- 淫辞小说　2
- 英华书院　84

说明

本套书部分照片从有关书籍中选取,特向拍摄者致谢。由于客观条件限制,很难一一寻找书中照片的作者,请有关作者与出版社联系,并提供足够的证明材料,以便及时支付稿酬。